加納藩下級武士の日記を読む

田辺家三代記

西村覺良

まつお出版

目次

はじめに……9

第一章　田辺政六時代

第一節　政六『見聞録』を綴り始める……21
一　記録を書き継いだ加納藩士田辺家三代……21
二　家職献上方を故なくして失う……22
三　金銀豆腐をたらふく食べる……24

第二節　立身出世した政六の居宅……26
一　物書きとして生きる藩士政六……26
二　追手御門赤門脇に本宅を拝命……27
（一）御大身の住居跡に住むことになって感激……28
（二）暖かで老いを養うに快適な住居だと感激……29
（三）住居の整備……30
三　居宅発見の経緯と時代考証……32

第三節　天明二～四年の飢饉と百姓が加納城へ押し寄せる風聞……34
一　大風雨が続く……34
二　浅間山の噴火……34
三　米相場の高騰……36
四　飢饉のための施し……37
五　「村入用帳を見せよ」と不穏な動き……38
六　「領内の百姓が城下へ押し寄せる」という風聞……39
七　青野ヶ原で狐が踊り歌う……40

第四節　天明六年からの大飢饉と城下の野犬狩り・放火や不穏な噂話……41
一　飢饉の様子……41
二　城下で度々行われた野犬狩り……43
三　家中屋敷での度重なる放火事件……44
四　奇妙な麦刈り取り稼ぎの風聞……45
五　大坂・江戸から伝わった、米屋打ち壊しの噂話……45

第五節　川太郎の出現、花火、角力興行、籠大仏建立に驚く……48
一　清水川に川太郎が出た！……48
二　東島堤や御紅河原で初めて行った花火……49
三　天満宮などで繰狂言・大角力などを興行……50
四　籠大仏の頭部が出来た……53

第六節　加納に伝わる老中首座田沼意次の悪評判 …… 55
一　田沼意次に批判的な加納の人々 …… 55
（一）殿中で若年寄田沼意知が斬りつけられる …… 55
（二）殺傷事件が加納へ伝えられた時間差 …… 56
（三）老中首座田沼意次は「毒薬調合所」？ …… 57
二　加納に伝えられなかった田沼意次の政治 …… 59
第七節　松平定信の好評判と失脚 …… 60
一　松平定信の好評判 …… 60
（一）定信を「あたかも嬰児の親を慕うが如く」と …… 60
（二）加納宿を通行した松平定信 …… 61
（三）京都復興施策の評価 …… 63
（四）郡上藩主金森家再興を許される …… 64
（五）献上鮎鮓の緩和策 …… 64
二　松平定信の悪評 …… 65
（一）辟易する庶民 …… 65
（二）江戸留守居役人等の離反 …… 66
三　松平定信、老中解任 …… 67
（一）尊号一件により勅使処罰 …… 67
（二）江戸日本橋に立てられた看板 …… 68
（三）老中罷免を伝える書状 …… 68
第八節　寛政大洪水の被害状況と、
城下へ強訴する百姓と藩の対応 …… 70
一　前代未聞の大洪水 …… 70
（一）政六が見聞した四月の水害の様子 …… 70
（二）「ヤロフカ水」の噂 …… 71
（三）再度七月の水害 …… 73
（四）加納領内被害の概要 …… 73
二　領分惣百姓の強訴 …… 74
（一）高持百姓が乞食に出ることを禁止 …… 74
（二）ついに惣百姓が強訴 …… 75
（三）竹貝などを吹いて百姓が再び城下へ …… 76
（四）騒動の鎮静 …… 78
第九節　相次ぐ嫡子の病死と藩士相続 …… 80
一　父や妻との死別と「御流格」昇格 …… 80
（一）父仙右衛門との死別 …… 80
（二）妻コトとの死別 …… 81
（三）政六が御流格に昇格 …… 82
二　嫡男勝蔵の藩士としての出仕と死去 …… 83
（一）勝蔵の番入り …… 83
（二）嫡男勝蔵（琢也）の病死 …… 83
三　三男三蔵の嫡子相続 …… 86
（一）三蔵の嫡子届け …… 86
（二）三蔵も若くして病死 …… 86
四　商家に養子した辰吉を嫡子に …… 87
（一）二男辰吉の生い立ち …… 87
（二）辰吉の復縁 …… 88

第一〇節　寛政～文化期の藩財政改革 …… 90
一　加納藩財政の難渋 …… 90
（一）寛政～文化期頃の藩財政不振の兆し …… 90
（二）永井尚佐の初入部 …… 91
（三）勝手向き難渋の藩財政 …… 92
（四）新たな御勝手引請人の任命と倹約の励行 …… 93
（五）面扶持支給の断行 …… 94
（六）佐太陣屋の金一〇万両余りの借財の発覚 …… 95
（七）再び水害のため、大坂加番免除願い …… 96
第一一節　加納町の賑わいと政六の死去 …… 97
一　享和・化政期の加納町 …… 97
（一）天満宮の繁昌 …… 97
（二）加納火消組の本格的結成と天満宮 …… 98
（三）天満宮の造営整備 …… 99
（四）町を二分した飯盛女問題 …… 100
（五）彗星（帚星）の出現 …… 100
二　家庭人としての政六 …… 101
（一）家政のやりくり …… 102
（二）商家に養子していた辰吉の復縁・仕官 …… 103
三　加納藩士田辺政六の死去 …… 103
（一）政六の病死 …… 103
（二）辰吉の家督相続 …… 104

第二章　田辺辰吉時代
第一節　殿様より「御通り頂戴」にまで昇格した二代目辰吉 …… 107
一　藩士としての辰吉 …… 107
（一）手代格から御流格へ昇格 …… 107
（二）職務の異動と住居の移転 …… 108
（三）徒目付の勤め …… 110
（四）代官の勤め …… 111
（五）御台所頭格・「御通り頂戴」に昇格 …… 111
第二節　辰吉の家族の成長 …… 115
一　辰吉の兄弟姉妹 …… 115
（一）縁の薄い妹小雪 …… 115
（二）良縁に恵まれ関へ …… 116
二　辰吉の子どもたち …… 116
（一）嫡男富太郎の藩士としての素養 …… 116
（二）有卦の祝い …… 118
（三）三一歳で御流格を拝命 …… 120
（四）下条家に養子した二男豊治 …… 121
（五）御流格に昇格した下条豊治 …… 122
第三節　還暦を過ぎた辰吉と天満宮九五〇年御神忌を祝う人々 …… 125
一　還暦から退職するまでの辰吉の家族 …… 125

（一）還暦後も藩士として昇格する辰吉……126
（二）辰吉へのご褒美として
「表中小姓格広間中小姓一統之御番」に……127
（三）息子二人の出世……128
（四）辰吉が下条豊治に土地を買い与える……129
（五）辰吉の家族たちの有卦を祝う……130
二　天満宮九五〇年御神忌祭執行……131
三　藩主永井尚服聟養子縁組……132

第四節　幕末の激動を乗り切る加納藩……134
一　財政の逼迫……134
二　武田耕雲斎ら浪士軍が木曽路を通行……135
三　慶応四年正月の加納藩……137
（一）加納に届いた鳥羽・伏見の戦いなどの情報……137
（二）赤報隊と対峙する加納藩……138
（三）郡奉行天野半九郎の切腹……140
（四）藩主より御歓びを頂戴……141

第五節　頼みの嫡男を亡くし、なお藩に仕える辰吉……144
一　七〇歳代になっても……144
（一）再び現役復帰か……144
（二）孫たちの養子縁組……146
（三）長男・富太郎（礼助）……148
二　豊治の突然の死と、富太郎の異例の昇進……149
（一）豊治の死と相続……149
（二）富太郎の江戸出立と昇格……150
三　嫡男富太郎の突然の死去……151

第六節　辰吉の最後の願い……155
一　家計を支えた田地の売却を決断した辰吉……155
（一）祖母持参の土地……155
（二）嫡子・婿養子礼次郎の婚礼披露……157
（三）辰吉最後の大きな願いが叶う……159

第三章　田辺礼次郎時代

第一節　田辺家の相続を願い続けた辰吉の死去……165
一　剃髪し家督を譲った辰吉……165
二　辰吉、死去の記事……167

第二節　明治維新を乗り切ろうとした礼次郎……168
一　礼次郎をとりまく大きな出来ごと……168
（一）永井知事の東京出発……168
（二）岐阜県貫属を命じられ……170
二　家禄を奉還した礼次郎……171
（一）家禄奉還の手続き……171
（二）公債金の売却……172
三　信太郎が憲章学校に入学、そして助教に……175

終　章　下級武士の存在形態

第一節　下級武士にかかる諸問題……179
第二節　百姓の身分から下級武士の階層へ……181
第三節　表小姓格にまで昇り詰めた田辺家……186
第四節　『見聞録』から見えてくるもの……192
一　百姓身分から下級武士へ……192
二　身上がりが自由な下級武士……192
三　下級武士の和傘生産の内職……192
四　田地を所持する下級武士……193
五　下級武士と藩校……193
六　公債金を原資に商業活動……194
七　不容易な発言を慎む下級武士……195
あとがき……196

はじめに

岐阜県図書館に所蔵の和綴本全六冊の内、最も旧い表紙には、「安永十辛丑年三月吉日始　見聞録」（以下『見聞録』という）と太い筆文字で記してあった。表紙をめくると最初のページに、「厚見郡東島村并加納両所之事共しるすものなり、後ハわらひを発するのミ」と動機を記し、「筆者　田辺政六昆敏（花押）」の署名があった。「厚見郡東島村」は長良川右岸の岐阜市東島あたりのことで、「加納」は加納城の城下町であり中山道加納宿の置かれたところで、現在の岐阜市加納にあたる。「後になって笑いを発するようなこと」と、気楽な気持ちで記録しようとしたようである。

ページをめくっていくと、言葉の通り、田辺家の先祖や系図などを始め、岐阜・因幡社において繰芝居が興行されたとか、加納を流れる清水川に川太郎（河童）が出たとか、長良川堤で大がかりな花火を上げたなどと、加納やその周辺地域のことなどが記録されていた。

筆者である田辺政六とその子辰吉、辰吉の外孫（養子となる）礼次郎の三代が、美濃国加納（岐阜市加納）三万二〇〇〇石藩主永井直陳、尚備、直旧、尚佐、尚典、尚服に仕え、安永一〇年（一七八一）から明治一〇年（一八七七）まで記録したのである。

加納藩は、徳川家康が慶長五年（一六〇〇）九月、関ヶ原合戦で勝利した直後加納城を築き、城主に娘婿奥平信昌に一〇万石を与え、配置したことに始まる。また城下町には江戸と京都を結ぶ中山道加納宿が整備され、人・物・情報等の結節点となった。加納藩は奥平三代の後、大久保一代（五万石）、戸田三代（七万石）、安藤三代（六万五〇〇〇石、のち五万石）と代替わりし、宝暦六年（一七五六）から永井六代（三万二〇〇〇石）が藩主となった。明治になって加納県が設置され、明治四年（一八七一）岐阜県に編入された。

現在、加納の地域は、JR岐阜駅の南側に広がる閑静な住宅地域となっている。加納城本丸跡は石垣や堀跡が残され公園となっており、本丸の南の大藪曲輪跡とその南側に岐阜市立加納中学校があり、二之丸跡の一部は岐阜地方気象台が設置されている。三之丸跡周辺は明治以降岐阜師範学校・岐阜女子師範学校が設置され、その後岐阜市立加納小学校となっている。また、厩曲輪跡の一部とその北の地域は岐阜聾学校が設置されている。さらに大手門を城内に入った西丸通りと東丸通りに鋏まれた屋敷地は、岐阜大学教育学部附属小・中学校が設置されている。このように江戸時代城郭になっていた一帯は、文教地区になっている。また、加納宿は、中山道の中で最大規模の宿場で、江戸と京都を結ぶことはいうまでもなく、岐阜と名古屋を結ぶ重要な役割をもっていた。現在この地は、昔の風情を多く残している。

さて、本書は、第一章政六時代、第二章辰吉時代、第三章礼次郎時代と、まとめというべき終章の四部構成とし、筆者は時々改名しているが、ここでは「政六」「辰吉」「礼次郎」の名前で統一し、また本文中の資料は『見聞録』をそのまま掲載した。

第一章の初代筆者である田辺政六(政六昆敏・渕右衛門昆敏・渕右衛門佳角)は、安永一〇年(一七八一)から文化一一年(一八一四)までを記録し、単に自分自身や家族の事のみならず、藩政や庶民の生活に関わる重大な事件、さらに世相にまで及んでいる。

政六は、先代から家職と思っていた「献上方」を相続出来なかったが、その後「手代格」や「御流格」を経て「徒目付」まで昇進し、六八歳で「跡式金三両二分二人扶持」を二代目辰吉に相続することが出来たことなど、藩士としての任免・俸禄・扶持などをその都度記録している。また、政六の嫡男の病死、二男の商家へ養子と相続のための復縁など、冠婚葬祭を始め、家移り、家財の整備など、政六の家政の様子を、政六の感想を交えて記している。

また、天明二年(一七八二)の強訴の風聞や寛政一一年(一七九〇)の強訴と藩の対処・取締りなど、藩役所の情報も交えて記録している。しかも、政六の率直な感想も、年貢を徴収される百姓の立場の感想なども記している。また、文化二年(一八〇五)頃になると加納藩財政の困窮が顕在化してきて、そのため「家中へ減少」を命じたり、新たな「御勝手引請人」を任命したりなど、藩財政改革の一端が現れている。

天明の飢饉や寛政の大洪水による被害や、加納米の米相場、さらに花火・角力・操芝居興行のことなど、加納周辺地域の出来事を、深刻に時にはともに楽しんで記録している。情報伝達の優れた宿場町加納ならではのことで、遠隔地での出来事である浅間山の噴火のことや、老中田沼意次や松平定信の政治についての狂歌や評判、政六自身の感想を交えて記している。

第二章の第二代筆者田辺辰吉(辰吉・嘉兵衛・豊助・暁晴)は、文化一二年(一八一五)から慶応四年(一八六八)までを記録し、政六同様、田辺家の私的なことだけでなく、藩政のことや世相など、幅広く記述している。

商家から田辺家へ復縁した辰吉は、二八歳で「手代格御作事定小奉行一人扶持」を拝命して、それ以来「御流格」「御台所頭格」を経て、元治二年(一八六五)八二歳で「表小姓格御広間の御番」、「金四両三分三人扶持」に加増され、明治二年(一八六九)まで仕えたことなど、藩士としての任免・俸禄・扶持などを記録している。また、辰吉は嫡男富太郎に藩士としての素養を身につけさせ、一五歳で「坊主方」、その後「御流格」を経て、「御台所頭格徒目付金三両二人扶持」を拝命したことや、将来を嘱望されていたのに江戸にて四五歳で死去してしまったことなど、政六や辰吉同様に履歴を探ることが出来る。

また、辰吉は、祖母が嫁ぐ時持参した田地から加地子米を得て家計のやりくりをしていたこと、一方養子した二男に田地を購入して譲り渡したこと、伝来の田地を金六〇両で売却して結婚披露宴を開催したことなど、城下に住む田辺家の土地所有には、特異な事例として大きな意義があるといえよう。

加納藩が文政八年(一八二五)、家中一統に「宛行永禄」を命じたり、嘉永四年(一八五一)、「面扶持」を命じたり、さらに慶応四年一月、東征軍先鋒赤報隊によって恭順を迫られたりしたことなど、辰吉は藩の中枢に居たわけではないが、藩政の動きを読み取ることが出来たようである。また、嘉永五年(一八五二)加納天満宮九五〇年御神忌のカラクリ山や手踊り山のことや、ロシアやアメリカ船の来航、鳥羽・伏見の戦いが始まったことなど、あるいは藩を通して、中山道加納宿を通して得た情報を記録している。

第三章の第三代筆者田辺礼次郎(幼名下条礼次郎・田辺恵之助・丹吾・頼忠)は、慶応四年(一八六八)から明治一〇年(一八七七)までを記録している。

加納藩士としての礼次郎の履歴のほとんどは、辰吉が記録していたが、礼次郎は明治四年岐阜県貫属となり、その後、明治七年(一八七四)家禄を奉還し、公債証書を売却して、旧加納藩士の仲間とともに商業活動を始めるという。藩士の新しい転身の事例といえよう。

礼次郎の長男信太郎が、明治一〇年(一八七七)、学校助教として岐阜県より雇われたことを最後に、安永一〇年から三代にわたって記録され続けた『見聞録』の記録は、筆を下ろしている。

第四章の終章は、『見聞録』からみた「下級武士の存在形態」を浮き彫りにしようと試みたものである。

下級武士の研究はかなり解明されてきてはいるが、史料が余り残っていないことや、各藩によってまた時代によってその形態が異なることから、下級武士に関わる多様な諸問題が山積している。

初代筆者政六が記した先祖系図を分析すると、三代前の元禄期頃は、厚見郡東島村(岐阜市)に住む有力百姓であり、桑名藩や加納藩に仕え、政六の父である仙右衛門は加納藩の献上方の地位を得たことがわかる。つまり百姓身分から加納藩の足軽や飛脚組や献上方など、下級武士の中でも最下位の階層に身上がりした事例を見ることができる。

また政六や辰吉、その嫡子の富太郎、さらに孫娘婿礼次郎の藩士としての履歴から、下級武士の階層の中でもその格式を上昇させていく形態を顕在化することが出来よう。さらに、藩士であるものの田地を所持していて、そこから加地子米を得て家計の足しにするとか、田地を購入して養子先の我が子に譲り与えるなどという、特異な下級武士の形態を見ることが出来よう。

三代の筆者の興味・関心と共に、江戸時代後期の諸問題が解明されることを願っている。

年表１　田辺家三代の関連事項

西暦	和年号	月　日	事　　　　項
1749	寛延２年		初代筆者政六、出生
1772	安永元年		田沼意次、老中となる
	安永４年	1・25	政六、飛脚組を拝命
	安永10年	3・	政六、『見聞録』記録を始める
1782	天明２年		天明の飢饉始まる
		3・4	政六父仙衛門(72歳)、献上方退役を願う
		9・6	仙右衛門退役後、家職の献上方を失う
	天明３年	5・6	政六、手代格・御奉行方物書本役を拝命
	天明４年		天候不順により、諸国飢饉、農村荒廃
		1・13	政六二男辰吉、出生
		10・13	政六、追手御門赤門脇に本宅を移す
	天明５年	1・10	茜部村の扣田地を自分支配に変更
		9・10	政六母里与、死去(70余歳)
	天明６年	10・2	老中田沼意次、失脚
	天明７年		松平定信、寛政の改革に着手
	天明８年	1・30	京都大火
	天明９年	2・29	城主・永井直旧初入部、政六、御目見
1790	寛政２年		幕府、朱子学のほか異学を禁止
	寛政４年	2・16	政六二男辰吉、商家大坂屋を相続
		9・3	ラクスマン、根室に来航
	寛政９年	2・6	政六父仙右衛門、死去(87歳)
		11・23	政六妻コト、死去(37歳)
	寛政10年		４月と７月、木曽・長良川洪水、大水害
	寛政11年	12・27	政六、御流格・御入目物書を拝命(51歳)
	寛政12年	1・	政六、年頭に出席、金銀豆腐を食べる
1803	享和３年	1・	政六、田１反２畝余を金２両余で購入
	享和４年	2・29	嫡男勝蔵、死去(25歳)
1805	文化２年	9・7	ロシア使節レザノフ、長崎に来航
	文化４年	12・26	政六、初めて判物を頂戴
	文化５年	3・17	政六嫡子三蔵、死去(23歳)
	文化６年	1・28	商家に養子の辰吉、田辺家に復縁
	文化８年	12・25	嫡子辰吉、手代格・作事定奉行１人扶持を拝命(28歳)
	文化12年	3・	二代目筆者辰吉、『見聞録』記録を始める
	文化13年	4・12	政六、死去(68歳、徒目付役・御流格)
		6・28	辰吉、跡式金３両２分２人扶持手代格追手御門番拝命
	文化15年	12・25	辰吉、御作事下役・御流格拝命(35歳)
1819	文政２年	12・25	御作事下役の長屋を本宅に拝命
	文政８年	2・15	幕府、外国船打払令を命じる
		12・20	辰吉、家中一統御宛行永禄を拝命
	文政９年		加納藩、傘問屋に命じて江戸積み
	文政11年		富太郎、坊主方番入金１両１人扶持拝命
	文政12年	1・15	辰吉、徒目付本役 拝命
	文政13年	3・	伊勢おかげ参りが大流行
1832	天保３年	1・10	豊治、下条庄兵衛へ養子縁組み
		2・	加納藩主永井尚佐、若年寄となる
	天保５年		水野忠邦、天保の改革に着手
	天保７年		この年、全国的に飢饉、騒動おきる
	天保７年	12・29	辰吉、代官本役、役料米３俵拝命
	天保10年	12・	幕府、渡辺崋山・高野長英らを投獄
		12・25	豊治、御流格太鼓御門番拝命(22歳)
	天保11年	12・25	辰吉、御台所頭格、勤方是迄の通り拝命
	天保12年	1・7	辰吉、御料理初に「御通り」頂戴
	天保13年		幕府、外国船打払令を止める
	天保14年	9・5	富太郎、女児(お虎)出生

西暦	和年号	月　日	事　　　　　項
1844	天保15年	3・ 6	富太郎、御流格太鼓御門番拝命(31歳)
		7・19	豊治二男礼次郎、出生
1847	弘化５年		外国船、しばしば日本沿岸に出没
1852	嘉永５年	2・21～24	天満宮950年御神忌
		6・	辰吉、田地を購入し、下条豊治(庄兵衛)へ譲渡
	嘉永６年	8・30	富太郎、甥の礼次郎を長女虎の婿養子に内定
		6・ 3	アメリカのペリー、浦賀に来航
		9・28	富太郎、徒目付本役を拝命
1855	安政２年		江戸、大地震おきる
		5・15	永井氏加納所替以来100年居城祝い
	安政４年	1・ 5	面扶持御免再減少、御救金支給
		5・16	富太郎、江戸勤番、御台所頭・徒目付本席拝命
			豊治、死去(42歳)、隆吉、跡式金３両２分２人扶持
		6・20	富太郎、御台所頭徒目付金３両２人扶持拝領
	安政５年	6・19	日米修好通商条約締結
		6・20	富太郎、江戸表で病死(44歳)
		7・21	辰吉、孫礼次郎(18歳)を嫡子とする
	安政６年迄		安政の大獄
		12・28	辰吉、中小姓拝命
	安政７年	3・ 3	桜田門外の変(大老井伊直弼暗殺)
1861	文久元年	10・26泊	和宮加納宿を通行して降嫁
	文久２年	1・15	坂下門外の変(老中安藤信正襲撃)
		4・	辰吉、扣田地を金60両で売却
		9・21～23	辰吉、養子縁組、礼次郎と虎の婚礼披露
	文久４年	1・15	礼次郎、御流格太鼓御門番１人扶持拝命(20歳)
1864	元治元年	12・ 1	水戸浪士軍武田耕雲斎ら揖斐町泊、政六、手当金拝領
	元治２年	12・25	辰吉、表小姓格、御広間六番の御番拝命(82歳)
1867	慶応３年	6・24	加納藩主永井尚服、若年寄となる
		12・	大政奉還、王政復古の大号令
	慶応４年	1・ 3	鳥羽・伏見の戦い(戊辰戦争)
		1・20	赤報隊・綾小路俊美等多人数が加納城下・宿に籠る
		1・23	郡奉行天野半九郎切腹、辰吉「適の武士」と評価
		2・22	礼次郎・隆吉ら、東征軍の警固御供拝命
		9・	三代目筆者礼次郎、『見聞録』記録を始める
		9・ 8	明治と改元、翌月江戸城が皇居となる
1869	明治２年		辰吉、俸禄金4両３分３人扶持に加増
		6・ 7	版籍奉還、廃藩置県
		9・	辰吉(暁晴)、家督を礼次郎に譲る
		10・19	礼次郎、京都警衛を拝命
	明治４年		規則により、俸禄金を高10石１斗５升に換算
		5・25	辰吉、死去(88歳、表小姓格、法名釈饒晴信士)
		11・22	礼次郎、岐阜県貫属を拝命
	明治５年		加納県廃止
		4・22	知事・家族東京へ帰還、礼次郎笠松迄見送る
		8・ 3	学制発布
	明治６年	2・28	旧憲章館に学校設立
		9・19	礼次郎、岐阜県地券係拝命
	明治７年	5・27	礼次郎、家禄奉還を願う
		8・	礼次郎、公債証書を質物として商業活動資金とする
1877	明治10年		西南戦争おきる
		4・18	信太郎、岐阜県より当区内学校助教拝命
		4・18	『見聞録』の記録終わる

※年表１から年表15までの「事項」は、適宜重複させた。

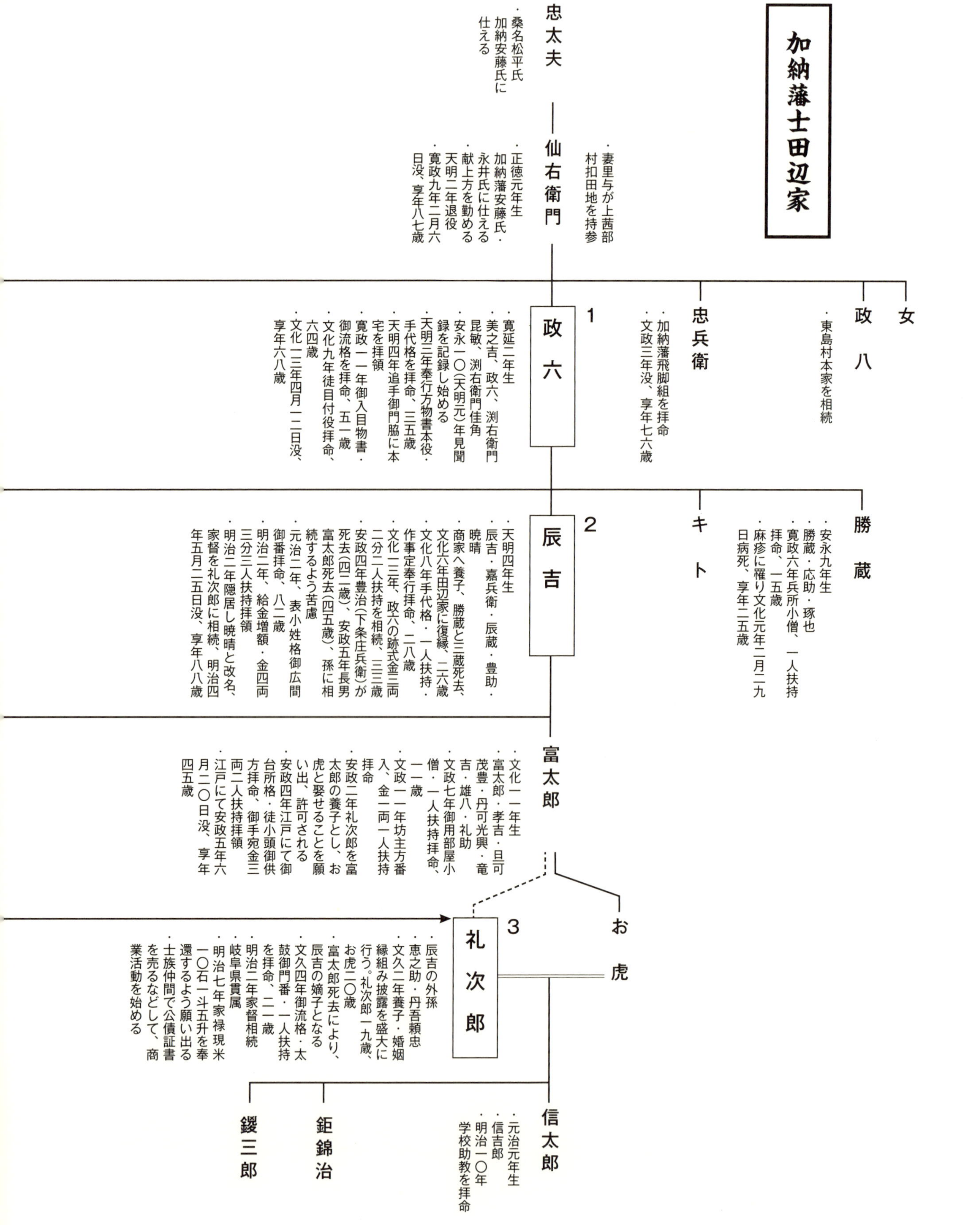
加納藩士田辺家
妻里与が上茜部村扣田地を持参
忠太夫
・桑名松平氏加納安藤氏に仕える
仙右衛門
・正徳元年生
加納藩安藤氏・永井氏に仕える
・献上方を勤める
天明二年退役
・寛政九年二月六日没、享年八七歳
女
政八
・東島村本家を相続
忠兵衛
・加納藩飛脚組を拝命
・文政三年没、享年七六歳
1
政六
・寛延二年生
・美之吉、政六、渕右衛門昆敏、渕右衛門佳角
・安永一〇(天明元)年見聞録を記録し始める
・天明三年奉行方物書本役・手代格を拝命、三五歳
・天明四年追手御門脇に本宅を拝領
・寛政一一年御入目物書・御流格を拝命、五一歳
・文化九年徒目付役拝命、六四歳
・文化一三年四月一二日没、享年六八歳
勝蔵
・安永九年生
・勝蔵・応助・琢也
・寛政六年兵所小僧、一人扶持拝命、一五歳
・麻疹に罹り文化元年二月二九日病死、享年二五歳
キト
2
辰吉
・天明四年生
・辰吉・嘉兵衛・辰蔵・豊助・暁晴
・商家へ養子、勝蔵と三蔵死去、文化六年田辺家に復縁、二六歳
・文化八年手代格・一人扶持・作事定奉行拝命、二八歳
・文化一三年、政六の跡式金三両二分二人扶持を相続、三三歳
・安政四年豊治(下条庄兵衛)が死去(四二歳)、安政五年長男富太郎死去(四五歳)、孫に相続するよう苦慮
・元治二年、表小姓格御広間御番拝命、八二歳
・明治二年、給金増額・金四両三分三人扶持拝領
・明治二年隠居し暁晴と改名、家督を礼次郎に相続、明治四年五月二五日没、享年八八歳
富太郎
・文化一一年生
・富太郎・孝吉・旦司茂豊・丹司光興・竜吉・雄八・礼助
・文政七年御用部屋小僧・一人扶持拝命、一一歳
・文政一一年坊主方番入、金一両一人扶持拝命
・安政二年礼次郎を富太郎の養子とし、お虎と娶せることを願い出、許可される
・安政四年江戸にて御台所格・徒小頭御供方拝命、御手宛金三両二人扶持拝領
・江戸にて安政五年六月二〇日没、享年四五歳
お虎
3
礼次郎
・辰吉の外孫
・恵之助・丹吾頼忠
・文久二年養子・婚姻縁組み披露を盛大に行う。礼次郎一九歳、お虎二〇歳
・富太郎死去により、辰吉の嫡子となる
・文久四年御流格・太鼓御門番・一人扶持を拝命、二一歳
・明治二年家督相続
・岐阜県貫属
・明治七年家禄現米一〇石一斗五升を奉還するよう願い出る
・士族仲間で公債証書を売るなどして、商業活動を始める
信太郎
・元治元年生
・信吉郎
・明治一〇年学校助教を拝命
鉅錦治
鏺三郎

図1　田辺家三代系図

女

三蔵
・加納藩に仕え、文化五年三月一七日没、享年二三歳

定五郎

小雪

おてい

豊治
下条庄兵衛の娘婿養子となる。一六歳

安政二年田辺富太郎の娘婿養子となる。一二歳

加納藩士下条家

下条庄兵衛 ―― 豊治
・文化一四年生
・天保三年下条庄兵衛へ養子、家督を継ぎ、太鼓御門番を拝命、一六歳
・嘉永四年父辰吉より田地を買い譲られる
・徒士御供方徒士格拝命
・安政四年没、享年四二歳

鐳吉女

隆吉
・天保一一年生
・安政四年家督相続、跡式金三両二分
・安政四年二人扶持、追手御門番拝命、一七歳

礼次郎
・天保一五年生
・安政二年富太郎の養子とし、お虎と娶せることを願い出、許される。一二歳
・安政二年富太郎の娘婿として田辺氏となる

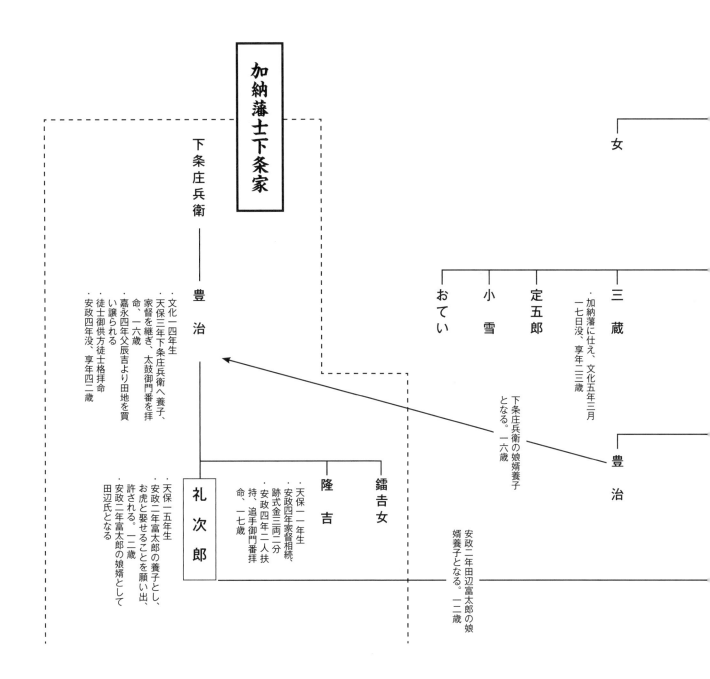

第一章　田辺政六時代

安永一〇年（一七八一）〜文化一二年（一八一五）

第一節　政六『見聞録』を綴り始める

一　記録を書き継いだ加納藩士田辺家三代

筆者・田辺政六昆敏は、『見聞録』の最初に次のように記している。

見聞録　安永十辛丑年三月吉日始
厚見郡東島村并加納 両所之事共 しるすものなり、
後わらひを発するのミ　　筆者田辺政六昆敏（花押）
△古昔ハ島方惣名ヲ倉居島ト云伝フ

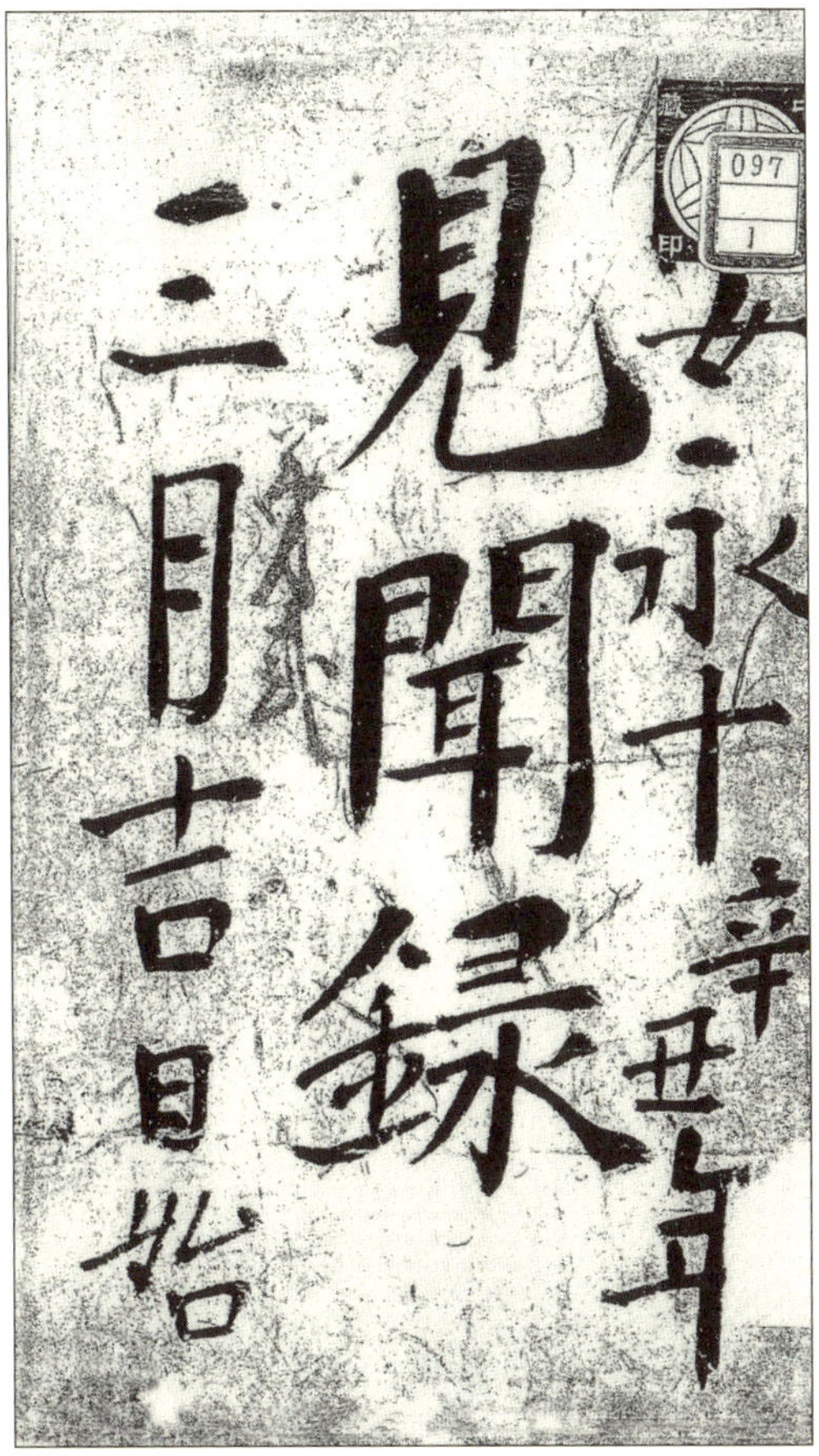

田辺政六は、安永一〇年（一七八一）三月、厚見郡東島村（岐阜市東島）と加納（岐阜市加納西広江）の二カ所のことなどを記録することを思い立ったという。

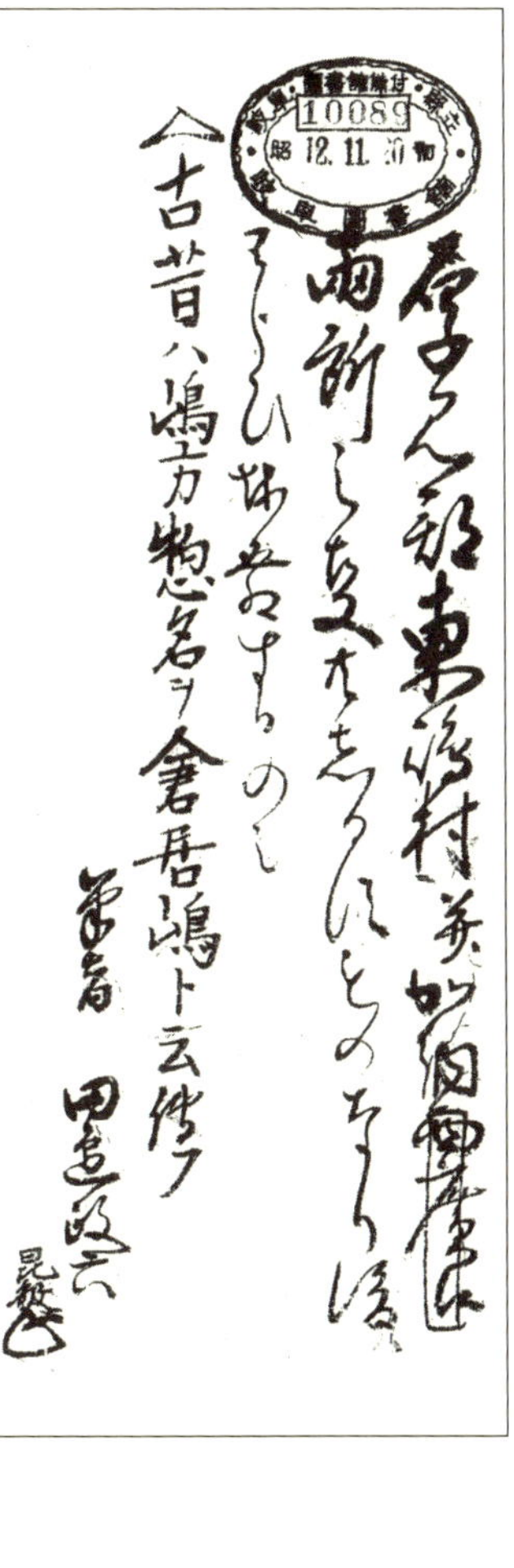

恐らく「後になって笑いを発するのみであろう」と思っていた。加納は、政六の家族が現在住んでいるところである。東島村は、政六の長兄、政八が田辺本家（田辺東家）を継ぎ、有力百姓として相続し居住している地である。その関係で、政六にとって、東島は加納と同程度に関心があったと思われる。

田辺氏の系図（16ページ図1）を見ると、政六の父仙右衛門は、安藤対馬守勝蔵（宝暦六年まで加納藩主五万石・磐城平へ転封）に仕え、ついで永井直陳（武州岩槻より所替・三万二千石）・同尚備にも仕えていた。

仙右衛門の父、政六の祖父忠太夫も桑名藩松平や加納藩安藤に仕えていた。田辺家は東島村の有力百姓であったが、嫡男以外の者は、加納や桑名の藩に仕官していたのである。

政六の父・仙右衛門は、加納藩永井に仕え、手代格献上方を勤めていた。天明二年（一七八二）三月四日、七二歳になり老衰のため、御献上方が勤められなくなったというので、退役したい旨の願いを出し認められた。その後、嫡男の政六が家職と思っていた献上方ではなく、天明三年（一七八三）五月御奉行方物書本役・

手代格を命じられてしまったのである。献上品を運ぶ役目から、藩政の庶務・事務を司る役目に職務変更になったのである。政六三五歳の時。

その後政六は、加納西広江の中間長屋から追手御門を入った赤門脇の長屋に転居し、寛政一一年(一七九九)一二月には御流格・御入目物書となったのである。御流格は、手代格とは雲泥の差があり、藩主にお目見え出来るとか判物を頂戴出来るとか、藩士の列に加えられたといえる。文化一三年(一八一六)四月政六は六八歳の生涯を閉じるが、藩士として御代官仮役や御徒目付等を命じられ、金三両二分二人扶持を得るまでに立身出世した。

政六は、冒頭に記しているように東島や加納のことなどを始め、加納・岐阜や江戸など、さらに加納藩のこと、田辺の家政のことなど、見聞したことを克明に記録した。

政六が死去して、この『見聞録』は終了してしまうのかと不安に思っていたが、田辺家の家督を継いだ二男の辰吉が、遺志を継いで克明に記録を続けた。

二代目筆者となった辰吉は、父・政六の跡を継いだ時、手代格・追手御門番を命じられていたが、御流格・御代官仮役、御代官本役、さらに御台所頭格に昇格し御料理初に「御通り」を頂戴するまでになり、六一歳になった時は御勝手中小姓格に昇格した。六九歳になると老年まで実体に勤めたことにより御称美として表中小姓格・広間中小姓一統の御番を命じられた。安政五年(一八五八)嫡男富太郎が江戸で急死したこともあり、翌年辰吉は、七六歳になっていたが中小姓を拝命した。さらに、慶応元年(一八六五)一二月には、表小姓格にまで昇格した。いよいよ下級藩士の最上位ほどに列したといえる。時に辰吉八二歳になっていた。辰吉は、明治二年(一八六九)正月給金を一両増の金四両三分三人扶持とし、ようやく一〇月隠居し、孫娘婿に家督を譲ることが出来た。かくして明治四年(一八七一)五月二五日八八歳の生涯を閉じたのである。辰吉は文化一二年(一八一五)から明治元年まで、五三年間『見聞録』の記録をし続けたのである。

『見聞録』は、家督を継いだ辰吉の孫娘の婿(辰吉の二男が養子した下条家の二男)(辰吉の外孫にあたる)礼次郎が新しく三代目筆者となり引き続いて記録した。明治一〇年(一八七七)礼次郎の嫡男が「学校の助教として岐阜県に雇われた」という記事を最後に『見聞録』は閉じられている。

『見聞録』は、安永一〇年(一七八一)から明治一〇年まで九六年間を三代にわたって、書き継がれてきたものである。

二　家職献上方を故なくして失う

父・仙右衛門は、加納藩永井に仕え、手代格献上方を勤めていた。天明二年(一七八二)三月四日、父・仙右衛門は七二歳になり老衰のため、御献上方が勤められないという理由により、支配両奉行月番高松九右衛門・非番横山友之丞宛に、退役願いを差し出した。献上方同役は、三代目林治兵衛である。同年四月二五日仙右衛門の献上方退役が認められた。加納藩に仕えて二七カ年間、首尾良く勤めることが出来たのである。ついで五月二日、飛脚組であった政六は、横山友之丞の自宅で、高松・横山両奉行列座のもと、献上方見習を命じられた。

その四カ月後、九月六日四ッ時(午前一〇時頃)武田権三郎が正式に献上方を命じられた。もともと武田は飛脚組で、献上方を命じられることはあり得ないことだったようである。しかし、仙右衛門の嫡子である政六には、家職と考えていた献上方を命じられなかったのである。

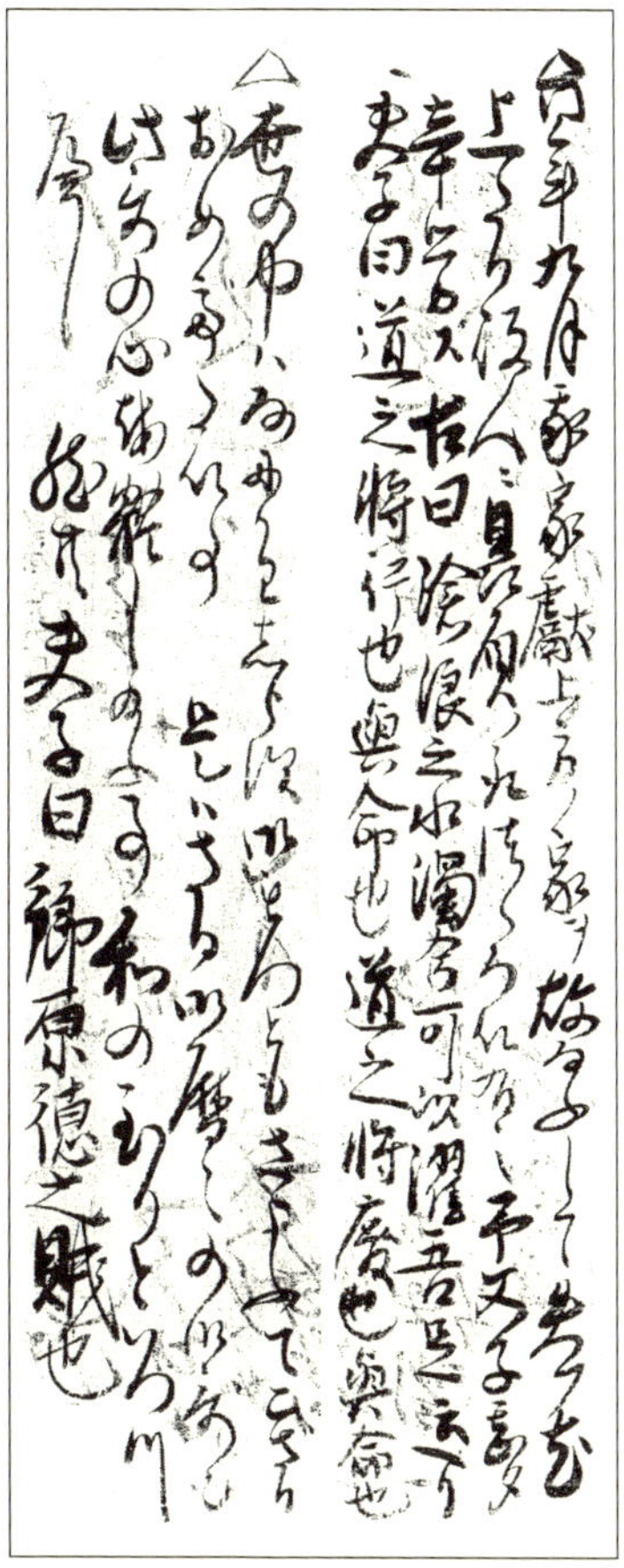

此(天明二)年九月、我家献上方ノ家ヲ故なふして失フ、尤上たる役人ニ贔屓ノ取つくろい有之、予父子甚タ辛労ス、古曰、滄浪之水濁兮可以濯吾足云へり、夫子曰、道之将行也與命也道之将廃也與命也

世の中ハ、なにかわしらす御もへとも、さよふてこざるおめてたい事、是ハさる御暦々の御哥也、此哥の心を体し給ふ事、和の至りといへつへし、然共、夫子曰、郷原徳之賊也

「我(が)家、献上方ノ家ヲ故なふして失」ってしまったと記している。これは、「上の役人に依怙贔屓の取り繕い」があったに違いない。「我々父子は、献上方を拝命出来るよう辛労してきた」と、怒り嘆き悲しんだようである。

古人の屈原『漁夫辞』「滄浪の水が清ければ以て我が纓をあらうべし、滄浪の水が濁っておれば、以て我が足をあらうべし」の言葉を引用して、物事にこだわらず、世と共に移り変わる聖人のことを思っていた。また、論語『憲問第十四』を引用して、「子曰く、道の将に行われんとするや命也、道の将にすたれんとするや命也」とし、「公伯寮それ命を如何せん」と続き、「天命を動かす事が出来はしない」と続くのである。

つまり、家職と思っていた献上方を拝命できなかった事は、誰かの仕業ではなく、「天命である」と自らに何度も言い聞かせている。さらに「世の中は何かは知らず思えども、左様でござるお目出度いこと」という歌があるように、心を和ませるより仕方がないと開き直り、書き綴っているのである。宮仕えの哀愁をかみしめているのである。

しかし最後の行には、論語の「郷原徳之賊也」を引用して、「善良を装い郷中の好評を得ようとする小人は、八方美人で識見も節操もないから徳を損なってしまう」と、密かに決意を表明しているのである。この後の政六の生き方への原点になったと思われる。

政六は、寛延二年(一七四九)生まれ、明和二年一七歳で加納藩に初めて出仕し、安永四年二七歳で飛脚組を命じられていた。翌々年政六は結婚し、三二歳で長男勝蔵の出生に恵まれた。翌安永一〇年(一七八一)『見聞録』を書き始めたということは、嫡男が生まれ、父仙右衛門の老衰の様態を思い、自らが家職を継いで加納藩士として生きていく志を立てた時期といえる。

悲嘆にくれていた翌年天明三年(一七八三)五月六日政六は、手代格御奉行方物書本役を命じられました。三五歳の時である。

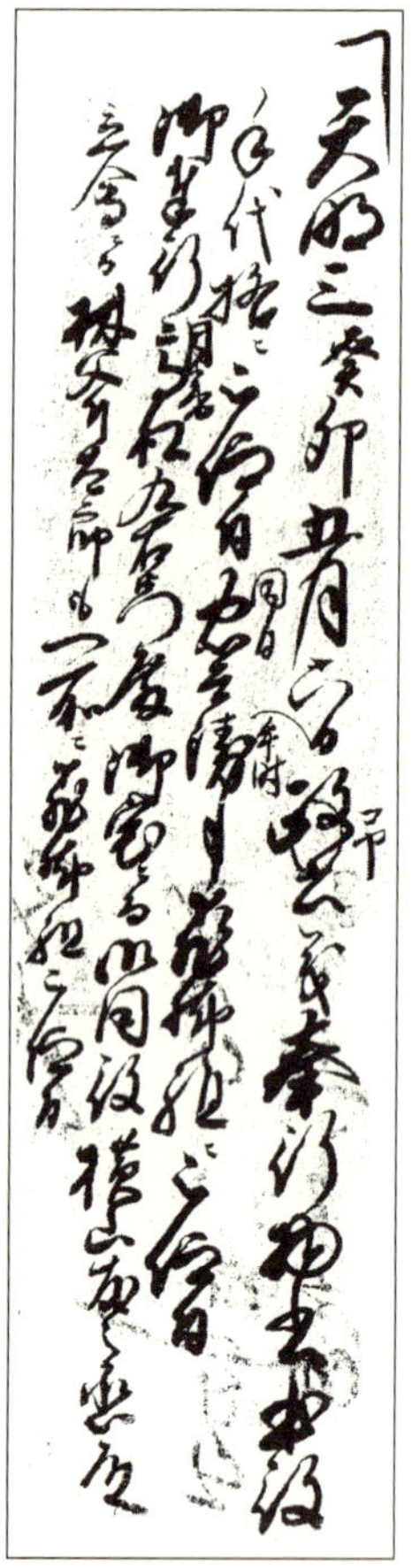

天明三癸卯五月六日午時、政六・予義、奉行物書本役手代格ニ被仰付、同日忠兵衛事飛脚組ニ被仰付、御奉行月番高松九右衛門殿御宅ニて、御同役横山友之丞殿立会ニて、林斧太郎も一所ニ飛脚組被仰付

その直後、九日政六は奉行物書の誓詞を提出し、会所において徒目付山田郡蔵の立ち会いで、誓詞文言を物書の山根与蔵が読み上げた。同月一三日切付(給金)半年分金二両一分と扶持米二斗五升を受け取った。その後六月五日、政六は組内八人に、物書き任命の祝いとして、奈良茶と酒肴二・三種の献立で、振る舞い披露をした。天明三年五月頃は、天明の飢饉が始まった頃で、加納の米相場は金一〇両に米一五俵(六石)の高騰で、「古今未曾有の事也」と、世間の老人がささやきあっている頃である。江戸時代は米や金・銀・銭は相場がたって変動していたが、およそ米は金一両に米一石(二・五俵＝一〇斗＝一〇〇升＝一五〇kg)購入出来ることを平年としていた。この概算で言うと、加納の米相場は、一両で六斗しか買えないことから、米値段が高騰しているというのである。

寛政三年(一七九一)六月、政六が四三歳の時、「任命されている役目を精出して勤めている」ことを認められ、御入目方書役を命じられた。そして、役料一人扶持(米一石五斗程か)を加増された。同九年一二月二五日には、奉行方物書・御入目物書の職務を、「常々精を出して勤めている」という評価から、買物方を命じられることになった。このことは、月番の永田儀太夫から伝えられたのであるが、御入目物書を兼務するかどうかははっきりしていなかったものの、翌年正月五日、改めて買物方のみを職務とする内達があった。同一〇年(一七九八)一二月二五日には、政六は金二〇〇匹(約金二分・祝儀の意味合い)を拝領した。これは、藩主永井尚佐が山城守を任官したことによる祝意の意味合いもあったのかもしれない。

三　金銀豆腐をたらふく食べる

寛政一一年(一七九九)一二月二七日、五一歳の政六は御流格御入目物書に昇格した。「常々役筋出精仕りまするについて、御流格に仰せつけます。この段申し達しませいとの御意で御座ります」と、御用人杉浦兵四郎の立ち会いのもと、月番の永田藤三兵衛から御達があった。手代格から御流格への昇格は、加納藩士としては大きな意味を持っていたのである。

同未(寛政一一年)十二月二十七日御流格ニ被仰付、
　常々役筋出精仕りまするニ付て、御流格ニ被仰付ます、
　此段申達ませいとの御意で御座ります
右、御月番永田藤三兵衛殿御達なり、御請は御月番御用人杉浦兵四郎殿也

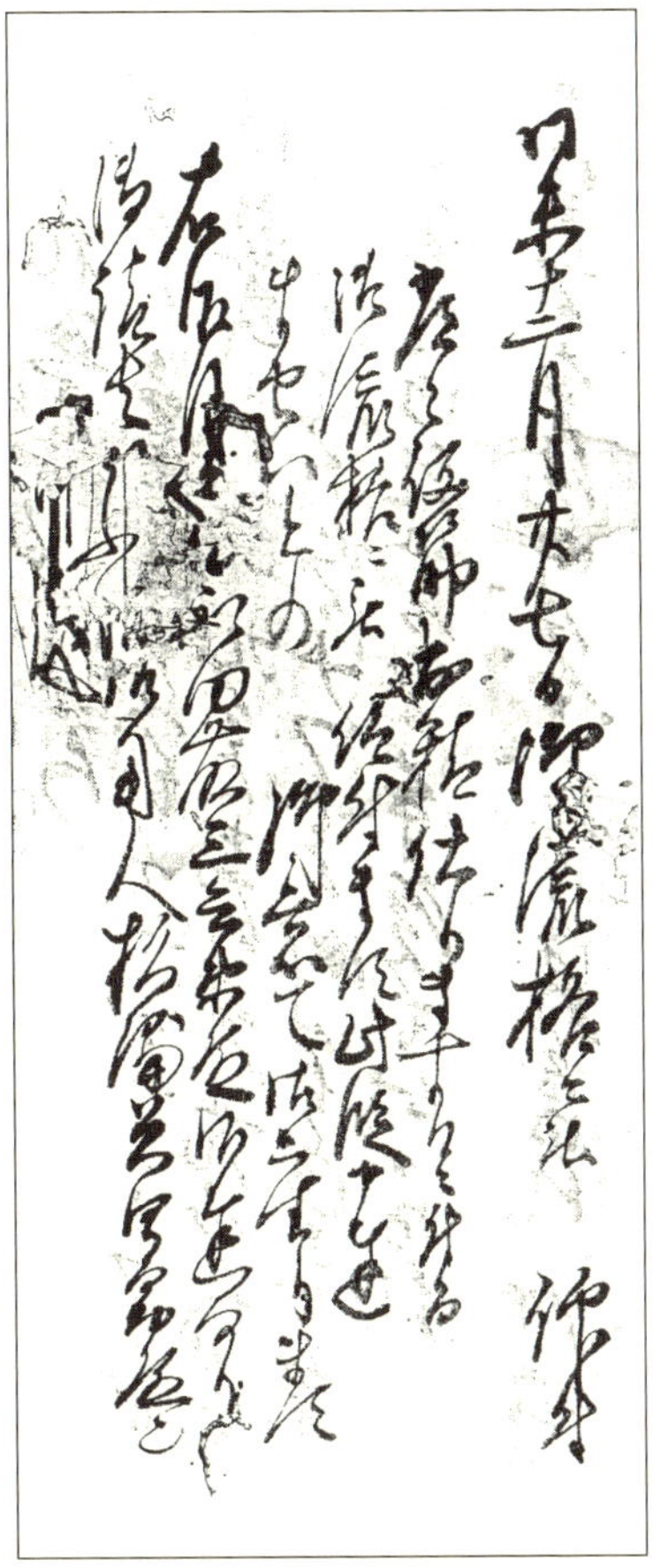

加納藩の職制の中で、御流格がどこに位置付いているか、嘉永頃(一九五〇年前後)の分限帳(『加納町史上巻』)を見ると、足軽格・平組定番・両奉行吟味奉行支配手代格・御目見格の上位に位置付いている。

つまり殿様にお目にかかる事が出来るとか、殿様から判物の付いた命令書や、吸い物・酒等のお流れを頂戴できるという位置に昇格したといえる。

翌一二年(一八〇〇)正月九日は、政六が御流格に昇格して初めて年始御礼のために御殿へ出仕した。そして同一一日は、寺院の僧や町郷中の者達が年始御礼のため御殿へ罷り出た日であった。政六は、彼らの記帳の取り締まりのため出張った。その日は至って寒気が強かったこともあり、御当番片岡左富が許可し、政六は「予にもお昼飯の汁に金銀豆腐をたらふく食べるよう」仰せになったと記している。大豆で作った白い豆腐と、卵などで作った黄色の豆腐を、それぞれサイコロ様に刻み吸い物に入れれば、金(黄色)銀(白色)豆腐のできあがり。そこで

有(り)かたや　年の始めの甲子(キノエネ・正月一一日は甲子にあたる)に　金銀豆腐の汁をたまわる

と、喜びを率直に表している。

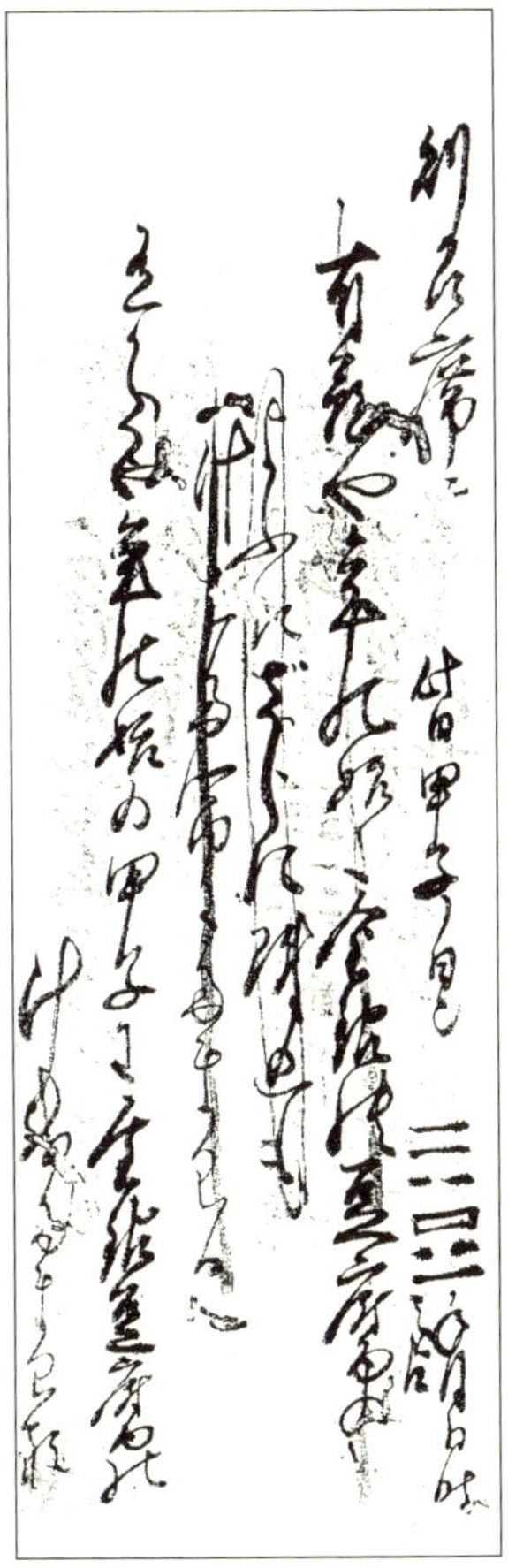

その後、一二月六日加納藩主永井尚佐が大坂加番を命ぜられた時、御流格以上の藩士が御歓状を差し上げることになった。御歓状を差し出すことがわざわざ「御流格以上」と断っていることは、下位の御目見格・手代格との間には、藩士としての待遇・格式が大きく違っていたといえる。まして、政六が藩士として父・仙衛門の跡職＝家職とさえ思っていた献上方を「故なくして」失い、「奉行物書」を命じられ、職務に精を出し真面目に仕え、徐々に認められ、ついに「御流格御入目物書」にまで昇進したのである。

先の金銀豆腐の美味しさを味わい、悲嘆からようやく一六年目にして我が世の春を迎えたのである。時に政六、五二歳の時である。

政六は、文化一三年(一八一六)四月、六八歳で死去するまで、加納藩に仕え代官仮役や徒目付役を勤め、金三両二分二人扶持を給され、加納藩に仕えていた。

第二節　立身出世した政六の居宅

一　物書きとして生きる藩士政六

第一節で父仙右衛門の退役により、田辺政六は家職と思っていた献上方を拝命できず、悲嘆に暮れていた。これは依怙贔屓の仕業だと恨んでもいた。さらにまた、古人の言葉を引用して、「天命である」と自らに何度も言い聞かせている。さらに「世の中は何かは知らず思えども、左様でござるお目出度いこと」と心を和ませるより仕方がないと、宮仕えの哀愁をかみしめている。しかし最後の行には、論語を引用して「郷原徳之賊也」（善良を装い郷中の好評を得ようとする小人は、八方美人で識見も節操もないから徳を損なってしまう）と、密かに決意を表明している。さらにまた、別の所で「よろづの事前キに屈すること有れば、後に伸る事あり、しかれあれば学文（門）に情根を凝しなは、後チによく発セざらんや」と記している。「すべてのことは前に不遇なことがあっても後には幸いなことになることがある。そうであるなら、学問に精魂を傾けておれば、後にはよいことに発展するのではなかろうか」と解釈出来るのである。

年表２　田辺政六の履歴　　（寛延２年～文化13年）

西暦	和年号	月　日	年齢	事　　　項
1749	寛延２年		1	政六、出生
	安永９年	4・6		長男勝蔵、出生
1781	安永10年	3・	33	「見聞録」記録始める（政六昆敏）
	天明２年	3・4		父仙衛門（72歳）、献上方退役願う（27カ年勤続）
	天明３年	5・6	35	手代格・御奉行方物書本役を拝命
	天明４年	正・13		二男辰吉、出生
		10・13		追手御門赤門脇本宅に移居
1785	天明５年	正・10		西部村の扣田地（加持子米６俵余）を自分支配に変更
		9・10		母里与（仙右衛門と婚姻の時扣田地を持参）、死去（70余歳）
	寛政４年	2・16		辰吉に商家大坂屋を相続させる
	寛政６年	6・6	46	御入目方物書兼帯を拝命
		8・朔		嫡男勝蔵（15歳）兵所小僧を拝命、一人扶持
1796	寛政８年	12・25		勝蔵、御用部屋小僧を拝命
	寛政９年	2・6		父仙右衛門、死去（87歳）
		11・23		政六妻コト、死去（37歳）
		12・25		奉行方物書・御入目物書出精により買物方を拝命
	寛政11年	3・10	51	政六、渕右衛門と改名
		12・27		御流格・御入目物書を拝命
1800	寛政12年	正・		年頭に出席、金銀豆腐をたらふく食べる
	享和３年	正・	55	田１反２畝余を金２両余で購入
	享和４年	2・29		嫡男勝蔵、死去（25歳）
				三男三蔵（天明5年閏10月出生）を嫡子として届ける
	文化５年	3・17	60	嫡子三蔵、死去（23歳）
1809	文化６年	正・28		商家に養子していた辰吉、田辺家に復縁、嫡子
	文化８年	12・25		嫡子辰吉（嘉兵衛）、手代格・作事定奉行一人扶持を拝命（28歳）
	文化９年	正・4		渕右衛門昆敏を渕右衛門佳角と改名
		12・25		徒目付役を拝命
	文化10年	9・14	65	田１反２畝余を金２両２分余で譲る
		9・19		辰吉の長男富太郎、出生
		12・25		辰吉、金１両加増
1815	文化12年	11～		政六、病気
	文化13年	4・12	68	政六、死去（68歳）
		6・28		辰吉（嘉兵衛光治・33歳）、家督相続、跡式金３両２分２人扶持

いずれにせよ、この決意、立志が政六の生き方の原点になったと思われるのである。

政六の藩士としてのデビューは、履歴によると「手代格・御奉行方物書本役」を命じられた天明三年(一七八三)五月六日、政六三五歳の時である。

二　追手御門赤門脇に本宅を拝命

政六は、天明四年(一七八四)三月二四日「追手御門之脇赤門ニて本宅」とするよう命じられた。

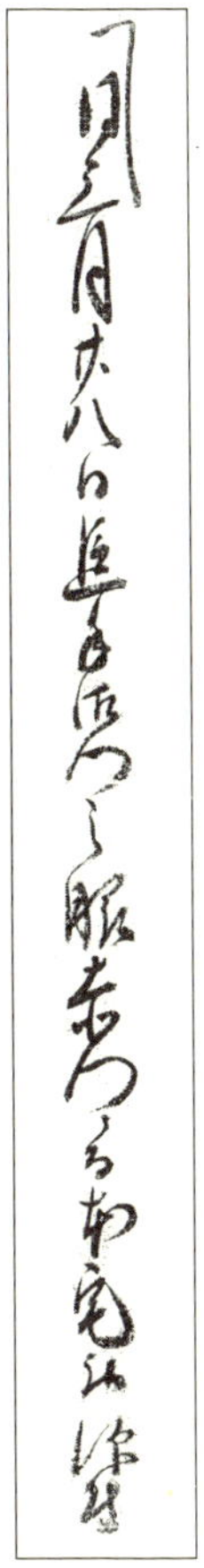

同(天明四年)三月二十八日、追手御門之脇赤門ニて本宅被仰付

その後八月一五日には、茜部村(岐阜市)八幡宮の祭礼において、赤門脇の長屋へ神馬四疋が入れられることになった。政六の本宅には二疋、隣の萩原市郎兵衛宅にも二疋が入った。その時、一三日より三日間は別火、いわゆる精進潔斎をして神馬を迎え、送ったようである。

かくして一〇月一三日赤門脇の長屋へ家族全員が家移りした。『加納藩家中絵図』(30ページ図4)にあるように、政六は追手御門を入った「追手御番所」の南隣である。ちなみに東丸通りと西丸通りの道は、現在と余り大きく変わっていない。この道路によって区画された屋敷地は、現在岐阜大学教育学部附属小学校と附属中学校の校地になっている。

赤門脇の長屋に移ったのは、父母と妻それに三名の子どもたちである。政六はこの赤門脇の長屋に移って二つのことを感慨深く語っている。

岐阜大学教育学部附属小中学校正門。
正門左側に田辺家の長屋があった。

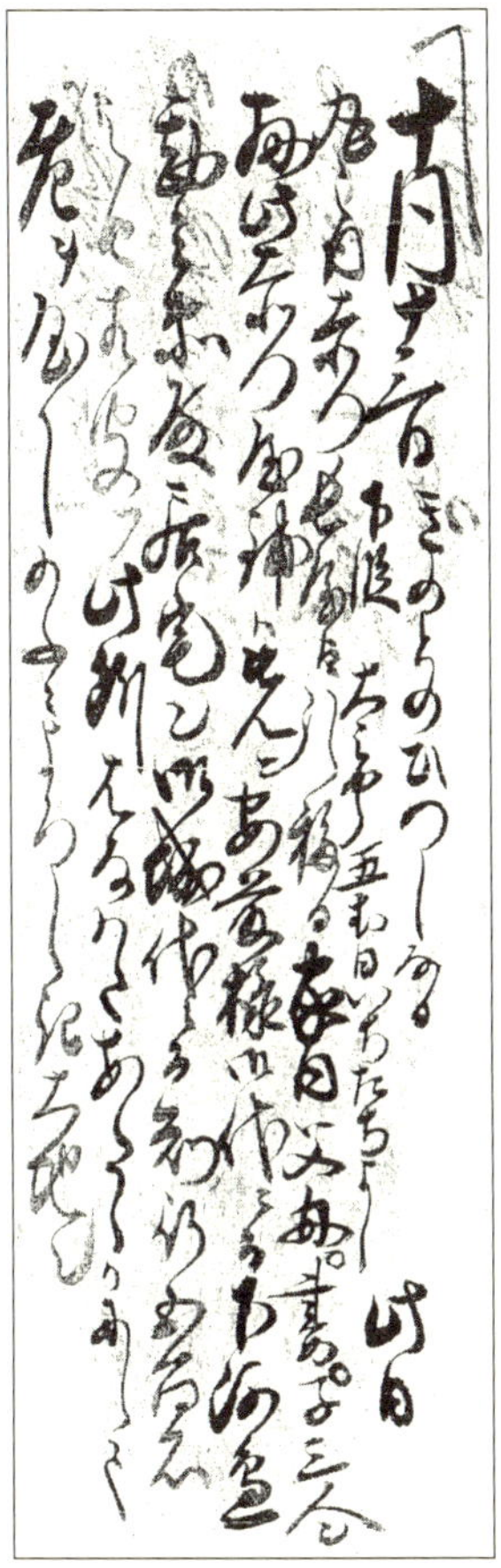

（天明四年）十月十三日きのとひつしなる、下段 大ミやう五む日いちたちよし、此日、丸之内赤門長屋え引移る、家内 父母・妻・子三人也、

扨、此赤門屋鋪ハ先ン安藤様御代ニて下河辺勘兵衛殿居宅也、御城代ニて知行五百石之由相聞フ、

此所、はなハたあたたかにして、老ヲやしのふニよろしき土地也

（一）御大身の住居跡に住むことになって感激

その一つは、「此赤門屋鋪ハ先ン安藤様御代ニて下河辺甚兵衛殿居宅也、御城代ニて知行五百石之由相聞フ」と記述している。この宅地があるところは、宝暦六年（一七五六）まで加納を治めていた藩主安藤の城代家老下河辺甚兵衛（知行五〇〇石）の屋敷があったところだと、わざわざ言っている。御大身の住まわれた跡地に、御奉行方物書本役・手代格の自分たちが住めることのありがたさを感謝していたのかも知れない。

ちなみに『加納城侍屋敷絵図』（28ページ図2）を見ると、追手御門を城内に入った東丸・西丸付近は、印刷のかげんで読み取ることが出来ないものの、人名がまばらに記載されている。

また、『加納藩侍屋敷絵図』（29ページ図3）の東丸・西丸付近の屋敷地には、「六〇〇石・板橋某」とか「千五百石・野々山某」というように高い俸禄の藩重役の名前が並んでいる。

政六が言うように、安藤治世・戸田治世屋敷絵図のいずれにも先に住居していた「下河辺」の名前を判別できないが、東丸や西丸

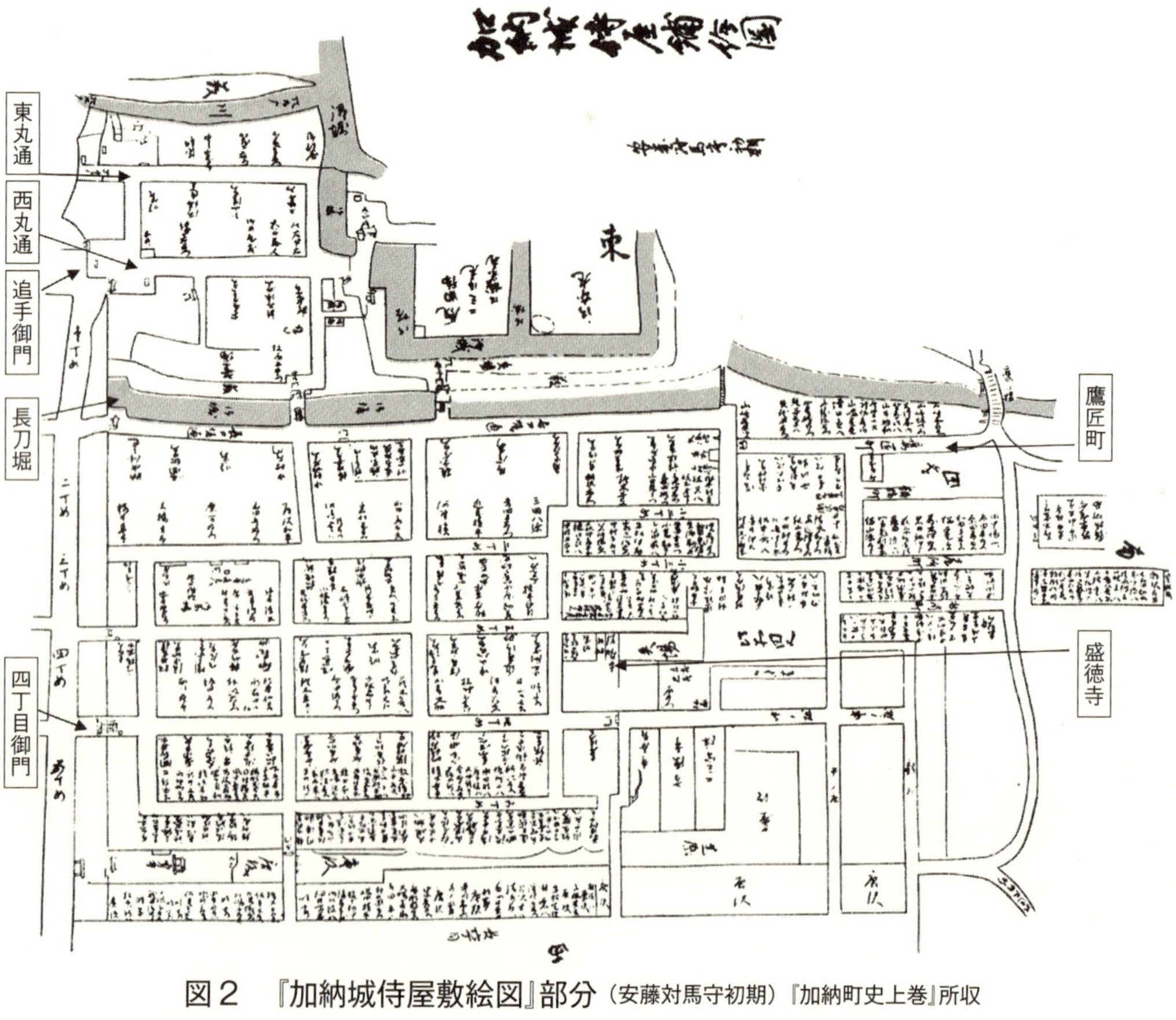

図２　『加納城侍屋敷絵図』部分（安藤対馬守初期）『加納町史上巻』所収

に区画された敷地は、広い屋敷が並ぶ地域であったように思われる。

つまり、追手御門を入った東丸・西丸通りに区画された付近は、戸田氏の時代、安藤氏の時代とも、藩の重役の居住地であったのである。追手御門は城内の入り口であり、藩の表の顔であり、防御の最前線であることを考えれば、最も重要な屋敷地といえる。それだけに政六は、名誉な土地に住まいを命じられたことに、大きな喜びを感じていたと思われる。

（二）暖かで老いを養うに快適な住居だと感激

政六は、さらにもう一つ喜びを記している。それは、今まで政六が住んでいた所に比べて、「はなハたあたたかにて、老ヲやしのふニよろしき土地也」と記している。政六はこれまで追手御門の外側、中山道から北に隔てた西広江に住んでいた。この地は、加納初代藩主の奥平信昌（一〇万石）の夫人、亀姫の菩提寺光国寺の東側付近にあたる。現在JR岐阜駅の南東に位置し、密集した住宅地になっているが、当時は中間クラスの長屋があるものの、ひなびた地域であったようである。しかも、美濃特有の北西から吹き込む「伊吹おろし」が、城内の屋敷にかこまれ直接あたらない所である。それだけに政六は、「甚だ暖か」で、年老いた父母を「養う」に「宜しい」と記述しているのである。

政六は、この追手御門を城内に入った赤門脇の長屋に天明四年（一七八四）三月移居して以来、文化一三年（一八一六）四月一二日死去するまで住み続けることができたのである。

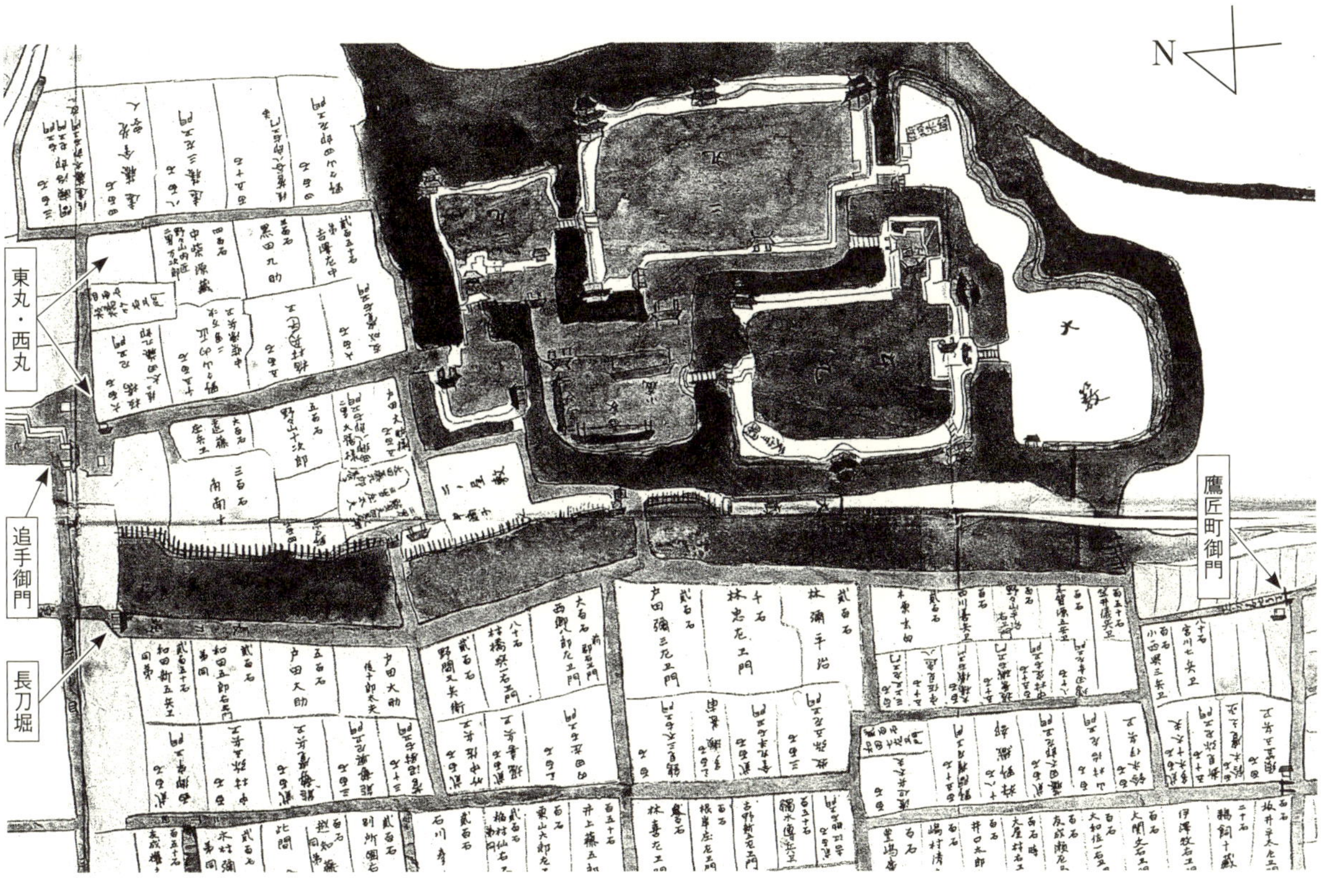

図３　『加納藩侍屋敷絵図』部分（戸田氏治世頃か）（岐阜県図書館所蔵）

(三) 住居の整備

天明四年(一七八四)一〇月一三日、追手御門赤門脇の長屋に居を構えた政六は、早速同年一二月、箪笥を購入した。代金は銀六三匁五分で、御園町(岐阜市)の金助という人が作ったという。この代金が高価であるのかどうか分からないが、とりわけ全国的に飢饉の頃で、銀六三匁余りは金に換算すると一両余りとなり、米は一石(一五〇kg)も購入できない頃だと思われる。

ついで翌天明五年四月一三日、居宅の長屋前の井戸を掘り替えた。請負人は茜部村寺屋敷の人で、人足三人で一日がかりで行ったという。同年の五・六月は「暑気至て甚だしく」「世間疫病また痢疾等はやる故、人死去多し」といい、また六月中旬は旱魃となり、諸所で、雨乞いの祈願がかけられたという。六月中旬まで一カ月ほど全く雨が降らず、一九日夜には大雷雨が降る等というように、天候不順が続いていた。この井戸は長屋の共同の井戸で、井戸の清掃を含める修理は、近年に続く天候不順を見越して、生活・健康保持のための飲み水確保は最も重要なことであった。

ちなみに政六は同年八月五日から九月二七日まで大病を患っている。とりわけ八月一五日昼四ツ時から夜七ツ時分までと、同一七日夜明け七ツ時分から夜明け六ツ時分まで、腹痛が激しかったという。「我歳三拾七歳、是迄覚さる大病也」「既ニ命根も至て危かりき」「米粥の汁を管にてすすり居ること四・五日也」と記す程の患ようであったという。ここから病名を即断できないものの

図4　永井氏治世『加納藩家中絵図』
天明4年～寛政11年頃
(岐阜市博物館寄託)
全体図をもとに西村覺良が作図

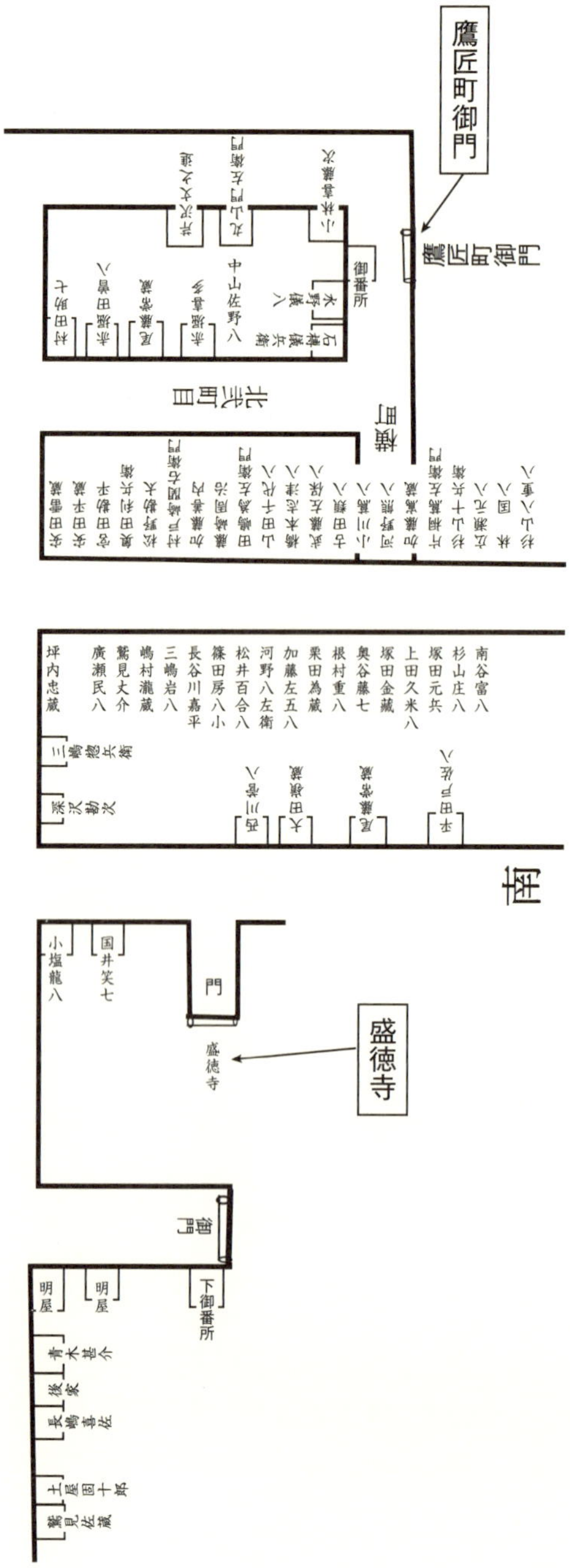

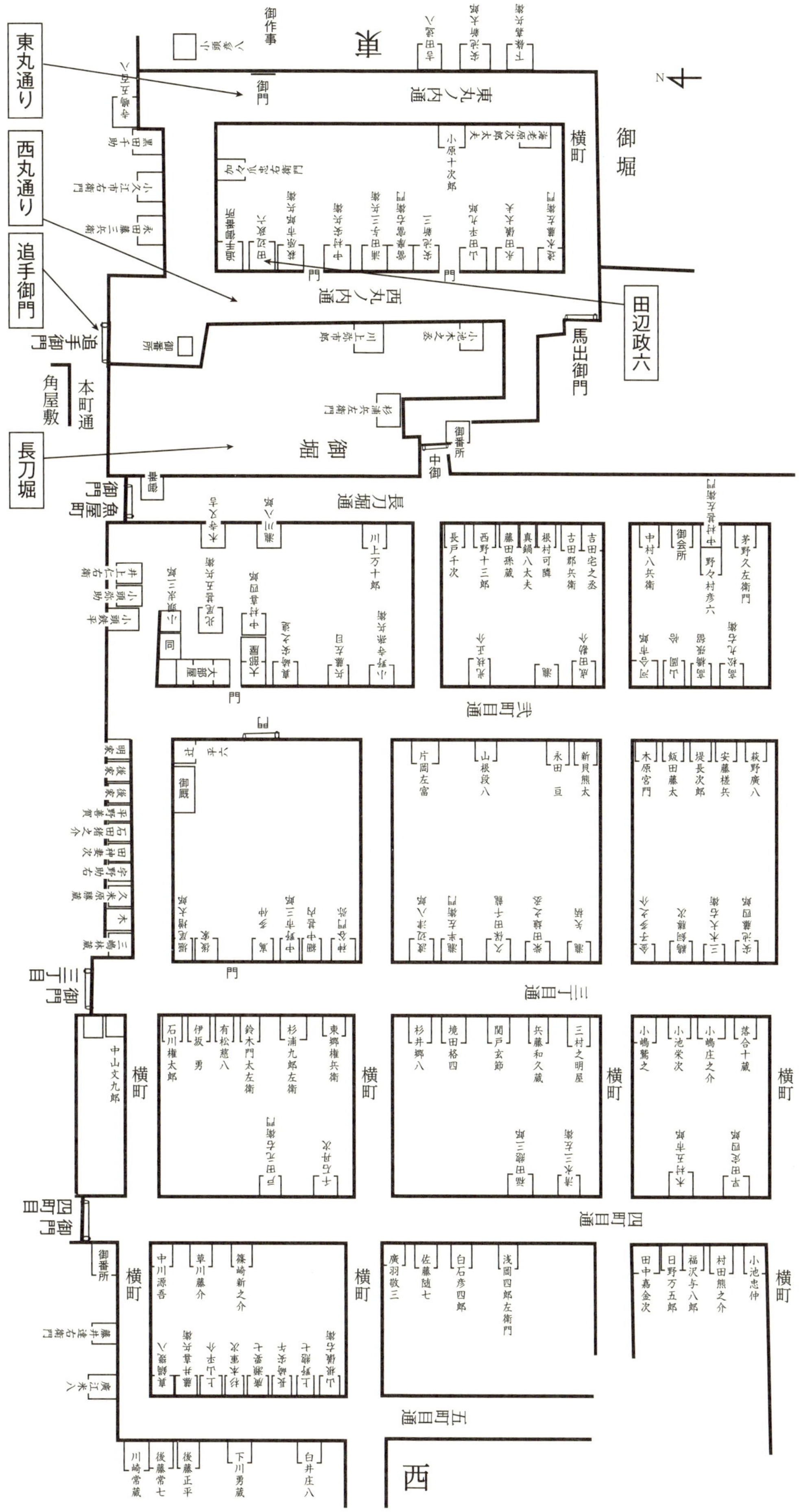
東
西
東丸通り
西丸通り
追手御門
長刀堀
田辺政六
御作事
御門
東丸ノ内通
西丸ノ内通
御堀
横町
馬出御門
中御門
御番所
本町通
角屋敷
御魚屋町門
長刀堀通
弐町目通
三丁目御門
三丁目通
四町目御門
四町目通
五町目通
小原十次郎
小池木之丞
川上茶市郎
杉浦兵左衛門
川上万十郎
吉田宅之丞
古田郡兵衛
根村可麟
真鍋八太夫
藤田孫蔵
西野十三郎
長戸千次
茅野久左衛門
野々村彦六
御会所
中村八兵衛
萩野廣八
安藤槌兵
堤長次郎
飯田藤太
木原宮門
新貝熊太
永田亘
山根段八
片岡左富
中山文九郎
東郷権兵衛
杉浦九郎左衛
鈴木門太左衛
有松惣八
伊坂勇
石川権太郎
三村之明屋
兵藤和久蔵
関戸玄節
境田格四
杉井郷八
落合十蔵
小嶋庄之介
小池栄次
小嶋鷲之
篠崎新之介
草川藤介
中川源吾
浅岡四郎左衛門
白石彦四郎
佐藤随七
廣羽敬三
小池忠仲
村田熊之介
福沢与八郎
日野万五郎
田中嘉金次
藤井達右衛門
廣江米八
白井庄八
下川勇蔵
後藤正平
後藤常七
川崎常蔵

「疫病・痢疾等」であったかも知れない。

井戸の清掃・修理の後、同年六月二二日政六は差し渡し一尺六寸五分（直径約五一・五センチ）の大釜を調達した。購入先は岐阜鉄屋町（岐阜市）河内大掾別家同苗岡本伊右衛門であった。代銀は二〇匁であったが、古い釜を下取り一〇匁とし、銭九〇〇文に値引きしてくれたという。運搬のための駄賃銭は三〇文かかった。

その翌天明六年四月上旬、政六は小家を建てた。といっても新築ではなく、古屋を買ったようである。

その後家具の調達など住居に関わる記事は見当たらない。

この追手御門赤門脇の長屋は、藩士としての政六が、「献上方見習」から意に反した「手代格・御奉行方物書本役」となったものの、最後には「御流格・代官仮役」「徒目付」を勤め金三両二分・二人扶持の俸禄を受けるまでに立身出世を支えた居宅となったのである。

また男児四名、女児三名を産み育てた居宅となったのである。しかも、この居宅で見聞したことを克明に記録して『見聞録』を後の世に遺した居宅でもあったのである。

三　居宅発見の経緯と時代考証

永井氏治世の『加納藩家中絵図』（30ページ図4）に、「田辺政六」と張り紙がしてあり、ほかにも政六の孫が養子した「下条」の家も記されている。この『家中絵図』は、北東の「東丸ノ内通」「西丸ノ内通」「追手御門」から西へ、「長刀堀通」「弐町目通」「三町目通」「四町目通」「五町目通」と続き、南は東から三之丸北の「御堀」「鷹匠町御門」と続いていた。南西は「盛徳寺」と記された範囲である。但し縮尺が明確でないため、現在地とは距離が大きく違う。『加納藩侍屋敷絵図』（29ページ図3）と比べても、縮尺が曖昧である。三の丸・二の丸・本丸などの城郭の位置と比べると幾分位置関係が想像できる。政六が記されている『加納藩家中絵図』（図4）に記載されている加納藩士の名前は一九四名あり、加納城下居住のほぼ全てであるといえる。

この『加納藩家中絵図』はいつ頃に描かれた物であろうか。この絵図には勿論記載はないが、「田辺政六」の名前を手がかりに描かれた時期を絞ろうと思う。政六が『見聞録』を記録し始めた安永一〇年（天明元年・一七八一）には、「田辺政六」を名乗っている。天明四年（一七八四）一〇月一三日にはいよいよ追手御門を城内に入った西ノ丸通に移居してきた。だからこの絵図は天明四年一〇月以降といえる。

この絵図の下限はいつかさぐることにする。

政六は、寛政九年（一七九七）一二月二五日に奉行方物書・御入目物書の職務に出精であったとして、買物方に任命され、さらに翌年一二月二五日には金二〇〇疋の加増を拝命した。

一方、寛政九年一一月二三日には愛妻コトが三女おていの出産時に、死去してしまった。三七歳の若さであった。そして翌年一一月二二日、亡妻の一周忌を勤めた。

藩士として認められた事、愛妻の一周忌を勤められた事など、人生の一つの区切りとしてか、田辺政六は、改名する事を藩に願い出ていたようである。

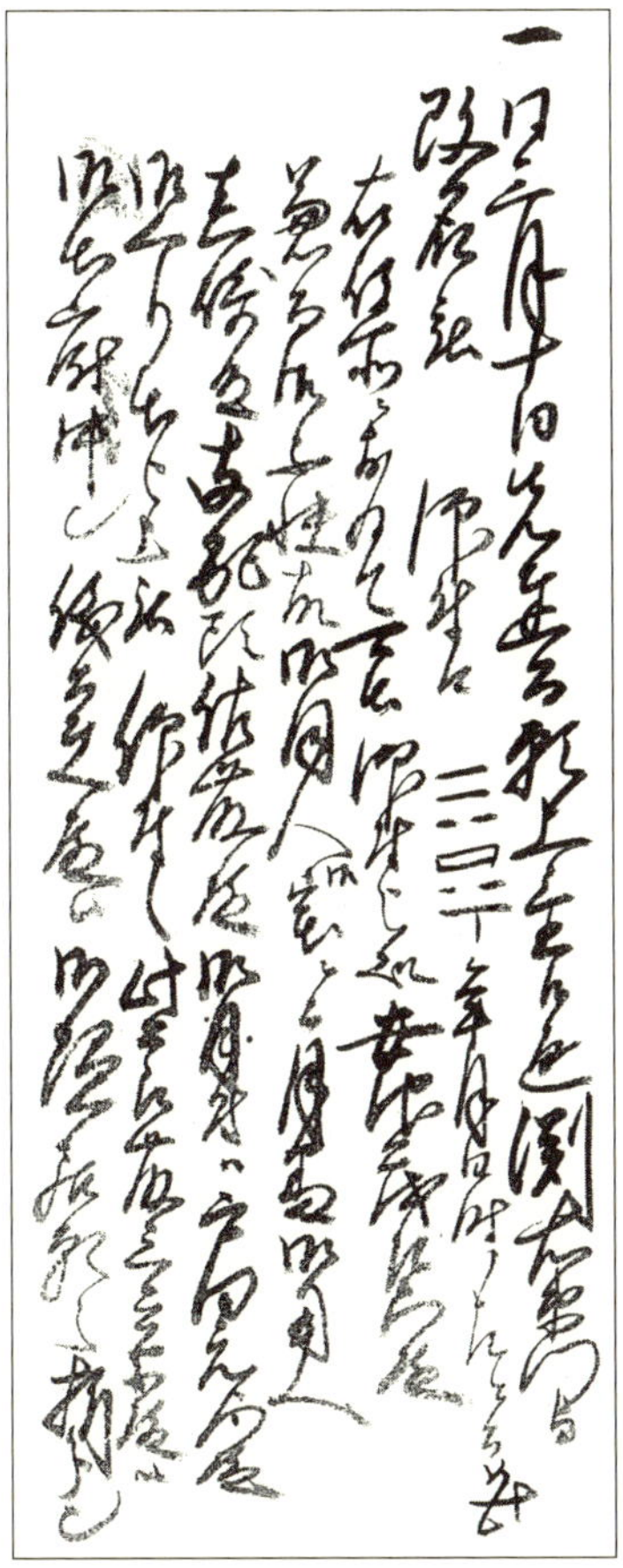

同（寛政十一年）三月十日、先達て願上置候通、渕右衛門と改名被仰付候、（中略）

右、役所ニおゐて可被仰付之処、安池茂左衛門殿兼て御不快故、御用人御宅ニて、月番御用人真崎殿、支配頭佐藤殿、御目付ハ戸田元右衛門殿、御くり出之上被仰付候、此節（永田）藤三兵衛殿ハ御出府中也、儀太夫殿ハ御隠居願之折から也

藩に願った政六は、寛政一一年（一七九九）三月一〇日「政六」から「渕右衛門」と改名を許された。

この事からこの『加納藩家中絵図』（図４）は、天明四年から寛政一一年の約一五年間に描かれた絵図だといえるのである。

第三節　天明二～四年の飢饉と百姓が加納城へ押し寄せる風聞

一　大風雨が続く

天明元年（一七八一）七月二七日、夜八ツ時過より明六ツ時（夜中二時頃から明け方六時頃）まで大風雨があった。余りの雨風に政六は驚いて七ツ時（四時頃）に目覚めた。その時父仙衛門が「この風は防がなくとも害が無い」と言ったが、占いを行ったところが「父と二人で力を合わせて防ぐべし」との卦が出たので、「大いに防いだ」と記している。関東では大水害になったと記している。

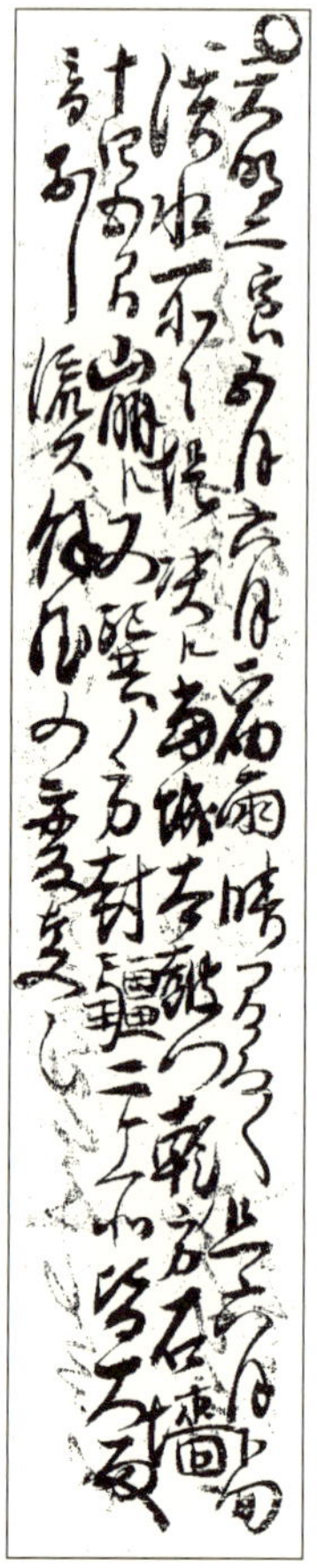

天明二寅五月・六月宿雨晴間なく、且六月下旬洪水所々堤決ル、当城太鼓門乾方石墻十四・五間崩ル、又巽ノ方封疆ニケ所、皆大雨ニておし流ス、余程の変事也

天明二年（一七八二）五月・六月は宿雨（連日降り続く雨）によって晴れ間もなく、六月下旬には洪水によって至る所の堤が決壊した。加納城の太鼓門の北西の石垣が一四・五間も崩れ、また南東の土塁が二カ所、大雨によって押し流された。

政六はこの記事の後、「余ほどの変事也」と記している。

この年の大水は八月九日までに六度に及んだといい、雨が降ることは一二〇日計り、嵐になること三度もあったという。そのため家中の家屋敷は破損してしまったというのである。

同年八月一四・一五日の両夜は関東大地震で、一夜のうちに六・七度振動したと記している。別して小田原・吉原辺は強く、大地も割れてしまうかと心配するほど震えたという。

八月二一日には政六は関東へ出張していたらしく、関東の大風を体験していた。川崎宿の大阪屋治左衛門宅にいて、いろいろ大風を防ぐ工作をしたのであるがかなわず、家屋は諸所を吹き破られ、近所の家も悉く倒壊してしまったという。東海道の往還の並木は数千本も折れたり倒れたりしてしまい、大災害になったという。

そんな自然災害により農作物は不作・大凶作となり、米相場は金一〇両で米一九俵七分という、平年の相場に比べて一・二六倍の値上げになったという。

二　浅間山の噴火

天明三年（一七八三）夏頃、鳴動が頻繁に鳴り響き、ついに浅間山が噴火した。加納に居た政六は地震の様子を次のように記している。

此年（天明三年）是迄極暑之節といへ共、あつき事ヲしらす六月二十九日・七月朔日・二日と三日の間、丑寅ノ方ニ当て、申ノ刻前後壱ツ時余振動し鳴ル事しきり也、世上之取佐太、雷とも地震共取さだめかたし、山ぬけなどにやあらんと云々、尤東北に当て驟雨雲たつ也、此年是迄豊作也、予カ宅唐紙抔びりめく也、又其鳴り音、甚以胸にこたへ、人多く気分悪しく相成ルと云々、予夫より両鬢先キいためり、（後略）

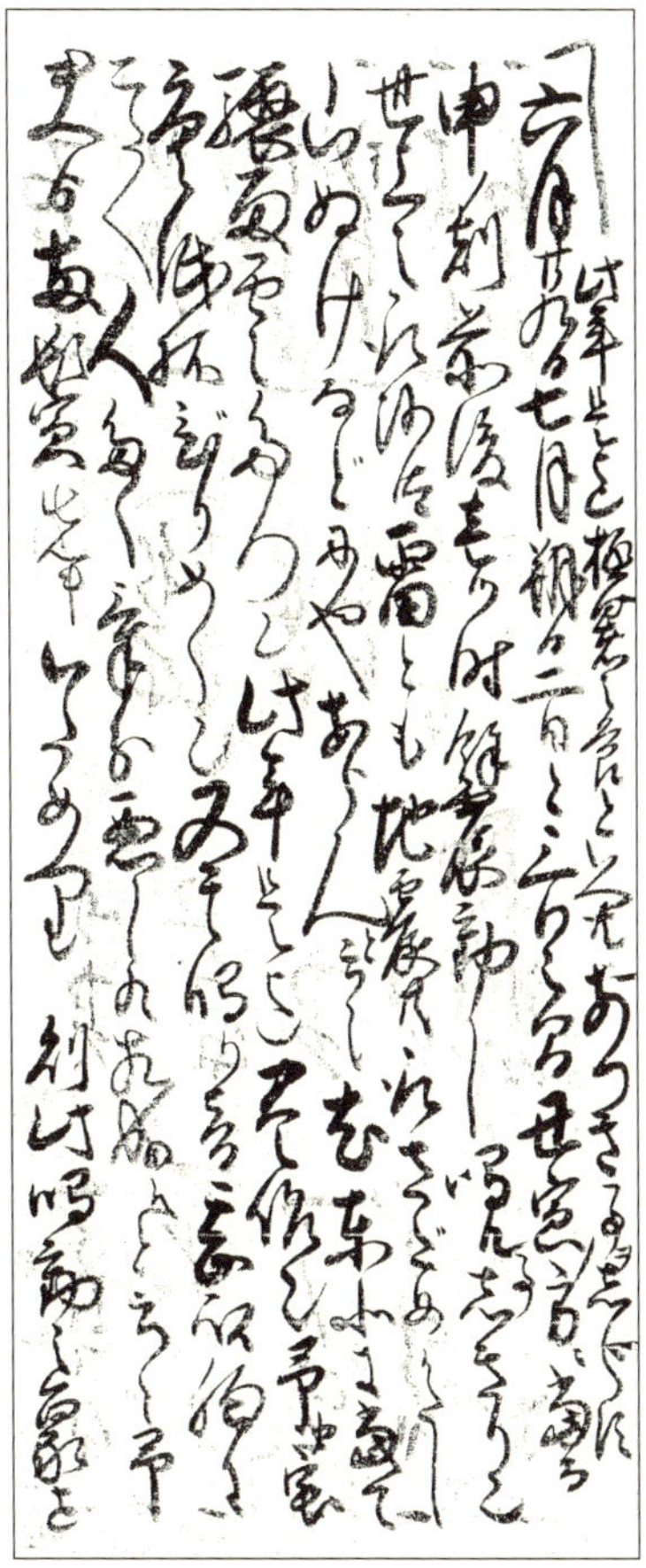

六月二九日・七月一日・二日と三日間、北東の方角、申の刻（午後三時から四時頃）前後、二時間余り、地響きがした。世間の人は、その原因が分からず雷とも地震とも、山抜けではないかとも、取り沙汰していることしきりであったようである。尤も東北方面は驟雨（しゅうう・急に降り出し間もなく止んでしまう雨・今日で言うゲリラ雨）の雲がわき起こっていたという。記録の最初に政六は、例年六月末から七月上旬は酷暑になる季節であるが、此年は暑さ知らずで、是までは豊作であったという。

続いて政六は、得体の知れない地鳴り、鳴動を如実に記録している。

「予の宅、唐紙などびりめく也。またその鳴り音、甚だ以て胸にこたえ、人多く気分悪しく相成る」という。「予もそれより両鬢先（もみあげ）を傷めた」と記しており、政六の浅間山噴火の実感が伝わってくる。

さらに、実際に浅間山の噴火現場を見たり体験してきた者の見聞を記録している。

江戸から大坂まで五日間で行く岩村藩の飛脚が、加納宿問屋場で話していたことを次のように記している。

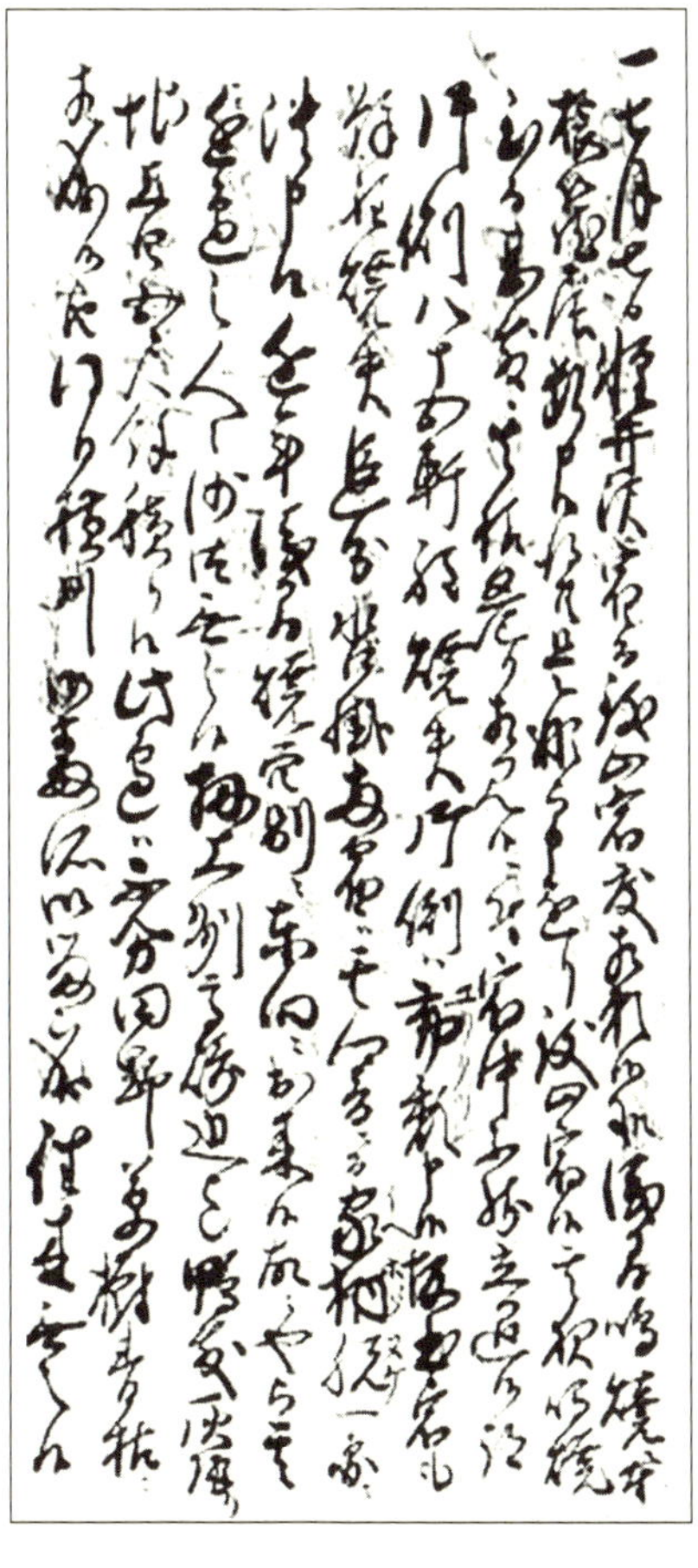

（天明三年）七月七日軽井沢宿ニて致止宿度相頼候処、浅間鳴焼ニ付、旅籠屋断申候得共、是非と申懸り、致止宿候、其夜鳴焼至て甚敷、其様危ク相見候ニ付、宿中不残立退候跡、片側八十五軒程焼失、片側ハ動頽（ユリクヅレ）申候、坂本宿も余程焼失、追分・沓掛両宿ハ其響ニて家柄脱（イエホゾヌケ）、一円ニ潰申候、近年浅間焼穴、別ニ東向ニ出来候故ニやと、其近辺之人々沙汰無之候、扨上州高崎辺迄夥敷灰降り、地上四・五尺余積り候、此辺ハ不分田野、草樹青枯相成候由、同日横川御番所御留被成、往来無之候

（天明三年）七月七日に軽井沢宿で止宿を頼んだところ、浅間鳴

焼けのため断られるが、是非にと頼み止宿。しかしその夜半に鳴焼けが激しく危険になったので宿中残らず避難した。宿場の片側八五軒程が消失し、もう片側の家々は崩れ潰れてしまった。坂本宿も焼失。追分・沓掛両宿は、その振動で潰れてしまった。浅間の噴火口が東向きに出来たからだと、近辺の人々の噂があった。また上州高崎辺まで夥しく灰が降り、地上四・五尺余り積もった。そのため田や野原の別が分からず、草・樹木が青枯れになってしまった。横川御番所は通行止めになった。等々

加納宿の問屋場で飛脚が、このように被災現場を見て来た話をしていたという。政六が耳をそばだてて聞き入っている様子が浮かんでくる。

その他にも、加納を通行した紀州藩の家臣が、碓氷峠を通る時のことを次のように話している。鞠ほどの大きさの石が降ってきた。あるいは和田峠から眺めたら四・五〇〇軒も一度に火災になり、闇夜が白昼よりも明るくなった。大盤石が吹き上がり虚空に留まり居るかのような有様で、「実に前代未聞の変異」などと伝えている。

さらにまた、別の人は次のように伝えている。

家々の者が避難し、役人までも居なくなった宿駅は都合六カ所ほどになった。そこで、栖処(すみか)を失ったり手負いの山獣たちは諸方へ分散し、別けても飢えた狼が人馬を襲うこともあり、難儀をしている。

さらにまた、江戸などへ出張した加納藩士などから、噴火による惨状が刻々と伝えられ、六月二九日より七月九日迄の記事の中で、政六は次のように記している。

丑寅の方(加納からみて北東の方角)で鳴動することが止まなかった。諸人が驚いて、奇異の思いをした、けれども、作物は甚だ豊熟であった。

そして次のような歌が流行ったと、紹介している。

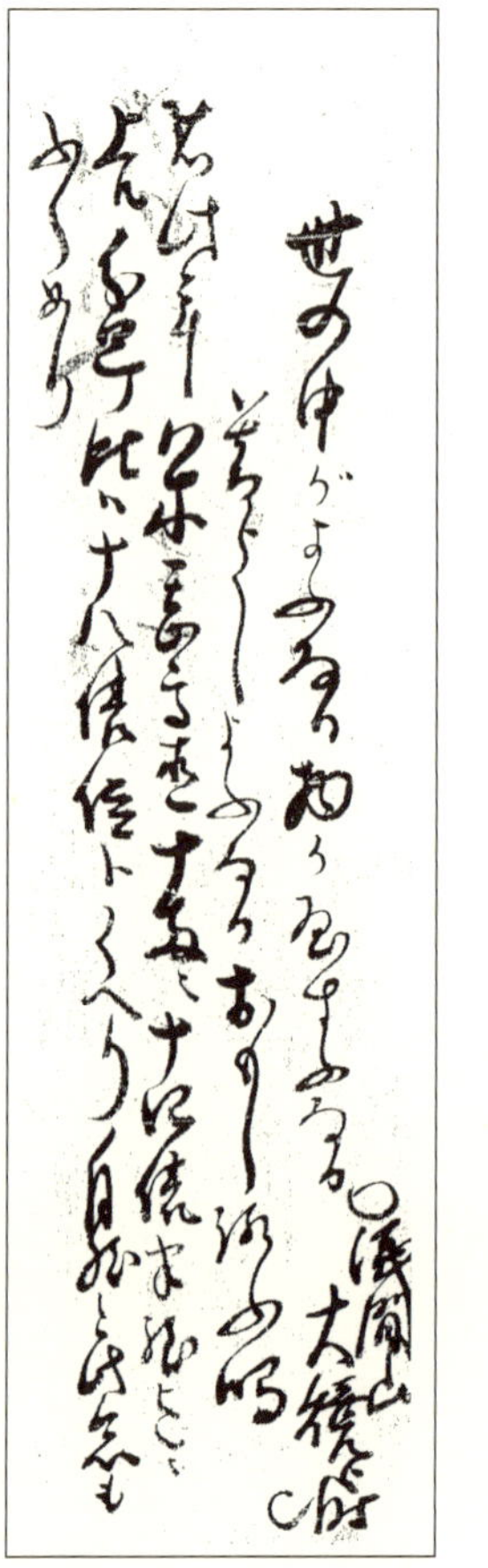

○浅間山大焼之時也

世の中がよふなる(成る・鳴る)

物かやすふ(安価・易う)なる(成る・鳴る)

暮らしよふなる(成る・鳴る)

おもしろふ(面白う)鳴(成る)

右、この年(天明三年)米甚高直、十両ニ十四俵半程迄ニ上ル、盆ノ頃ハ十八俵位とイヘり、自然と此の意もふくめり

浅間山付近の人々は人命を失い家屋・農作物の被害が甚大であったにもかかわらず、少し離れた地域の人々は、狂歌を作るなどして素直に暮らし向きに関心を寄せ、喜んでいたようである。

三　米相場の高騰

米相場が出てきて、安くなったとか高くなったとかいうが、そ

の基準は何かわかりにくい。そこで少し乱暴な・おおざっぱな、江戸時代中・後期頃の目安を示す。その前に、江戸時代は、米・金・銀・銭共に相場が立って、変動していた。しかも、江戸・大坂を始め各地の街で、相場が立って変動していた。加納でも相場が立っていたようである。さらにまた江戸時代の初め、中、終わり頃など、商業活動の進展によって大きく相場が変動していた。その前提で、次の様な目安をもっていると、値段の幾分の高下が理解出来るだろう。

金一両は米一石(一〇斗、一〇〇升、二俵半、一八〇㍑／白米でなく玄米)の値段。ちなみに一石は一人の人が一年間食べる米の量だとしている。ちなみに一反(一〇アール)普通の田んぼ(中田)で収穫する米の量は(天正・慶長期の収穫量が継承されて)一石とされ、検地帳には、中田は米一石と石盛りしてあることが多い。金一両も相場によるが、江戸時代の中・後期になると、銀六〇匁、銭六貫文(六千文)が目安である。

先に「米甚だ高直、一〇両に一四俵半程迄に上がる」と記している。米を一〇両で売買しているので、米商人の大口の商いである。

金一〇両で米一四俵半(米一俵は四斗であるから五八斗＝五石八斗)。一両にすると、五斗八升。つまり、平年であれば金一両で一〇斗買えた米が、六月・七月頃は一・七二倍の値段であったというのである。盆の八月頃になると、一・三九倍の値段で、幾分安くなったという。そこで、歌の通りに世の中が平穏になった。物価が安くなった。暮らし向きが良くなったので、「自然と此の意味も含めり」と、安堵の気持ちを表したと思う。

といっても天明四年(一七八四)春には、米穀が高値となり、米相場は平年の一・八五倍に高騰となってしまった。

四　飢饉のための施し

天明三年一二月下旬、浅間焼け困窮の百姓へお救米を配布するため、幕府は各藩に御城米を上納するよう命じた。加納藩には米三千二〇〇俵、大垣藩には一万俵を命じられた。日本中では五〇の大名に沙汰があったという。御城米というのは、非常時のために、城内の蔵などに貯えてある米で、幕府は、この米をお救米として放出するよう命じたのである。

天明四年(一七八四)になっても飢饉は続き、加納米は一〇両で一五俵七・八分といったところで、至って高値に推移していた。そのため庶民の生活は、「世上甚だ下賤の者困窮の由」というように厳しいものとなった。

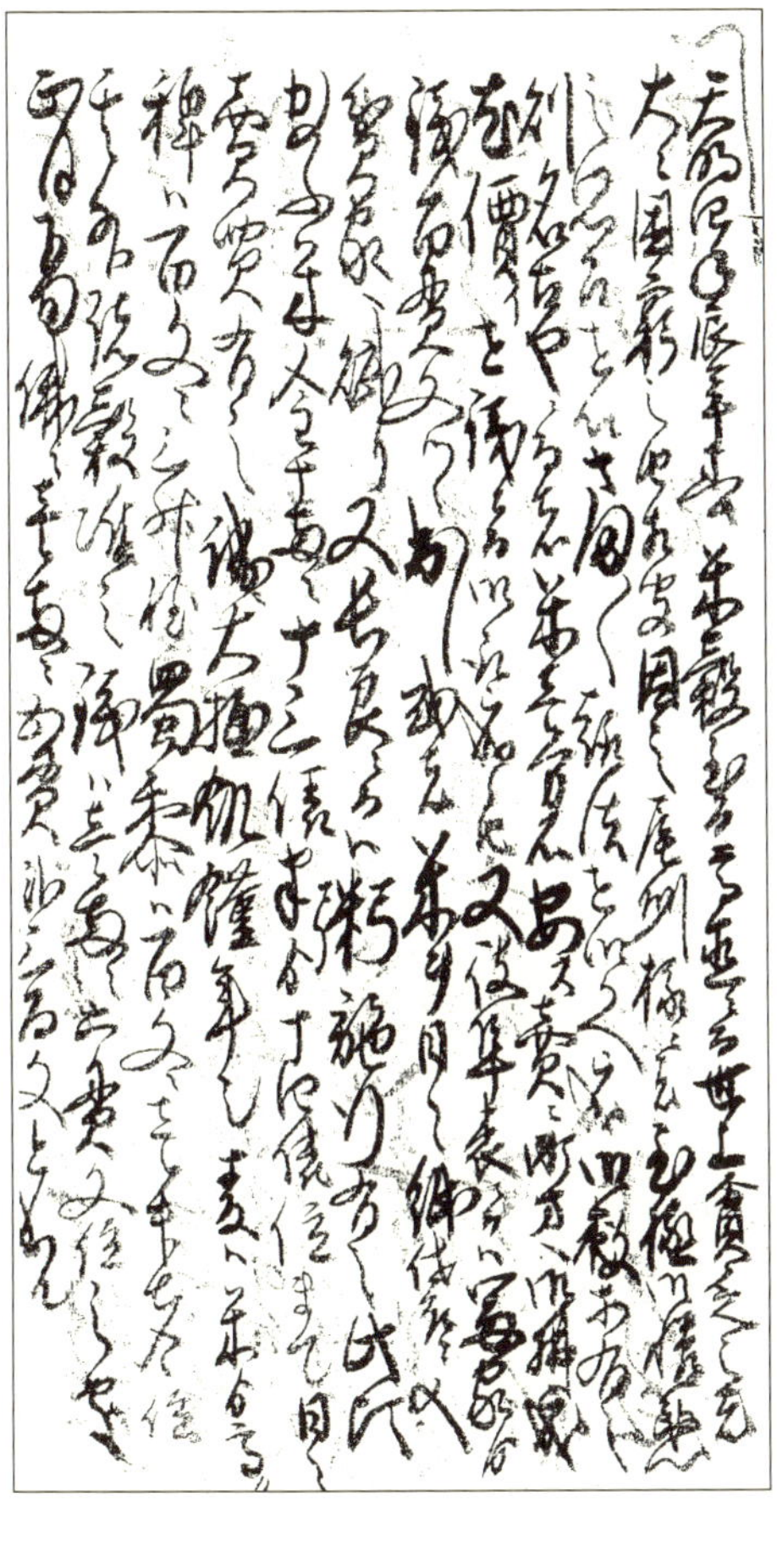

天明四年辰年春、米穀至て高直ニて、世上貧乏之者、大ニ困窮之由相聞、因之、尾州様ニは至極御憐愍之思召を以、さまさま趣法をおかへ被成、御救等有之、則名古屋ニては米壱万石安ス売ニ町方へ御払被成、尤価イを銭ニて御取被成候由、又岐阜表ニてハ、富家より銭百貫文ツツ出し、或は、米ヲ日々紙袋ニ入、貧家へ賦り、又、長良ニてハ粥施行有之、此頃かのふ米金十両ニ十三俵半より十四俵位まて、日々売買有之、誠ニ大抵飢饉年也、麦ハ米より高ク、稗ハ百文ニ三升程、蜀黍ハ百文ニ壱升七合位、夫外諸穀准之、銭ハ壱両ニ六貫文位之処、正月下旬俄ニ壱両ニ五貫弐三百文と成ル

そこで、政六が記しているように、尾張藩は次のような救済策を施行した。

先ず名古屋において、庶民が銭で購入出来るよう米一万石を町方に開放した。また岐阜表(岐阜市)においては富家より銭一〇〇貫文(先の大凡の換算で約一七両・米一七石:実際は相場のため値打ちは大きく違う)ずつ出させた。そして米を毎日紙袋に入れて貧家に配るとか、長良においては粥を炊き振る舞うなどをした。この頃加納米は金一〇両に一三俵半から一四俵位であった。麦は米より高く稗は銭一〇〇文に三升ほど。蜀黍は一〇〇文に一升七合位という。「誠に大底の飢饉年也」と政六は記している。

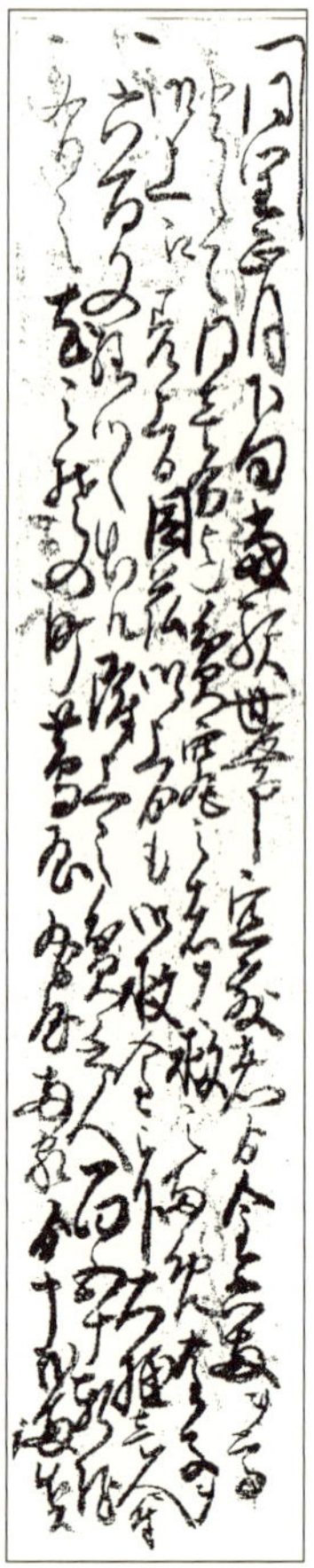

同(天明四年)閏正月下旬、当駅世帯宜敷者より金六両ヲ高として同壱分迄、貧究之者ヲ救之ため、金子ヲ御上え差上る、因茲、御上よりも御救金被下、大抵壱人ニ付、六百文程ツツ出ル、附上之貧乏人百五十軒程有之、尤、ミその町蔦屋・丸屋両家より十弐両出ス

さらに加納宿では閏正月下旬頃、世帯宜しき者(裕福な者)から金六両から金一分を各々の分限に応じて加納藩に上納させ、その金を御救金として、一人銭六〇〇文程宛配布した。記帳された貧乏人は一五〇軒ほどあった。なお、御園町の蔦屋と丸屋両家で金一二両拠出したという。加納でも困窮者に救済を行っていたのである。

五 「村入用帳を見せよ」と不穏な動き

天明二年(一七八二)一二月一六日東島村の百姓が、野中の宮へ残らず集まって、「村入用帳を見せよ」という不穏な動きがあった。風水害によって疲弊した百姓たちが庄屋に対する不信感を高めたのである。

集まった百姓たちは、先ず政八のところへ「残らず参るべし」と誘いがあった。政八は政六の長兄で、東島村の田辺本家に養子し、村の庄屋ではないが、村内の誰からも信頼され庄屋に掛け合うよう依頼される程の有力百姓のようである。

政八は自宅に居なかったが、百姓たちは「村内の物入りが多いので、政八に吟味をしてほしい」「小入帳や役帳を見せてほしい」旨を話してきた。役帳は万助という者が持っていることが判明したので、万助方へ行き帳面を見ることになった。役帳をみた百姓

たちは「皆々万助を盗人のようにののし」った。そして改めて政八に吟味方になってほしいと願ってきた。政八は「一人にてはえ勤め申間敷由」と断ったが、「村中政八殿と見込み相頼」まれることになってしまった。政八は「何事も庄屋にて申し談ずべし」と言って、いよいよ夜明け方に庄屋を起こすことになったという。

その後の経緯は記録してないが、東島村においても水害や飢饉などによって生活に困窮した百姓たちが、庄屋たちとの不信感を増幅していったのである。

六　「領内の百姓が城下へ押し寄せる」という風聞

さらにまた、天明二年（一七八二）の年も押し迫った一二月下旬、「加納藩領内が甚だ困窮のため、在々の百姓が諸所に馳せ集まり、加納城下へ押し寄せる」という風聞が広まった。

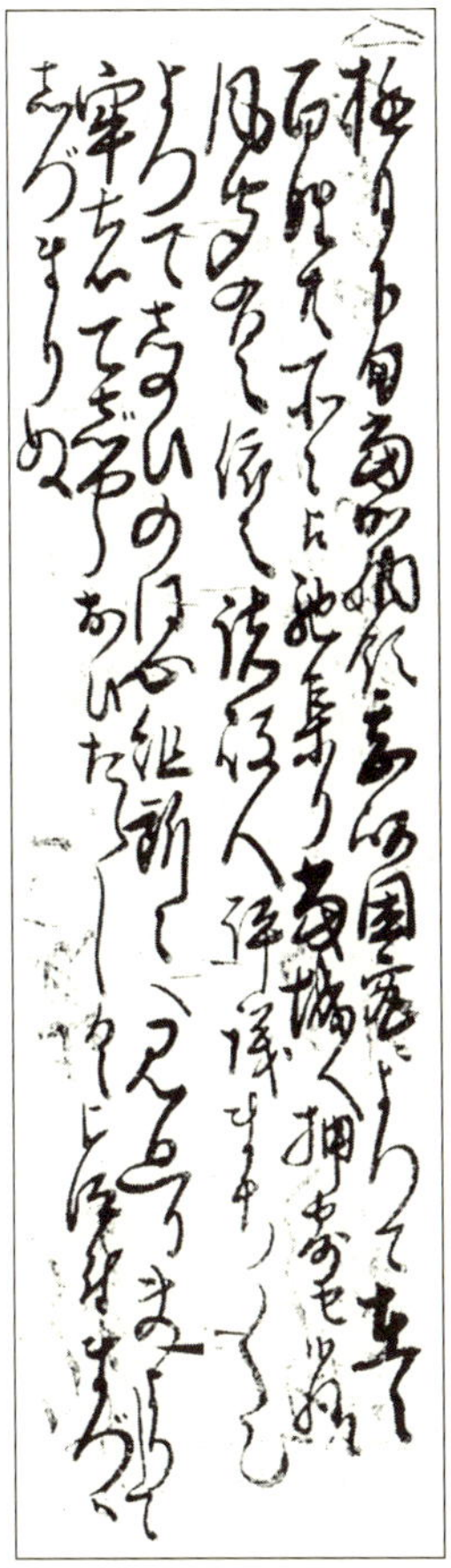

（天明二年）極月下旬、当加納領甚以困窮ニよって、在々百姓共、所々え馳集り、当城へ押寄セ候様候風聞有之、依之諸役人評議まちまち也、よってしのひ（忍び）の同心組、所々へ見廻り、夫よりして牢者・てじやう（手錠）おびただしく被仰付、まづハしづまりぬ

そのため、藩の役所では様々な評議があったが、忍びの同心が諸所を見回り、入牢・手錠をかけるなど厳しく処分することにした。そこで、「先ずは鎮まった」と記している。

一度沈静化したかに見えた百姓たちの不穏な動きは、翌天明三年三月上旬再び表面化した。

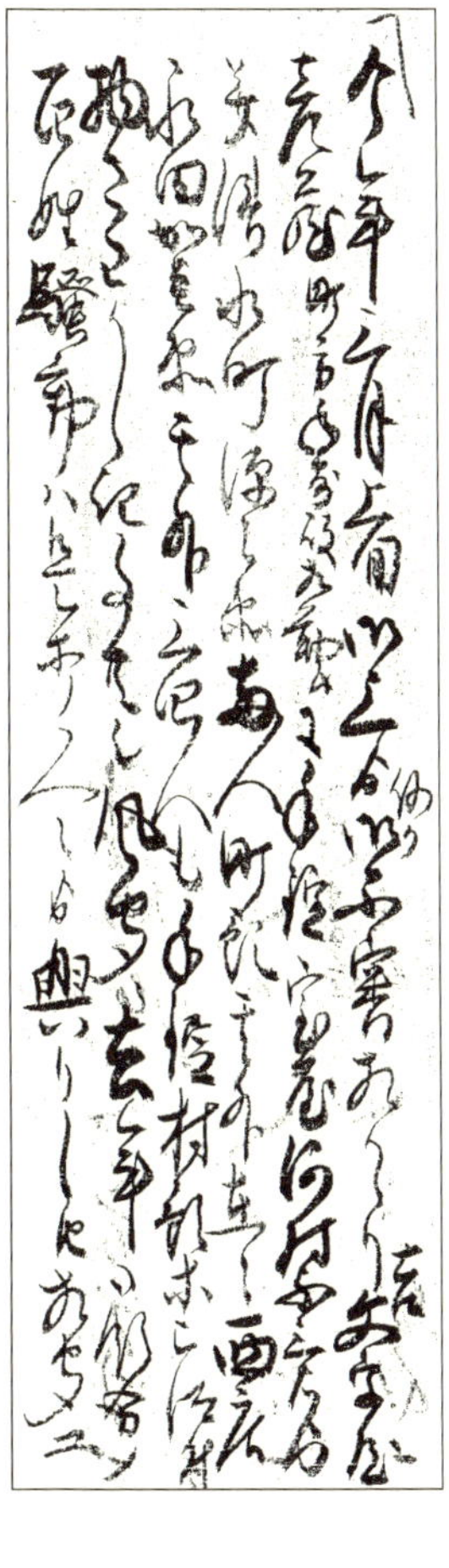

今年（天明三年）三月上旬、御上より何か御不審相かかり、吉文字屋彦蔵町方年寄役相勤ムに手錠、宝屋河村与三右衛門、并清水町源之丞、両人町預、其外在々西庄永田加兵衛、其外三・四人も手錠・村預等被仰付、物さわかしき事共也、風聞、去年御領分ノ百姓騒動ハ、是等ノ人々より興りし由、相聞ユ

藩から不審の取り調べを受けていた、加納町方年寄役を勤めていた吉文字屋彦蔵が手錠、宝屋河村与三右衛門と清水町源之丞の両名が町預、在々では西庄村（岐阜市）の永田加兵衛、その他三・四名も手錠や村預などの罪科となった。

政六はこれらの首謀者について、「去年御領分の百姓騒動は、これらの人々より興りし由」という風聞を記述している。明らかに「百姓騒動」と決めつけており、さらに「物さわがしき事共也」と評価しているところに、政六の藩士としての立場がうかがえる。

なお、天明二年極月下旬加納領の百姓がお城に押し寄せるという記事の横に、政六は次のような記事を差し込んでいる。

此年(天明二年)極月、勢州桑名百姓騒動、町方かかりの役人共弐三軒も打破之由、又大臣達三・四人も追放之由、相聞

木曽三川の下流桑名において、百姓一揆が起こされ、町方係の役人の家が二・三軒打ち壊しにあったこと、また大臣たち(大尽=裕福な人)(何らかの不正を働いていたのか)三・四人も追放になった様である。政六の百姓一揆に対する関心が、高くなって来たようである。

七　青野ヶ原で狐が踊り歌う

加納の騒動よりもう少し後の天明四年(一七八四)春の記事に、百姓一揆を思わせる内容が記されている。

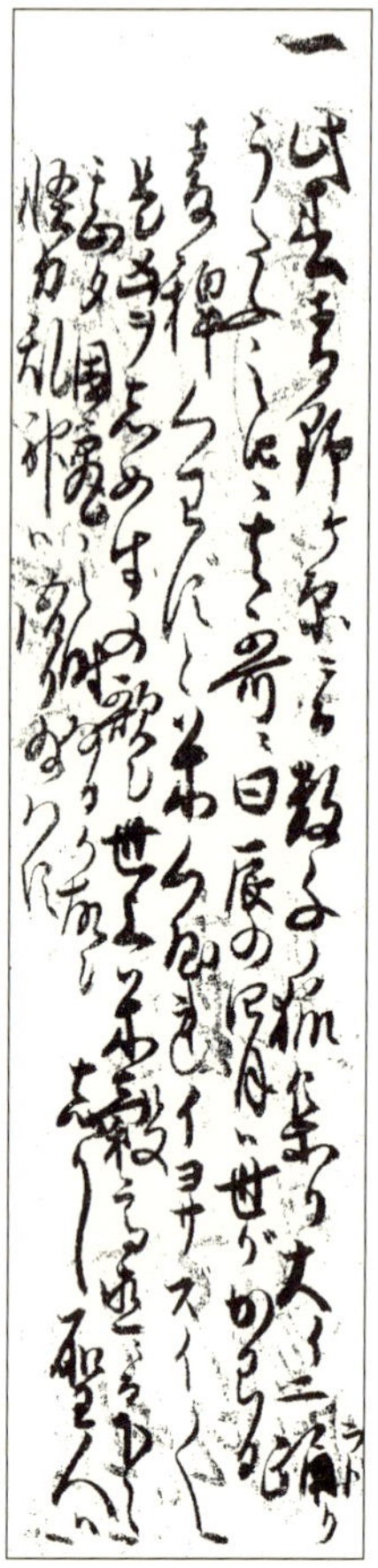

此(天明四辰年)春、青野ケ原ニて数千ノ狐集り、大イニ踊(ヲト)りうたふ之由、其哥ニ曰、

辰の四月ハ　世がかわる
麦稗くわずと　米くわれ
イヨサズイ　イヨサズイ

是、凶ヲしめすの歌也、世上米穀高直ニて、下々甚タ困究之時なるか故也、しかし聖人ハ怪力乱心ハ語り給ハす

青野ヶ原で数千の狐が集まり、「辰の四月は世がかわる。青稗喰わずと米喰われ。イヨサズイ、イヨサズイ」と踊り歌ったと記している。青野ヶ原は何処かはっきりしないが、大垣市西部と垂井町付近ではないかと思われる。数千の狐は、青野ヶ原周辺の村々から集まった百姓たちで、極めて不穏な空気であるといえる。しかもその歌の文句が、「辰の四月は世がかわる」として、天明四年四月には世直しがおこされるというものである。為政者にとってはゆゆしき事柄である。また、「青稗くわずと米くわれ」と言って、米を生産している百姓は、為政者に年貢として徴収されてしまうので米を食べることが出来ず、青稗(稗の中でも屑にされる稗)しか食べられない現実を逆転して、米が食べられるというのである。

この記事には、政六は「凶をしめすの歌也」と、短い言葉であるがこの歌の評価をしている。さらに政六は、飢饉によって世の中の米穀が高値になっていることを理由にして、「下々甚だ困窮の時なるか故なり」と、困窮にあえぐ百姓たちに同情もしていたといえる。

一方で政六は、『論語』の「聖人は怪力乱心は語りたまわず」を引用して、人知・理性で説明できないことは評価できないとしている。

政六の百姓一揆に対する見方が揺らいできているように思われる。

第四節　天明六年からの大飢饉と城下の野犬狩り・放火や不穏な噂話

一　飢饉の様子

天明六年（一七八六）六月は、下旬になっても毎度の雨で一向に気温が上昇しなかった。ついで八月一〇日になっても日和は三日と続かず、雷雨のみが続いた。このことは米作にとっては大きな打撃で、米穀等が高騰したという。この頃の米相場は一〇両に一九俵半と言うから、平年の米値段は一・二八倍になっていた。

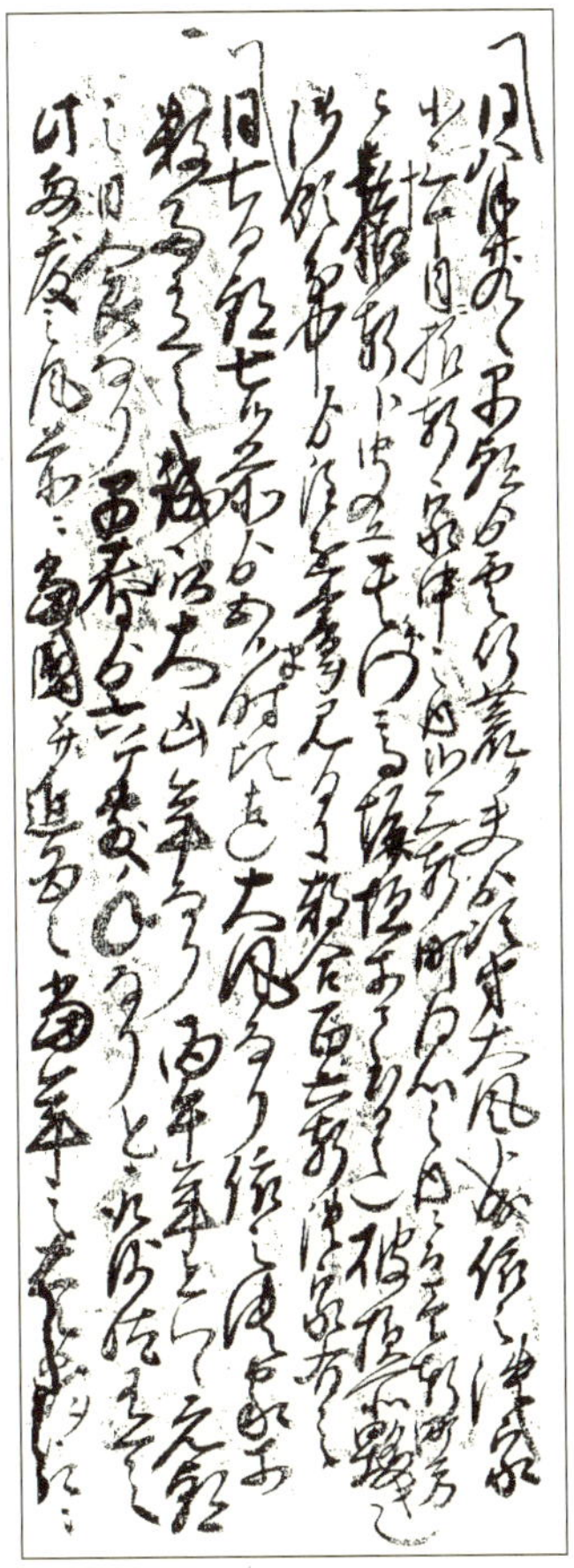

同（天明六年）八月二十九日早朝より雲行荒ク、夫より次第大風ト成、依之、潰家北三丁目ニ、拾軒、家中之内弐・三軒、町同心之内ニて壱軒、町方ニ、拾軒ト聞ユ、其外、門・高塀・垣等ニ至る迄、破損所夥キ也、御領分中より注進書ヲ見るに、都合百六軒潰家有之、

同（九月）七日朝七ツ前より五ツ半時頃迄、大風なり、依之、潰家等数多有之、誠以大凶年なり、丙午年といい、元朝之日食なり、早春より六ケ数年なりと、取沙汰有之、此両度之風、前ニ「当国并近国之当年ノ豊凶ヲ占、水風井ノ卦ヲ得タリ、今度之潰家、御領分・町・家中ニて三拾軒程也

そんな矢先、八月二九日早朝より雲行きが荒くなり、次第に大風雨となった。そのため加納町・加納城下ではあわせて二三・四軒余りの居宅が潰家となるなど大きな被害が出た。その他に門・高塀・垣根などに至るまで、破損が甚だしかった。加納領分では、注進書によると都合百六軒の潰家があったという。

さらに、九月七日朝七ッ前から五ッ半頃（午前五時から八時頃）まで大風雨が吹き、これにより御領分・町・家中で潰家三〇軒程になってしまったという。政六はこの現状を「誠に以て大凶年なり」と断言し、さらに、天明六年は「丙午《ひのえうま》年は災害が多い年という伝説」があり、さらに元朝（元旦）に日食があったことから、早春より難しき年になると「取り沙汰」があったという。

いずれにせよ飢饉となって、米の収穫時期の一〇月頃には米相場は一〇両に一三俵位ということから、凡そ平年の一・九倍の米値段になってしまったことになる。

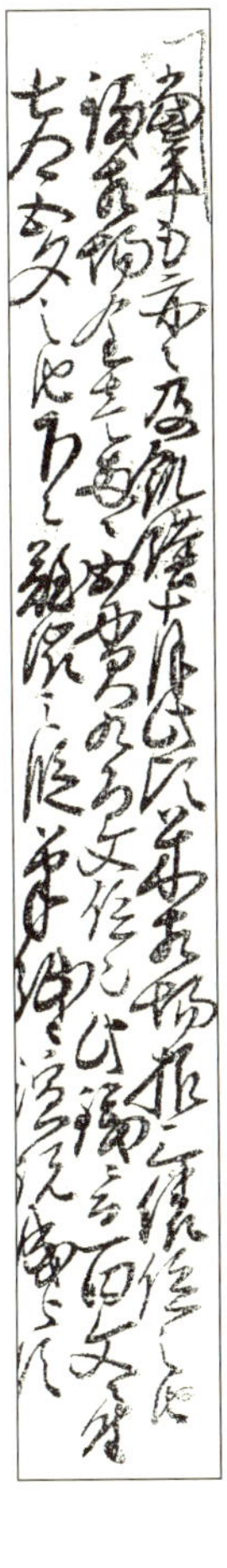

当（天明六）年も亦々及飢饉、十月此頃米相場拾三俵位之由、銭相場金壱両ニ、五貫九百文位也、此銭ニて百文ニ付、七合五勺之由、下々難渋之段、筆紙ニ演説成らす

米相場が変動するのみならず、金・銀・銭相場が変動して、白

米が「銭一〇〇文で白米七合五勺しか買えない」と言っている。平年なら銭一〇〇文で玄米一升六合六勺は買える計算になり、白米にしても一升三合から一升程は買えることになる。つまり、平年の六・七割しか買えなかったことになる。しかも、米を金や銀で買ったり、一石とか一斗とかの単位で買える人々でなく、銭一〇〇文位の単位、或いは一升・二升の単位でしか買えない人々、政六が言う「下々」の人々は、そんな人々を思い描いて言っていると思う。

政六はこの現実に、「下々の難渋の様子は、筆や紙に表現することが出来ない」として、米も買えなくなって困っている庶民の難渋ぶりを憂いているのである。

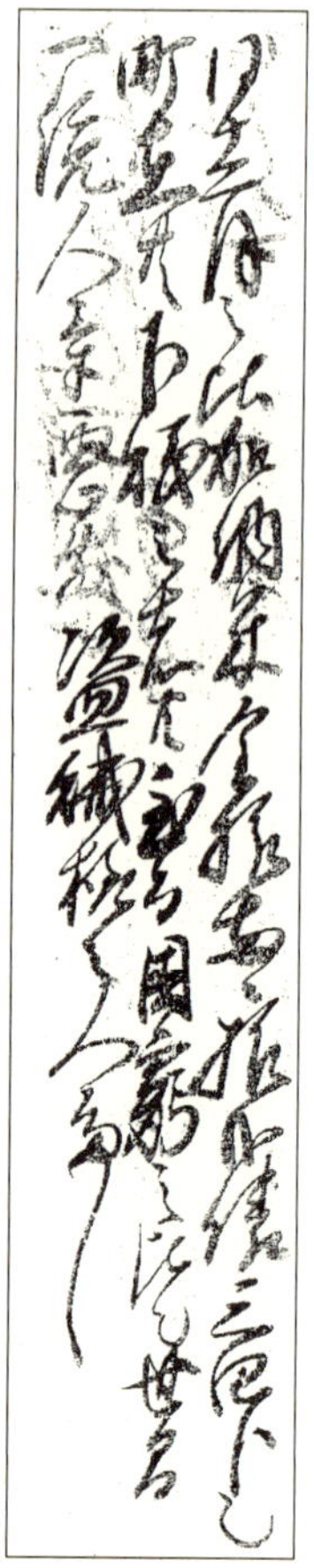

同（天明六年）十二月之頃、加納米金拾両ニ、拾弐俵三・四分也、町在共下賎之者共、至て困窮之頃也、世間一統人気悪敷、盗賊様之人多し

さらに年末一二月、加納の米相場はますます値上がりし、一〇両に一二俵三・四分となったという。「町在共下賤之者共、至て困窮之頃也」と嘆き、「世間一統人気悪敷（しく）、盗賊様之人多し」と記している。政六は飢饉によって、「加納町・在に住む貧しい庶民たちは、大変な困窮に陥り、世間のほとんどの人たちの生活は劣悪であるとした上で、世情不安で、「盗賊のような人が多く出没するようになってしまっている」という。政六は不穏な気配をひしひしと実感していたのである。

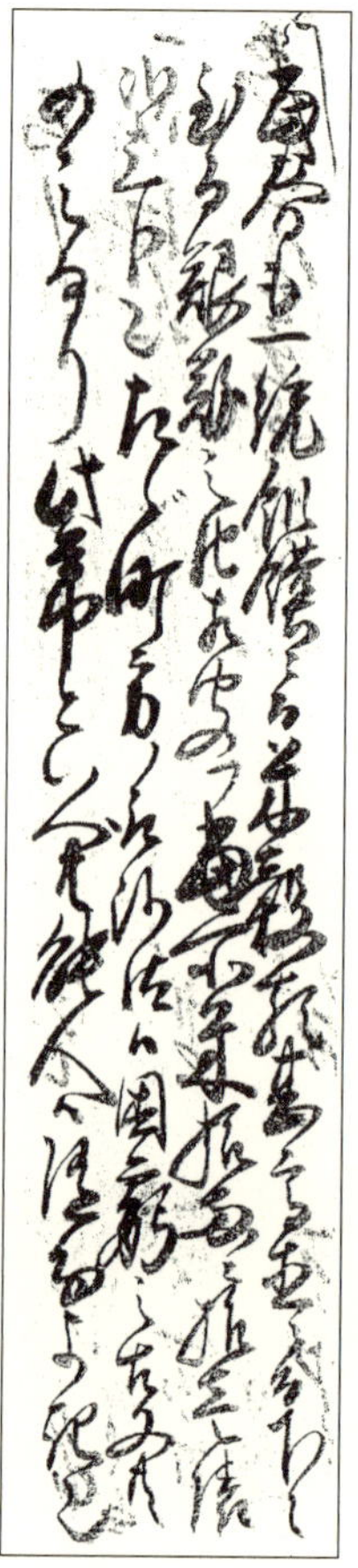

当（天明七年）春も一統飢饉ニて米穀類甚高直ニて、下々至て艱難之由、相聞フ、当所米拾両ニ拾壱俵弐三分也、ただ町方ノ取沙汰ハ、困窮之㕝共のミなり、此節といへ共、能人ハ随分よき也

天明七年（一七八七）正月、天候が回復して麦作が豊熟の兆しがあると記している。しかしすぐ直後、当春も一統飢饉により米穀類の値段が高値となり、下々の庶民は、「至って艱難之由」という評判であるという。加納米は金一〇両に米一一俵二・三分の極めて高値で、町方の取り沙汰は、「困窮之事」などばかりで、余り明るいニュースは聞けないという。しかし、また一方では羽振りの良い人、裕福な人は、飢饉のことなど何の影響もなく、「随分よき也」と、政六は少し羨ましさも含めて、貧富の格差に注目した感想を持ち始めている。

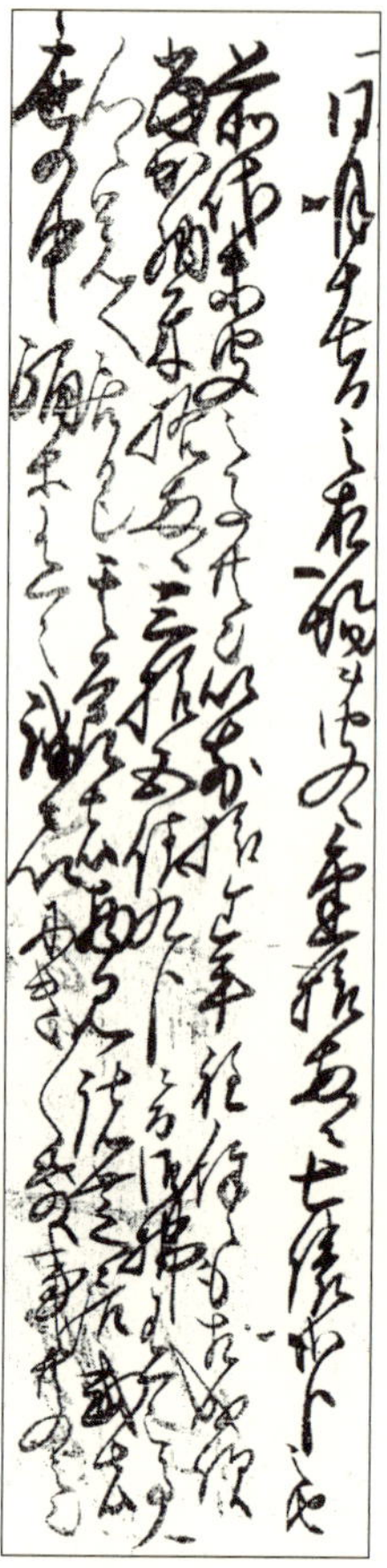

同四月上旬になると、度重なる大雨で麦作は、大洪水によって大凶作となってしまった。

五月一七日の米相場を政六が聞くと、「金一〇両に七俵二分」で「前代未聞の事」だとしている。続いて一〇か年ほど前（安永六年頃か）の加納米の米相場は、「金一〇両に三九俵九分」であったことを覚えていると記している。つまり一〇年前の米値段は今に比べると約五分の一の安値で、「物見や諸芝居」が興行され、世間では踊りなども流行し、「誠に以て賑々しいことのみであった」と、政六は述懐している。

二　城下で度々行われた野犬狩り

深刻な飢饉によって、諸人が「薄氷を踏む思い」で心配していたように、加納はいうまでもなく、不穏な情勢となっていた。

飢饉が続いた天明四年（一七八四）、病犬が数多くなり町の人を悩ませたので、野犬狩りが三・四度行われた。

当年（天明四年）は病犬甚多く、数多人ヲなやませり、既犬猟三・四度ニ及へり、其故いかんと按するに、世上飢饉ニておのづから犬も、きかつニおよふ故ならん歟

これについて政六は、世上が飢饉になったので、「犬も飢渇に及」んだのではないかと、犬に対して同情した感想を漏らしている。

天明七年、八年の大飢饉の後、寛政四年（一七九二）になると、加納町では大がかりな野犬狩りが度々行われた。

六・七月頃、加納町あたりで病犬が多く出没し騒動となった。

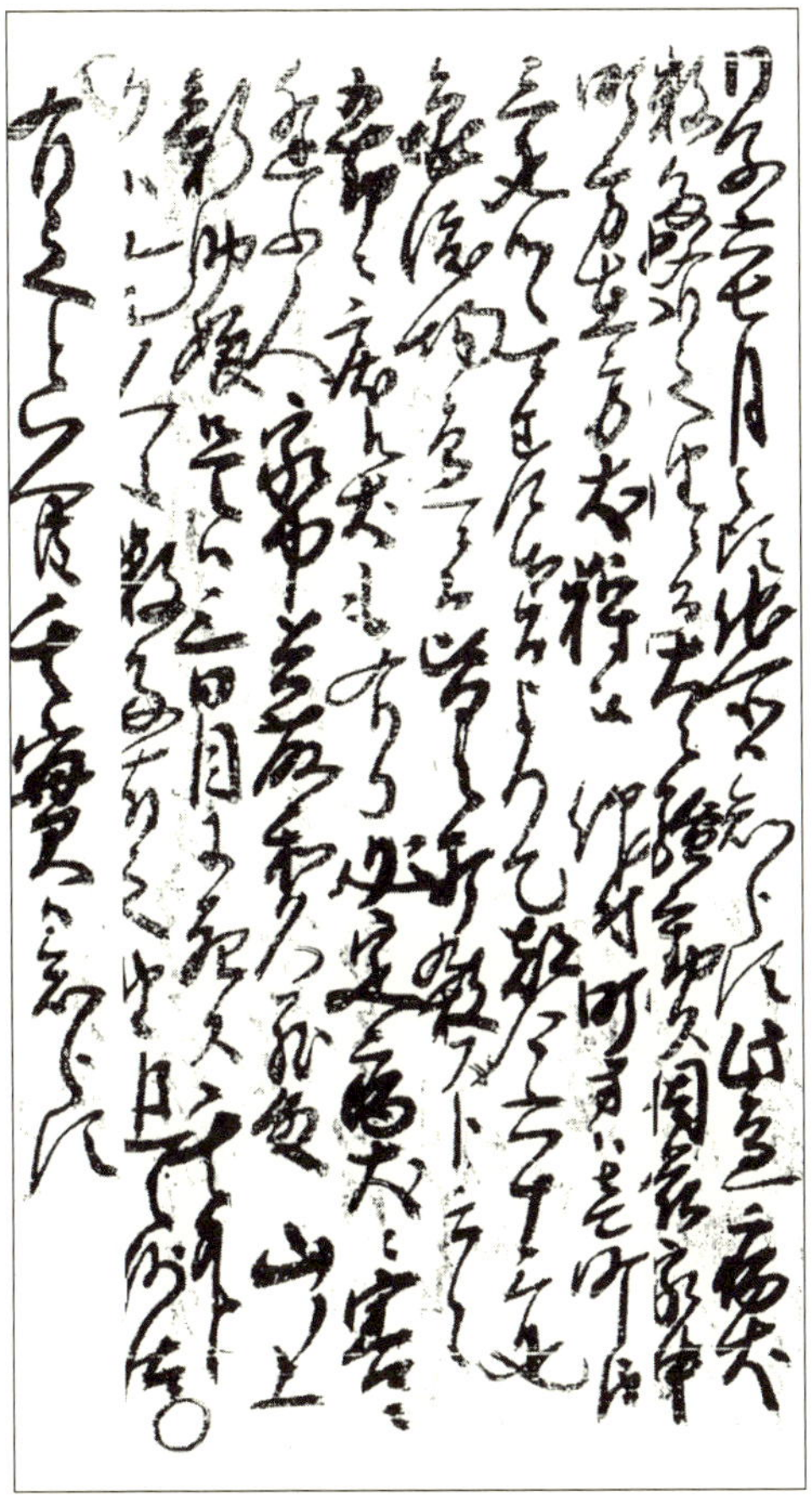

同子（寛政四年）六・七月之頃、他所ハしらす、此辺病犬数多有之由ニて、大ニ騒動ス、因兹、家中・町方・在方犬狩被仰付、町方ハ壱町え三疋ツツ可差出旨、よつて都合六十三疋、亀渡場辺ニて皆々打殺スト云々、希ニ戻ル犬も有り、必定病犬ニ害ニ逢ふ人、家中兵藤和久蔵殿、山ノ上新助娘、是ハ三日目ニ死ス、其外クワレシ人々、数多有之由、追々沙汰有之といへ共、其実ハしらす

家中の兵藤某や、咬まれて三日目で亡くなった山ノ上某の娘などを始め、数多くの人が被害に遭った。

そこで、家中・町方・在方で終夜にわたり野犬狩りを行うよう命ぜられ、一つの町内に三疋捕獲するというノルマを課せられるなどして、都合六三疋が捕らえられた。長良川の亀渡場（長良川沿い本荘・島の付近）あたりの深い渕で打ち殺したという。

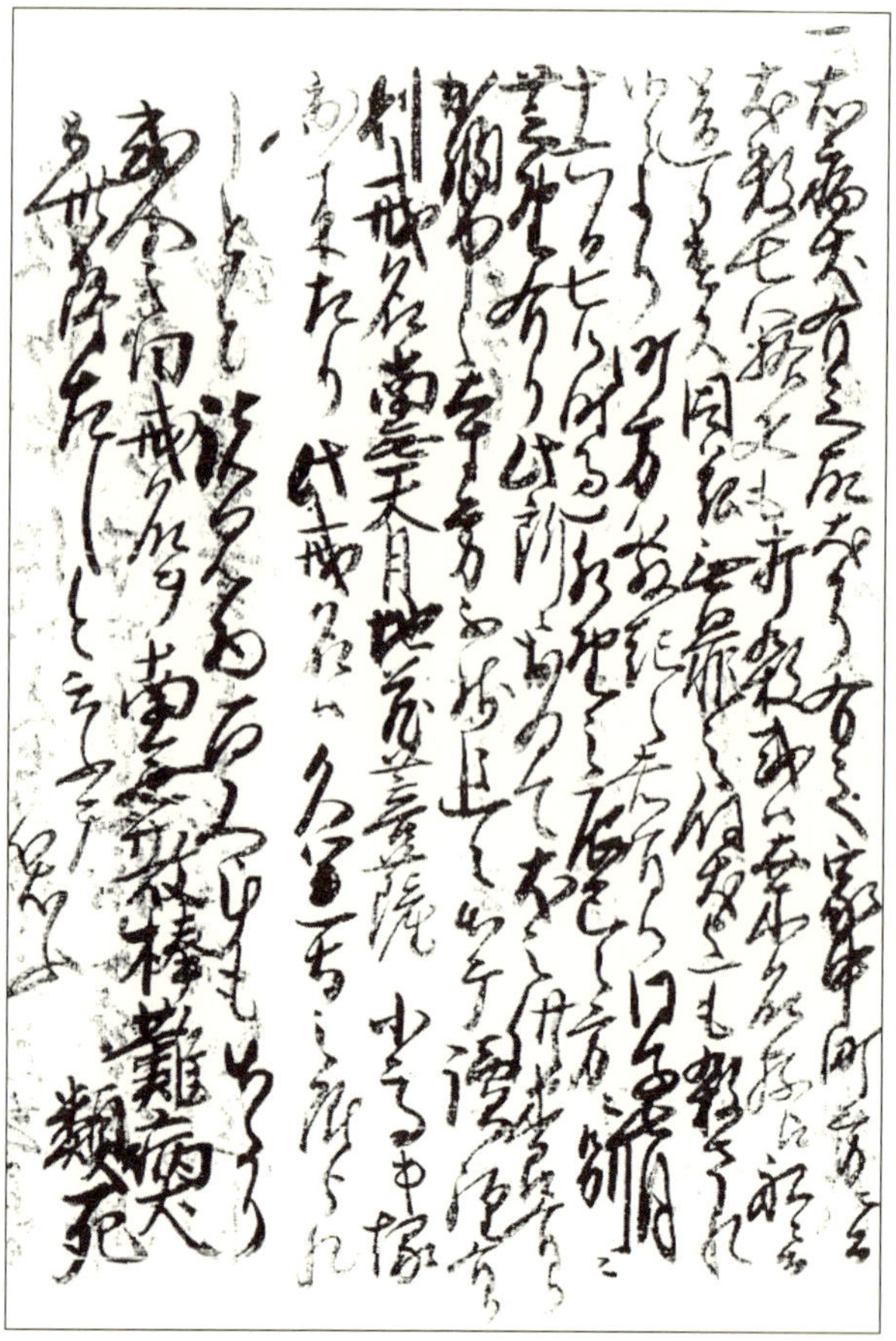

またある時は、家中・町方で七・八〇疋も打ち殺したり、船で桑名などへ送り遣わしたともいう。野犬狩りと言っても飼い犬も殺されることもあったので、寛政四年七月一六日七ッ時過ぎ、町方の発起人で、水野の墓地の辰巳の隅において、犬の供養が行われた。

その時は加納町中の寺方が残らず出仕し、「南無天月地蔵菩薩」と戒名を付けて読経したという。見物人が百人ばかりあり、ある人は、「南無散棒難病犬類死」などと戒名を付けて笑っている者もいたという。

同（寛政四年）九月一五日には、町方へ野犬が逃げ出さないよう御門に警護を付け、家中で野犬狩りが行われ、四・五疋も打ち殺したという。一六日は晴天で、家老を始め城番・旗大将、老若小童たち残らず参加して、家中屋敷や町方家々を探索して、家中にて一二疋、町方で七疋、都合一九疋を打ち殺したという。中には鑓持参の者三・四人、或いは棒・鳶口・杖などを持つ者もあった。先手足軽・町組同心、その他当番の役目の者を除いて、残らず参加し、二〇〇人余りも出動した。

政六は、藩士が総出で野犬狩りをしている様を見て、何とも感想を記していないが、さながら野犬狩り合戦のようにも受け止められそうである。

三　家中屋敷での度重なる放火事件

天明七年（一七八七）になっても、「一統飢饉ニて、米穀類甚高直にて、下々至て艱難之由」という時期であった。

そんな正月二九日夜、加納城下の家中三丁目広羽某宅から出火し、加々爪某宅へ類焼した。続いて翌月二一日には同じく家中の中野某宅から出火焼失した。二八日昼七ッ半時頃には小池某宅に盗賊が入る事件が起きた。賊は茜部村（岐阜市）寺屋敷の百姓の悴であった。事件はそれだけで済まなかった。隣家の小島某宅の七か所に「火ノドフ」が有ったことである。さらに二九日夜には同宅の二か所にも「火ノドフ」が発見された。その後、二人の家中屋敷にも「火ノドフ」が発見された。「火ノドフ」とはどんな物か解らないが、放火のための火種ではないかと思われる。

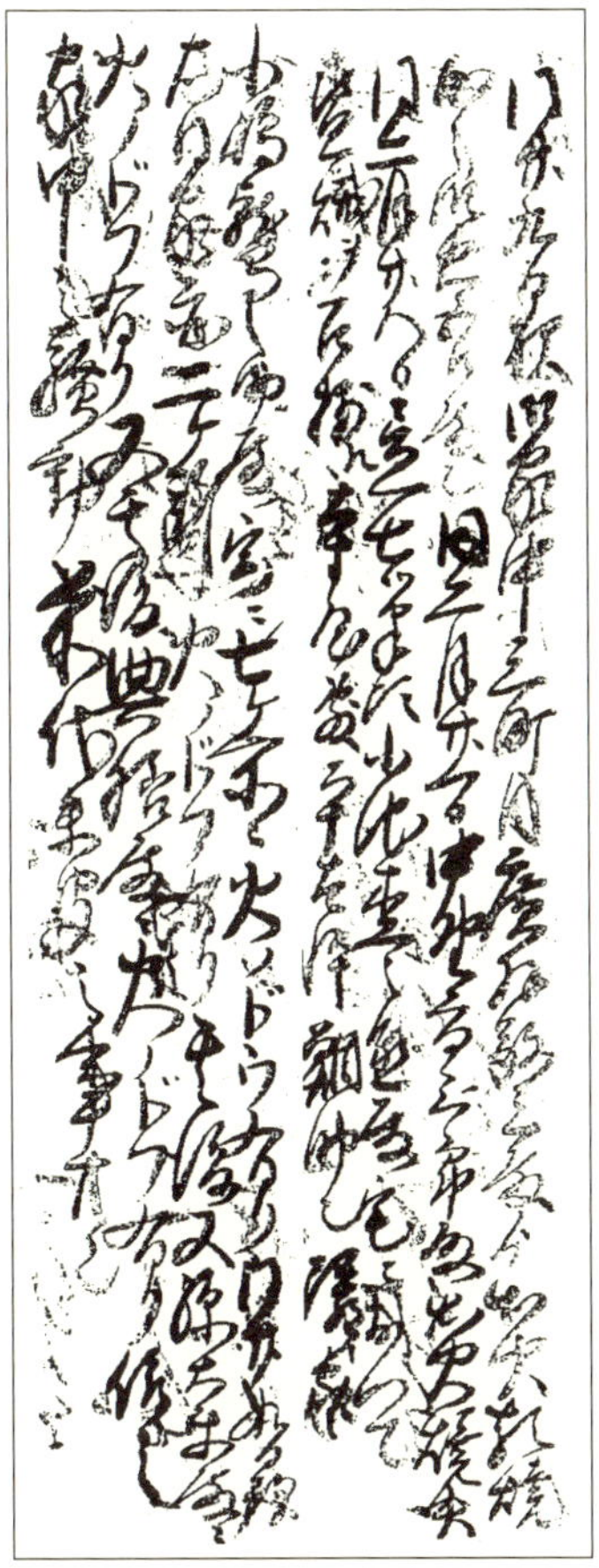

これら一月末から二月末までに及ぶ、一連の放火事件について、どのように解明されたかは明らかになっていない。一応犯人は捕らえられたものの、その後も「火ノドフ」が発見されており、他にも犯人がいたと思われる。

そんなことから、「家中之騒動、前代未聞之事共也」と、政六が記述しているように、家中屋敷を震撼させることであったといえるのである。

四　奇妙な麦刈り取り稼ぎの風聞

天明七年、麦の出来が順調であったが、四月に入って大雨・洪水が続き、麦作も凶作となってしまった。これにより米穀が高値となり、白米で買うと一両に三斗二・三升しか買えなくなっていた。

五月中旬になるとますます飢饉が厳しくなり、金一両に白米三斗しか買えず、銭百文で白米五合しか買えなくなっていた。

この五月の麦の収穫時期、何とも奇妙な話が加納に伝わってきた。裕福な名主の畑に入り込み、見知らない五・六人の百姓がやにわに麦を刈り取り始めた。この様子を見つけた人から知らせを受けたその名主は、早速駆けつけ咎めて言った。「その方ども、言語道断の盗賊や」と。すると百姓たちは、「我々どもは全く盗賊にあらず。実の盗賊ならば、白昼に来ない。我々は今日の飢渇にせまり、しばらくの露命を繋がんが為」であると答えた。そこで名主は、憐愍の心をもって、刈り取りの手間代を百姓たちに払い、刈り取った麦は返却させたという話である。つまり、百姓たちは、麦を刈り取って盗んだのでなく、麦刈りの手間賃を稼いだことになり、事が済まされたことになる。飢饉の時に起きた食料の盗難事件が、極正当な手間賃稼ぎになったという奇妙なことである。

そんな状況であるから、町方の役所へ行っても「生活が困窮している」という話のみで、政六は、「さてさて嘆かわしき事共のみ也」と、あきらめに似た悲鳴を上げている。

五　大坂・江戸から伝わった、米屋打ち壊しの噂話

天明七年五月二〇日頃の記事に、「米相場金一両に白米二斗四升也」としている。白米は玄米を搗いた米（精米）で、金一両に玄米一石程の平年でも、白米にすると八〜九斗程に減少する。そんな計算をすると、金一両に白米二斗四升というのは、値段が三〜四倍の値上がりで、かなり厳しい高騰になったといえる。

同（天明七年）五月二十日頃、米相場金壱両ニ白米二斗四升也、但壱両ニ六貫文也、あら麦壱両ニ拾八貫也、諸色順之、尾州名

古屋ニて究乏之者、縊死する事、弐三十人と相聞フ

そんな世上の中で尾張名古屋においては、「究乏之者」が「縊死する事弐三十人と相聞フ」と記している。庶民が困窮に耐えられなくなって、自殺した者が二・三〇人もあったというのである。

次いで政六は、大坂・堺・江戸で起きた米騒動の風聞を記している。

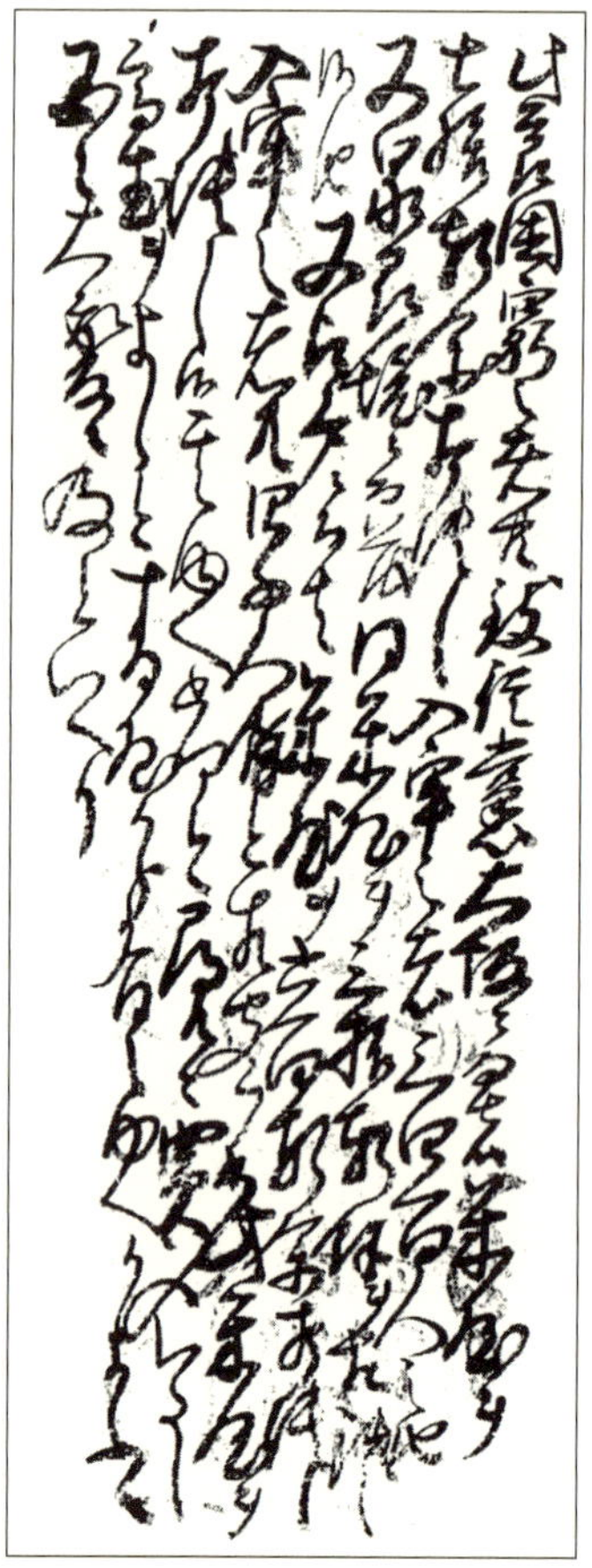

此節、困窮之者共、致徒党、大坂ニては米屋ヲ七拾軒余打潰し、入牢之者、三・四百人之由、又泉州境ニても、同米屋ヲ三拾軒余ヲ打潰し、入牢之者共、四千人余と相聞フ、如此米屋ヲ打潰し候其ゆへ如何と尋候ニ、買〆いたし、高直ヲよしとするやから、有之ゆへ、かよふニ国々大変ニ及ふといへり、（後略）

大坂では「困窮之者共」が「徒党」を組んで、「米屋ヲ七拾軒余」を潰し、そのため「入牢之者」は「三・四百人」になったと記している。また泉州堺では、「米屋ヲ三拾軒余り」を潰したという。さらにまた、江戸にては「米屋ヲ六百軒余り」を潰し、「入牢之者共四千人余り」という。そこで「米屋ヲ打潰し候、其ゆへ如何と尋」ねたところ、米屋が米を「買〆いたし、高直をよしとする輩有之ゆへ」とし、そのため「国々大変ニ及ふ」ということであった。政六を始め多くの人々は、「米騒動は米の高騰を狙った米の買い占めによって国が大変になっているのである」と認識していたようである。なお、江戸の大名の一人は、御用の米屋が襲われそうになった時、弓・鉄炮・人数を繰り出し、脅しかけて防ぎ、無事であったという。

今までの米騒動の研究により、次のように解明されている。

天明七年（一七八七）五月一〇日夜、大坂近郊の村として、野菜栽培や綿屋・絞油屋など加工業・商業の発達した木津や難波に住む人々が、木津村の米屋を打ち壊した。翌五月一一日夜には、生活に困っている多くの人が住む玉造町・天満伊勢町・安治川新地などに広まり、一二日には当時の大阪中心部全域へ広まった。打ち壊しの目標は米価高騰の中、米の売買を通して巨利をあげていた商人たちと、米の掛け売りを止め現銀払いに変更した搗米屋たちであった。

そのうち人々は、安価に米の販売を要求する「押買」の行動に変わっていった。同一三日大坂町奉行所が打ち壊しの取り締まりと、生活困窮者への組織的な安価な米の販売をするなどの対応をしたことから、大坂の米騒動は鎮静化した。

一方、五月一二日夜、泉州堺でも米騒動が起こり米関連の商家が約三〇軒襲われた。五月一三日には兵庫港で、江戸に向けて回米を行っていた米屋などが襲われた。その後、大坂近郊では大和郡山・奈良・枚方・茨木・尼崎・伏見・岸和田などへ波及し、京都も不穏な情勢となった。

一方江戸では、天明七年四月から五月にかけて、米値段の異常な急騰、食料の入手も困難となった庶民の中から、餓死者・そし

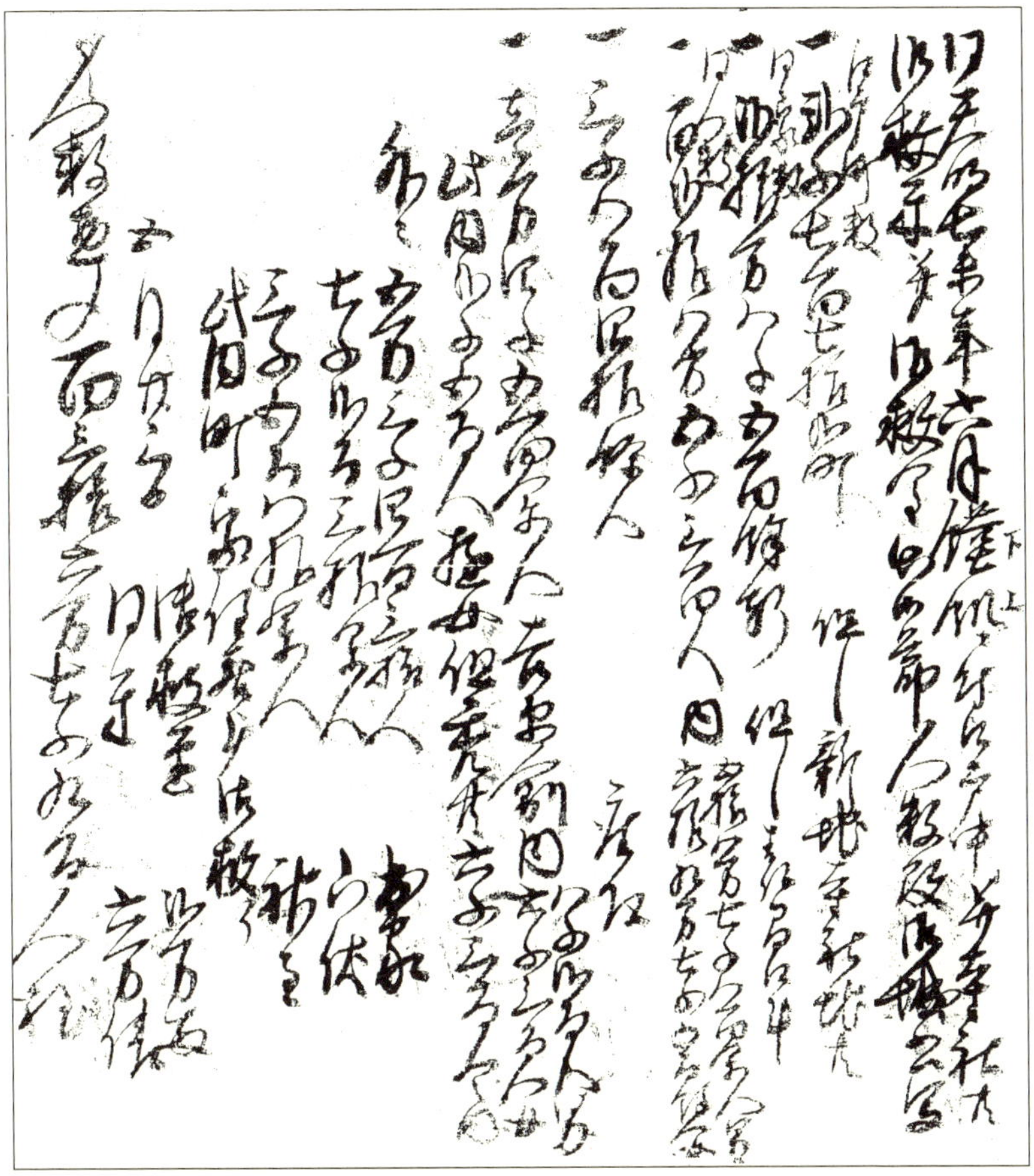

て自殺者が現れだしていた。五月二〇日夕方から夜にかけて、赤坂の米屋・搗米屋二・三〇軒が打ち壊された。二一日には江戸の中心部から周辺部にかけ全域に広まった。米騒動の勢いは、鳴り物として半鐘・鉦鼓・太鼓・拍子木などをならし、棒や斧・鋤・鍬・鳶口などを持ち、大勢がかけ声をかけて襲った。打ち壊しによって米・麦・大豆・酒・味噌等を路上にぶちまけたり、商売道具・箪笥・長持ちなどを壊し散乱させたりした。但し混乱に乗じて盗賊行為は報告されていないとのことであった。

五月二三日、有名な長谷川平蔵火付盗賊改に市中取り締まりを命じたり、自衛のため各町内木戸が常時閉められたり、町内困窮者に対する救済施行が実施されたりなどして、米騒動は鎮静化した。

一橋家の調査によると、打ち壊しにあった商家は、五〇〇軒余り、内四〇〇軒は米屋・搗米屋・酒屋などの食料品関係の商家であったと報告されている。

政六は先の挿入文書のような「御城書写」から、「天明七未年六月」に「飢饉」のため、「江戸中并寺社共御救米并御救金」が支給されたことを記している。人数〆一三六万七九〇〇人程に、五月二三日、御救金二万両、御救米六万俵としている。

八月下旬になると、日本国中の秋作が豊饒となり、米穀の値段が下がりはじめ、一一月には新米が金一〇両で二一俵で売買されるようになった。先々月には七俵位の高値で、「世の乱れ」にもなりかねないと、「諸人は薄氷を踏む思い」で、心配していたので、一先ずホッとしたところである。

これらの風聞が、中山道加納宿の様な交通の要衝では、後日の研究と比べてみると、いち早く、比較的正確に伝えられたことがわかる。先の「大坂ニて米屋ヲ七拾軒余打潰し云々」の記事は、五月二〇日から六月一一日までの記事の間に、記されている。また五月二三日に集計された「御城書写」は、七月一一日と八月下旬の記事の間に記されている。しかも、各々の数値が正確であることから、政六は、単なる噂話だけでなく、かなり確かな情報源を持っていたように思われる。

第五節　川太郎の出現、花火、角力興行、籠大仏建立に驚く

一　清水川に川太郎が出た！

天明元年（一七八一）七月一日、「清水川橋の北の方へ川太郎が出た」という。清水川は現在JR岐阜駅の加納口の南を南東に流れ、荒田川に注ぎ、さらに長良川に注いでいる。水は名前の通り、扇状地の先端に湧き出る清水を集めた川で、冷たく澄んだ水が流れホタルが乱舞する川であった。江戸時代の清水川沿いは、初代加納藩主奥平信昌夫人の亀姫の菩提寺光国寺や、水薬師を祀る寺などがあり、木立が茂り、築地塀が続くなど、裏寂しい所であったようである。

清水川

そんな所で、川太郎が出たというのである。

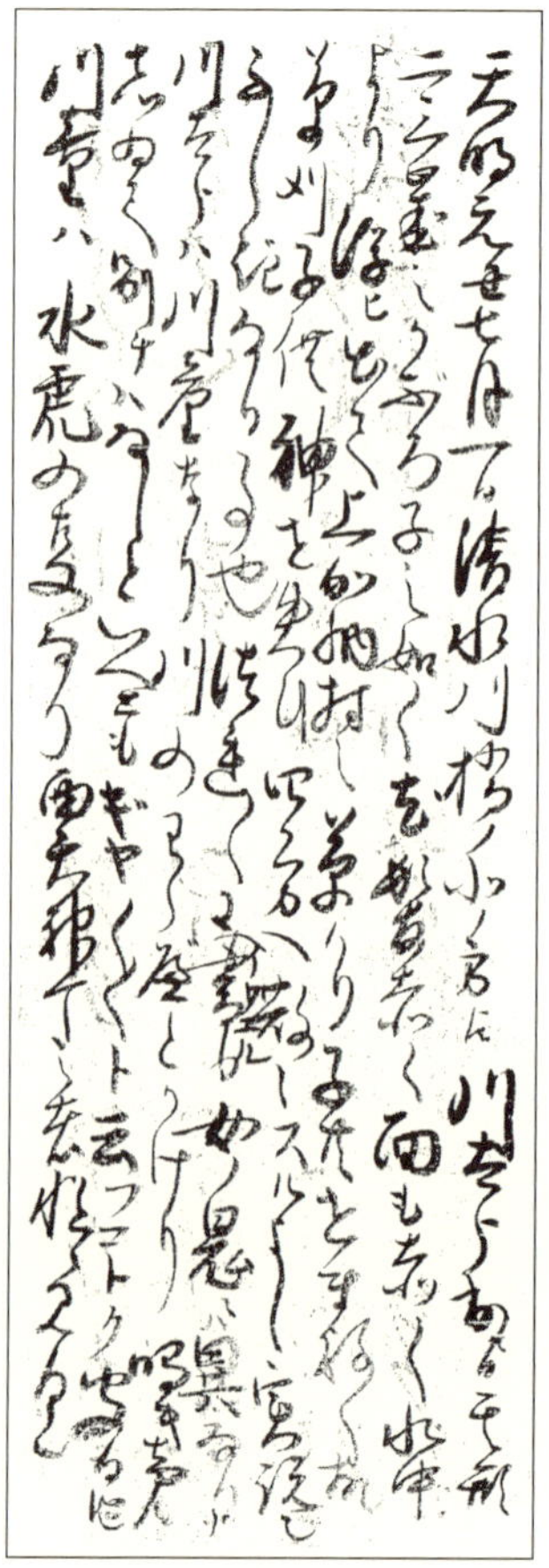

天明元丑七月一日清水川橋ノ北ノ方え、川太郎出る、其形ニ・三歳之かぶろ子之如く、尤髪赤く、面も赤く、水中より浮ヒ出て、上加納村之草かり子共をまねく故、草刈子供、神を失ひ、四方へ散々スルよし、実説也、ふしぎなる事也、つれつれにイワユル、女ノ鬼ニハ異なり、川太郎ハ川童なり、川のわらへとかけり、鳴き声、しゐて別チハなしといへとも、ギヤギヤギヤト云フコトク聞る由、川童ハ水虎の叓なり、西天神町之者、慥ニ見る也

その姿は、「二・三歳のかぶろ（禿）の子の様で、髪は赤く面も赤く水中へ浮かび出た」と政六は表現している。そして、川沿いで草刈りをしていた子どもを招いたので、子どもたちは失神してし

まったという。このことについて、西天神町の者が「確かに見た」と言い、政六は「実説也」「ふしぎなる事也」と、力説している。川太郎は女の鬼とは異なり、普通に言う河童・水虎のことで、鳴き声は強いていえば「ギャギャギャ」と聞こえるという。

政六は親しみと畏怖をもって、その存在を信じていたのかも知れない。

二　東島堤や御紅河原で初めて行った花火

天明元年(一七八一)八月一七日夜、東島村東堤(現在の岐阜循環道路鏡島大橋北詰付近か)の中段で、野中や島田の村人が資金を出し合って花火を上げた。

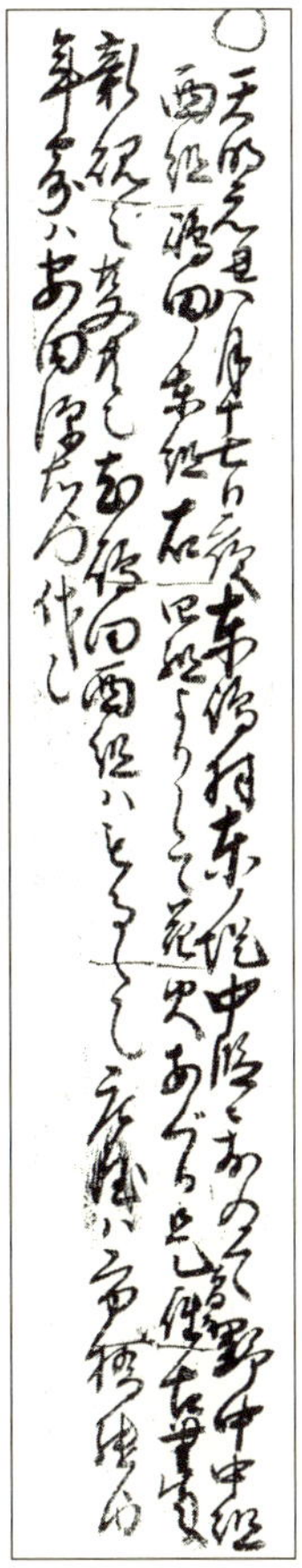

天明元丑八月十七日夜、東島村東ノ堤中段ニおゐて、野中・中組・西組・島田ノ東組、右四組よりして、花火あぐる、是曽て往古無之、新規之叓共也、尤島田西組ハもるる也、庄屋ハ市橋継右衛門、年寄ハ安田源右衛門代也

長良川の堤で花火を上げることは、往古にはなく「新規の事共也」と記述している。今日、長良川堤で上げられる花火大会は、この天明期の花火興行が始まりであろうか。

天明四年(一七八三)八月一八日にも東島村東堤で、若者組が花火を興行した。

ついで、寛政元年(一七八九)になると「麦作大いに成熟」し、世情は「次第に安穏の兆し」が出てきたようである。そのような四月二八日、長良川沿いの御紅河原において花火会が催されたのである。

同年(寛政元)四月二十八日御紅河原ニおゐて、花火会有り、尤殿様御覧也、御領分・他領共、十弐・三ケ村也、此時父并忠兵衛殿、おなを・勝蔵・辰坊・某共ニ見物ニ行

御紅河原は、長良川を一日市場から鏡島へ渡る付近で、かつて鏡島の乙津寺(鏡島弘法)へ参詣する人が利用した御紅渡しがある付近である。この年は未曾有の大飢饉を乗り越えることが出来たこと、麦作が平年並みに収穫出来たことなどから、村人は喜びの花火会を催したのであろう。この花火を見学した人の一人には、寛政元年(一七八九)二月二九日加納城へ初入部したばかりの、二二歳の第三代加納藩主・永井直旧がいる。このことについて筆者政六は、「殿様が御覧になった」と記述している。この記事に続いて、政六を始め、父仙右衛門・叔父忠兵衛・子どもたち、家族六名の名前を書き上げて、花火見物に行ったことを記述している。殿様を始め家族が花火見物を出来たことや、世情が安穏になったことに、政六はしみじみ喜んでいたと思われる。

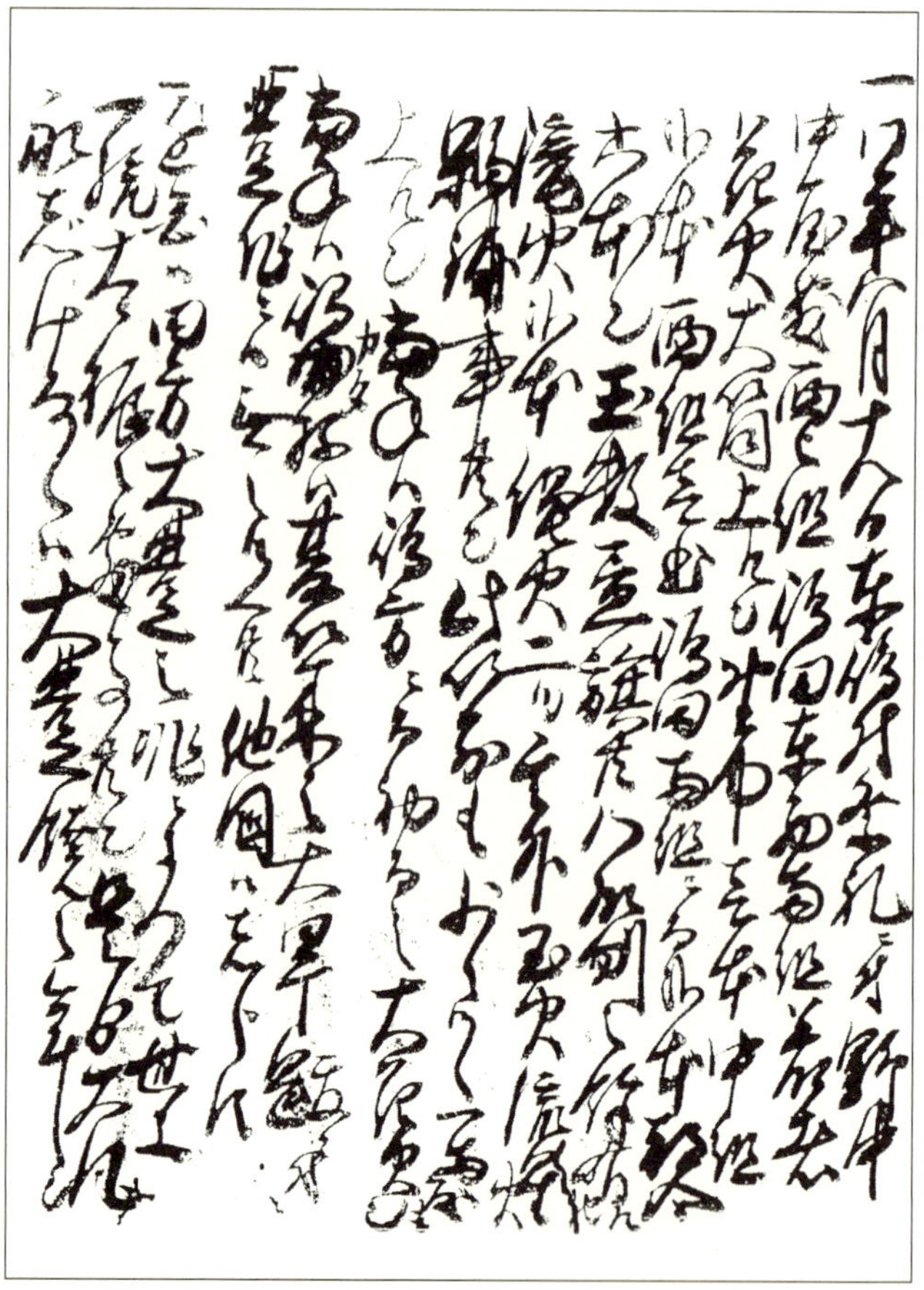

同(寛政六)年八月十八日東嶋村祭礼ニ付、野中・中屋敷・西之組・嶋田東西両組、若者花火大筒上ル也、野中壱本、中組弐本、西組壱本、嶋田両組ニて弐本、都合六本也、玉数昼旗共、八拾刎之余有ル也、滝火弐本、縄火二ツ、其外玉火・流星火夥鋪事共也、此以前も少々ツツ一両度も上ル也、当年ハ嶋方ニて初て之大花火也、当年ハ嶋カタ抔ハ、夏以来之大旱魃ニ付、豊作ニハ無之候へ共、他国ハしらす近国ハ、田方大豊之兆ニよつて、世上一統大ニ賑々敷事共也、是より大風永じけなくハ大豊饒之年也

さらにまた、寛政六年(一七九四)八月一八日東島村の祭礼で、野中・島田などの若者が大筒花火をあげた。野中一本、中組二本、西組一本、島田両組にて二本、合計六本打ち上げた。その他に昼夜共に八〇余刎(刎は兜などの数詞)の打ち上げ花火を上げた。外に滝二本、縄火二本、その他玉火・流星火など、「夥しい事」であったという。政六は当年は島地域は夏以来の大旱魃で豊作ではないが、近国は稲作が大豊作で、「世上一統が大いに賑々しいこと」で、「大豊饒之年也」と、確信している。

花火を上げる祭りが、八月一七・一八日頃に行われるのは、精霊送りの意味合い、無縁仏を送る意味合など、民俗習慣の行事に関わっていると思われる。

三　天満宮などで繰狂言・大角力などを興行

天明元年(一七八一)五月には岐阜因幡神社・善光寺付近で、繰り芝居興行が催された。人形使い吉田文三、三味線鶴沢喜八など、「日本芸」の有名人が来ていたという。

天明元(年)五月、岐阜於因幡操芝居興行、則人形使吉田文三、同高弟新吾、三(味)線鶴沢喜八ナド数人来ル、右吉田文三俗名彦六ト云、三味線喜八、何も日本芸といへり

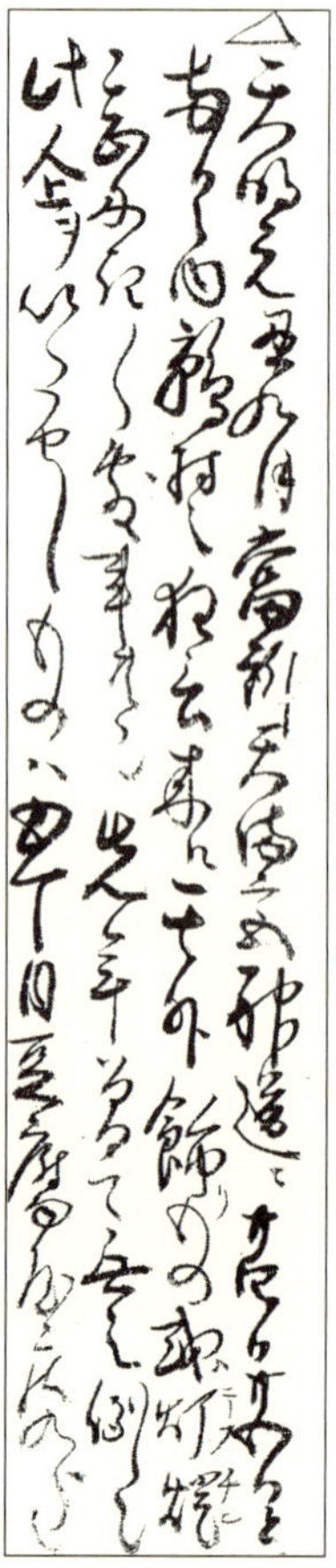

天明元丑(年)九月、当所天満宮神送ニ、二十四日・二十五日と両日之内、鶉村之狂言来ル、其外飾りもの或ハ灯燈(テフチン)甚にきにき敷事共也、先年曽て無之例也、此企ヲいたセしものハ五丁目豆腐屋庄九郎也

天明元年九月二四・二五日の加納天満宮の神送りに、鶉村(岐阜市)の狂言興行師が来て催した。その他に、飾り物や提灯が付けられ甚だ「にぎにぎ敷きこと」であったという。なお、これは、町内の豆腐屋さんが企画したもののようである。

なお、天明二年五月から始まる大風雨・凶作・浅間山噴火など、大飢饉を経て、漸く天明四年八月から米穀が下値になってきた。そんな矢先、天明四年(一七八四)八月一七日より晴天一〇日間、笠松(岐阜県笠松町)天王裏で角力興行が催された。

(天明四年)八月十七日より晴天十日之間、於笠松天王裏、大角力興行、東方大関谷風、西方小野川也、其外名有る者共来ル也、一日ニ木戸銭斗百七十貫文有之といへり、大繁昌也

笠松は幕府郡代役所があり、木曽川沿いの湊、岐阜や加納から尾張名古屋へ通ずる交通の要地で、美濃の政治や文化の中心地であった。その笠松に、東方大関谷風、西方大関小野川始め、名だたる力士が出場した。好敵手の谷風と小野川、さらに名行司庄之助は天下の人気を二分し、後に「寛政の角力黄金時代」の立役者と言われていた。そのため、一日の木戸銭(入場料)が百七十貫文であったという。時の相場で変動するが、この頃加納で銭六貫文余りで金一両と両替でき、金一〇両に米二四俵位(八月時点の相場)買える。従って一日の木戸銭の収入は、金に換算すると二八両余り、米にすると六七俵余り(米二七石余り)となる。主催者は晴天一〇間開催すると、銭千七百貫文・金二八〇両余りといった、膨大な収入を得た訳であるが、近郷・近在の人々にとっても大きな楽しみで、政六は「大繁昌」であったという。

天明五年夏頃から、疫病・痢病の流行、大風雨が続くなど凶作となり、再び大飢饉となってしまった。そして、天明七年一一月頃から豊作との咄が出始めてきた。

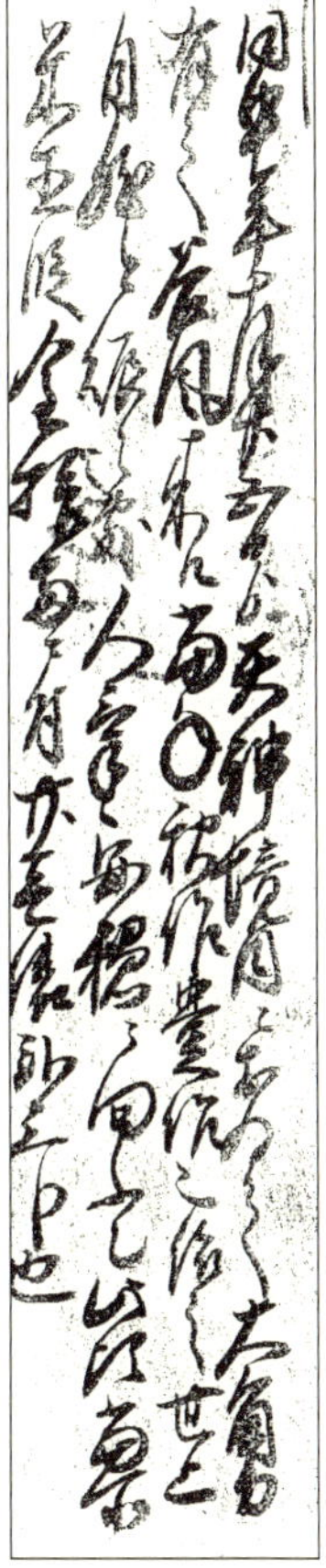

同(天明八)申年十月二十五日より天神境内ニおゐて、大角力有之、谷風来ル、当年秋作豊作也、依之、世上自然と賑々敷、人気安穏ニ向ふ也、此頃当所米直段、金拾両ニ付二十壱俵弐・三分也

天明八年(一七八八)一〇月二五日より、加納天満宮境内で大角力興行が催された。ここには谷風が来たようである。筆者政六は、この記事に次いで、「当年秋作豊作也」「世上自然と賑々しく、人気安穏に向かう也」と、その喜びを表現している。しかも加納での米相場は、金一〇両に二一俵二・三分、つまり金一両に米九斗二升から九斗六升となり、ほぼ平年並みの米値段になってきたというのである。

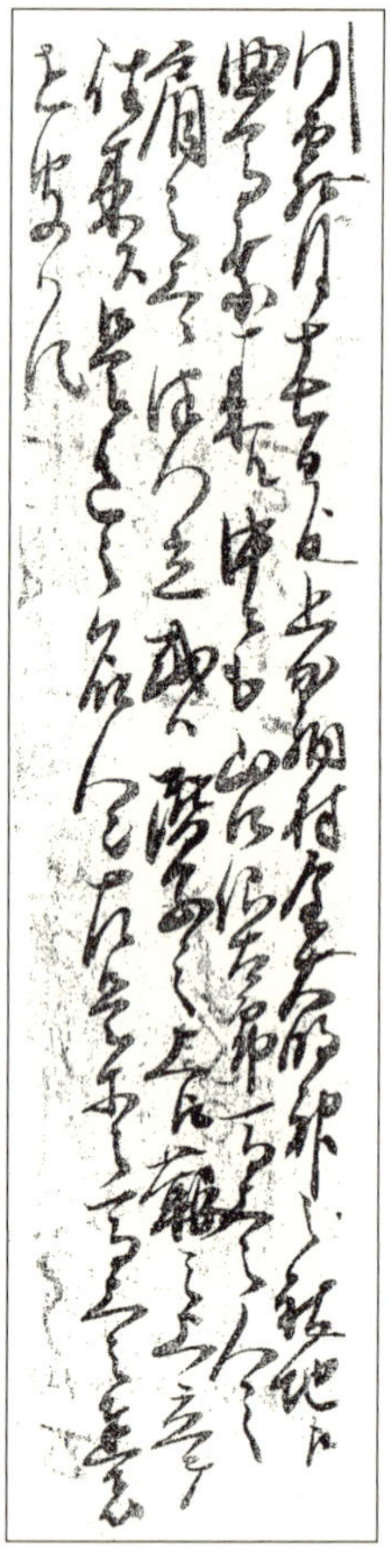

同(天明八年)霜月十七日より上加納村金大明神之社地え、曲馬乗来ル、中ニも山口仙太郎馬上之人之肩之上ニつつ立、或ハ階子之上え鞍之上立テ往来ス、是迄之名人也、古是等之馬上之達者を聞かす

同年一一月一七日になると、金神社(岐阜市)境内で、曲馬芸の催しがあった。乗馬する人の肩の上に立ったり、鞍の上に梯子を立ててその上に乗ったり、鞍の上に立って往来したりなど、見物人の度肝を突いたようである。政六は、是迄に見たことも聞いたこともない、「名人也」とか、「馬上の達者」などと絶賛している。

その後、寛政三・四年頃は大風が吹くなど天候不順・災害が続いたが、次第に物価も安定してきた。

寛政五年(一七九三)夏になると、加納の欣浄寺境内で大角力の興行が催された。

当(寛政五)年も夏頃洪水有之候得共、大抵豊熟之年柄ニて、世上一統、賑々敷、依之、当所欣浄寺於境内、大角力有之、西方大関茂司関源太夫、東方大関両国源太左衛門也、右茂司関は大坂番付ニ大関小野川より五人目ニ居候由、肥後熊本之人之由、両国、勢州之人之由、背高サ六尺四寸余之、角力取より、首だけ高キ也、勧進本九町目源兵衛也

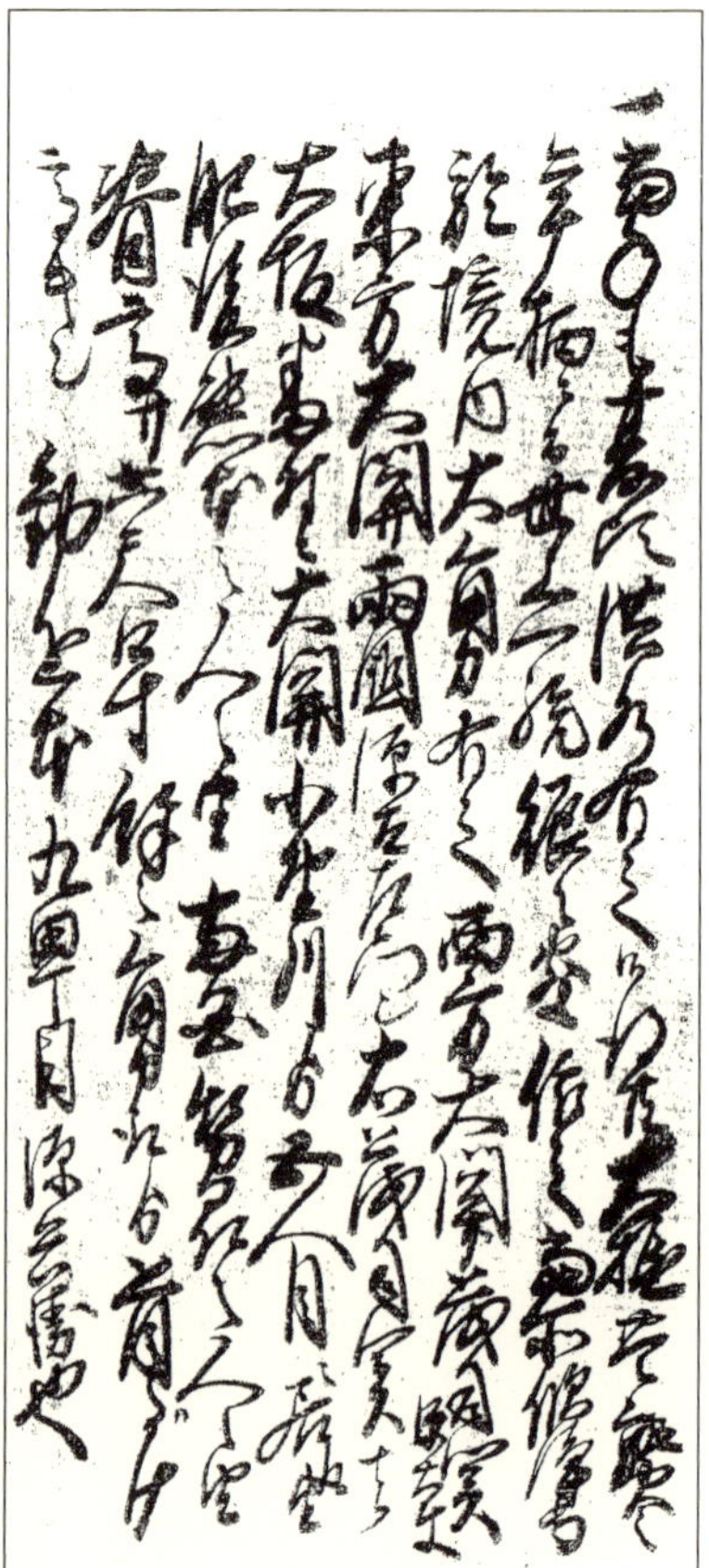

出場した力士は、西方は大関茂司源太夫、東方大関両国源太左衛門だという。茂司は大坂番付けの有名な大関小野川より五人目にいる力士である。また伊勢出身の両国は、背丈が六尺四寸余り(約一九四cm)で、他の力士より首一つだけ高い、大男であったという。

角力興行だけでなく政六は、八月三日にも岐阜因幡付近で催されている芝居見物にも出かけている。

翌年寛政六年(一七九四)二月下旬より四月八日迄、新加納(各務原市)で、親鸞聖人真向御影像の御開帳法要が執行された。参詣の人は極めて多く、諸芝居や見せ物などが大いに繁昌したようである。政六も四月七日に参詣した。その記事の中で、当年は麦作もよく実って、「米も二四俵位」(金一〇両に米二四俵位、平年の値段)で、「世上一統お参りノ人々夥しい事共也」と、当日もお参りの人々が夥しく多かったと感嘆している。

常に世上のことを気にしている政六は、田畑の作物の生育も良く、米値段も平年の価格、金一〇両に二四俵程であることを確認し、安堵している。

四　籠大仏の頭部が出来た

岐阜黄檗寺は、現在岐阜市大仏町にある金鳳山正法寺のことである。「鐘銘寺伝」によると、天和三年（一六八三）黄檗宗の隠元五世広音が開き、千呆を開山とし、元禄五年（一六九二）九月堂宇が出来た。

さて、政六は寛政六年七月一七日岐阜因幡の善光寺へ参詣したついでに、山口町黄檗寺へ参詣したという。その折り見聞したことは、次の通りである。

同（寛政六年）七月十七日、岐阜因幡善光寺え参詣之序ニ、山口町黄檗寺え参詣

此寺ニ当年初て大仏建立也、未タ首斗り出来也、首ノ大サ壱丈弐尺之由、耳壱間トいへり、丈ケハ座像ニて四丈トいへり、日本ニ京都之大仏、其次ハ奈良、其次ハ岐阜之大仏ト風聞ス

近年因幡善光寺甚繁昌ニて、遠近参詣之人々群集ス、毎年サイ銭此日一日ニ七・八十貫文有之トいへり、此日抔ハ百貫文斗りも可有之歟

右黄檗寺ニ五百羅かんも建立也、今弐百躰斗りも出来也、右黄檗寺ニ大仏之堂いまた不建、境内之内何れニか可建

此節何者歟狂哥ニ

あたまから　はりこの　おおひ　大博奕（バクチ）
堂のたたぬに　寺のためとハ

此大仏ハ下地ヲ篭ニて組立、其上ヲ厚ク張り、其上ニ金ばくヲおくといへり、未タ面像ハ反古ニて張有る也

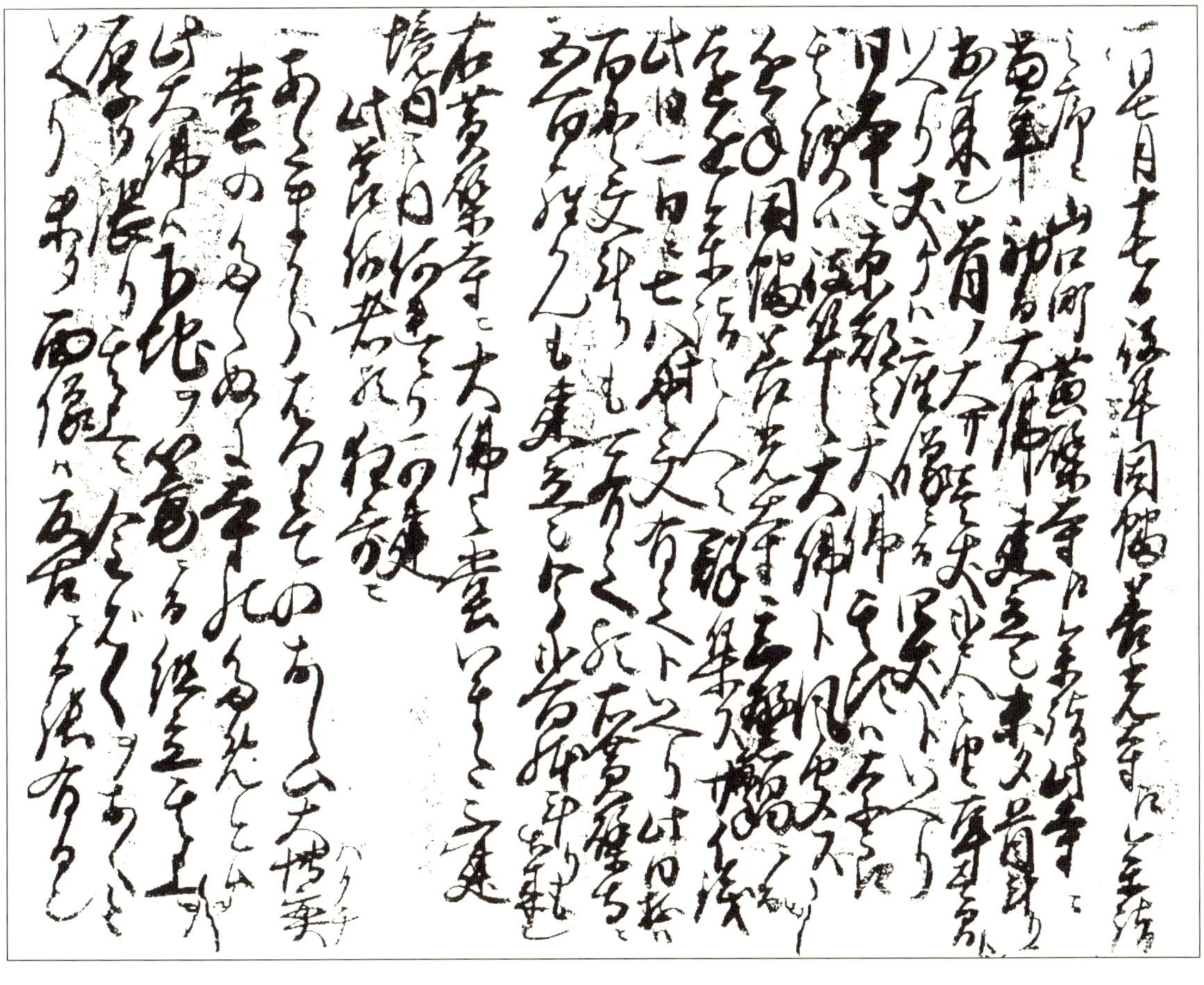

黄檗寺は寛政六年大仏建立を始めた。といっても未だ大釈迦如来坐像の頭部だけが出来たという。その頭部の大きさが一丈二尺(約三m六三㎝)、耳の長さが一間(約一m八〇㎝)になる。そこで、「日本に京都之大仏、その次は奈良之大仏、その次は岐阜之大仏になる」という風聞があったという。ちなみに京都の大仏は、京都山科の方広寺に文禄四年(一五九五)豊臣秀吉が建立したことに始まり、慶長一七年(一六一七年)徳川家康の命により再建され、途中修理されたものの、寛政一〇年(一七九八)に消失したものを指している。消失前の京都の大仏は、六丈三尺(約一九m)で、奈良の大仏より五mほど大きかったといわれている。

黄檗寺の大仏は、「下地を篭にて組み立て、その上を厚く張り、その上に金箔をおくといへり。また面像は反古紙にて張る也」と、政六はその特別な造りを説明している。加納・岐阜周辺の良質な竹材を骨にして篭を造り、その上に反古紙、良質の美濃紙を張って像形を造るのである。古来から仏像は、木像や塑像・乾漆像、金銅の鋳造などの造り方があるが、この大仏は将に篭大仏である。ちなみに和傘も良質な竹・美濃紙・柿渋、そしてそれらを使いこなす技術が岐阜の大仏を生んだといえる。なお、この大仏を納めるお堂が未だ建立されていないことから、次のような狂歌が詠まれた。

あたまから　はりこのおおい　大博奕
　　堂のたたぬに　寺のためとは

狂歌とは裏腹に、近くの岐阜・因幡の善光寺への参詣と相まって、遠近の参詣者が群集し、賽銭は一日に銭七・八〇貫文(金一二から一四両)程あり、政六が参詣した日は、「銭一〇〇貫文はあったのではないか」という。黄檗寺では大仏だけでなく、五百羅漢も建立されることになっており、この時、二〇〇体ほどできあがっていたという。

ちなみに、この黄檗寺は天保三年(一八三二)四月、大仏・お堂等が建立され、開眼供養が営まれた。

第六節　加納に伝わる
老中首座田沼意次の悪評判

一　田沼意次に批判的な加納の人々

江戸時代中期、老中田沼主殿頭意次が幕府政治を主導していた。年代としては、明和四年（一七六七）から天明六年（一七八六）までの約二〇年間で、江戸時代の社会に商業資本・高利貸しなどが発達し、それまでの米を中心とする重農主義的施策から、重商主義的施策に転換した時代であった。『見聞録』の中に、老中田沼意次やその子若年寄意知の評判が記載されている。

（一）　殿中で若年寄田沼意知が斬りつけられる

田辺政六が田沼政治について記録するのは、天明四年（一七八四）三月二四日の記事が最初である。記事によれば、「江戸御殿中において・・・御退出の折りから、佐野善左衛門（政言）殿意（遺）恨の筋有って、若御年寄田沼山城守（意知）殿を大廊下にて、初太刀肩前き、それより都合四カ所をきりつけらる丶由」と記している。ついで、善左衛門は「乱心」と裁許があって、初日は「揚げ屋」へ収監され、二日めには「切腹」を命じられた。一方襲われた田沼意知は三日目の二六日に逝去したと記している。

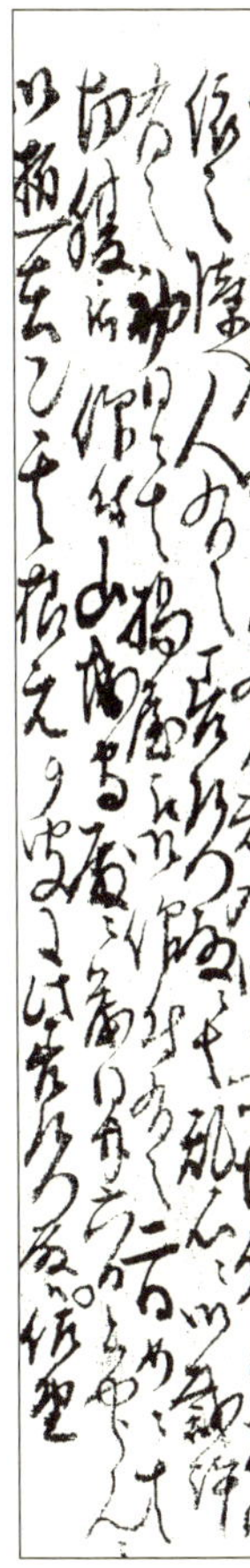

ついで、この事件の要因（根元）を政六は次のように記している。

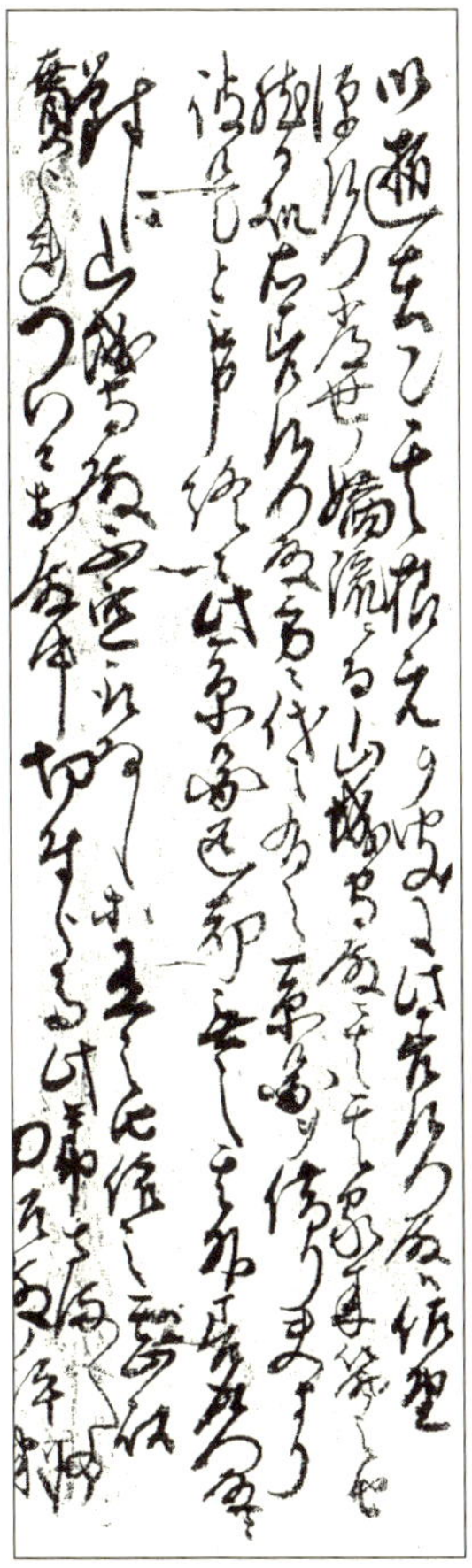

其根元ヲ聞に、此善左衛門殿ハ佐野源左衛門常世ノ嫡流ニて、山城守殿ニは其家来筋之由、然る処、右善左衛門殿方ニ代々有之系図ヲ借り、夫より彼是と被申、終ニ此系図返却無之、其外善左衛門殿ニ対し、山城守殿不宜取なし等有之由、依之、甚以憤られ、ついニ於殿中切付らる、（後略）

佐野善左衛門は、鎌倉幕府を支えた御家人佐野源左衛門尉常世の嫡流であるという。佐野常世は鎌倉幕府五代執権北条時頼の廻国伝説や能の曲名「鉢木」に登場する御家人である。

その嫡流、佐野善左衛門家は、将に武士の鏡ともいうべき名家と受け止められていた。一方、若年寄田沼山城守意知は、佐野家の家来筋であったと記されている。田沼家は、佐野家の系図を借り、かれこれ難題をかけて遂に系図を返却せず、成り上がっていったという。さらに、田沼家は佐野家に不利な取り計らいをしたなどという。これらのことに憤慨した善左衛門は、遂に殿中で田沼意知に斬りつけることになったと、記しているのである。

この事件について、様々な評判が飛び交ったようである。一般的に佐野善左衛門の評判は良く、田沼意知の評判は大変悪かったという。善左衛門が切腹を命じられたことから、「行く先の　まだ散り残る桜かな」と、一句記されている。善左衛門の無念さを思えば、散るに散れない桜のように、死出の旅に出られない心情を詠ったものである。

天命死叶太刀年
山城院殿中無五位下釼難善左大凶士
三ケ血二十四日

さらに、人々が佐野善左衛門の位牌に託した院号法名の語句に人々の評価が込められている。

「山城院」の院号法名には、田沼山城守意知の「山城」を冠し、「殿中」は江戸城内を、さらに「無五位下」は、「惨い」と読め、「釼難」は「剣難」の相などに通じ、「善左」は言うまでもなく「善左衛門」からとっている。また、年月日にも意味がある。「天命死年」は「天明四年」と「テメエ・手前（相手を卑しんでいう語おまえ）、シネ（死ね）」と解せられる。「叶太刀」は「叶（カノウ）＝カノエ・甲、太刀（タチ）＝タツ・辰、」と「太刀を浴びせることが叶った」と解せられる。「三ケ血（三ケチ）二十四日」は「三月二十四日」と読みとれる。

山城を佐野は切る気はなけれとも、天道さまニ頼れて切る

さらに、「山城を佐野は切る気はなけれとも」と、佐野の殺意がなかったという。さらに、「天道さま」に頼まれて切る、として、天命の命ずるままに殺傷したと、佐野の正当性を強調している。

（二）殺傷事件が加納へ伝えられた時間差

江戸殿中において田沼意知が斬りつけられたという知らせは、いつ頃加納へ伝わったのであろうか。

『見聞録』を順次見ていくと、加納藩三代藩主永井直旧が天明四年二月、将軍徳川家治に謁見したことから、三月九日と三月一五日に祝膳が下賜された。政六は三月一五日二ノ丸において、格式以上の藩士一四一人とともに、御吸物・御酒をいただいたと記している。

ついで三月二八日政六は、「追手御門脇赤門ニて本宅被仰付」と、記している。その後、「三月二四日江戸御殿中において」として、先の殺傷事件を記している。この事から、江戸からの知らせが、四・五日後になる。どのような手段で伝えられたのか解らないが、江戸の庶民の評判や戒名等も詳細に伝えられているといえる。

この記事の後、次のような記事が記されている。

夫世上ニ昼夜心遣して、こびへつらい、大ニ立身し、或は福禄なとを得る人有り、また此人を羨ム人多し、これ利欲ニ溺レ命ヲ知らさるの人也

昼夜何時も何時も心遣わして、「こびへつらい(媚び諂い)」をして、「大いに立身出世したり、福禄などを得る人がある」という。また、そんな人を「羨む」人も多いという。いずれも、私利私欲に溺れ、「天命」を知らない人のなせることであるという。この事は、立身出世したり福禄を得ている田沼、「羨む人」、私利私欲に目がくらんで、「天命を知らない人」があるとした、田沼意知刃傷事件の構図ととらえた記事と思われる。

ついで、去月二四日として、事件について次のように記している。

去月(三月)二十四日於殿中田沼山城守(意知)え、手疵為負候、尤、雖乱心、山城守手疵ニて相果候、依之、切腹被仰付者也

佐野左右衛門

四月になってからの記事として、政六は事件の顛末を簡単に記している。佐野善左衛門の田沼意知への刃傷は「乱心」によるものとしている。最初に記述された戒名の下に記された「天道さまに頼まれて切る」などという認識とは、大きく違う認識だといえる。

穿ったことをいえば、江戸からの情報発信の違いであるのかも知れない。或いは、政六の田沼意次刃傷事件に対する認識の心の揺れであろうか。

(三) 老中首座田沼意次は「毒薬調合所」?

天明六年(一七八六)九月八日第一〇代将軍徳川家治が死去した。その折り、御三卿一橋家から養子に入った徳川家斉が第一一代将軍に就任した。老中筆頭が権力を維持するためには、将軍継承を円滑にし、誰が後ろ盾となる将軍であるかどうかが重要であった。

この将軍継承について、田沼は「不首尾」であったという。このことを切っ掛けにして、田沼の悪評が噴出した。

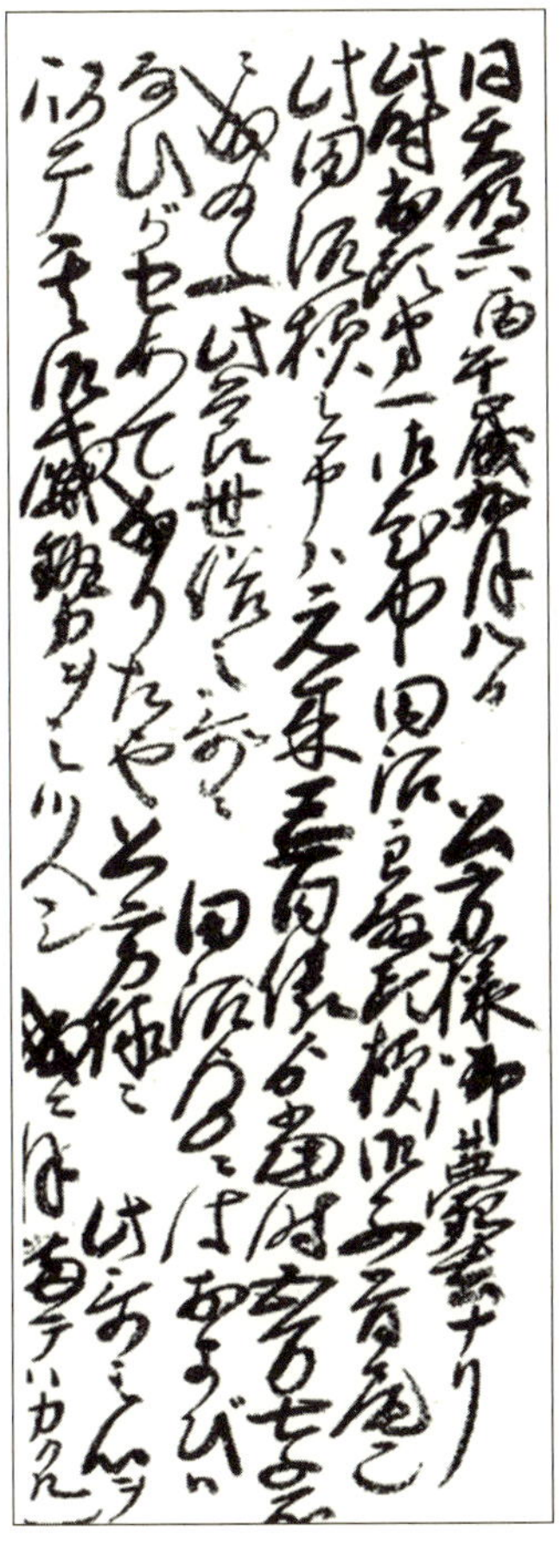

同天明六丙午歳九月八日、公方様御薨去ナリ、此時出頭第一御老中田沼主殿頭様御不首尾也、此田沼様と申ハ元来三百俵より、当時五万七千石ニ成給ふ

此節世俗之哥ニ
田沼さまニはおよびハなひが
せめて成りたや　公方様ニ
此哥之心ヲ以テ、其御威勢ヲミツヘシ、誠ニ月満テハカクル也

世俗の歌「田沼さまには及びはなひが、せめて成たや公方様に」と歌って、田沼の「御威勢」は将軍より上になってしまっていることや、「月満ちてハカクル也」と、田沼の権勢が満月から欠け始めたと、まるで平家の没落を暗示していることを記している。

また、田沼は元来三〇〇俵取りの小物であったが、五万七千石の大身になった、成り上がり者であることが記されている。

田沼意次は、享保四年(一七一九)紀州藩士から旗本になった田沼意行の長男として江戸で生まれ、同二〇年第九代徳川家重の西丸小姓として抜擢され、父の遺跡六〇〇石を継いだ。その後宝暦八年(一七五八)郡上の百姓一揆の評定にあたるため、御側御用取次から一万石の大名に取り立てられ、権勢を振るうようになった。とりわけ田沼は、郡上宝暦騒動の評定を主導して、一揆の首謀者・百姓を厳罰に処しただけでなく、藩主金森の改易、幕府高官の時の老中・若年寄・大目付・勘定奉行らを免職にしたのである。領主・幕府高官らの大量処罰は画期的な処分で、田沼の台頭する要因となったのである。家重死去後も第一〇代将軍徳川家治の信任は厚く、明和四年(一七六七)側用人に出世し、五〇〇〇石を加増。安永元年(一七七二)には老中を勤め、相良藩(静岡県牧之原市相良)五万七〇〇〇石の城主となったのである。前後一〇回の加増でわずか六〇〇石の旗本から、五万七〇〇〇石の大名にまで加増し、西丸小姓から老中になった最初で最後の人物といえる。

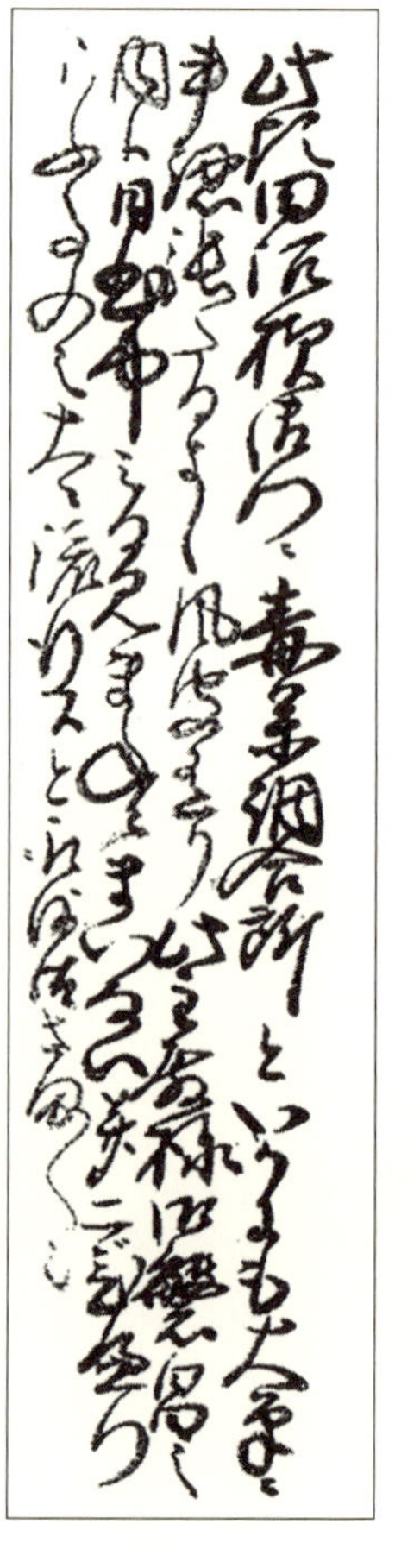

此頃田沼様御門ニ、毒薬調合所と、いかにも大筆ニ書認張りたるよし、風聞有り、此主殿様ご繁昌之内ハ、日本中ミる見まねニ、まいない并こびへつらふ事のミ、大ニ流行スと取沙汰さまさま也

田沼の屋敷の御門に、「毒薬調合所」と大筆で書き認めて張ってあったという。また、これらの風聞の他に、田沼の「御繁昌」の内は、日本中の者が、田沼のやり方を見よう見まねで、「まいない(賄)并こび(媚び)へつらふ(諂ふ)事のミ大いニ流行ス」と、様々に取り沙汰されていたという。

政六は江戸からの悪い評判が耳に入り、風聞を記録している。そして政六自身が、田沼政権の賄・媚び・諂いの賄賂政治に対して批判的であったことであろう。

此頃五ケ年ニ二度之キキンナリ、天明二寅年、同六午年ナリ、洪

範ヲミテ天ノワザワイヲクダス事、イカントミルベシ、此頃、俗ニ飛鳥もヲツルトイフ、田沼主殿頭様御老中役御免、御慎ミ中也

天明六年(一七八六)閏一〇月七日、政六の三男三蔵が出生したことを記している。祝いの赤飯を蒸すため餅米を調達しようとしたが、「亦々飢饉年也」のため、銭一〇〇文に七合五勺しか購入できなかったとしている。その続きの中で、天明二年と六年の二度飢饉になったと記している。続いて「洪範をみて、天の災いを下すこと、如何とみるべし」と、洪範つまり儒家の政治道徳の基本法則からいうと、五年の間に二度も飢饉が起きるというのは、どのようなことであろうかと問題提起し、「政治を執っている者の理念が悪いから、飢饉が発生しているのだ」と、執政者を暗示している。ついで政六は、「此の頃、俗に言う、飛ぶ鳥も落ちるというように、田沼主殿頭意次様は、御老中役を御免になり、御謹慎中である」と続けている。この文脈から、政六は、二度の飢饉、天が災いを下したこと、飛ぶ鳥も落ちること、田沼の謹慎中をつなげて考えているように思えるのである。

事実、田沼意次は天明六年(一七八六)八月二七日、老中を解任させられ、閏一〇月追罰して封を削られた。

二　加納に伝えられなかった田沼意次の政治

田沼意次が幕府政治を主導していた宝暦・天明期には、幾つかの施策を試行した。その一つは同業者組合である株仲間を奨励し、商人に専売制などの特権を与えて保護すると同時に、運上金・冥加金等を税として徴収する政策をとった。その二に、新貨幣の鋳造・貨幣の統一などこれまで不安定であった通貨制度を安定させた。その三は、殖産興業として町人資本の出資による印旛沼・手賀沼開拓、農地開発を奨励した。その四に外交関係では、鎖国政策を緩和して長崎貿易を奨励したり、蝦夷地開拓のために調査を始めたりした。その五に学問・思想の領域では、蘭学を手厚く保護したり、平賀源内と親交があったり、杉田玄白・前野良沢らがオランダ医学書の翻訳『解体新書』を刊行出来るような自由な気風の政治を行っていた。

しかし、これらの情報は江戸市中にさえ余り広がらず、まして加納に居る政六の耳には届かない江戸時代であったといえるのである。

第七節　松平定信の好評判と失脚

一　松平定信の好評判

田沼意次の後、松平定信は天明七年（一七八七）将軍徳川家斉のもとで老中首座・将軍補佐として登場した。

定信は、将軍就任のために設けられた御三卿の田安家に、第八代将軍徳川吉宗の孫として、宝暦八年（一七五八）生まれた。聡明で将軍就任に最も近いといわれていた。

ところが突然、白河藩（福島県白河市）の久松松平家（一一万石）に養子に入ることになり、将軍就任は望み薄となってしまった。定信を将軍就任から遠ざけるよう画策したのは、田沼意次であるとか。田沼意次と松平定信とは、出自の高貴かどうかなどを始め、幕府政治を、新興の商業活動に基盤を置くか、開幕以来の農業政策をとるかなどでも、大きく評価が分かれるところである。

田辺政六は、田沼意次と同じように松平定信の評判・噂話などを克明に記録している。

（一）　定信を「あたかも嬰児の親を慕うが如く」と

天明八年（一七八八）二月朔日暁七ツ半時頃（明け方五時頃）、京都が大火により九分通り焼失してしまった。火災の状況について政六は次のように記している。始めは、団栗の辻の両替屋が火元で、寺町通りに広がり、仏光寺が焼失し、二条城にうつり、二ノ丸のみ残して焼失し、さらに七条まで広がり、御所は残らず焼失してしまった。北は今宮その他東門跡残らず焼失し、西門跡と光正寺門跡はそれぞれ本堂だけが焼け残り、本国寺はもちろん東は二条新地まで、西は千本まで焼失したと記録している。そして、「京都八・九分通り焼失と心得べし、甚だ以て大変なり」とし、政六は「書き記すも甚だ以ていやなり」と、当惑とあまりにも酷い惨状に拒否的感情を漏らしている。

しかし、「江戸御老中松平越中守様が執政」しておられるから、「万民はただ此の君を慕うことが、あたかも嬰児の親を慕うが如く」全幅の信頼を寄せて、あまり不安に思っていなかったというのである。定信に対し、誠に以て今の世の「大賢君也」と、政六も高く評価していたのである。

京都火災の二カ月後の四月一一日夜頃五つ時前（二〇時頃）、月よりも大きな光り物が現れたと記している。

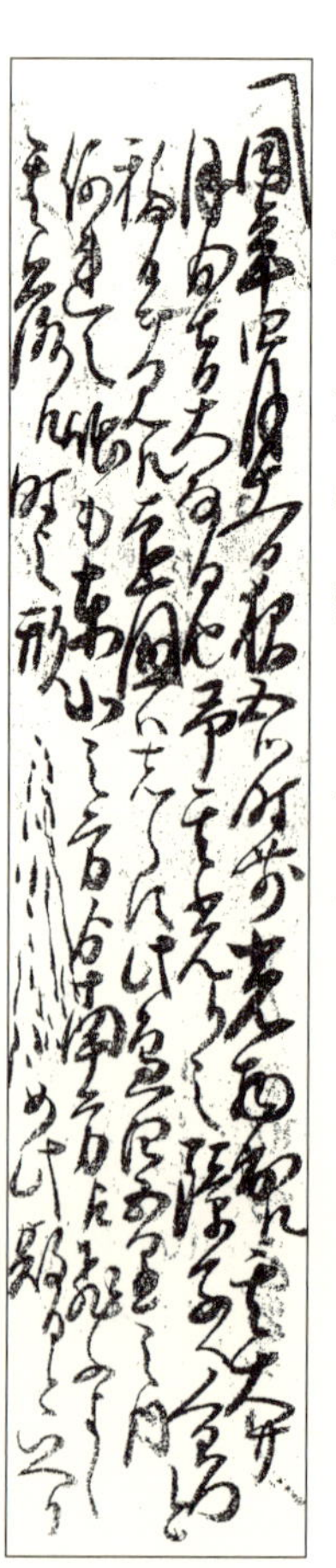

同（天明八）年四月十一日夜五ツ時前、光物出ル、其大サ月よりは大なる也、予其光り之障子へくわっと移（映）るヲ見ル、遠国ハしらす、此辺四・五里之内、何れ之咄も、東北之方より南方え飛ふよし、其落ル時之形、如此散るといへり

政六は光り物が「くわっ」と障子に映ったのを見たといい、加納近辺の人々も、東北の方から南方へ飛んだという。その光り物の落ちる時の形は、絵に描いた様であったと政六は記している。

この光り物の出現を占った政六は、「誠に以て聖人国政を」執り賜う時節で、あたかも「天より祥瑞が下されたこと」と受け止めている。さらに兄忠兵衛が江戸出張から帰国した時、政六は、光り物は「江戸などにても時刻も違ハす南方へ飛ひ下ル由、人々申セし」と、聞いている。この事から、何国の地の果てまでも同じように光り物が出現したことを確信している。そして、「誠ニ以、珍事共いふへし」と結んで、松平定信の政治に大きな期待を持っていた。

（二）加納宿を通行した松平定信

老中松平定信が京都大火災の巡検に先だって、田安家の家老が中山道を通行した。加納宿では瀧屋己之助方に止宿し、そこで定信のことなどを色々物語った。

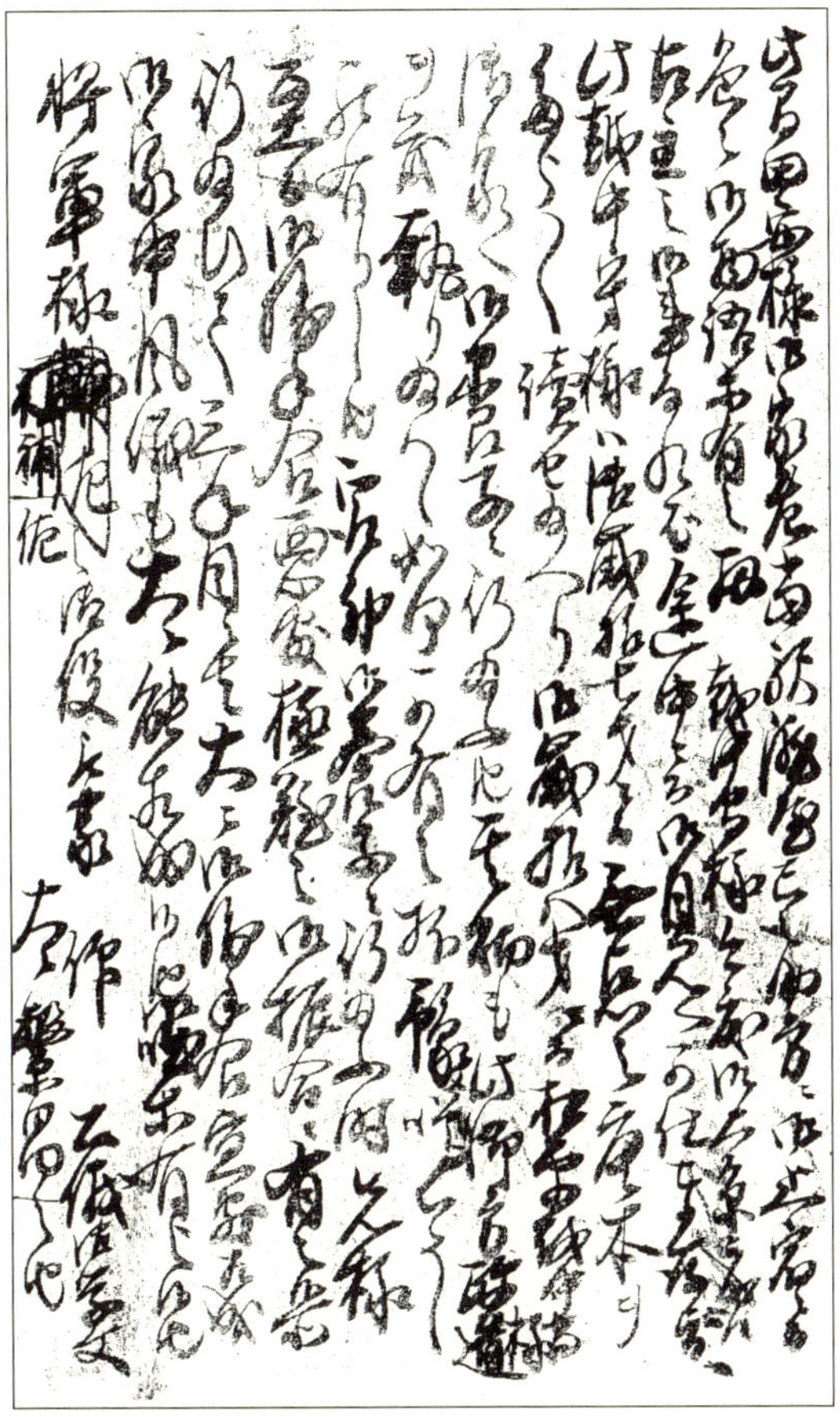

（天明八年四月か五月頃）此間、田安様御家老当駅瀧屋己之助方ニ御止宿ニて、色々御物語等有之、扨、越中守様今度御上京被成候、古主之御事なれば、途中ニて御目見へ可仕奉存旨、此越中守様ハ御歳拾七歳ニて、無点之唐本ヲたらたら読セ給へり、御歳拾八歳ニて、松平越中守様御家へ御養子ニ行給ふ由、其砌も此御方政道ヲも執り給ハヽ、如何可有之抔、予メ噂いたし罷有りし由、最初御養子ニ行給ふ時、先様至て御勝手合悪敷、極難之御振合ニ有之候所、行給ひて三年目ニは、大ニ御勝手合宜敷相成、御家中風儀も、大ニ能相成候由、咄等有之候由、将軍様補佐御役被蒙仰、公儀御学文、大ニ繁昌之由

定信は一七歳の時に、「無点之唐本」（読み方・返り点を記していない四書五経など）を、すらすら読むほど聡明であったという。一八歳で定信は田安家から白河藩一一万石の松平家へ養子した。その時期の白河藩は「御勝手合悪敷、極難之御振合」といわれるように、藩財政が悪く極難であったという。しかし定信が養子して三年後には、「御勝手合宜敷相成、御家中風儀も大ニよく相成候」というように、藩財政が好転し、家中の風儀も良くなった。

この話は、定信の生家田安家の家老の話で、幾分値引きして聞かなければならないかも知れないが、定信の聡明さ、藩経営の手腕は尋常のものではなかった。松平定信は、天明七年（一七八七）六月老中首座に就任し、翌年三月から将軍補佐を兼ねることとなった。天明の米騒動などを期に、幕閣から旧田沼人脈を一掃粛正して、祖父・八代将軍吉宗の政治を手本に、幕府政治を改革しようとしたのである。

天明八年（一七八八）五月一九日松平越中守定信は、江戸から京都へ上京するため、昼休みを加納宿でとった。その時の様子を、政六は克明に記した。

定信の行列は四二〇名。鑓供の衆は、四・五十人ばかりの大所帯で、中に田安家の見送り人馬も付いていた。

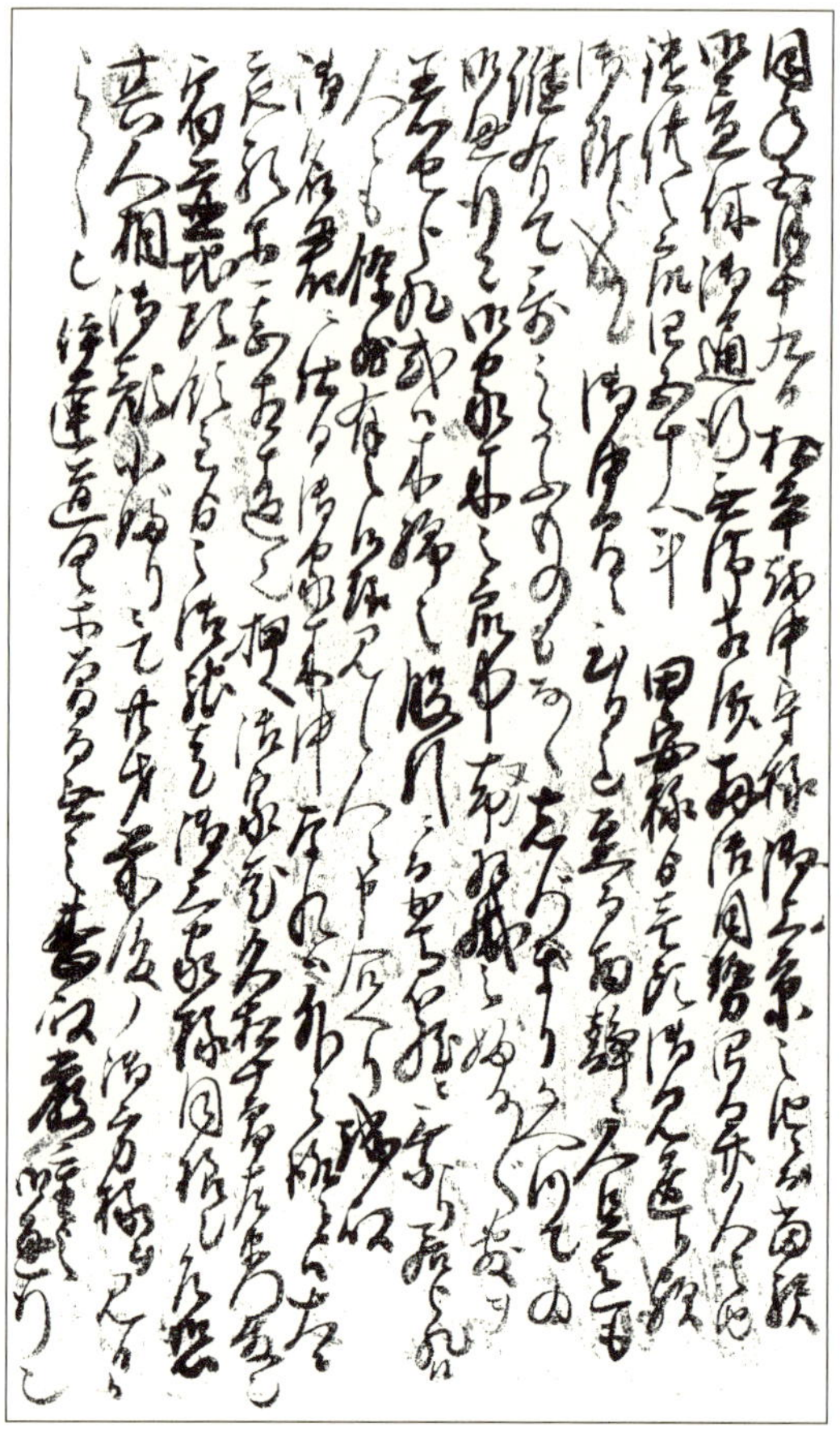

同（天明八）年五月十九日、松平越中守様御上京之由ニて、当駅御昼休御通行無滞相済、扨御同勢四百二十人之由、鑓供之衆四・五十人斗、田安様より壱頭御見送歟、御附被成候、御中間ニ至る迄至て物静ニ、人足迄も誰有てかこたふものもなく、しづまりかへツての御通行也、御家来之衆中、布（ヌノ）羽織ふるぶる敷ヲ着せられ、或ハ木綿之股引ニて、駕籠ニ乗り居られ候人々も、余程有之候趣、見し人々申合へり、誠以御名君ニ仕る御家来中なれハ、外々様とハ大ニ衣類等甚相違也、押へ御家老久松十郎左衛門殿也、宿並地頭領主より之御馳走、御三家様同様也、乍恐其人相御顔小ぶりニて、二十歳前後ノ御方様ヲ見るかことく也、伊達道具等、曽て無之、甚以厳重之御通行也

歌川広重「木曽海道六十九次之内　加納」
（岐阜市歴史博物館所蔵）

その行列の供揃いは、奴・中間に至まで至って物静かで、宿継ぎなどに雇われた人足までも、無駄口を話す者もなく、「しづまりかへって（静まり返って）」の御通行であったという。さらにまた、御家来衆は、絹織物でなく粗末な麻等の羽織。しかも「衣類なども甚だ違って」いて、「ふるぶる（古々）敷き」を着ていた。御駕籠に乗っている人も木綿の股引を履いていた。

一方、行列が持つ伊達道具等(大名行列の時に供えている槍・家紋入りの挟み箱など)も、「かつてないほど厳重」な通行であったという。「厳重」と表現している言葉は、今日一般にゲンジュウと称して「きびしいこと」と解するが、ここではゲンジョウと称して、「おごそかなこと、いかめしいこと」と解釈する方が妥当だと思う。そこで、政六はこれらの様子から、「誠に以て名君」に仕える御家来であると、大いに感心しているようである。

加納藩から饗応される昼食は、御三家の格式と同様の御馳走であった。

なお、政六は、定信を覗き見ている。そして、恐れながらその人相御顔「小ぶり」にて、「二〇歳前後の御方様を見るがごとく也」と記している。政六は加納藩士といえども御奉行方物書本役・手代格であるから、直接松平定信に面会することは許されない。加納宿通行の折、その警固のために沿道に出ていて、チラッと顔を覗き見たのであろう。質素で、それでいて厳かなたたずまいの四二〇名の家来衆を従えている、老中首座・将軍補佐役の松平定信。「小顔」の美顔の「名君」を、政六自身がその眼で見たのであろう。

田辺政六は、幕府の要職を勤める、若き名君・聖人に、それまでの田沼政治とは違う、期待と信頼を寄せ、江戸時代を感じ取っていたと思われる。

(三)　京都復興施策の評価

一一月中旬の噂として、幕府は、田沼から取り上げた江戸御用金(金三三万九千両)を、京都焼失のため家を建てなければならなくなった窮乏の者に、年二分利・五カ年賦で貸し付けを始めたことを、政六が紹介している。

また、五〇歳以上で働く力のある者には、禁裏の焼き炭を一里余り離れた場所に運び出させ、帰りにはまたその炭を担い来させた。担った炭の軽重に関わりなく、一日に銀二・三匁宛の日雇い賃金を支払う。日雇い賃金が貰えれば、庶民は食料を買える。生活が出来るというものである。これらの施策を評して、狂歌が流布したという。

今春　京洛中焼失之狂歌ニ
　京中かまつかいに成る申ノとし
　　黒つちのへと成るも天明イ

歌の意味は、京中の者が竈を使う仕事(炭を扱う職業)に従事するようになった申(さる)の歳、黒い戊(つちのえ)となってしまったのも天明(天命)だなあ、と解釈できる。時あたかも天明八戊申年春のことである。天命と言いながらも悲嘆に暮れているのでなく、庶民の生きる希望と喜びが窺い知れる。

なお、松平定信が京都所司代に入り、御所へ参内した折、天皇より、御製色紙二枚を下賜された。そこには、「民草の露の命をたゝやすかれと思ふばかりを」の二首の和歌がしたためてあった。「思へたく　世々を守りの国の司は」と「我為に何か祈の朝な夕な天皇自らは民を思って祈るばかりであるが、定信への期待と感謝と罹災者への労い等が込められていた。この和歌がどのようにして政六に伝わったのかは不明であるが、天皇から御製色紙を頂いた定信に好感を持って流布したと思われる。

（四）郡上藩主金森家再興を許される

郡上騒動は、宝暦四年（一七五四）美濃国郡上藩が年貢増徴を計ったことをきっかけに、領民が諸税の廃止を願って城下へ強訴したことに始まった。それから四年半、領内の百姓は傘連判状を作成して密かに盟約し、江戸の藩主に嘆願書を提出などしたが、ついに宝暦五年一一月老中酒井忠寄へ駕籠訴を決行した。この訴えは幕府・評定所において取り調べられることとなり、同時期に、郡上藩に預けられていた白山神社社領の支配権をめぐって石徹白事件が勃発した。この件については駕籠訴を行ったが取り上げられず、ついに幕府評定所の目安箱に訴状を差し入れて、審議を待つこととなった。

そこで幕府は本格的に両事件の取り調べを開始し、宝暦八年（一七五八）幕府の裁定が開かれた。首謀の百姓は切立村喜四郎・前谷村定次郎・歩岐島村四郎左衛門・寒水村由蔵の四名が獄門、その他に死罪一〇名を始め、遠島・追放など重罪に処せられる者が多く出た。さらに、幕府や藩においても重大な処分が決定された。若年寄・本多忠央と郡上藩主・金森頼錦の二名が領地没収となり、老中・本多正珍、大目付・曲淵英元、笠松郡代・青木次郎九郎が役儀取り上げ、勘定奉行・大橋親義が知行召し上げ、郡上藩家老・渡辺外記、同・粥川仁兵衛が遠島となった。その他追放などが多くあった。百姓一揆を起こした百姓ばかりでなく、藩主を始め藩の重役のみならず、時の幕閣にも重い処分があったことは、この郡上百姓騒動が、幕藩体制を大きく揺るがす事件であったといえよう。

郡上騒動によって、領主金森家・本多家が断絶させられていたが、定信は、老中就任間もない天明八年（一七八八）、「金森靭負殿御儀古き家柄を思召の由にて、御切米千五百俵被下置」かれ、「本多兵庫殿」も古き家柄を考慮して、「御切米五百俵」下しおかれるよう取りなした。つまり定信は郡上宝暦騒動の処分について、郡上藩主金森家や若年寄本多家の断絶を宥免することにしたのである。この騒動は幕府の中で特別に評定所御詮議掛が任命され、勝手掛老中首座堀田正亮、老中酒井忠寄、そして御用取次田沼意次があたった。しかもこの件は、田沼が裁判中に加増されて大名になり、老中にまで昇進して権勢をほしいままにする足がかりになった事案であった。定信にとって判決の宥免は、田沼意次の執政への反対の意思表示と捉えられよう。

一方、政六が美濃国郡上藩に関わることであるので関心を持って記録したのかも知れないが、微細なところまで配慮する定信の執政に、好意をもって見聞していたと思われる。

（五）献上鮎鮓の緩和策

松平定信は諸大名方に、「費ケ間しい献上などは、内願の上相減らし候様」にする旨の意向をもっていた。加納藩においては、四月・六月・八月の四八時限の鮎鮓献上、六月の三六時限鮎鮓献上を止め、四月は小鮎粕漬け献上、六月は葛の粉の献上、八月は塩鮎の献上へと、それぞれ変更を許されることになったという。

長良川で捕った鮎を、鮎鮓として将軍家に献上することは、最も名誉なことであったが、同時に大きな負担でもあった。献上には制限時間が決められており、「三六時限鮎鮓献上」「四八時限鮎鮓献上」は、加納から笠松を経て熱田の宮宿へ入り、そこから東海道を江戸まで、約九五里(約三八〇㎞)の道のりを丸三日とか丸四日で宿継ぎしていくというものである。鮎は鮓にしているものの生もので、夏の炎天下を飛脚が担いで運ぶのである。運ばれた鮎鮓は、将軍家の食膳にあげるもので、そのためには輸送に関わる飛脚や宿場の問屋責任者たちなどにとって、大きな負担になっていた。

定信はこの鮎鮓献上を変更して、美濃特産の小鮎粕漬け、葛の粉、塩鮎という、比較的日持ちのするものに変更を許可したということで、政六は、「珍しく御慈悲の事」と喜んでいる。

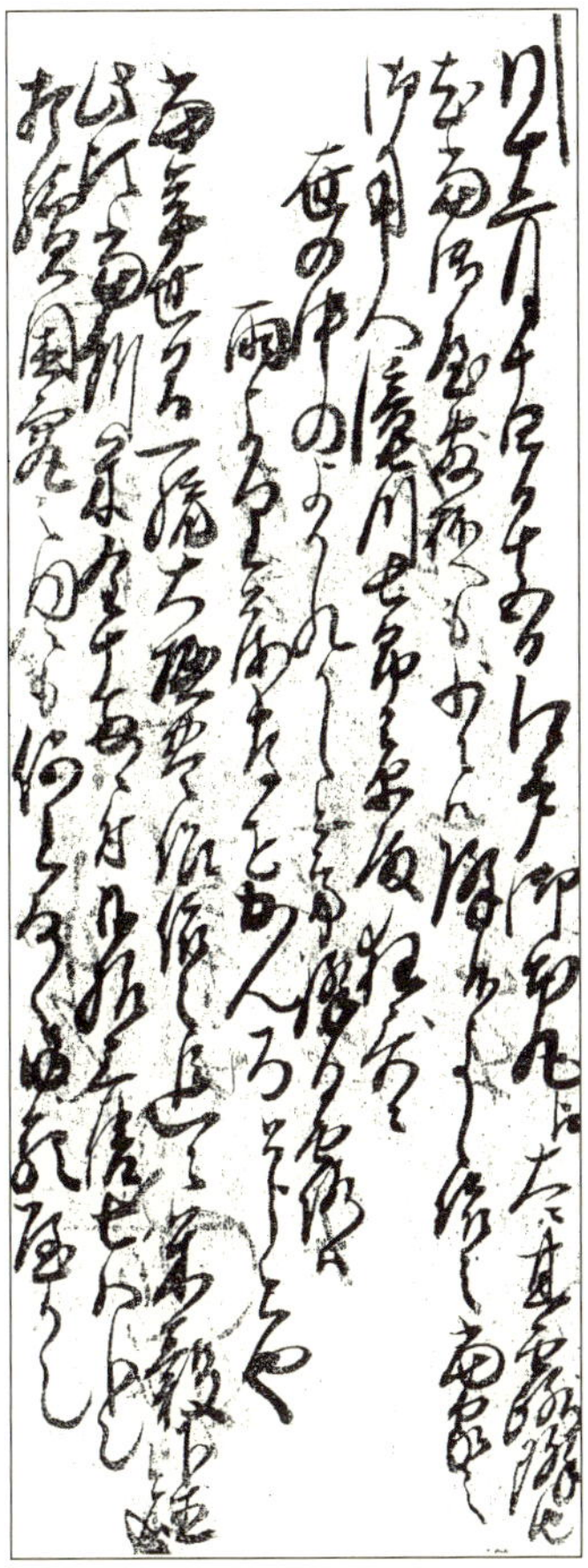

天明八年(一七八八)一二月一四日と一五日、江戸御本丸に、「大いに甘露」が降ったという。

しかも加納藩江戸屋敷等にも、「少々は降」ったという。「甘露が降る」等という奇妙な現象が起きたとしている。そこで、加納藩の御用人滝川七郎兵衛が、

世の中の　よかれかしとて　降る露ハ
雨よりもなを　かんろとらとや

と、狂歌を歌ったという。この狂歌記載の直後に、政六は「当年世間一統大抵豊作」、これにより「米穀が下値となった」と記述している。この頃加納での米相場は、「金十両に付き、弐拾三俵七八分」であったという。つまり金一〇両で米が二三俵七八分＝九石五斗程＝一四二二㎏買えるほど、平年の物価になってきたというのである。しかして、政六は、「相続困窮の内にも、何となくゆるやか也」として、間接的に松平定信の安穏な執政を賞賛しているように思われる。

二　松平定信の悪評

(一)　辟易する庶民

天明九年・寛政元年(一七八九)頃になると、松平定信の執政が行届き、「世上之風儀奢福ヲ禁」じられ、江戸の呉服商や吉原などが次第に不繁昌になってきた。そこで次のような狂歌が流布し始めた。

白川の　清める流れに　すミかねて
濁る田沼の　むかし恋しき

老中首座・白河藩主松平定信の清廉潔白な政治姿勢(白川のような清んだ流れの水)に困った(棲みかねた)庶民は、賄賂・豪奢を許す(田や沼の濁り水)田沼政治が懐かしいというのである。

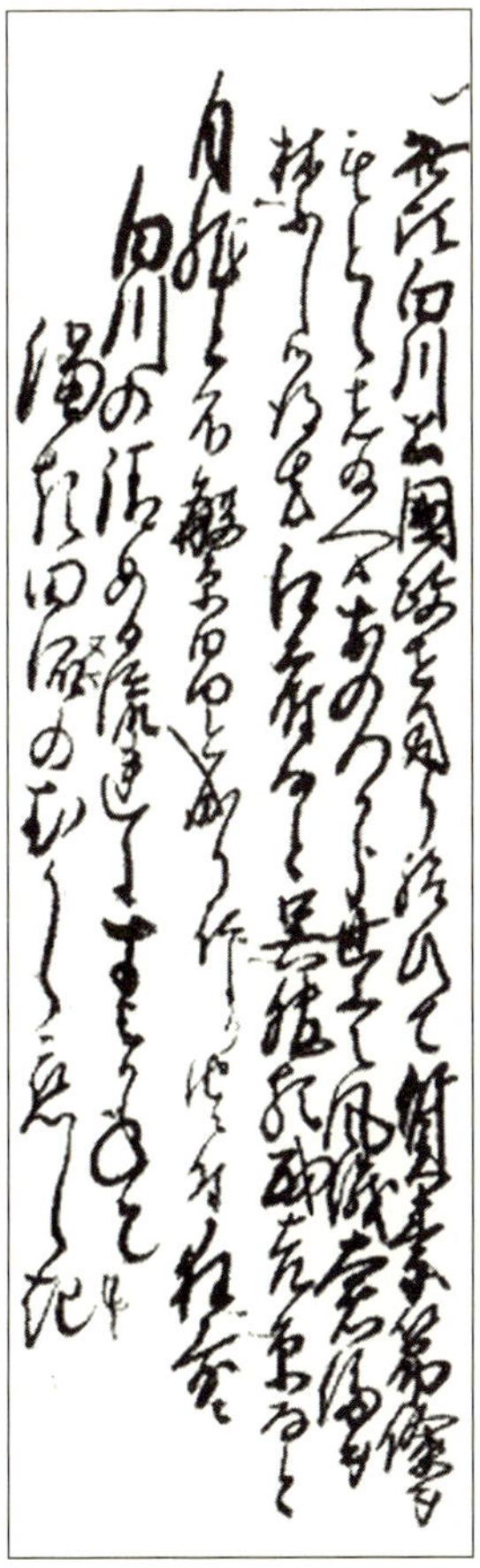

また次のような狂歌も流布した。

世の中に　か程うるさき　事ハなし
ぶんぶといふて　夜るも寝させず

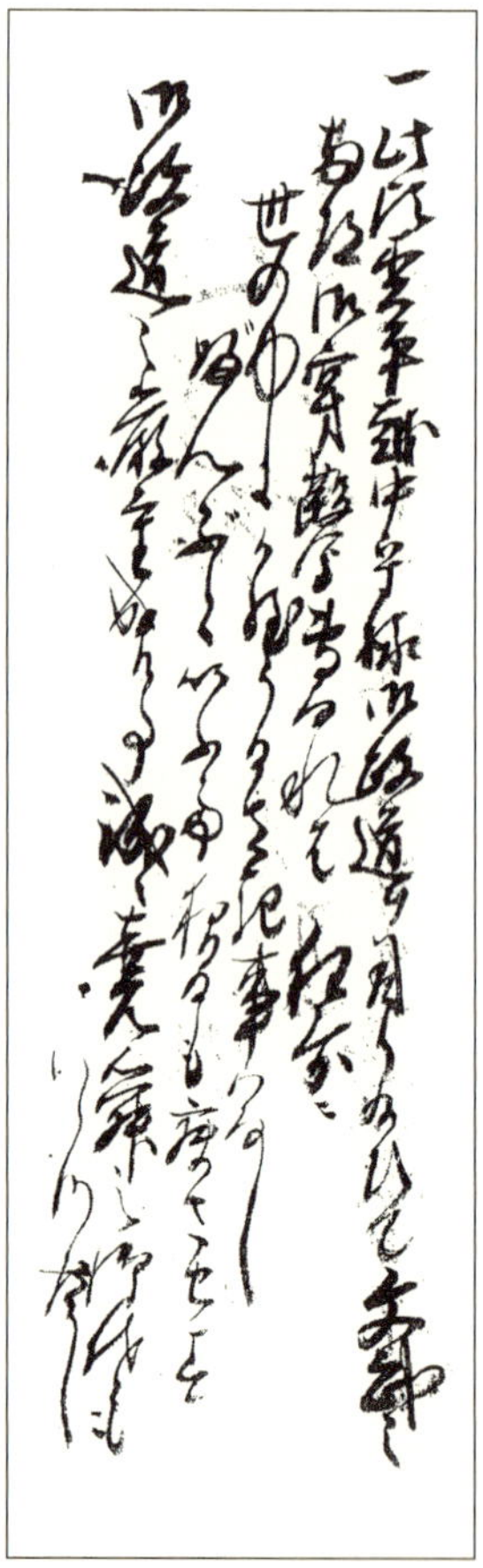

蚊がブンブブンブとうるさく羽音を立てて、夜寝させないように、定信がことある事に文武《ぶんぶ》両道を奨励するため、人々が夜寝られない程、辟易しているというのである。

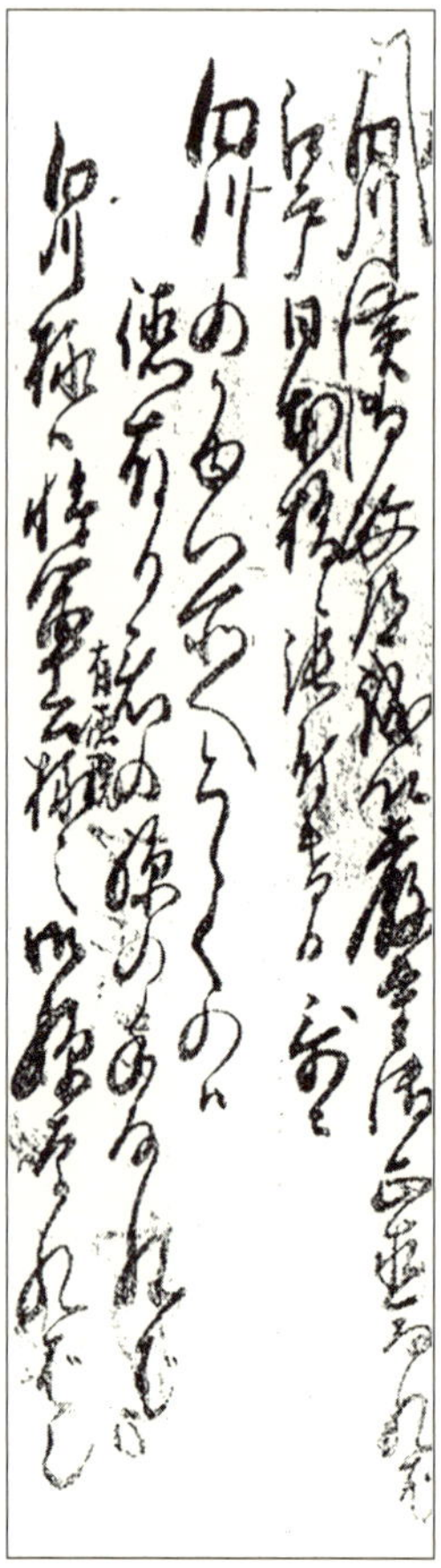

白川の　かゆい所へ　とどくのハ
徳有る君の　孫の手なれば

という狂歌が江戸日本橋に張り出されていた。狂歌の前書きに、「白川侯御政道誠以厳重御正直なれば」として、定信の政治姿勢が厳重で正直であることに、風刺の意図が記されている。定信が至れり尽くせりの施策を執行することを、孫の手(背中を掻く道具)に見立てている。しかも定信は、第八代将軍徳川吉宗(有徳院)の孫、「徳有る」と織り込んでいるのである。

【二】江戸留守居役人等の離反

諸大名の江戸留守居役が寄合をすることが、財政的に物入りであることから、定信は廃止することに踏み切った。

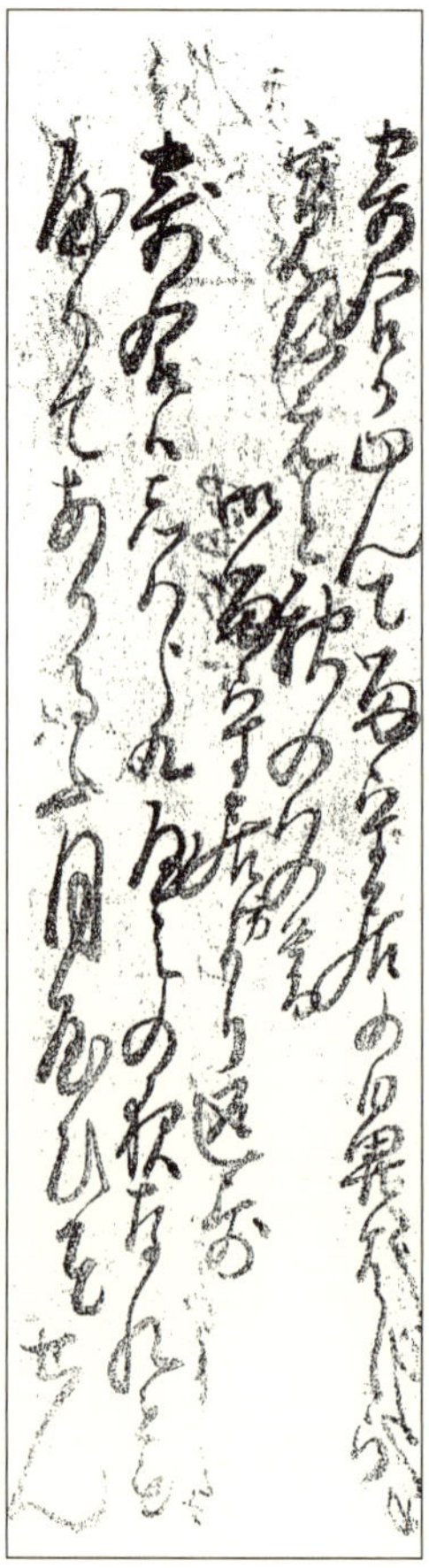

このことについて、「寄合か止んで留守居の鼻ばしら　寛政元と秋の夕暮」と歌われた。それに対して、留守居役より、「寄合ハしハらく　やミの夜なれとも　やかてあかるふ　月やひそせん」と、返歌で反論している。定信によって寄合が禁止されて「しハらく(暫く)やミ(闇)の夜(止ミの世)」に成ってしまったが、やがて、「あかるふ」(天下晴れて)「月あひ(付き合い)」が出来るといっている。改革を志す定信の意図とは別に、定信失脚の日まで待てば今まで通りの付き合いが出来るというのである。寄合役のしたたかさが現れているようである。

定信が、邪曲の役人を流罪や死罪などに処分していることに対して、狂歌が出た。

ゆがんでも　物をすくふハ　かな杓子
すぐでも　物をつぶす　すりこ木

として、柄の歪んだ杓子と真っ直ぐなすりこぎを比べている。歪んだ木の材料(邪曲の役人)であっても、汁物を掬うには、その曲がり具合のよさを生かした杓子(木の杓子は曲がった木の部分をくりぬいて作る)が必要で、まっすぐな木の材料(清廉・潔白な役人)は、すりこぎにするが、それによって物(物事に融通が付かず)を潰してしまうというのである。邪曲の役人を使いこなす田沼意次と、清廉・潔白な役人、その融通のなさによって、物事がギクシャクして悪くなってしまうというのである。ここでは役人が犯した罪状を記してないが、定信が役人の綱紀粛正を強力に図ろうとしたことへの、批判といえる。

三　松平定信、老中解任

老中松平越中守定信の改革は、狂歌などに現れたように様々な批判を受けていた。田辺政六はその都度『見聞録』に記載したものと思われる。しかし、寛政二年(一七九〇)六月頃から定信に関わる記事が見あたらなくなった。僅かに寛政三年二月江戸で、「眉間に角が生えた麒麟犬」が生まれたことを記している。

また、寛政四年(一七九二)八月、肥前国島原(長崎県島原)山崩津波の災害があった時、死者四万八〇〇〇人程、島原城はじめ町在の潰れ等、大きな被害が出た。そのため、幕府は大坂へ五〇万俵もの米を放出するなど、的確・迅速に救護施策を執行したことを記している。

この施策を主導したのは、「松平定信始め老中達である」として、政六は次のように記している。

> 周公之余風有之候、きこへ之御老中様かた、本多弾正大弼様・松平越中守様・松平和泉守様・松平伊豆守様等也、御先役鳥井伊賀守様・御末席戸田采女正様、此御衆様方も皆賢君なるへしと、取沙汰有之

つまり、儒家の始祖・孔子が最も深く尊敬した聖人君子である政治家・中国古代の周公のような風習・遺風をもって、聖人・賢君の政治を行っているのは、「評判の御老中様方である」と、政六は確信し、その老中の名前を挙げている。本多弾正大弼忠籌(陸奥国泉藩)、松平越中守定信(陸奥国白川藩)、松平和泉守乗完(三河国西尾藩)、松平伊豆守信明(三河国吉田藩)、鳥居伊賀守(丹波守)忠意(下野国壬生藩)、戸田采女正氏教(美濃国大垣藩)、これら老中達は「皆賢君なるべし」という取り沙汰があると記している。この世間の認識は政六と同じで、久しぶりの世間の評判を喜んでいたのである。

(一)　尊号一件により勅使処罰

寛政五年(一七八五)三月、朝廷からの御勅使正親町大納言公明、中山中納言愛親の二人が、老中戸田采女正氏教(大垣藩)の役宅で、老中首座松平定信から逼塞と閉門をそれぞれに命じられたと記している。続いて「尊号御内慮一件」とした原文の「申渡之覚」が記されていた。恐らくこの申渡之覚は、政六が余程確かな筋から入手したものといえる。

いずれにせよ、勅使の京都への帰国には、幕府の何の保護もないため、尾州宮宿通行の時は、先触れもなく、道中の支払いも自

分払いで、「あやしげニすごすごと」通行したという風聞を政六は記している。

なお、この尊号一件は、天明八年（一七八八）、朝廷光格天皇が実父に太上天皇の尊号を贈ろうとしたことに始まり、寛政五年三月一〇日、幕府の強硬な処分として終止符が打たれた。しかし同じ頃、第一一代将軍徳川家斉が実父一橋治斉に「大御所」の尊号を贈ろうとした。定信は朝廷に尊号を拒否している手前、将軍に対しても同様に拒否せざるを得なくなり、そのことから将軍家斉の機嫌をそこねてしまった。事件後、定信の失脚・辞職する遠因になったといえよう。

（二）江戸日本橋に立てられた看板

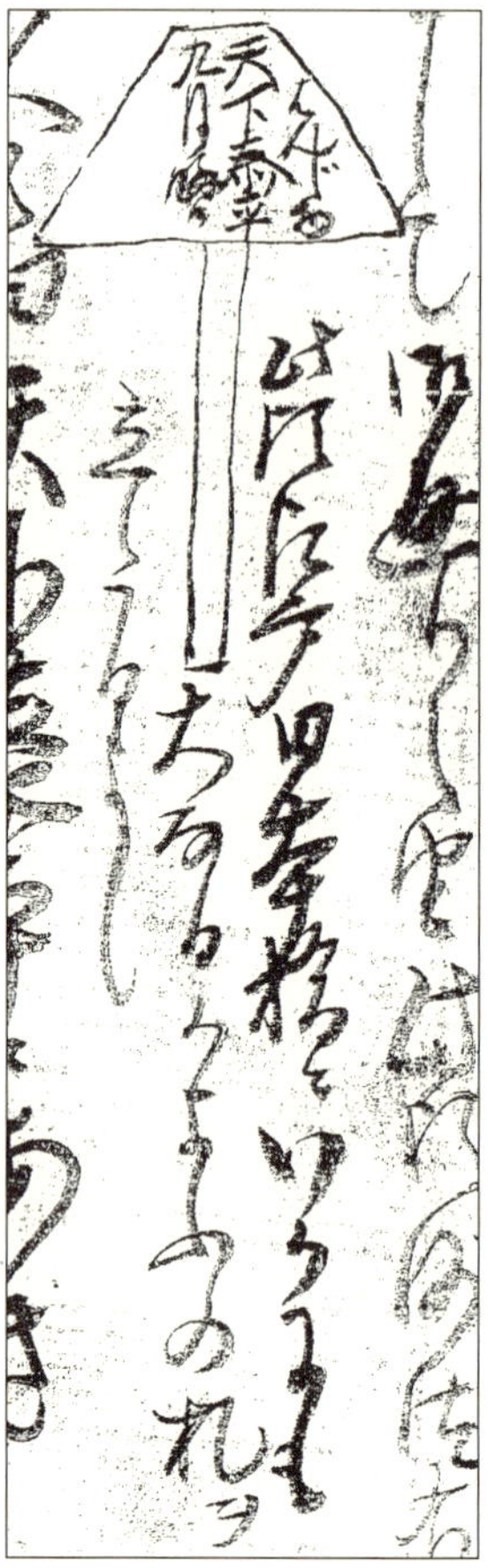

寛政五年（一七九三）、江戸の最も繁華街の一つ日本橋に、次のような大きな立て看板が掲げられた。記事の文字は、

はんじ物　天下泰平　九月晦日

と記してあった。この看板の意味を政六は、「天下泰平にあきはてた（九月晦日は秋の最後の日＝秋が終わった＝秋果てる・厭きはてた）」と言う人があると記している。しかし政六は、この定信への評価に敢えて、「予思ふニ、恐れながらますます天下御繁栄ならん」と、自分の思いも記している。

つまり政六は、狂歌などによって表現された風刺を記しながらも、松平定信の政治について、定信の人柄・政治姿勢を支持し続けていたといえる。

（三）老中罷免を伝える書状

寛政五年（一七九三）八月一九日、幕府政治の改革に取り組んでいた老中松平和泉守乗完（三河国西尾藩主）が亡くなったと記している。

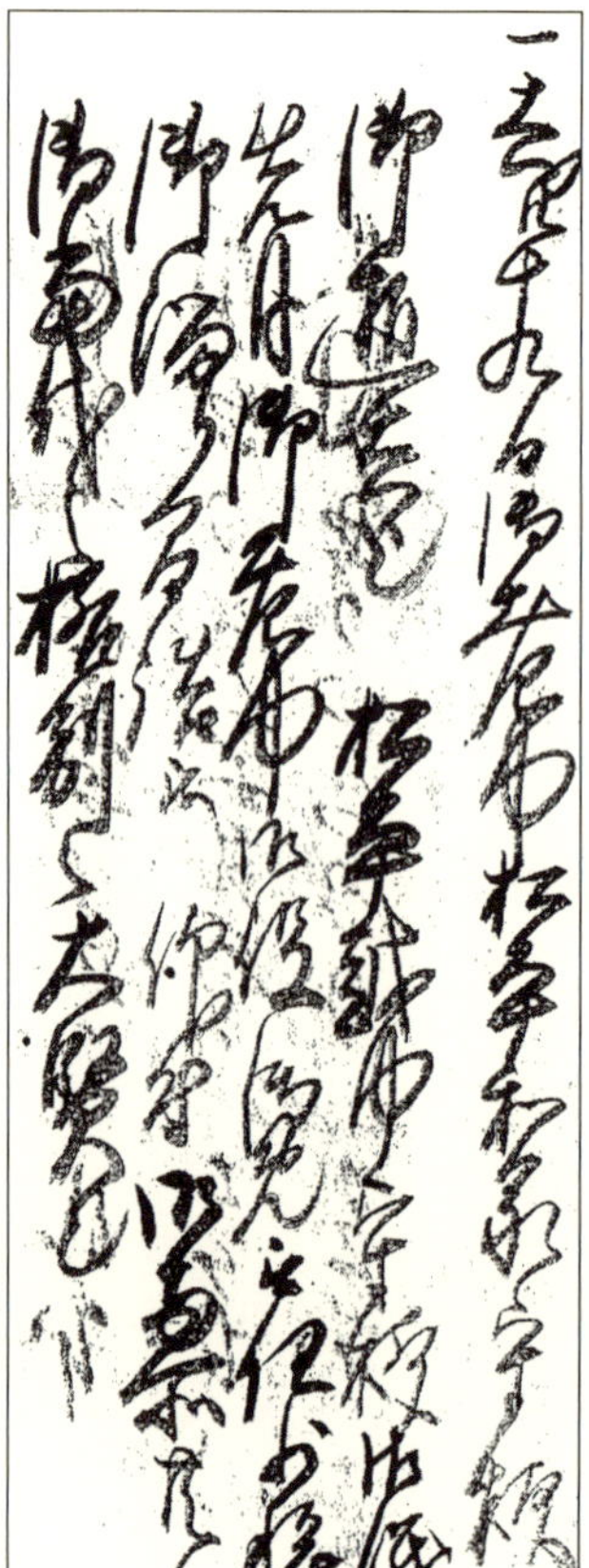

そして、定信がその前月の七月に老中役を御免になり、少将に任ぜられ、御溜間詰めに命じられたというのである。

この記事の後、政六は、松平定信が七月に老中を解任されたことを告げる書状を目にした。

御座間　松平越中守

兼々内願之趣尤之事ニ候、是迄永々取続相勤候儀ニ思召、此旨御聴届候ニ付、御補佐并御加判之列御免、溜間詰被仰付、被任

少将、去ル未年以来万端骨折莫太之勤功御万悦無此上、依之以
後代々溜詰被仰付、家格ニ被成下候

政六にとってショッキングな「御補佐并御加判之列御免」の命令書は、老中を務めていた松平信明出入りの御典医香川源幸老が、加納宿脇本陣森孫市方へ送ってきたもので、政六はこの書状を見せて貰ったというものである。

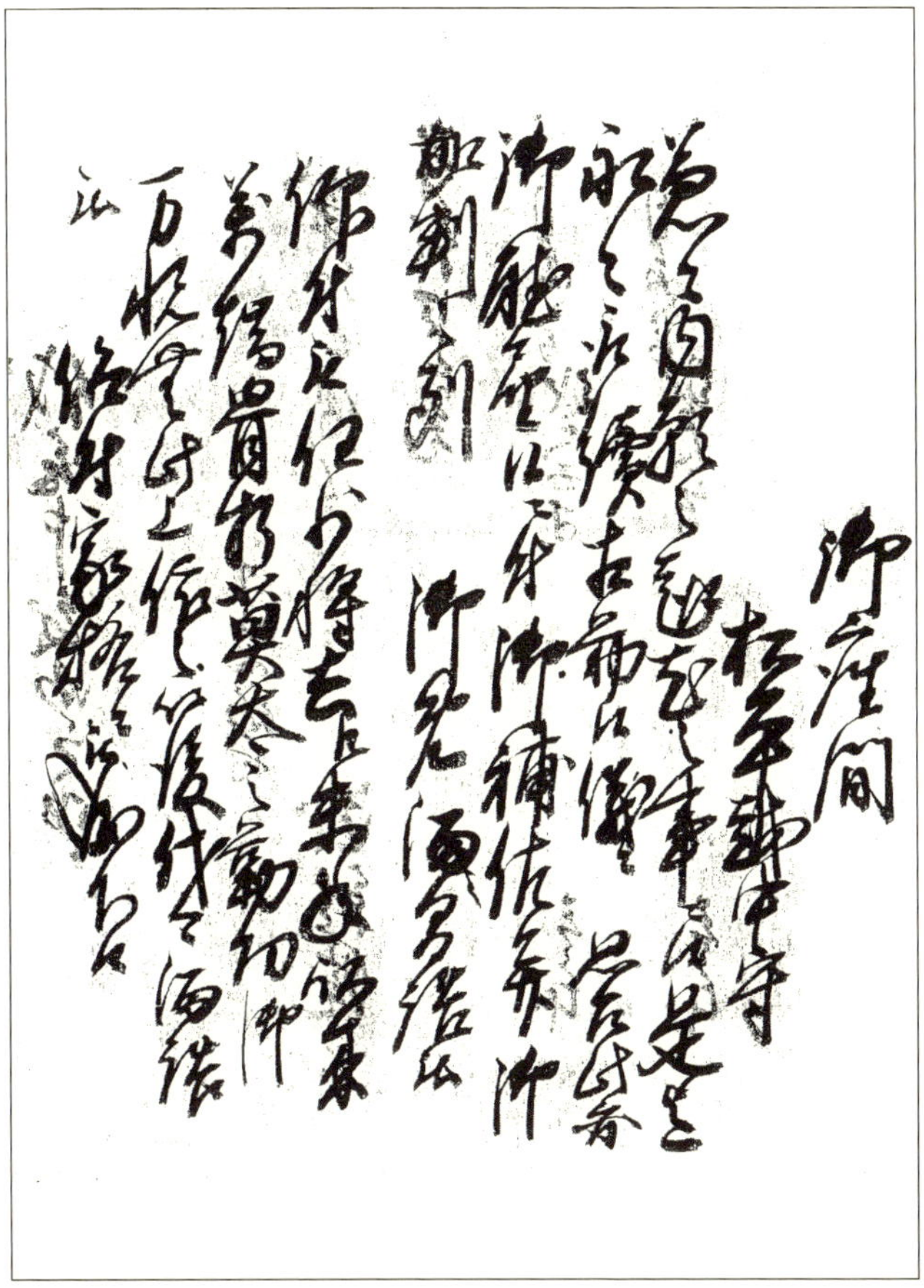

いずれにせよ政六は、「御両所共に御当代の格別の大賢也」と、幕府政治を主導してきた両者に、深く感謝と労いと高い評価を、「大賢也」という言葉で表現したと思う。

定信たちが主導した所謂寛政の改革は、儒教の仁政をめざし、きめ細やかな施策を打ち出した。例えば都市政策では、江戸の町会所七分積み金制度のように、非常用籾の備蓄、貧困者の救済、中小営業資金の低利融資などに当てるものなどがあった。また、石川島人足寄せ場を設置して、江戸市中を徘徊する無宿人たちの社会復帰のための授産施設を作ったりもした。

農政は、農業人口の回復増加と耕地面積の復旧増大を行い、本百姓体制を再建した。備荒貯蓄の郷倉設立奨励、他国出稼ぎ制限、旧里帰農の奨励をし、商業資本に振り回されないよう、米相場などに幕府が介入出来るよう勘定所御用達の資金を活用することもした。

情報・出版などを厳しく統制し、質素倹約を奨励して贅沢や風俗を乱すことは厳しく取り締まった。

旗本・御家人の多くが禄米を担保に多額の借金をしていたが、これを救済するため札差棄捐令を出したりもした。松平定信は、老中職をわずか六年で罷免されたが、彼の政治路線はその後も継承された。

加納に住む田辺政六には、松平定信の様々な施策を、すべて見聞することは出来なかったが、自ら定信の顔を垣間見たり、江戸の庶民の狂歌などを伝え聞いたりして、定信治世の江戸時代を感じ取っていたのである。

第八節　寛政大洪水の被害状況と、城下へ強訴する百姓と藩の対応

一　前代未聞の大洪水

寛政五年(一七九三)七月、寛政の改革を主導した松平定信は老中職を罷免させられたが、その後も定信の意志を継いだ老中達が改革を続けていた。

加納周辺では、天明四年に初めて長良川で行なわれた花火興行が、御紅の河原で再開できるようになった。寛政二年一二月には「二・三〇年のうち希な大豊作」で米相場は金一〇両に米三〇俵位にとなり、村々では踊狂言や芝居興行・角力興行が盛んに催された。

(一)　政六が見聞した四月の水害の様子

そんな矢先の寛政一〇年(一七九八)四月八日加納周辺は、前代未聞の大洪水になった。

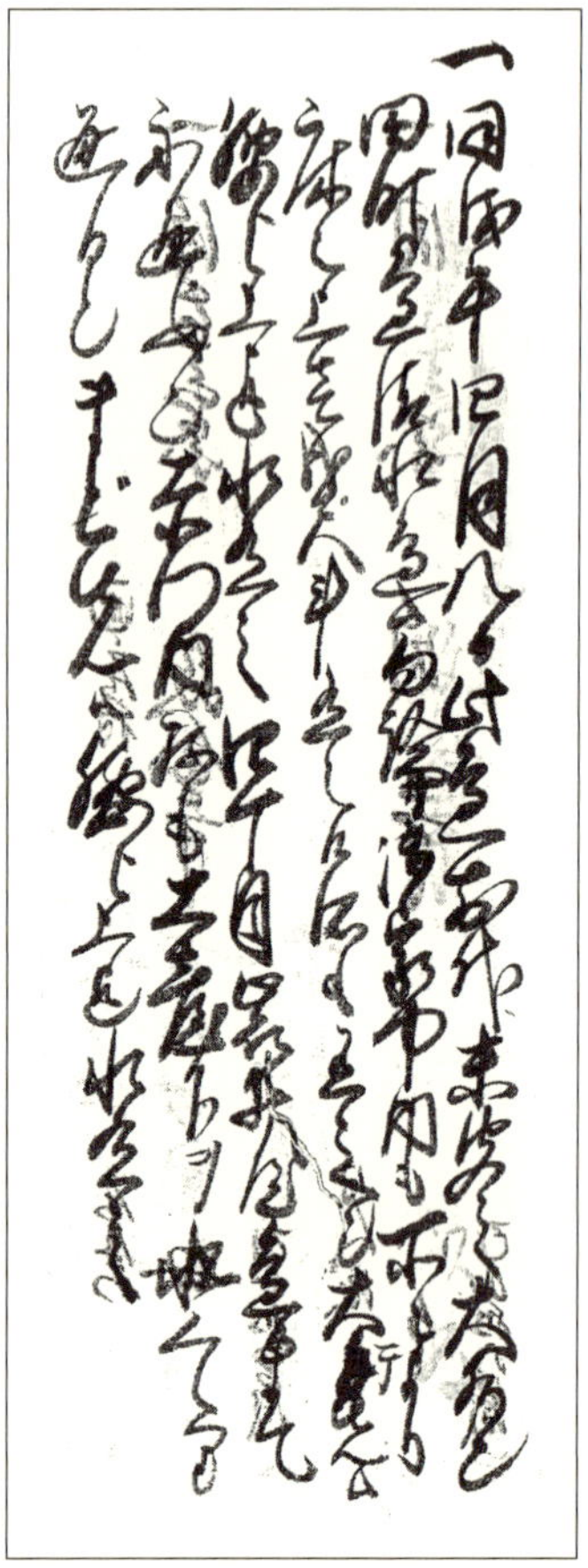

同戊午(寛政一〇年)四月八日、此辺前代未聞之大水也、田町辺・清水辺ハ勿論、御家中内も所ニより床之上壱・弐尺斗有之候所も有之也、大テ先ハ腰より上迄水有之、四丁目岩井屋辺まて舟通ふ也、赤門内抔も、土台下ヲ水くくり通る也、まど先ハ腰之上迄水有之

加納城大手門跡

先ず田町や清水辺りの清水川沿いの地域は勿論、家中内の所々は床上浸水一～二尺(三〇～六〇㎝余り)ばかりで、大(追)手門の前辺りは腰程の水位になっていた。赤門内なども土台下を水がくぐり通った。窓先は腰の上まで水がのってきたという。この様子は最初のことで、七ツ時過ぎより夜の四ツ時分(午後五時頃より夜八時頃)になると、刻々と水位が上がり、田辺政六が住ん

でいる「赤門長屋内は、床上一尺程までに水位が上がってきた」という。

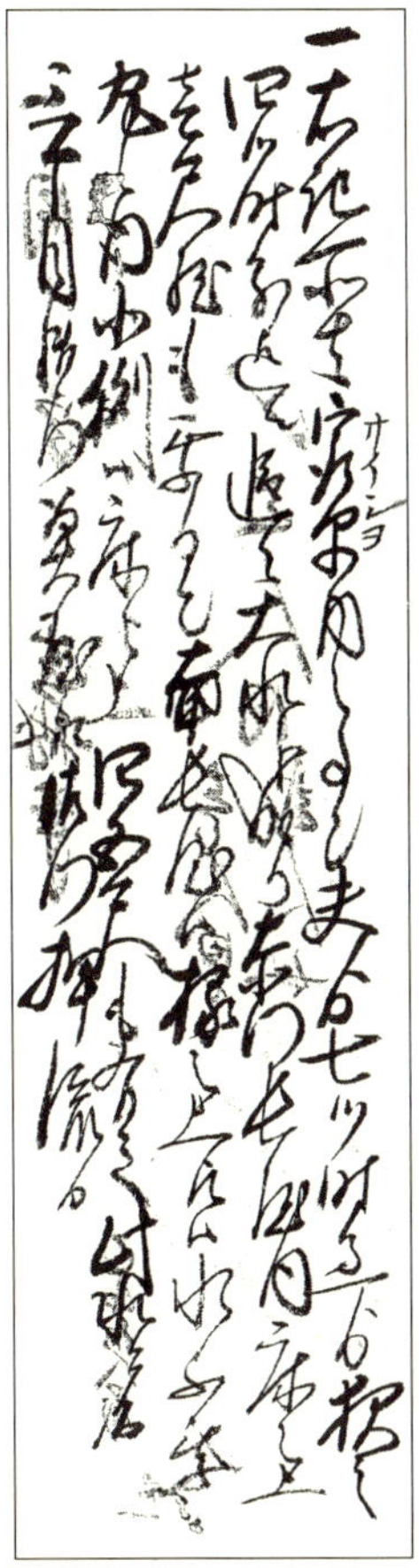

右記所は最初（サイ-ショ）内之事也、夫より七ツ時過より夜之四ツ時分迄ニ、追々大水ト成り、赤門長屋内床之上壱尺程も乗る也、南長屋ハ椽之上ゑハ水不乗、丸ノ内北側ハ床之上四・五尺も有之、此水ニて三丁目御門、魚屋ゑ御門押流る

政六の住居は赤門脇の長屋で、現在の岐阜大学教育学部附属小学校の周辺に比定される。この敷地は道路より五〇cm程の高さにかさあげされている。従って、今の標高から言うと、水位は道路から五〇cmと、床下約五〇cm、床上約三〇cm、合計一m三〇cm位の所まで達していたといえる。南長屋は、椽の上へは水がのらなかったという。椽をタルキと読めば、「軒先の上まで水がのらなかったこと」になる。他の水位から考えると「縁の上、床の上まで水がのらなかったこと」が妥当といえる。さらに「丸之内北側は、床上の四・五尺もこれ有り」としており、家中の屋敷も床上二尺（六〇cm余り）ばかりで、なかには、四尺から五尺もあったということである。しかもこの水はたまり水でなく、激しく流れている様子で、「此の水にて三丁目御門」が魚屋町まで流れてしまったというのである。

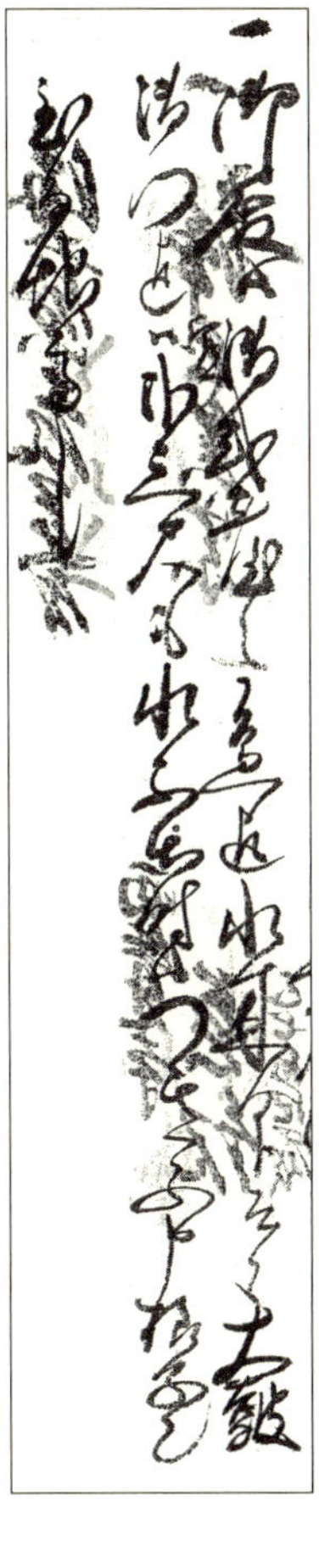

さらに御殿では式台（玄関先に設けた一段低い板敷き）の辺まで水が来たという。太鼓御門までは至って地高であるので水はつかなかった様子だという。

水災の被害記述は、追手門の外に続く。

追手御門前の制札は、石垣の上に設置されているのであるが、「五寸程（一五cm）沈み、御家中の潰家は二・三軒あった」という。「四丁目の大坂屋辰蔵方は地高の場所であったが、内庭に五寸（約一五cm）ばかり」の水位となったという。「田町・天神町・新町、柳町など（標高の）低い地域では、軒口へ水がついた家が数多くあった」という。「軒口」ということから、およそ一・八m程の水位になったといえる。

さらに、「天満宮の鳥居前は二尺（六〇cm余り）ばかりの水位。玄龍寺の御堂は床上三尺（九一cm）余り、雲端寺は本堂の床上まで来なかったが、庫裡の軒口のすれすれまで水が付いた」という。加納の家中屋敷も町屋も、ほとんど水没してしまったようである。

（二）「ヤロフカ水」の噂

今回の洪水では、天満宮の鳥居前が二尺（約六〇cm）余りも浸水になっている。しかし、享保六年（一七二一）に起きた大洪水・ヤロフカ水は、天神前には水が付かなかったことから、政六は、今回の洪水が一層深刻な洪水であったと捉えている。

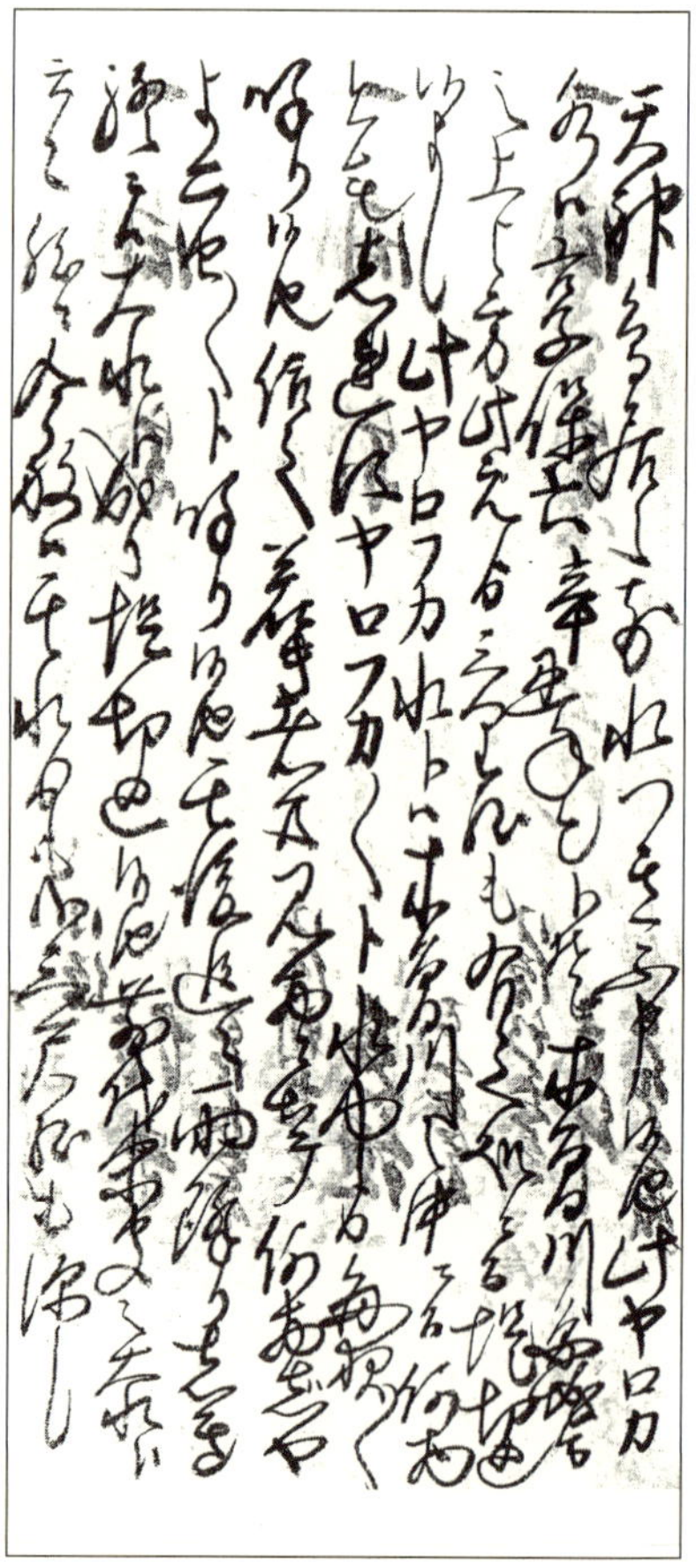

政六は、ヤロフカ水について西天神町に住む八二歳の九右衛門の興味深い話を引用している。洪水は、九右衛門が五歳の時、七八年前の享保六年に起き、「かすかに其事覚有之」という話である。

先ず、どうして「ヤロフカ水」という言葉になったか、その謂われは次のようである。

木曽川円城寺（岐阜県笠松町）の上流で、「何者ともしれす、ヤロフカ、ヤロフカと水中より毎夜毎夜呼」ばっていた。そこで見物に来た若者が、「何者じゃ、よこセ、よこセと呼」ばったという。その後追々雨が降りしきり、ついには大水となって木曽川の堤が美濃（岐阜県）側に切れ、前代未聞の大洪水になったのである。

しかるに今般の洪水は、「その時の水より二・三尺程も深い」という。

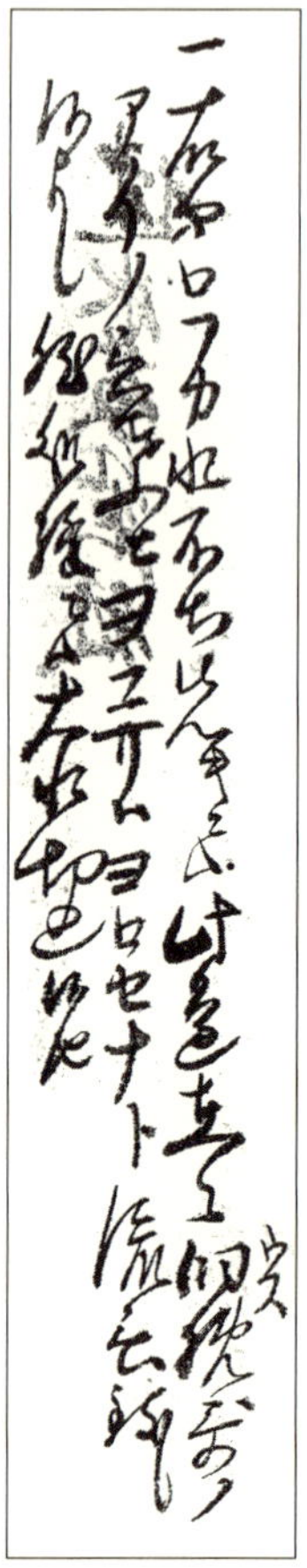

また別の話では、ヤロフカ水が出る前までは、この近在の臼挽き歌の間の手の言葉に、「ヨコサハ　ヨコセ」等と噂をして歌っていた。しかしヤロフカ水の後、洪水に懲りて、この間の手はなくなったという。

さらにまた、ヤロフカ水が出た時、天神町や田町で夜になると水中から屋根づたいに逃げ廻る怪しい物が出没し、大騒動になったようである。よくよく見るとその姿は水神様の様で、その身の丈は一丈（三・〇三m）もの大きさで、力士のように両の腕を差し上げていた。夜明けてみると、円明院の仁王像になっていたとのことである。

さらにまた、笠松代官鈴木門三郎の話を引用している。「古昔の枝広の洪水の目印が、犬山城の石垣に切付けてある」とし、「今回の洪水はその目印より三寸（約九、九cm）程低い大洪水であった」という。「枝広の洪水」は天文四年（一五三五）長良川一帯の洪水で、守護土岐氏が長良・福光・鷺山（岐阜市）に守護の居館を構えていたのであるが、この洪水の被害によって、本拠地を山県郡大桑（山県市大桑）に移すきっかけになった大洪水である。犬山城が天文四年に築城されていた可能性はないが、政六は、鈴木代官の話を受け入れていたのであろう。

いずれにせよ、寛政一〇年四月の洪水は、八〇年余り、さらには二六〇年余り前の記録に匹敵する程の、大洪水、大災害であったというのである。

（三）　再度七月の水害

四月の水害の後、再び七月十五日夕方より雷雨がすさましく、同夜八ツ時頃より洪水となり、忠節堤・鏡島堤（いずれも岐阜市内）の新たに築き立てた所が決壊した。加納城赤門口には、内庭に七・八寸（二三〜二六cm余）程も浸水した。四月八日の洪水より一尺四・五寸（四一〜四六cm）程低水であったようである。しかし、島地域（岐阜市）の則武付近は四月の洪水より一尺四・五寸程高水であったという。また、上有知（美濃市）や長良付近（長良川流域）が大洪水になり、流失する家々が夥しい様子であったと記録している。

一方、加納領分は家々が流失することは皆無であったという。

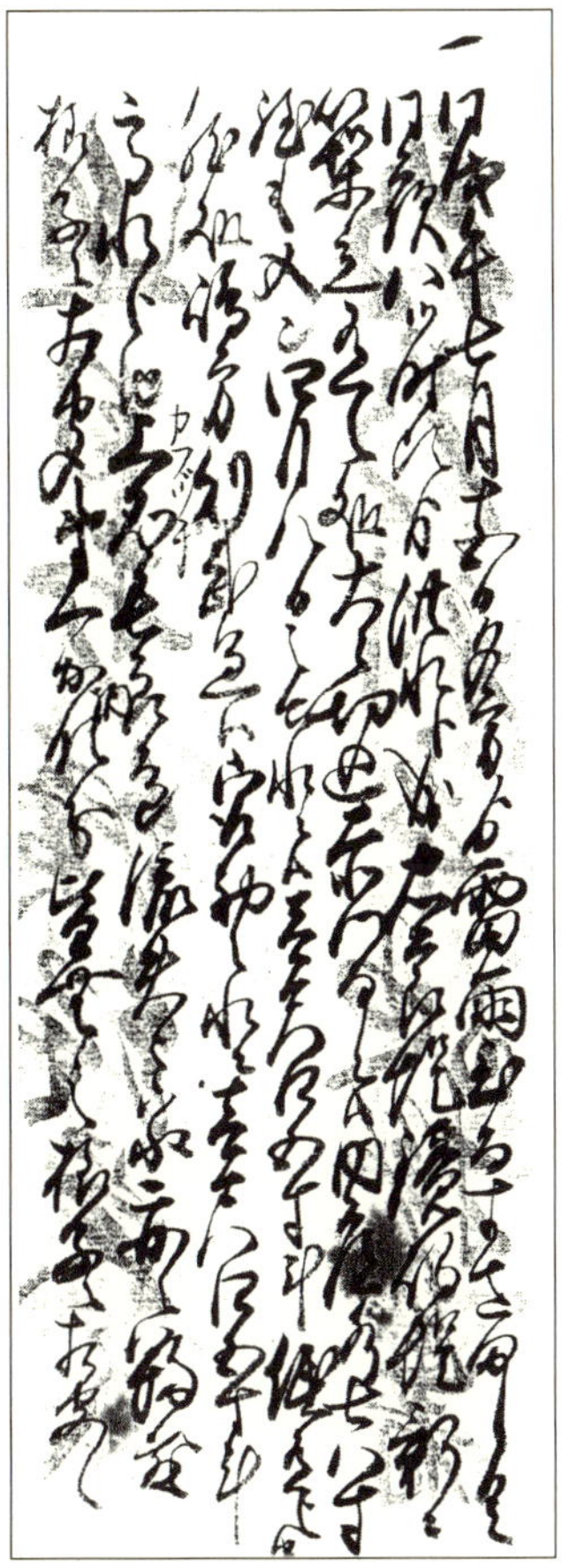

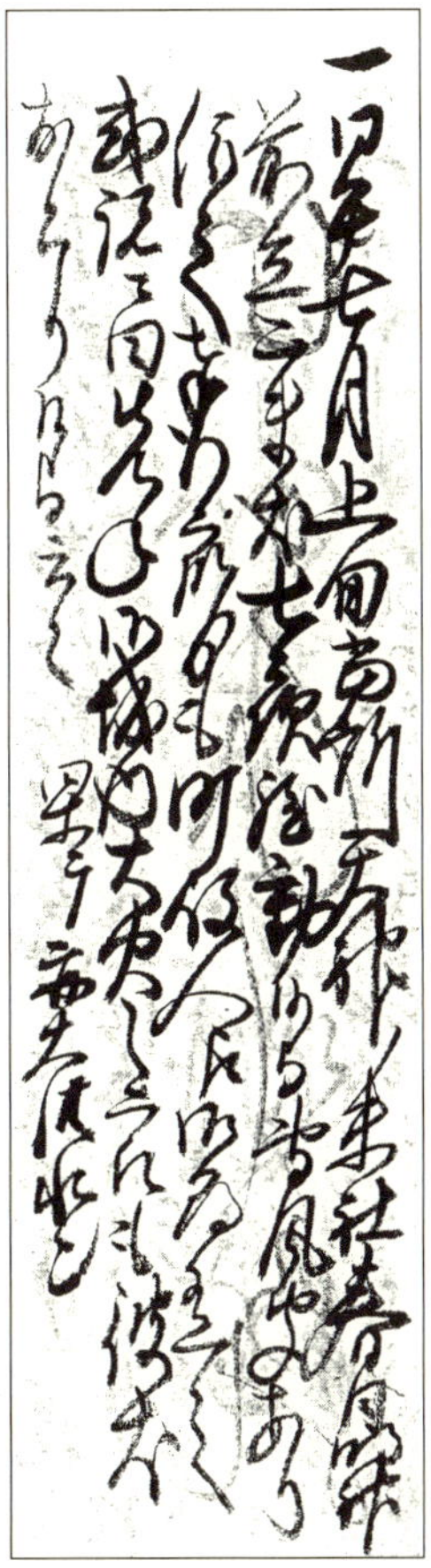

なお、この大洪水に先立つ二週間程前に、不思議な咄が伝わっていた。

「天満宮の末社春日明神の前に立つ狛犬が、七夜程動いていた」という風聞が専らあったようである。これに依り加納藩の奉行衆より町役人へお尋ねがあったという。ある説には、「先年、加納城内大火の節にも、この狛犬が踊った」という。政六はこの噂を記した最後に、「果たして亦大洪水なり」と、不気味な予感をしていたということである。

（四）　加納領内被害の概要

洪水は加納城内にも及び、中門内御蔵に水が付いたため、御米二三四俵が濡れ米となってしまった。水に付かなかった三〇俵ばかりを除いて、他のほとんどすべての米は、加納近辺の町方や家中の者達へ米一斗（米一〇升・一五kg）宛て配布された。さらに、濡れ米は上・中・下の等級に分けて、一俵が銀一七匁五分、銀一四匁、銀七匁五分と値段を付けて売り出された。政六は一俵を金二朱で購入したというから、下の米を買ったことになる。なお、金銀の相場があって換算率が変動することがあるが、この時は、金一両（金四分・金一六朱）＝銀六〇匁で計算している。

残り二〇〇俵余りは、代官衆の進言により、領内の飢渇の者達に下され米として配布された。

その他にも、被害の情報が伝わってきた。

木曽川・長良川の出水は、一升五・六合であったという。升・合の言い方は曖昧であるが、川が満水になると一〇合＝一升という割合をいう言い方で、今日例えば富士山の五合目・八合目などと同じ割合表現であろう。従って、一升五・六合は、川の容量の一、五・六倍の水量であったといえる。

また、木曽川・長良川の洪水の中を、流される家に五・六人ずつ乗って流れていったという。

また、木曽川添いの足近輪中(岐阜県羽島市)では九七人、馬一八疋が溺死したという。

政六は、四月八日頃のことをようやく少し余裕ができたようで五月一七日になって、次のように記している。その前書きに、「此の三・四日も晴れ間なし。雨ノ降しきければ、世上之洪水ニせまれる人の艱難を思ひ出して」と記して、次のように詠んでいる。

降りしく雨に世の中の
　うきをかさねむ　水の住家は

政六は、辺り一面水浸しになってしまっている住居に、不安そうに水が引くのを待つ心境ではないかといえる。

一方、政六と親交のあった、医師鹿野源老が洪水があった四月八日に二階へ避難していた折、ホトトギスの声を聞いて、次のように詠ったと、政六は記している。

我屋とのかきほ(垣穂)を越へて行水を
　卯の花かほ(花圃)に　ほととぎす鳴

二　領分惣百姓の強訴

(一)　高持百姓が乞食に出ることを禁止

四月八日と七月一五日の再度の洪水の後、なぜか、「接ぎ木芽だし法」「頭のシラミを除く法」「鼠を去る法」などを連載して、いきなり次のような記事を掲載した。

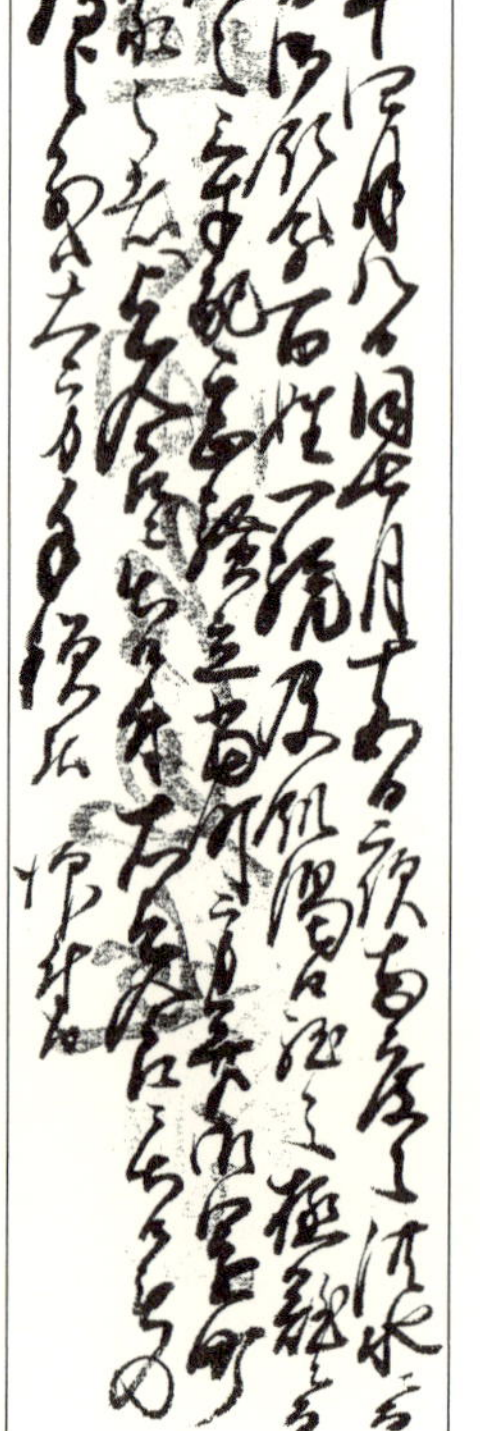

当午(寛政一〇年)四月八日同七月十五日夜両度之洪水ニて、別て御領分百姓一統及飢渇候程之極難ニて、百姓之気配甚騒立、当町方并御園町富家之者へ乞食ニ出候付、右乞食ニ出候もの、高持之分ハ大方手鎖被仰付候

「四月と七月の大洪水によって、領分の百姓一統は飢渇してしまい極難になってしまった」という。続いて、「極難の百姓の雰囲気は甚だ騒然となっており、加納の町方や御園町に住んでいる裕福な者の家へ乞食に出る百姓があった。そこで、藩は乞食に出る百姓の内、高持ち百姓(耕作地を持っている百姓)が乞食に出れば、手鎖を命ずる」というのである。

洪水被害によって、耕作地を余り持たない百姓たちは、乞食に出なければならなかったことは理解できる。ここではある程度以上の耕作地を持つ高持百姓ですら、乞食に出なければ日々の生活が困難になっていたことは極めて重大なことであった。それに対して藩は、事実上禁止したのである。

政六は、乞食に出る百姓の動き、それに対する藩の対処策に不安を感じていたのか、すぐさま「当暮之安危如何」として、占いを行った。その結果、「不穏之卦也。上に恩沢ヲほどこし給ハハ、自然と安穏ならんか」と明記している。藩士としての政六は、「御上＝加納藩が飢渇になっている百姓たちに恩沢を施したならば、百姓たちは自然と騒然とせず安穏になるのではないか」と思ったという。時に、「八月一〇日の夜」のことであった。

(二)　ついに惣百姓が強訴

一二月二六日夜、加納領の惣百姓がついに加納城下へ強訴に迫った。次のように記している。

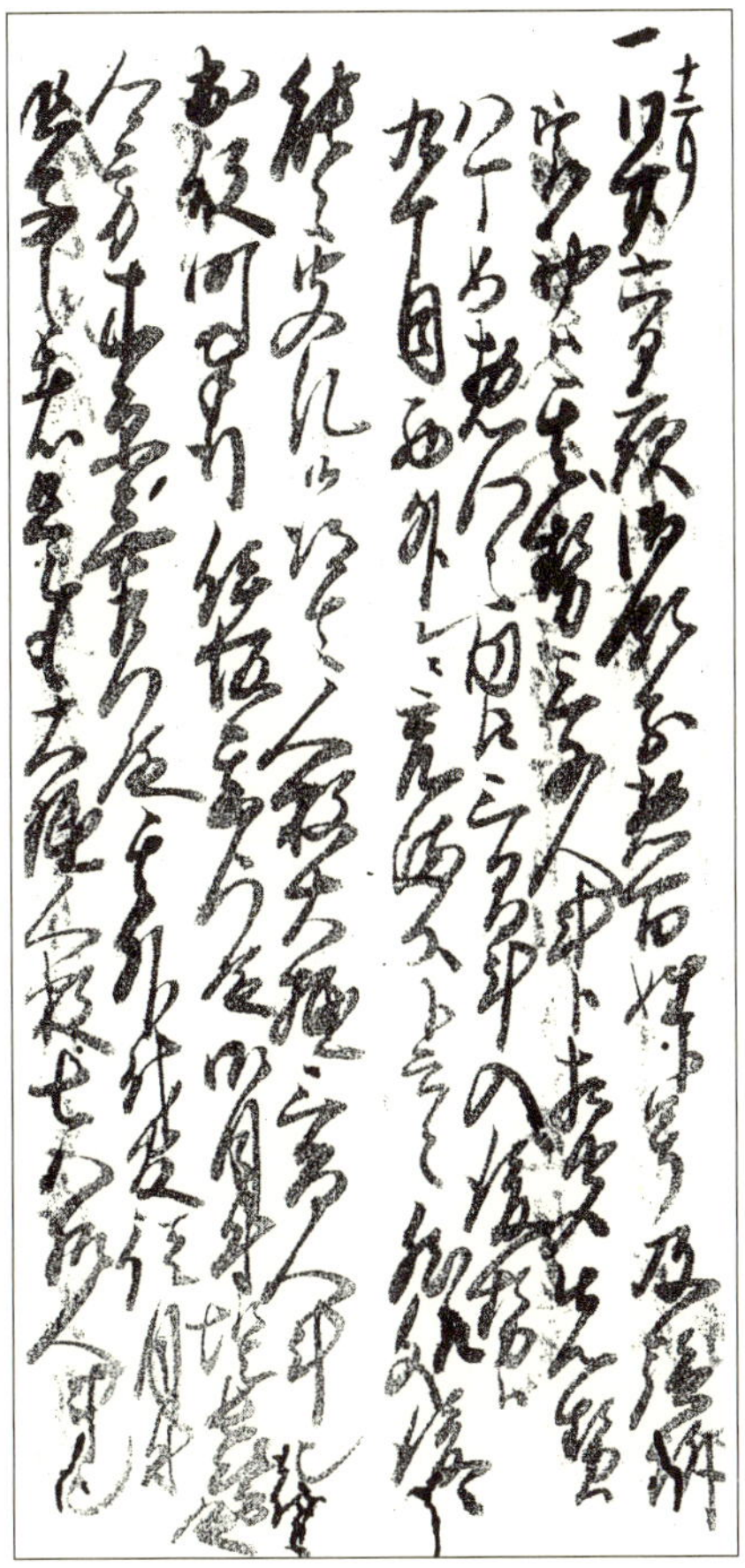

（寛政一〇年）十二月二十六日夜、御領分惣百姓ト号及強訴、最初ハ其勢三千人斗ト相聞、先勢ハ八丁め惣門之内え三間斗入、後勢ハ九丁目西外レニ充満スト云々、然処、後ニ能々聞糺候得は、人数大抵三百人斗也、然ニ出役町奉行伊坂甚右衛門殿・御目付堤長次郎殿・郷方木原喜左衛門殿、其外代官・徒目付・組子之者、是も大抵人数七・八拾人斗也

惣百姓の人数は、三〇〇人（「よくよく聞きただすと大抵三〇〇人ばかり」）、別の所では「一〇〇〇人ばかりと相聞く、実説なり」という記事もある）が、年も押し迫った一二月二六日の夜、加納宿の西の木戸、九丁目西外れから八丁目惣門を突破して三間程入ったところまで、押しかけてきたというのである。百姓が強訴に来るのであるから、声を荒げ、手に手に農具を持つなどして、辺り一面騒然とした状況といえる。取り締まりのため出向く藩役人は、町奉行・目付・郷方・代官・徒目付など、総勢七・八〇人程。恐らく百姓と藩役人との一触即発の緊張した場面になったことであろう。

政六はこの時、奉行方物書、御入目買物方等を拝命していたので、直接百姓の強訴の場面には立ち会っていなかったと思われる。しかし、物書の役目柄、いろいろな情報を見聞する立場にあったといえる。

かくして、両者の折衝の様子を次のように記している。

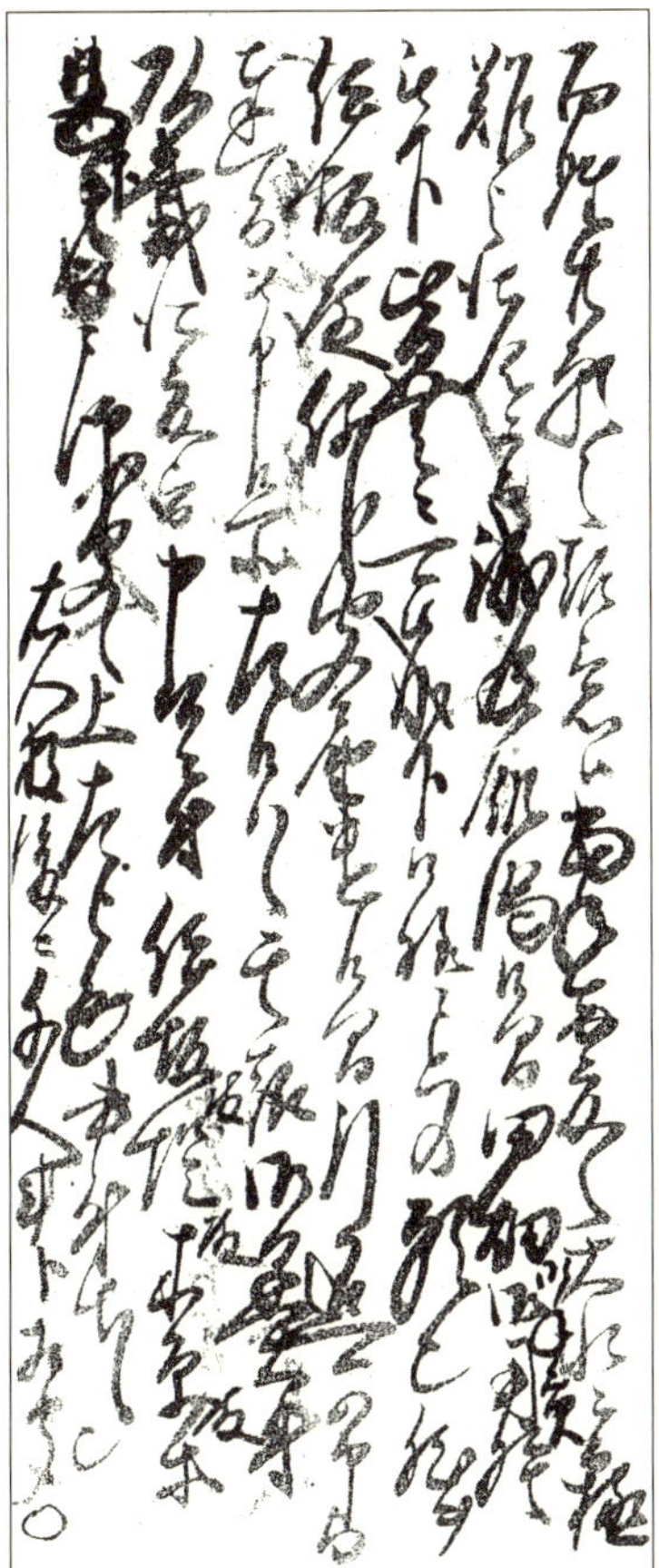

百姓共願之趣意ハ、当年両度之大水ニて極難之仕合ニて、誠及飢渇候間、田畑御年貢御用捨被下、皆無ニ可被成下候様ニとの願也、然ヲ伊坂殿訴分聞届遣候間、引退可申旨達て被申候所、左候ハハ、其趣御墨付頂戴仕度旨、申候ニ付、伊坂殿・堤殿・

木原殿等、書印ヲ以被仰聞候上、左之通書付出候也、右人数、後ニ、千人斗ト相聞、実説也

惣百姓たちの強訴の願いの趣旨は、「当年（寛政一〇年）両度（四月と七月）の大水ニて極難之仕合ニて、誠に飢渇に及候間、田畑御年貢を御用捨下され、皆無ニ成し下さるべく候様ニとの願い也」というものであった。

そこで、町奉行の伊坂が、「何とか聞き届け遣わす」ので、惣百姓の群衆を「引き退き申すべし」と達した。そこで惣百姓は、そうであるならば、「其の趣を御墨付き（保証の証文）を頂戴したい旨」を申した。町奉行伊坂、目付堤、郷方木原たちが連署し、花押を書いて、次の通り書き付けを出した。

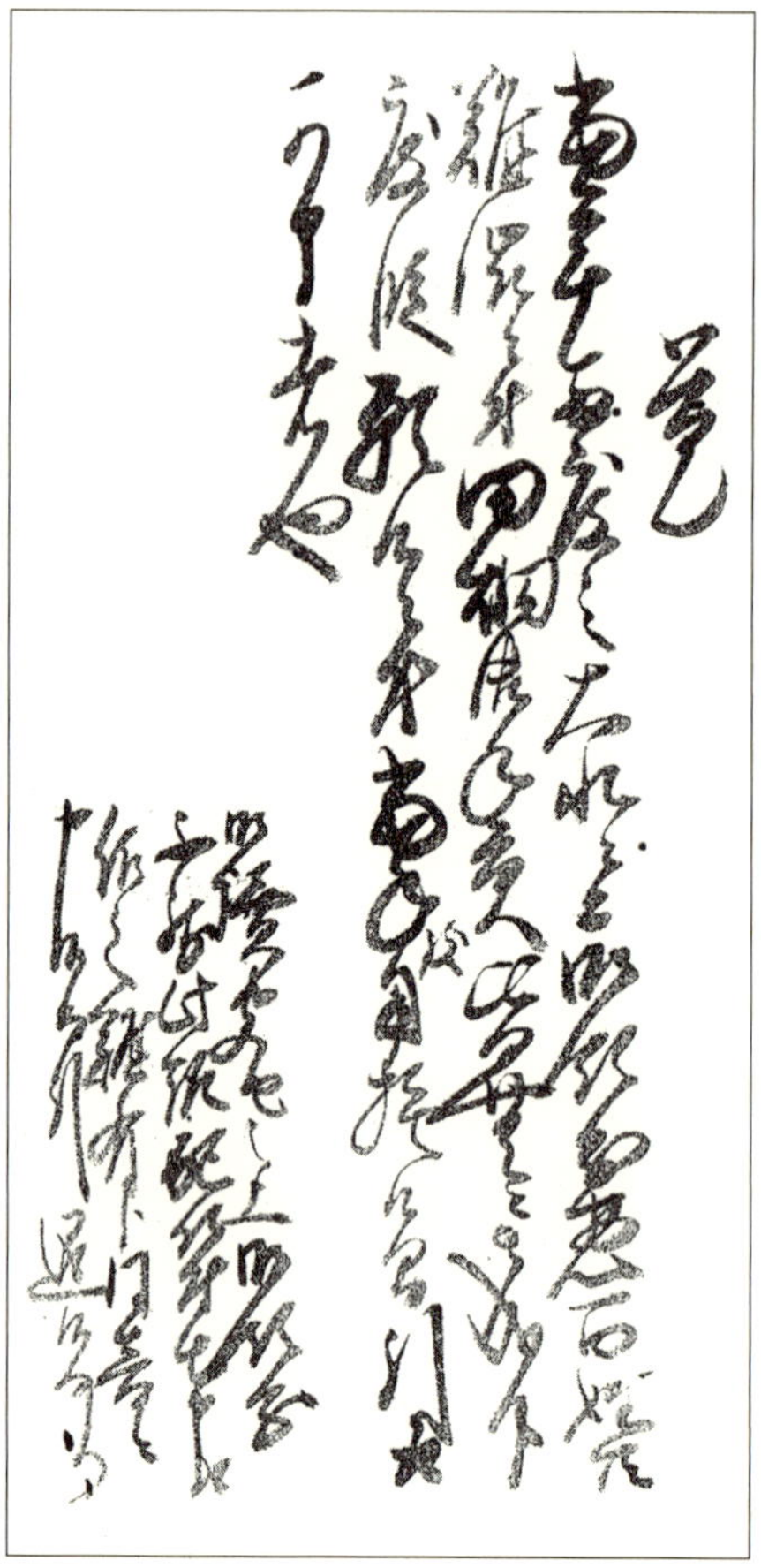

覚

当年両度之大水ニて、御領分惣百姓共難渋ニ付、田畑御年貢皆無ニ被成下度段願候ニ付、当年致用捨候間、引取可申者也

御読聞セ之上、御領分不残此趣配符被申候、

依之、難有ト同音ニ申候て、引退候なり

文面は、「寛政一〇年両度の大水により惣百姓が難渋しているので、田畑の御年貢を皆無にしてほしい」と願い出たことを受け入れ、藩は「当年（の御年貢を）用捨するから、惣百姓の群衆を引き取るべし」という覚え書きであった。政六はこの覚え書きの横にその時の状況を記している。

先ず、覚え書きを惣百姓の群衆に「御読み聞かせの上」、「御領分残らずこの趣を配符（布）され」、このような町奉行伊坂たちの対応により、百姓の群衆は「有り難し」と同音に言って、引き退いたと、記している。

ひと先ず、騒然とした百姓の群衆の動きを、鎮めることが出来たのである。

（三） 竹貝などを吹いて百姓が再び城下へ

翌寛政一一年（一七九九）二月中旬、加納藩は御救米として二八〇〇俵（一一二〇石）を配布した。三万二〇〇〇石の加納藩が、多額の御救米を配布することは大きな決断であった。

同未（寛政十一年）二月二十七日夜、御領分百姓共九ツ半時分、四角八面ニ竹貝ヲ吹立押寄来、出役ハ奉行海老原彦太夫殿・御目付仙石丹後殿、其外、代官・徒目付・同心等也、則生捕三人、其外三十弐人引連、朝六ツ半前頃役所え被来候、夫より終日、夜も九ツ半時分迄吟味有之、入牢之者十人、手鎖之者三十人斗也、此度召連られ候外ニも、旧冬押寄来候噂之者共ニ都合四十人斗也、給人衆・先手足軽も、数多出役有之

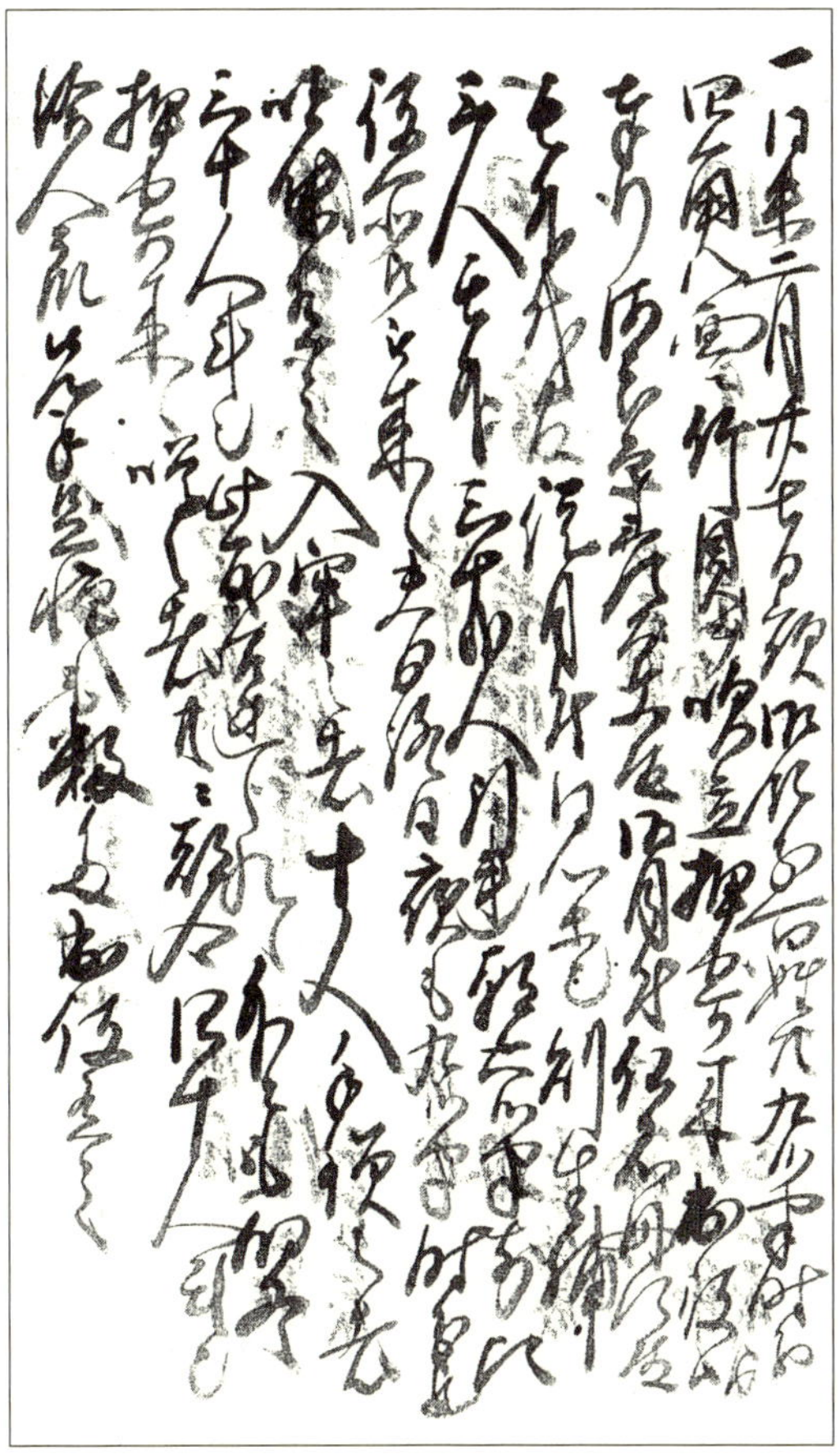

御救米配布にもかかわらず、翌寛政一一年二月二七日夜九ツ半時分、御領分の百姓たちが加納城下へ押し寄せた。「四角八面ニ竹貝ヲ吹立、押寄来」たと政六が書き記しているように、竹笛を吹き鳴らし、手に手に農具を持つなどして、騒然としていたことであろう。九ツ半時（夜中一時頃）と言えば、真夜中、加納町の人々を始め城下の人々の眠りを覚ます大騒動であった。

『岐阜市史通史編近世』では、上西部村（岐阜市）慈性院多膳が記した「入水記録帳」（『岐阜市史史料編近世一』所収）や、『葉栗見聞録』、森義一「加納藩の水難一揆」（『郷土史談』）などを参考にして次のように一連の動きを記している。

それによると、寛政一〇年一二月二六日夜百姓の要求に沿って藩が、「田畑共ニ皆無」を認めたが、翌一二月二七日には村々の庄屋・組頭総代・五人組二人ずつを会所へ呼び出し、騒動に出たかどうか、要求は何かを厳しく問いただしたという。百姓たちは「田方は検見が済んでいるのでその通りで良いが、畑方は皆無にしてほしい」といった。「田畑共ニ皆無」から「畑のみ皆無」に変更したのである。他方で、一揆再発を防ぐため、「槍持雑兵五六人宛ニて、昼夜御上より村々御廻り被成候、同心ハ勿論也」という警戒体制を敷いた。一揆再発の機運の高まる中で、一揆を呼びかける「盲配符」が領内に廻されたが、鶉村浅右衛門のところで握りつぶされたので、百姓たちは浅右衛門方を打ちこわし、その勢いに乗じて加納城下へ押し寄せたのである。二月二七日の夜に「近村百姓大概弐百人程、三条野え集り、加納町え九ツ半頃ニ押懸候」という。

政六は、『見聞録』の中で、次のように記している。

早速加納藩は、奉行海老原彦太夫、御目付仙石丹後、その外代官・徒目付・同心などが取り締まりに出張った。かくして、百姓三人を生け捕り、その外三二人を引き連れて、翌二八日朝六ツ半（七時）前頃、加納藩役所へ戻って来た。それより終日夜は九ッ半（夜中一時）頃まで、吟味（取り調べ）が行われた。その結果、入牢の者一〇人、手鎖の者三〇人ばかりが罪に処せられた。その他、前年一二月にも押し寄せたという噂の者、都合四〇人ばかりも罪に処せられた。

政六は、百姓の群衆が再度城下へ押しかけてきたことや、藩の給人衆・先手足軽も数多く出張しなければならなかった事態を不安に思い、占いをした。

政六は占いの卦から「当春の土用（立夏の前一八日間＝現在の四

月中旬から五月初旬）の節に至って、温順の御政道あるべし」としている。つまり、当春の土用頃から領内の作物が実り、物価も安定して、「温順な政治が行われるであろう」という卦を信じて、少し胸をなで下ろしているようである。

（四）騒動の鎮静

三月になって、加納藩重役永田藤三兵衛が藩の賄向き（財政）が差し支えたので、江戸表へ出張した。恐らく藩主永井尚佐へ二度も起こされた強訴のこと、年貢徴収が出来ず財政が困窮することなどを報告し、決裁を貰うことになったのであろう。永田が帰国後三月晦日、人事異動が発令された。先ず安之丞は、元入方（年貢等の藩収入を司る）と両奉行の役職を罷免され、今まで藩に仕え努力していたことを認める褒美もなく、懲戒免職の扱いであった。また、彦太夫は褒美は下されたが入目方を解任。一方、甚右衛門が入目方に任命されました（なお、この三名の苗字をなぜか省いて記述）。また、松波十左衛門（加納宿問屋の一族か）も賄方や大庄屋・組元も解任された。

四月下旬頃になって、二度の強訴は不届きなことであるとして、多くの者が入牢や手鎖に処罰された。そこで家老兼郡代の横山友右衛門、用人篠原縫殿、郷方岡本勇助が、改めて吟味し直した。そして、五月一八日入牢を命じられた者は二六人となった。政六はこの事について何も記述していないが、再吟味の結果、罪人の数を減らし首謀者のみに限定したと思われる。

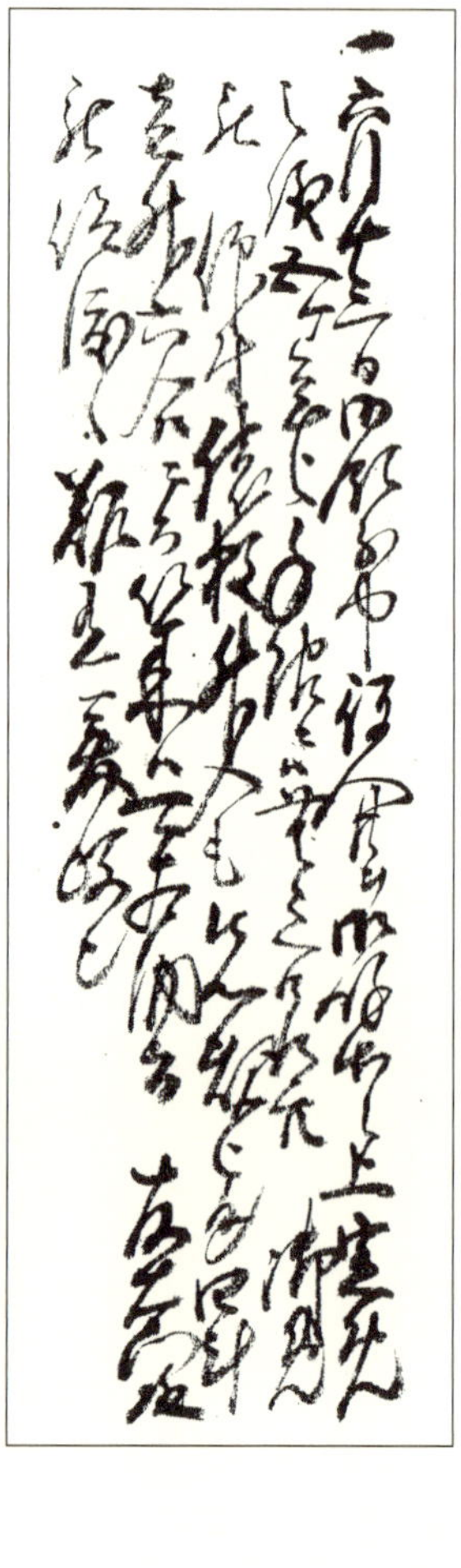

（寛政十一年）六月十三日、御領分中御役人共ヲ御呼出之上、定免之儀五ケ年之年限ニハ無之候得共、御免被仰付、俵数升入も、先規之通、四斗壱升六合ニて、以来ハ可相納旨、友右衛門殿被仰渡候、難有美政也

その後、六月一三日領分の村役人たちを呼び出して、「定免之儀五ケ年分年限ニハ無之候得共、御免被仰付候」と命じた。

つまり未だ五か年間は定免（少々の不作になっても定めた年貢を納める約束）になっているが、水災害が大きいので、定免を免除するという。この事は、田畑の荒れた情況を勘案したり、作柄の良し悪しを実際に見聞したりする検見取りにするということである。また年貢納入の枡入れも、今まで通り一俵に玄米を四斗一升六合にするという。一俵といっても、玄米四斗（六〇kg）だけでなく、込み米といって、俵の米が減量することを見込んで余分の米を入れさせた。今回加納藩は込み米を一升六合にするという。年貢を多く納めさせようとする領主は、込み米を四・五升にするよう命じることがしばしばあった。込み米が二升・三升などと増えれば、百姓にとって大きな負担になる。しかし加納藩は財政が苦しくなっていたにもかかわらず、百姓に優しい処置をしたのである。一二月暮れに強訴の百姓たちと藩役人が結んだ約束を履行するというものである。

強訴の罪を軽減すること、年貢徴収を免除すること、この二つのことは、大洪水の被害に苦しむ百姓にとって最も有り難いことと受け止められた。政六もこの対応に、「難有美政也」と、この施策を絶賛している。

ついで藩は、七月一九日、春以来入牢を命じられていた者を呼び出し、刑を執行した。

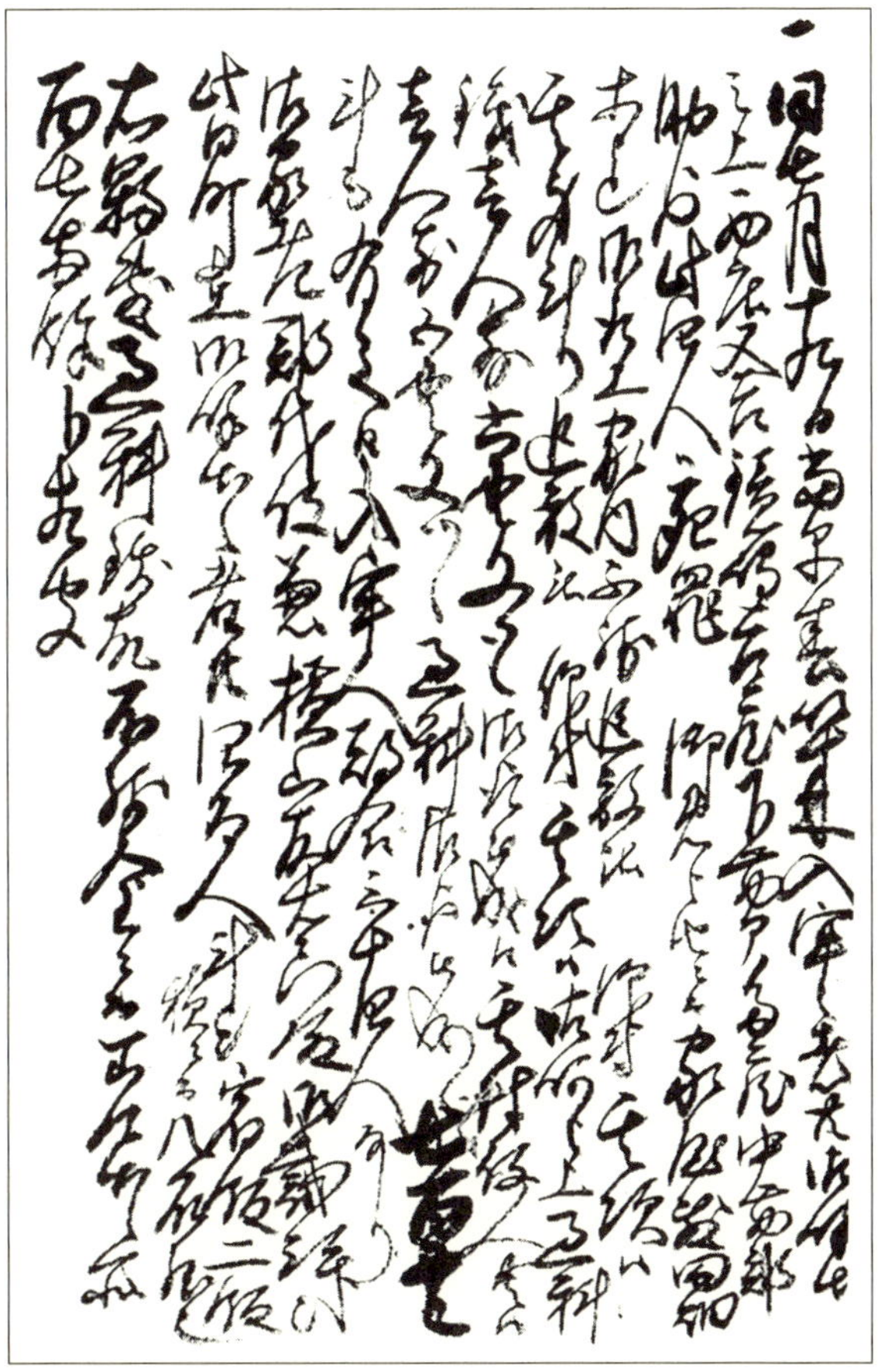

同(寛政一一年)七月十九日当早春以来入牢之者共、御呼出之上、西庄又吉、鏡嶋吉蔵、下茜部多蔵、中茜部助右衛門、此四人ハ死罪御免之由ニて、家屋敷・田畑等迄御取上、家内不残追放被仰付、其次ハ其身斗り追放被仰付、其次ハ御呵之上過料銭壱人前六貫文ツツ御取被成候、其村役人共ハ壱人前五貫文ツツ過料御取被成候、七百貫斗も有之候、入牢人都合三十四人なり、御家老・郡代役兼横山友右衛門殿御裁許也、此日町在御呼出之者共、四百人斗也、宿飯ニ飯積ニて八石程也

右夥敷過料銭故、不残金ニて差出候所、百七両余ト相聞

死罪を命じられていた西庄村(岐阜市)又吉・鏡島村(岐阜市)吉蔵・下茜部村(岐阜市)多蔵・中茜部村(岐阜市)助右衛門の四人の百姓は、死罪を免じ、家屋敷・田畑等まで没収、家内残らず追放とした。死刑にはせず、住居や田畑を没収し家族の者と共に加納から追放するよう、刑を軽減したのである。その次の者は、本人だけを追放とした。その次の者は、お叱りの上過料銭六貫文を納めさせた。犯人が出た村役人には一人五貫文を納めさせた。

その結果、過料は合計七百貫文になったといい、入牢は三四人になったという。一般的に徒党・強訴は天下の大罪で、磔・獄門に相当する罪と言われているが、この場合極めて寛大な処分であったといえる。

政六は、処分を受けた者は四〇〇人ばかりになったことや、その者たちに日々食べさせる飯米が八石も費やしたこと、さらに過料金が金一〇七両余りになったことなど、その額の大きさに驚きを以て記している。同時に、飯米や過料金の事まで言及していることから、一件落着したことを、政六は安堵しているのかも知れない。

いずれにせよ、前代未聞の寛政一〇年の大洪水が加納藩をゆるがす百姓騒動にまで発展してしまうなど、人々に計り知れない災害であったといえる。

第九節　相次ぐ嫡子の病死と藩士相続

一　父や妻との死別と「御流格」昇格

（一）　父仙右衛門との死別

寛政九年（一七九七）政六の父・仙右衛門が八七歳の生涯を閉じた。仙右衛門は第一節の中で述べたように、天明二年（一七八二）三月四日、加納藩へ二七年間勤めた献上方の退役を願い出た。仙右衛門七二歳の時である。その後、嫡男の政六が献上方を拝命できず、「我が家の家職を故なく失ってしまった」、「依怙贔屓の取り繕いがあった」などと、悲嘆に暮れたことがあった。

その後仙右衛門は、政六たちと生活し、天明四年（一七八四）には、城外の西広江から、「甚だ暖かい」城内の丸之内赤門脇の長屋へ移り住むことになった。

仙右衛門は、寛政九年正月二日より発病し、二月六日朝五ツ時過ぎ、死去した。政六は仙右衛門の人となりを次のように記している。

父・田辺仙右衛門共房殿、（寛政九年）正月二日より疾病おこり、二月六日朝五ツ時過、終死去也

病中強て之苦痛なし、誠ニ老病なるへし、臨終迄も少も心違われ候事なし、平常生質堅固也

さらに別の箇所で、病気になると大方の人は「寝伽

年表３　田辺政六の履歴　（寛政６年～文化９年）

西暦	和年号	月　日	年齢	事　　　項
1794	寛政６年	6・6	46	御入目方物書兼帯を拝命
		8・朔		嫡男勝蔵（15歳）兵所小僧を拝命、一人扶持
1796	寛政８年	12・25		勝蔵、御用部屋小僧を拝命
	寛政９年	2・6		父仙右衛門、死去（87歳）
		11・23		政六妻コト、死去（37歳）
		12・25		奉行方物書・御入目物書出精により買物方を拝命
				金200疋加増
	寛政11年	3・10	51	政六、渕右衛門と改名
		12・27		御流格・御入目物書を拝命
1800	寛政12年	正・		年頭に出席、金銀豆腐をたらふく食べる
	寛政13年	4・5		勝蔵番入、宛行金１両３分
		8・19		勝蔵、半扶持加増
		11・12		勝蔵、刀代金200疋頂戴
				三男三蔵、御雇を拝命、一人扶持
	享和２年	11・21		奉行方物書を拝命
	享和３年	正・	55	田１反２畝余を金２両余で購入
	享和４年	2・29		嫡男勝蔵、死去（25歳）
				上茜部村田地を母が持参したことに「海の如く・・」と感謝
				三男三蔵（天明５年閏10月出生）を嫡子として届ける
1807	文化４年	6・9		藩主（永井肥前守尚佐）出府につき道中払方を拝命
		12・26		初めて面扶持を下す旨の判物を頂戴
	文化５年	3・17	60	嫡子三蔵、死去（23歳）
		5・10		御買物方出精につき、御目録南鐐三片頂戴
	文化６年	正・28		商家に養子していた辰吉、田辺家に復縁、嫡子
		4・24		代官仮役を拝命
1810	文化７年	8・15		代官仮役を免じ、御買物方を拝命
	文化８年	12・25		嫡子辰吉（嘉兵衛）、手代格・作事定奉行一人扶持を拝命（28歳）
1812	文化９年	正・4	64	渕右衛門昆敏を渕右衛門佳角と改名
		12・25		徒目付役を拝命

キ」(寝ずの看病)を受けるのであるが、仙右衛門は、前二夜の看病だけであったという。また、病中で食事が出来なかったのは二月四日と五日だけであったという。さらに、亡くなる当日の朝六ツ時分(明け方日の出頃)まで看病していた人に、仙右衛門は「疲れ候、暫く休み候へ」と、介護の人の疲れを気遣って、その一つ時(二時間)程後に亡くなったと記述している。

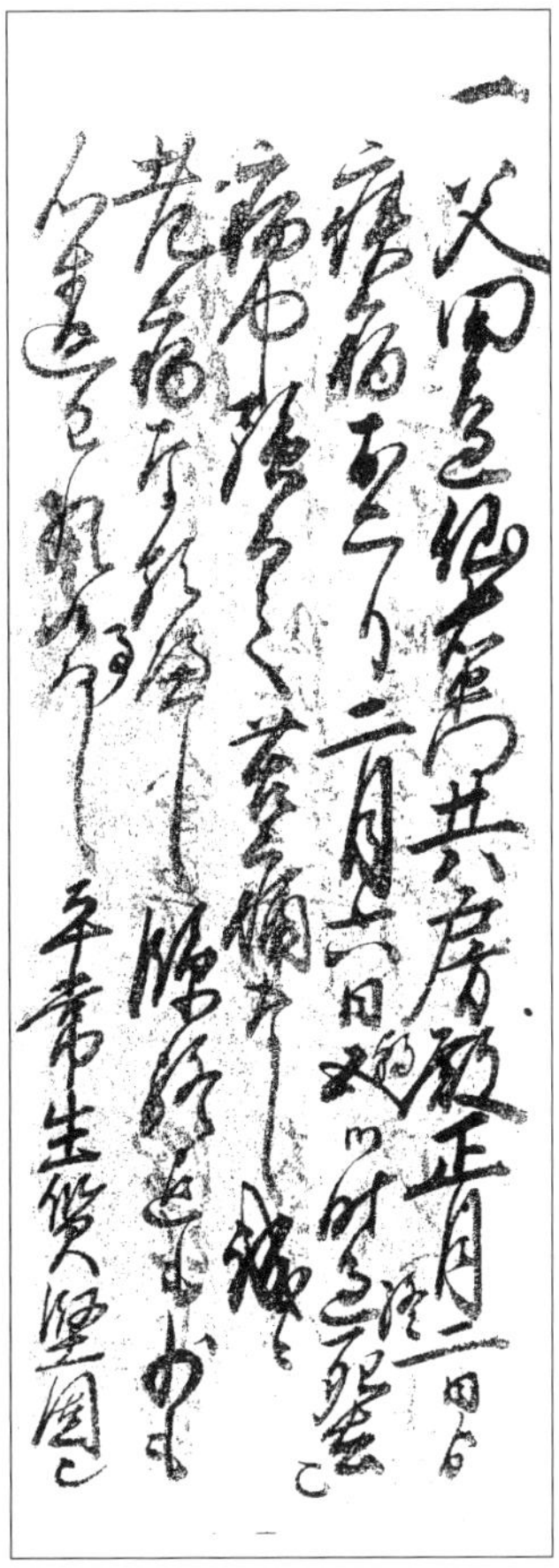

田辺仙右衛門は穏やかに八七歳の生涯を閉じたのである。

政六は二月七日八つ時過ぎ、旦那寺玄竜寺と光国寺・雲端寺、それに東島村(岐阜市)養教寺によって葬儀を執り行った。棺の中には、天明七年(一七八七)九月一〇日になくなった、政六の母・里与の頭骨を一緒に入れた。仙右衛門と里与は夫婦で、政六の粋な計らいといえよう。そしてこの葬儀を、政六は、天気が快晴であったこともあり、「世の中も宜しく、賑々しき葬礼なり」と記している。

政六は記事の中で、「予か年齢当巳四九歳也」と記しており、父仙右衛門と母里与を送って、改めて加納藩士田辺家の大黒柱として、自覚を新たにしたといえるだろう。

(二) 妻コトとの死別

寛政九年(一七九七)一一月二三日、政六の妻コト三七歳が死去した。

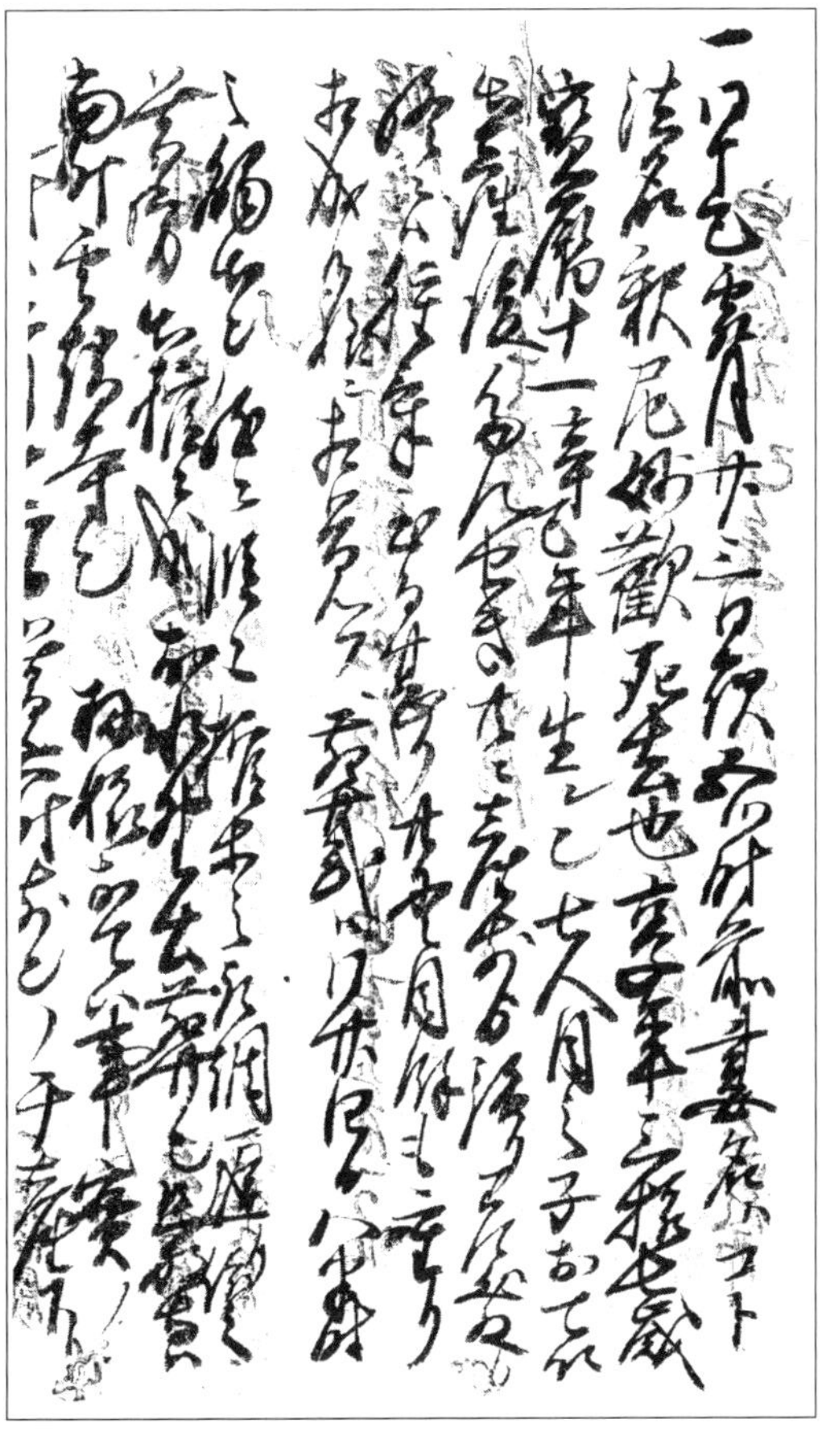

七人目の子おてい出産後、痰咳が産前より激しくなり、遂に腫気が酷くなり、二〇貫目(七五kg)も重くなってしまったのである。そのためか、入れるための棺の調達が遅れ、出棺も遅れてしまったという。加納水野(JR岐阜駅南)の墓に土葬で葬った。

妻コトが亡くなった後、遺された子どもたちは、長男一八歳を頭に生まれたての子どもまで、男四名、女三名の七名であった。

大勢の子どもを抱え妻に先立たれた政六は、途方に暮れて占いをした。君子たる者は「余程道心修行ノ至れる故エ哉」と、「君子は本心から真剣に修業しているので、極難の窮状になっても動揺しないんだなあ」と述懐している。四九歳になった政六は、「君子のように泰然とできない自分である」と、しみじみ悲しんでいる。

寛政一一年夏、三回忌を勤めた政六は、妻を思いかえしている。

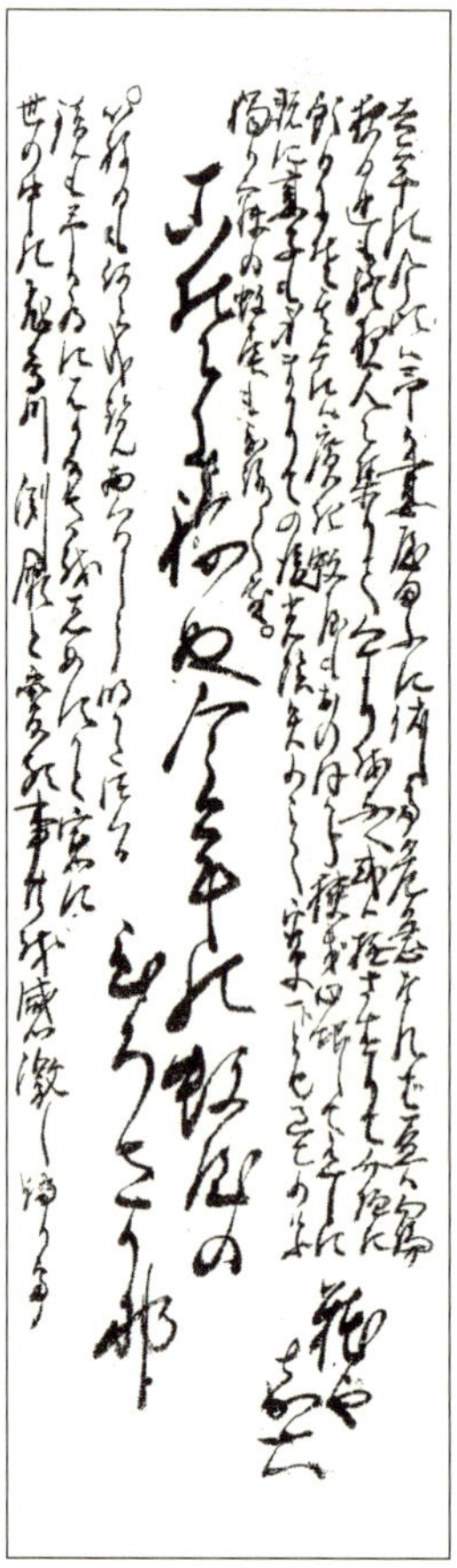

妻が病に伏して危篤になった時、昼は勿論夜とても人々が集まり、薬を与えたり或いはさすったりして介抱した。妻が病死して、一年が光陰矢の如く過ぎ去って、今年の夏になってしまったと記している。

政六が「加納宿の中で本陣の森己之助に継ぐ正真の学者」だと認め、さらに「平日入魂之人」と信頼している糀屋嘉六の句を引用して、自分の今の思いを記している。

こそ(去年)にね(寝)ぬ
今年の蚊屋のひろさかな

「去年寝ていた蚊帳は、今年一人で寝ていると、大変広く感じられ、寝ることができない」という。政六の妻を思う気持ちが、ひしひしと伝わってくるようである。

（三）政六が御流格に昇格

寛政一二年(一八〇〇)正月は、筆者政六が

有かたや年の始の甲子に
金銀豆腐の汁をたまわる

と詠んでいるように、我が世の春を謳歌していた。

思えば一八年前、天明三年(一七八三)三五歳の時、政六は願いと違って手代格御奉行方物書を命じられた。父仙右衛門退役に伴うもので、父が永年勤めていた献上方が田辺家の家職と思っていただけに、その落胆振りは尋常でなかったのである。

「我家献上方ノ家ヲ故なふして失フ」とか、「上たる役人ニ(依怙)贔屓ノ取つくろい有之」とか、「予父子甚タ辛労ス」などと、憤懣やるかたない心情が綴られている。最後には、古人の言葉を引用して、「与えられた天命である」と何度も自らに言い聞かせ、宮仕えの悲哀をかみしめていた。以来、幾多の苦難を克服し、五二歳で、手代格から御流格に昇格したのである。

御流格になって、藩主にお目見えが許され、判物を頂戴することになったのである。さらには、年始の金銀豆腐を腹一杯食べられたのであるから、その喜びは感無量であったといえる。

政六は、二年余り前になくなった苦労を掛けてきた妻コトと、喜びを分かち合いたかったことであろう。同時に、父仙右衛門と母里与から受け継いだ田辺家、藩士として御流格に昇格し確かな

格式の藩士田辺家を誇りに思ったに違いないだろう。

二　嫡男勝蔵の藩士としての出仕と死去

（一）　勝蔵の番入り

安永九年（一七八〇）出生の嫡男勝蔵（勝蔵・応助・文吾・琢也などと改名するが、ここでは勝蔵と通称）は、九歳の時手習いに入門、一三歳の時漢学に、剣術にそれぞれ入門するなど、藩士となるべく嫡男としての資質・素養を積んでいた。

そして寛政六年（一七九四）八月朔日、藩より兵所小僧に任命され、扶持米一人分を受け取ることになった。「年齢十六歳と申上置く」とあるが、実際は一五歳であったという。九月になると、勝蔵が常に帯びする刀を買い与えている。ついで寛政八年（一七九六）勝蔵は御用部屋小僧に任命されたが、未だ「小僧」という役名が付いて、一人前の藩士として任用されていない。

寛政一三年（一八〇一）四月一五日、勝蔵（琢也）が二一歳の時、番入りを命じられ、宛行金一両三分を頂戴した。しかも、同年八月一九日には、半扶持加増になり、合計一人半扶持となった。そして同年一一月一二日には、刀代金二〇〇疋（疋は祝儀の意味があり、銭を数える単位。凡そ銭五貫文・金一両弱）を頂戴した。

加納藩第四代藩主永井尚佐は、天明三年（一七八三）生まれ、寛政二年先代直旧が臨終の時養子となり、同年一〇月二九日家督を継いだ。享和二年（一八〇二）藩主尚佐は七月二〇日、初めて加納城へ入った。時に一九歳。

勝蔵（琢也）は、二三歳になっていたので殿様に年齢が近く御側近くに仕えることになった。

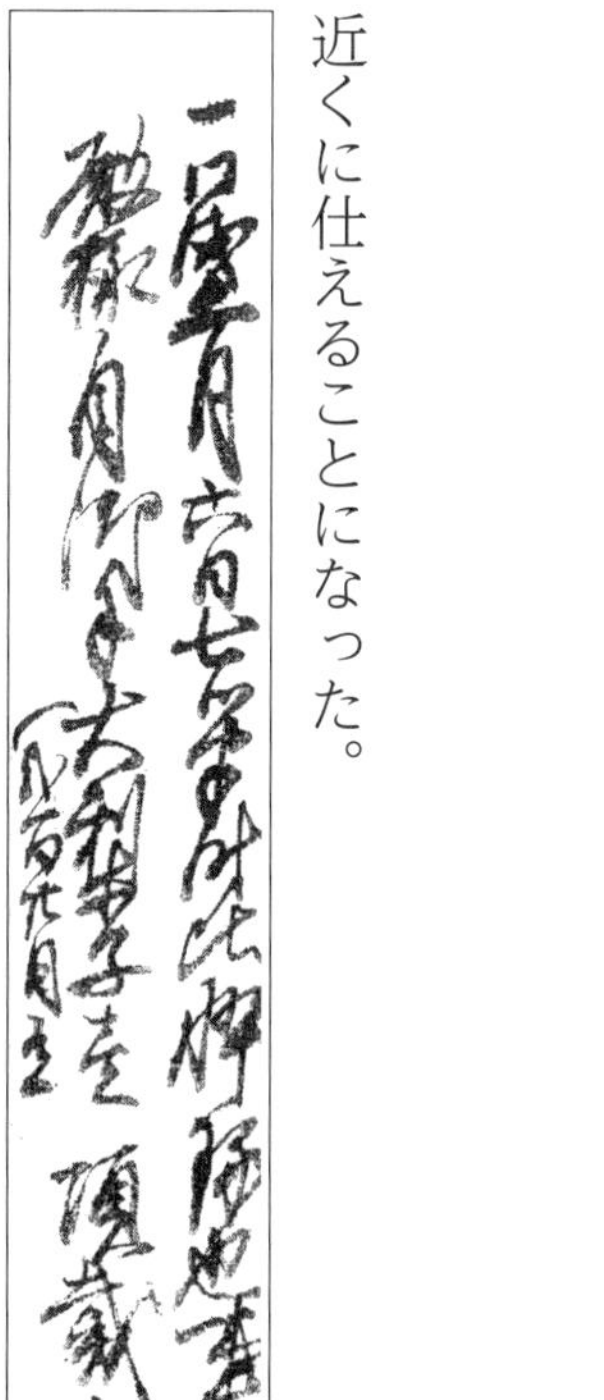

同年一一月六日七ツ半時頃（夕方五時頃）のこととして、「殿様自御手、大梨子壱　弐百二十目有　頂戴之」と記載されている。しかもその大きさが、殿様から直接大梨を貰ったというのである。しかもその大きさが、二二〇匁というから、八二五gになる。いずれにせよ、田辺家にとって大きな喜びで、政六は占いの後、「梨子割御紋頂戴スルノ吉兆歟」として、嫡男勝蔵の立身出世を期待している。

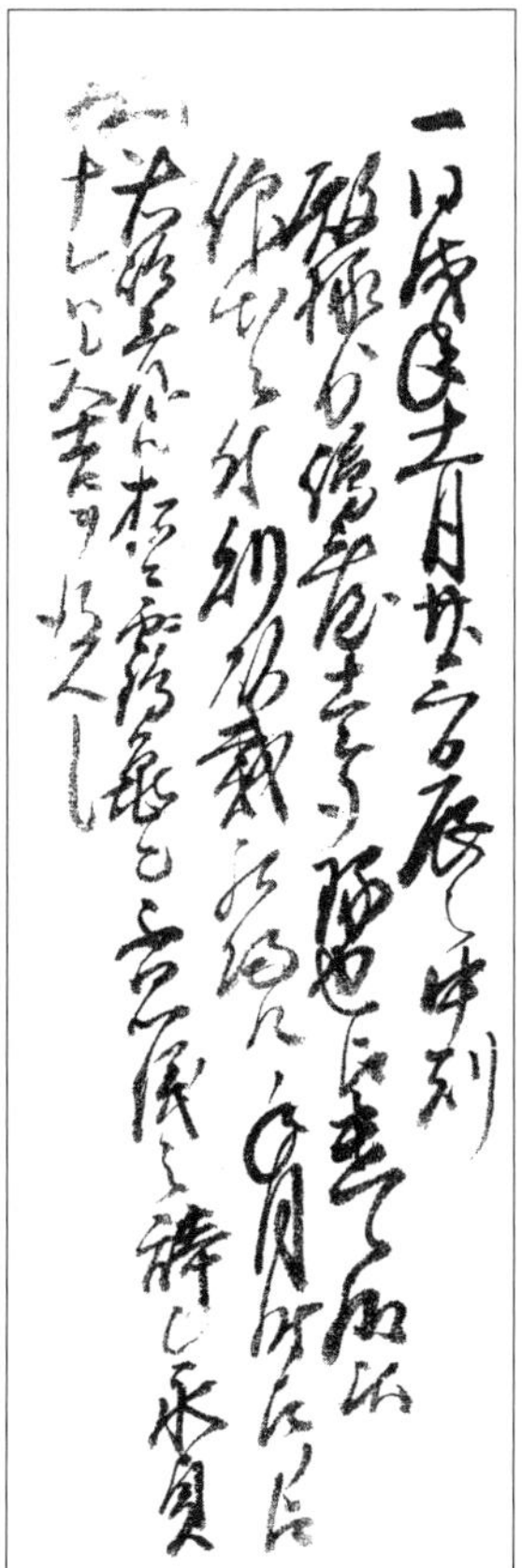

さらにまた勝蔵は、一一月二三日殿様から「島台壱ツ」を遣わされた。栄誉に思った政六は、再び占いをした。その島台には、「松に鶴亀」が描かれており、占いの辞のように「大吉を得へし」と、ますます勝蔵の将来に期待し喜んでいる。

（二）　嫡男勝蔵（琢也）の病死

享和三年（一八〇三）五月中旬頃から、「世上一統麻疹大ニ流行」し始めた。田辺家でも子どもたち、三男三蔵、長女小雪、次女おきとたちが罹患し、勝蔵が最も重かった。

その後も勝蔵は、気分が勝れずふらふらしていたのだが、一一月になると、中風を患い始めた。その症状は、口辺斜めで、左手足がなえて動かない状態であった。そこで、高井玄淳と鹿野道源の二人の医師立ち会いの下で、「烏薬順気散」を処方し、手足に灸を据えた。しかし一週間しても余り快方に向かわなかったので、次いで山之上寿庵に受診し、薬を調合して貰った。烏頭湯や平水丸などを呑ませたところ、左の手足の腫れが引いてきたが、かえって発熱し、病状が進行したようになり、また、鍼灸をしたら歩行が少し出来るようになったという。

勝蔵の病状について、何人もの医師に診せたり、あらゆる治療を施し、さらには何度も占いをしているが、余りよい兆しが出てこなかった。

翌文化元年（一八〇四）二月二六日夜、勝蔵は咳き込みノドに痰《たん》が詰まるなど、「甚以危急也」の症状になってしまった。

かくして二九日暁丑中刻、田辺勝蔵（琢也）は死去した。同二月二九日七ッ時過ぎ出棺、導師玄竜寺により葬儀が執り行われた。棺の蓋裏には、

美濃国加納城中　田辺琢也盈永墓
安永九子四月六日朝五ツ時生
文化元甲子年二月二九日卒　享年弐拾五歳

と記され、水野の墓地に土葬で葬られた。

勝蔵の葬儀を終えた間もなく、政六は、二頁にわたり勝蔵が亡くなる直前の様子を縷々記している。

悴琢也病死ス。その病根を案ずるに、この五六年以来兼々心願成就なきによって、毒滞の気が内に結び、常々気重く、顔面は青白く、額の髪が段々と抜け上がり、目ざしは勢いがなく、熱気が内にむすぼれ罷りあり候。（殿様が）御在城の節は勤め向きが激しかったことにより、気持ちを張り、これに依り息災であった。

亥年（享和三）日本一般に麻疹が流行。それ故麻疹を患う。それより兎に角日立ちのかいなく、気分相勝れなかった。九・一〇月の頃に至り、両足がただ重き心地するよし。両足とも大いに腫れ、寝汗が甚だしく、兎に角気分相勝れず。

しかる処去る亥年一一月六日夜、これは傷寒（急性熱性疾患）を煩ったのだと云いながら伏せ（就寝）た。翌七日朝、茶漬けを火燵の上へこぼした。その様子は中風に等しく、左の手足共にふらふらとなり、口も左の方へ少し下がり、眉も左の方へ少し下がり、言舌も少しは回りかねる様子に相成った。早速、灸事や服薬など治療を行った。医師も七・八人も追々替えて、療治致すと雖も、少々様子宜しくなったけれども、せめて五日と様子よく続くことはなく、百日余りの内に様子が悪くなること数度であった。

当甲子（享和四・文化元年）二月二六日気分大いに相勝れず。これに依り夜の明けるを待って（医師）春羽へ様子を咄し、薬を貰った。早速服薬を致した処、二七日朝よりその夜に向けて、大いに様子能き躰に罷りあり。

同二八日朝「帯を締め直しくれ候」よう申したので、立たせて

帯を締め直したが、「腰抜け候前にて埒あかざる」由、申し聞いた。渕右衛門(政六)が言うには、「追々暖気に相成り候へば自然と病気治るべし」と言いながら、そっと火燵へ直した処、それより火燵へうつむきになり、声を発した。

　大いに驚き様々介護致すと雖も、目の色替わり、それより無性(正気を失う)に相成り、痰気甚だ責め上がり、終に明くる二九日丑中刻(午前二時頃)に卒死ス。

　誠に以てあわれむへしかなしむへき也。琢也平常温和の生まれにて、算筆共きよふの者也。四書小学は能くよむなり。

　文化元甲子年二月二九日暁丑中刻卒す。

政六は、このように、勝蔵の発病から死に至る迄の症状、処置などを細々と書き、最後に、「誠以あわれむへし、かなしむへき也」と書き表している。さらに、勝蔵は生まれつき平常から穏和で、算筆にすぐれており、古典の四書五経の小学は良く読んだと記している。将来を期待していた父親の、言葉に尽くせない程の悲しみがうかがえる。

　さらに勝蔵が死卒した翌月、三月二九日は「立日」にあたり、政六は玄竜寺の僧侶を招いて仏事を行っている。その時、「勝蔵のことが今も心根に留まっていること、わずか一年の星霜を経ないうちにもはや泉下の客になってしまい、夢幻の如き事であることなど」、物語り、政六は、「悲歎の落儀、さてさて無是非次第也」と改めて自分に言い聞かせている。

　なお、三月二九日の記事の前に、悴勝蔵と、岐阜町(岐阜市)上宮寺の新発意(若院)と、加納二丁目笹屋の嫡子の三人は、優秀で「三幅対」と噂される程であった。その三人が昨年四・五月の麻疹に罹り、長病になり、二月二九日に勝蔵が二五歳で、その後笹屋の子が三〇歳で、三月二四日に上宮寺の新発意が二二・三歳で、それぞれ死んでしまった。三人の父母は涙ながらに言語を失ったと記している。

ついで、「四九日」を迎えた四月一八日にも、政六は「誠に光陰矢の如し、是非なき次第也」と記して、何度も何度も思い出を思い出し、過ぎた日を思い過ごしている。そして「是非なき次第也」と何度も何度も諦めようとしている。さらにまた、「百か日」には、次のような古歌を引用して自らの心を鎮めようとしている。

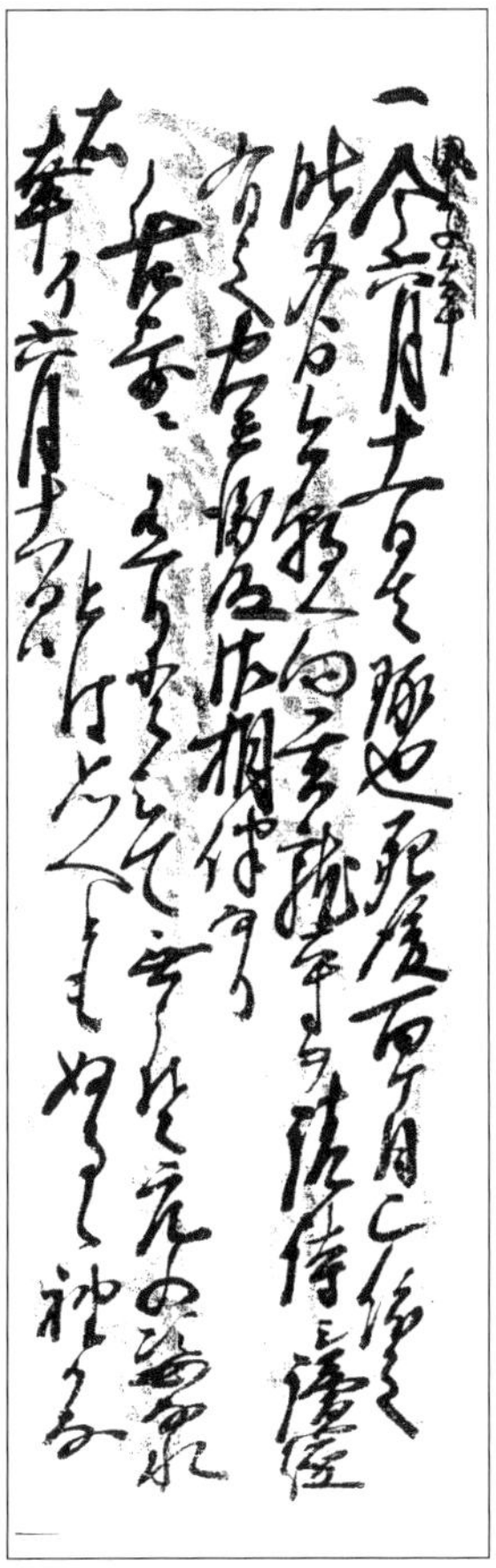

有りとミて　無そ元の姿なれ　とは思へとも　ぬるる袖かな

嫡男勝蔵が出生して、大喜びであった政六であったことはいうまでもなく、加納藩士田辺家の跡継ぎとして素養を積み、「小僧」としても藩に仕えるようになり、いよいよ番入りを命じられ宛行金一両三分・一人半扶持を給されるようになった。さらに刀代金を給されたり、藩主が加納在城の時には御側近くに仕え、大きな梨や島台を拝領するなど、若き藩士を嘱望され、政六にとってこの上ない喜びであった。政六自身が御流格に昇格できた喜びは言うまでもないが、我が子の立身出世は、父親として言葉に尽くせない程の喜びであったと想像できよう。

しかし、それもつかの間、嫡男勝蔵は麻疹の患いで、あれよあれよという間に、還らぬ人となってしまったのである。政六の悲歎・落胆・失望・などなど、言葉に尽くせない程の悲しみが実感できよう。

三　三男三蔵の嫡子相続

(一)　三蔵の嫡子届け

嫡男田辺勝蔵が死去してしまったので、享和四年・文化元年(一八〇四)急遽三男田辺三蔵を嫡子にする願いを届け出た。三蔵は天明六年(一七八六)一〇月八日生まれで、この時、一九歳になっていた。もともと三蔵は、享和元年殿様が加納に在城の間、御用が多かったため、御雇いを命じられ一人扶持を頂いていた。一方、二男辰吉は、勝蔵が健康で仕官していたので、既に加納四丁目の大坂屋に養子に出て商家を相続していた。三男三蔵も、養子に遣わすつもりをしていた。従って、政六は三蔵を藩士にするための学問も剣術修業もさせてこなかったようであった。

そこで政六は、三蔵の嫡子願いを出した同年一〇月一八日からは、七丁目町頭下加納村組頭兼帯与次兵衛のもとで、学問に入門させることにした。藩士としての資質を高めるために、古典の孟子から学ばせ始めた。「是迄学文(門)ハ少も無之、実ニ初て也」と、わざわざ断り書きを記している。

(二)　三蔵も若くして病死

文化三年(一八〇六)三月四日、三蔵が伊勢へ抜け参りをした。連れは加納藩士ではない友人で、他の藩士と親しい者がいなかったのではないかと思われる。

同年八月四日、三蔵は名古屋伊藤家の娘を娶った。三蔵二一歳、嫁おいきは一七歳であった。政六が占いをすると、「吉」と出たという。しかし、一二月一五日には、三蔵の妻おいきは、「至て不届之企」をしたというので、政六は厳しく叱りつけ、「後日ヲ戒め」許すことにした。

文化五年(一八〇八)正月一五・六日過から、三蔵は咳が起こりそれより気分が勝れず、ついには痰咳がひどくなった。さらに両手足に水腫れができ、だんだん胸まで青く腫れ上がり、三月一七日朝五ツ時、病死してしまった。

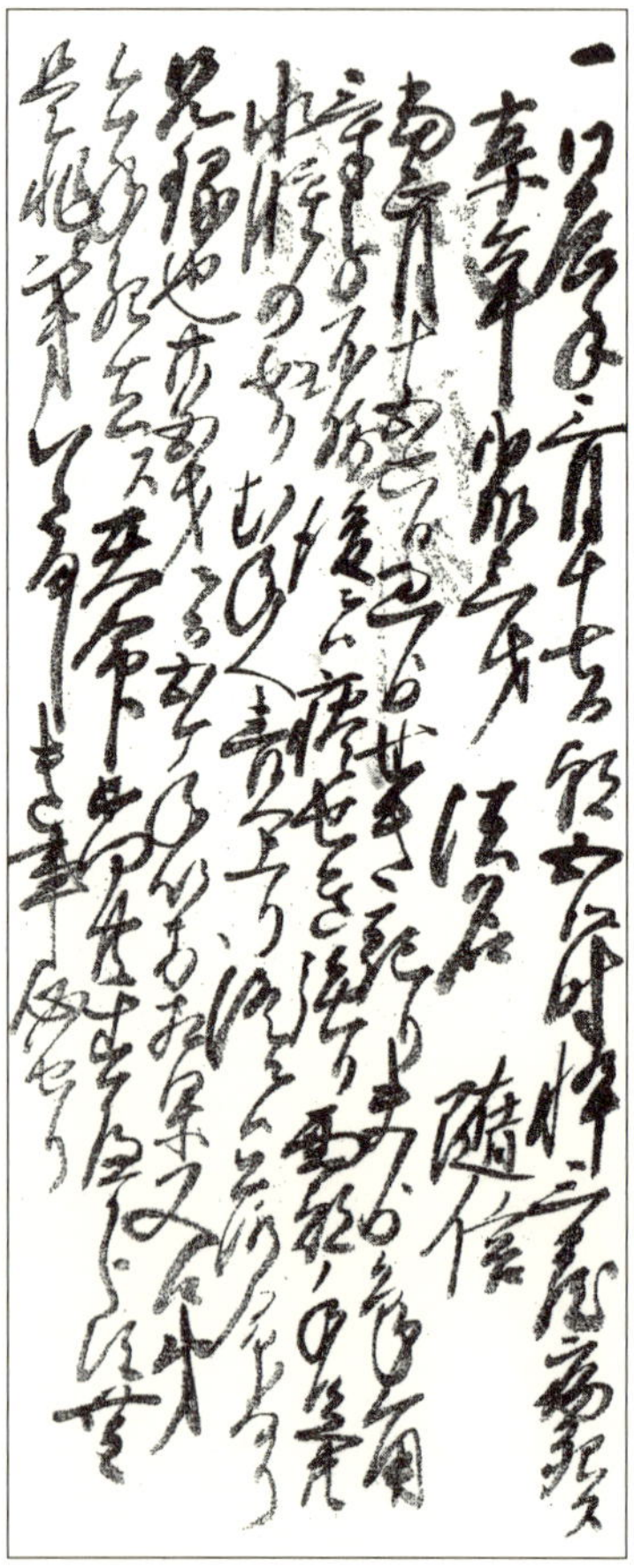

兄琢也二十五歳ニて五ケ年以前相果、又候、弟今年死去ス、天命如何共すへからす、無是非次第、いたましき事ぶセリ

天命だから受け入れざるを得ないと、自分に言い聞かせている。それだけに、五年前に二五歳の勝蔵(琢也)を失い、今度は二三歳の三蔵を失って、悲歎に暮れ、言葉にならないと記している。

この時政六は、六〇歳・還暦である。そんな歳で、五年前には期待し頼りにしていた二五歳の嫡男を失い、急遽跡継ぎにした嫡子を今度は二三歳で亡くしてしまったのである。

四　商家に養子した辰吉を嫡子に

嫡男勝蔵(琢也)・嫡子三蔵を失った政六は、大きな決断を迫られた。政六が出した決断は、商家に養子、大坂屋を相続している、二男辰吉を田辺家の嫡子として復縁することであった。政六の人生の苦はますます深まるようである。

(一)　二男辰吉の生い立ち

辰吉(後に辰蔵・嘉兵衛・豊助・暁晴と名乗るが、ここでは辰吉と称する)は、天明四年(一七八四)正月一三日政六の二男として生まれた。時に政六三六歳。長男勝蔵、長女おきとの次に生まれ、二年後に三蔵が生まれている。次いで四男定五郎が生まれた。

そこで、辰吉が七歳の時、寛政三年(一七九一)一二月一一日、「加納四丁目大坂や名跡相続させんか為」に、先ず、辰吉を一端本家の田辺家(百姓身分)の子分にし、その上で、大坂屋を相続すること、つまり商人身分にするという手続きをとった。

政六の田辺家は元来東島村(岐阜市)の有力百姓で、三代前に加納藩の安藤に仕え、次いで加納藩永井に仕え、士分格になってきた経緯がある。

従って、政六の兄政八が本家の東島村の田辺家を相続して吉左衛門を名乗っていた。

つまり、武士の身分から直接商人身分にせず、一端百姓身分の本家の子分にして、次いで商人にしたところに、江戸時代の身分の見えない境界があったようである。

かくして寛政四年(一七九二)二月一六日、辰吉は四丁目大坂屋の名跡相続が許され、その披露には、大坂屋紋次兵衛の案内で、親分の東島村兄吉左衛門と辰吉の三人が町内のお礼(名披露)に回った。宿老の三宅善右衛門を始め年寄格・町頭・組頭両人など、町内の有力者に挨拶に回った。披露の手みやげは、弐本入りの扇子一箱宛であった。

寛政九年(一七九七)二月二九日、辰吉は名古屋へ奉公に出ることにした。あたかも三日前祖母の七回忌を勤め、祖母が生存の時から、辰吉が奉公に出ることに心を痛めていたようで、法事が辰吉の決心のキッカケになったようである。いずれにせよ、辰吉は大坂屋の親戚や母親の「了簡」を得て奉公に出たのである。辰吉、一四歳の時であった。

同年九月一〇日、奉公から帰った辰吉は綿打ち商売を始めた。およそ一日に平均六百目程綿打ちができ、銭一二四文程収入になったという。大坂屋主人辰吉の綿打ち商売が順調に始まったようである。

政六は、辰吉の商売について何の感想も綴っていない。しかし、辰吉が自ら決意して名古屋へ奉公に行き、綿打ちの商売を始めたこと、金額的に少額であるかも知れないが一二四文の収入があることなどをわざわざ記述していることが、政六の若干一四歳の我が子に、頼もしさを感じていたことであろう。

（二）　辰吉の復縁

文化五年（一八〇八）三月一七日田辺家の嫡子となっていた三蔵が、再び二三歳の若さで早世してしまった。政六は致し方なく二男辰吉を嫡子にたてざるを得なくなった。

同年秋、四丁目大坂屋の家屋敷を、金三両二分で売り払った。表間口四間半（八・一ｍ）、奥行き一〇間半（一八・九ｍ）の家だから、商家としてはなかなかの規模である。

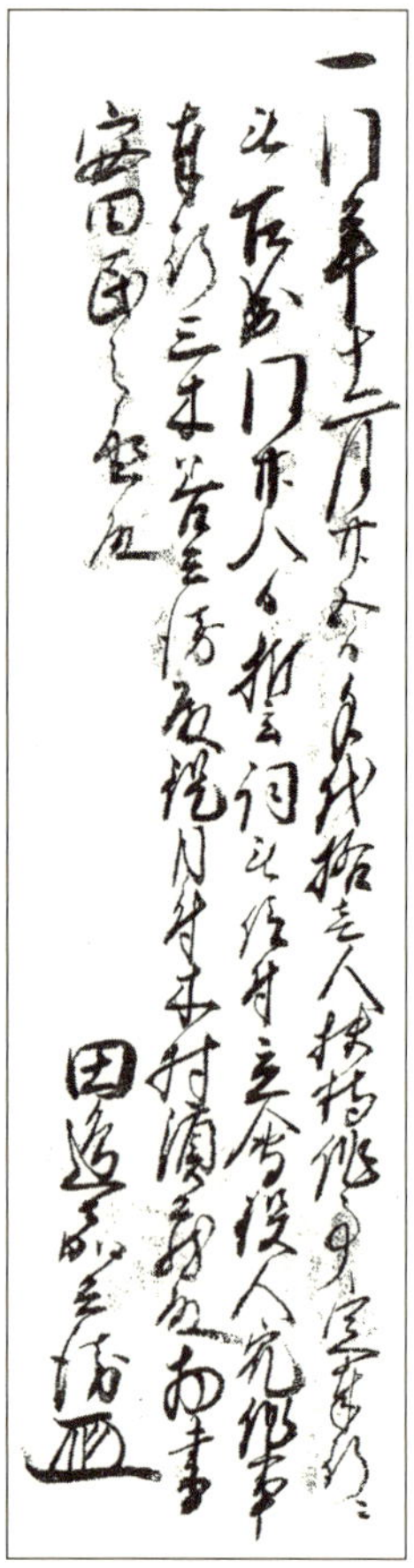

同（文化八）年一二月二十五日、手代格壱人扶持・作事定奉行ニ被召出、同二十八日誓詞被仰付、立会役人宛、作事奉行三木善兵衛殿、徒目付木村順蔵殿、物書安田民之丞殿

田辺嘉兵衛（花押）

かくして辰吉（嘉兵衛）は、文化八年（一八一〇）一二月二五日手代格・作事定奉行を命じられ、一人扶持を貰うこととなった。時に二八歳。同二八日「田辺嘉兵衛（花押）」として誓詞を提出した。辰吉、加納藩士デビューである。

辰吉は政六の嫡子として、兄勝蔵・弟三蔵の病死のため急遽商人から田辺家へ復縁して、人生の目指す方向を転換して、加納藩藩士となったのである。

政六が記した正月の記事は、ほとんどが自らの年齢や「壮健に越年し」、堅固にて心中勇ましく相勤めるなどといった事を記している。ところが辰吉が田辺家に復縁し、同居するようになった同八年からは、「予歳巳六十三歳、嘉兵衛（辰吉）辰二十八歳、うば共三人なから、何れも堅固ニて致越年」と、家族で越年できるようになったことを記している。

それが翌文化九年正月二日の政六の記事には、

同（文化九年正月）二日、我歳六拾四歳、悴嘉兵衛（辰吉）辰年ニて二十九才、小雪・乳母共堅固ニて、目出度越年ス

と、家族の名前・年齢の記述に続いて、「目出度く越年ス」という言葉が付け加えられている。これは、前年一二月に辰吉が加納藩士として作事定奉行を拝命したことによる。さらに翌一〇年には、家族の中に嫁の名前を加え、「目出度く越年ス」としている。これは前年一二月に辰吉が嫁を娶ったことによる。

つまりこの二年だけは、「目出度く」と祝詞を記していることから、政六は、心の中で加納藩士田辺家を確実に相続できるという安堵感が、「目出度く」となったのではないかといえる。

なお、同一一年には、「渕右衛門事当戌六十六歳、甚以堅固也、明和二酉年以来当甲戌年迄五十年相勤也」と記している。これは

穿ったことであるが、政六は、前年一〇月に妻コトの一七回忌を勤めたことや、辰吉夫婦も家を守り藩士として活躍していること、さらに自らも加納藩に五〇年間勤めてきたことから、いよいよ家督相続及び隠居を考えてもよいと思い始めているのではないかと思われるのである。

なお文化一二年『見聞録』の記述は一一月政六の病気により辰吉が引き継いで記録を始めた。

第一〇節　寛政～文化期の藩財政改革

一　加納藩財政の難渋

（一）　寛政～文化期頃の藩財政不振の兆し

寛政一一年(一七九九)六月、加納藩は、前年に起きた前代未聞の大洪水によって被災した百姓が強訴に押しかけたため、やむなく年貢徴収を免除し、押しかけた百姓の罪を軽減する対応をとった。政六は、藩がとった対応を、「難有美政也」と絶賛している。

政六は、「御入目方物書」などの役職に就いていたので、藩の財政については少なからず関心を持っていたように思われる。

寛政一〇年四月と七月の大洪水被害があった記事から少し後に、ある大名の二〇〇石取りの家来が、「御勝手向甚不如意」であることを狂歌にして歌った記事を載せている。

殿様ハ　しゃくせんだんの　寝釈迦様
もふくれんそんじゃ　あなんとかせう

この意味は「殿様は、釈迦涅槃図のしゃくせんだん(赤旃檀という香木でできた宝座)（借銭によってできた壇)で寝ているお釈迦様のようである。そして十大弟子の一人の、もふくれんそんじゃ(目連尊者)よ、あなん(阿難尊者《あなんそんじゃ》)とかせよ」といったところであろうか。

この狂歌を伝え聞いた殿様は、自分が皮肉られたとして甚だ腹立たれたのか、その家来は罷免になったということである。

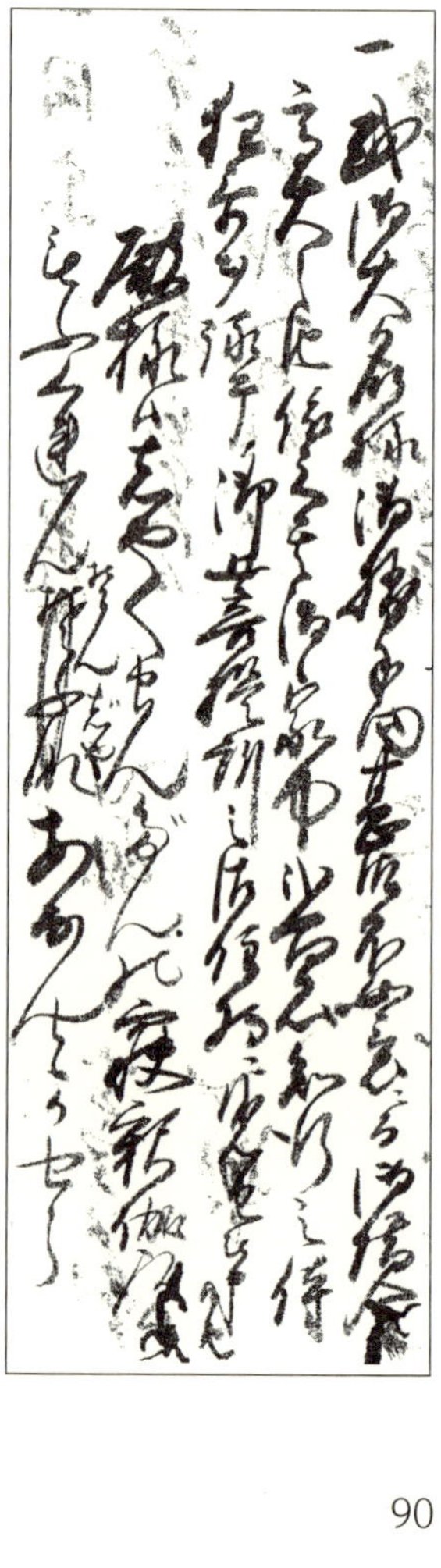

また、寛政一一年四月頃、岐阜の知識人井上某の狂歌を載せている。

びんぼうの　棒か次第に長くなり
ふりまわされぬ　歳の暮かな

この意味は、「貧乏生活が次第に長くなって、生活の遣り繰りが出来ないようになってしまった。こんな世の中でも仕合わせに生きよう、歳の暮れになっても」といったところであろうか。

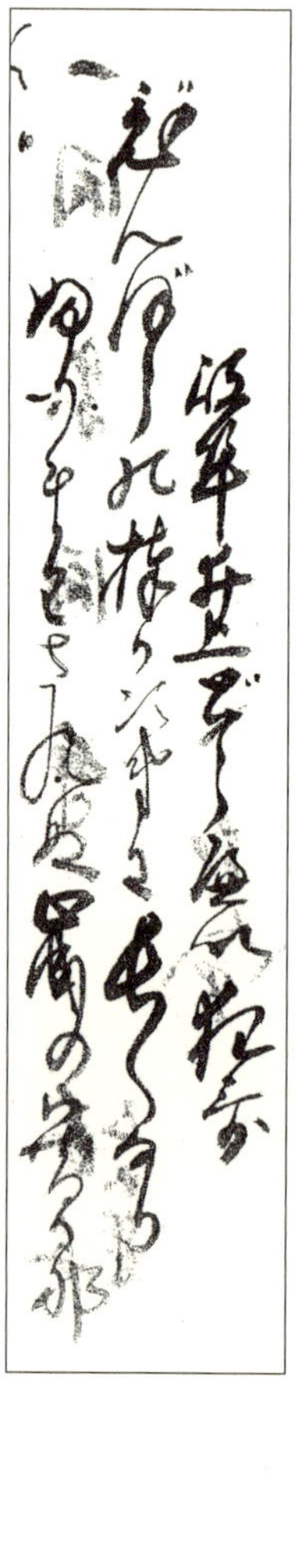

直接、加納藩の財政のことや、藩士や加納町・加納領内百姓が生活に困っていることを歌っているわけではない。しかし、この狂歌の前段には、第八節で触れたように、寛政一一年(一七九九)三月、家老の永田藤三兵衛が「御賄向必至之差支」のため、江戸へ出府し、藩主の裁断を得た。帰国後三月晦日に、藩政改革と大幅な人事異動を発表している。

元入方・両奉行の安之丞は懲戒免職、彦太夫は入目方を解任。代わって甚右衛門を入目方に任命。また直接百姓から年貢などを徴集する御賄方・大庄屋の松波十左衛門も解任。その他、組元庄屋たちも願いにより解任。このように藩財政に関わる者たちを解任などして、財政立て直しを図ろうとしたのである。

政六は永田が帰国した時、「如何」として占いをしている。その後政六は何の感想も記していないが、次に大名の家来や岐阜の知識人の狂歌を記していることから、藩財政不振の根の深さを感じ始めていたといえよう。

（二）　永井尚佐の初入部

第四代加納藩主永井尚佐は、天明三年（一七八三）水戸藩家老太田直意（永井尚備の二男）の二男として生まれ、寛政二年（一七九〇）先代直旧が臨終の際に養子となり、九歳となった同年一〇月二九日、家督を継いだ。翌一〇年（一七九八）五月将軍に謁見し同年一二月従五位下山城守に叙任。同一二年大坂加番のため江戸を出発し、翌年九月江戸へ帰府。今度は享和二年（一八〇二）日光参拝の名代として四月一六日出発、同二三日帰府している。

その享和二年六月藩主就任後、幕府からお暇が出て永井尚佐は、初めて加納へ入部することが許された。その知らせを聞いた加納では、早速新御殿を新築することとなった。場所は「御殿（オンイマ）の北方少し東寄り也。御部屋様御入りなされ候御殿」などと噂があった。（場所は岐阜市立加納小学校プール南側辺りか。）

また、御殿や丸之内、長刀堀二丁目・三丁目の高塀などの普請が、夥しく進められた。御畳替えも六〇〇余畳になったという。畳は京間・田舎間の二種類あったようである。

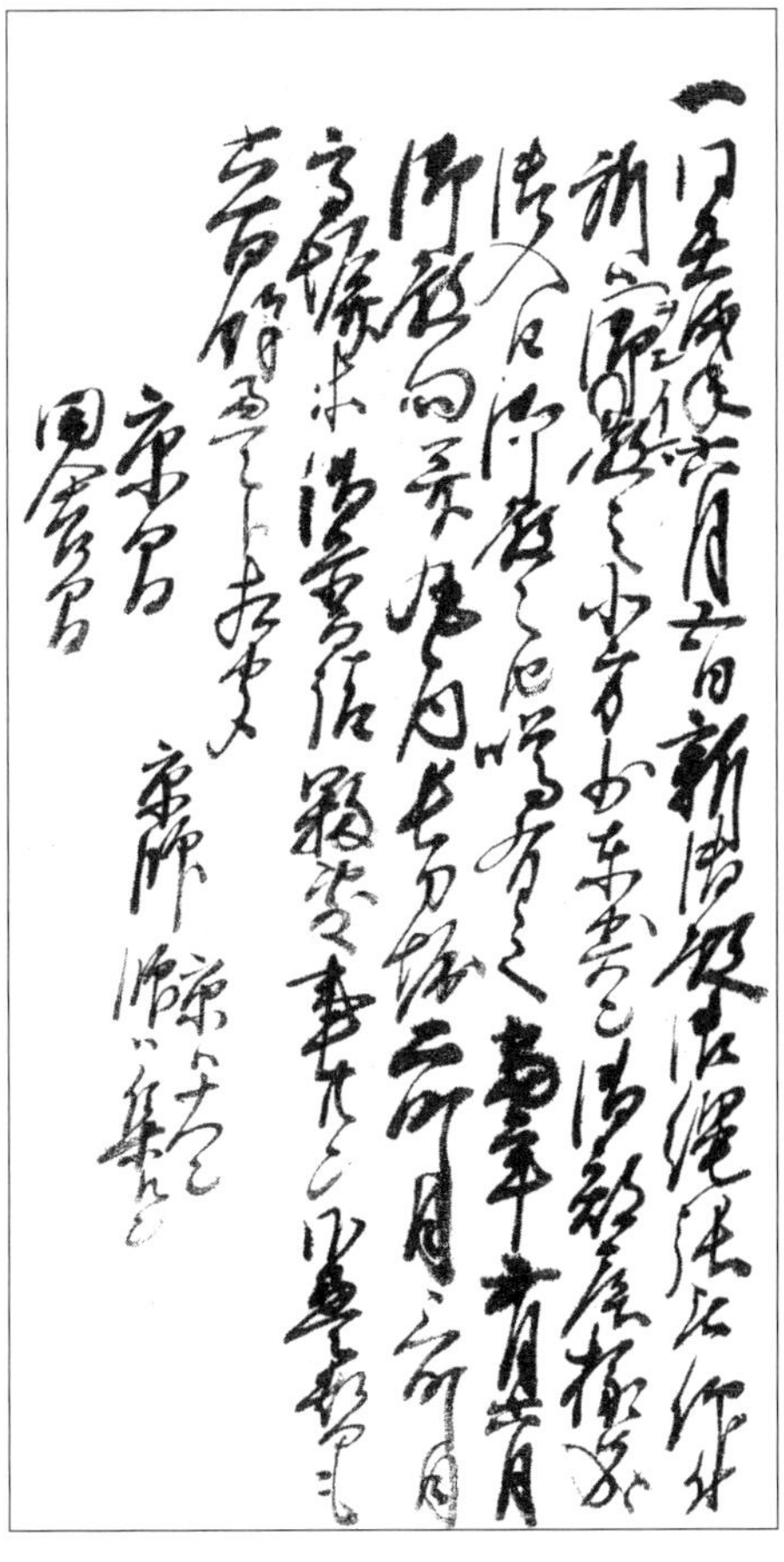

いずれにせよ、藩主尚佐の初入部に向けて、その受け入れのため、加納城内の御殿や城廻りの塀などの普請が、急ピッチで行われたようであった。

七月九日江戸を出発した尚佐は、同月二〇日加納へ初入部した。家老横山、御側御用人堀がお供をしていた。

同年一〇月、家老兼入目方の永田が末席に、足軽大将の永田が中小姓頭に、足軽大将の片岡左富が両奉行格に、それぞれ降任となった。また小島・伊藤・仙石が「お叱り」を受け、代官役の長戸が目付格に降格となった。その直後、杉浦兵四郎が家老役に就任した。藩の重役の降任・お叱りなどを見ると、余程大きな事件があったに違いないが、詳細は不明のようである。

藩主は、享和三年（一八〇三）二月江戸へ参向し、翌文化元年

（一八〇四）八月二九日再び加納へ入部した。なお、その直前に、加納城の顔ともいうべき追手御門の赤門が塗り替えられた。

同子（文化元）年八月十六・十七・十八、三日懸候て、此赤門・扉ぬり替也、殿様当二十二日再御在城ニ付（下略）

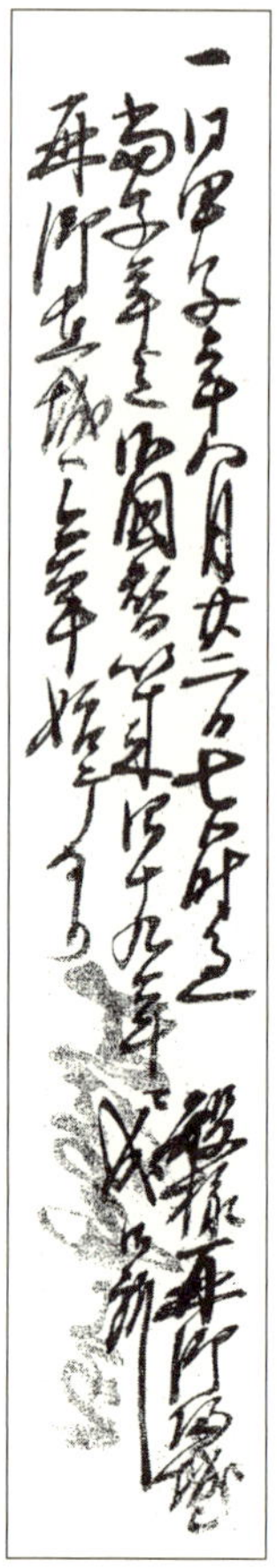

政六は、「御国替以来四十九年ニ成り候所、再帰城ハ今年始テなり」と、藩主が在国出来ることが異例なことと捉えている。つまり永井直陳が宝暦六年（一七五六）五月二一日所替えで加納を拝領して以来、四九年目になり、藩主の再入部が異例のことというのである。

（三）　勝手向き難渋の藩財政

藩主の加納在城は喜ばしいことであったが、藩財政の困窮はますます顕在化した。

文化二年（一八〇五）三月二四日、加納藩は、御勝手向き難渋のため、家中へ減少等を厳しく命じた。「委細御広間え書付出」とあるが、その詳細・書き付けの内容は不明である。ただこの日、御用人役兼元締役の小島は、役目を罷免され籏奉行役に降任された。代わって真崎が入用役兼帯を命じられた。一方新貝は新しく六〇石を拝領し両奉行を命じられるなど、人心一身が図られた。

その後、文化四年（一八〇七）六月藩主出府につき、道中払方は柴田と政六が勤め、七月一日江戸着。道中と出府のお礼などの入用は「金五百六拾両斗も相懸る也」と記しています。この金額について、政六は何も論評していないが、「も」と記していることや、藩財政の窮乏を勘案すると、この金額は特筆すべき額であったといえよう。なお、政六にとって木曽路の通行は、三四・五年振りになったようである。

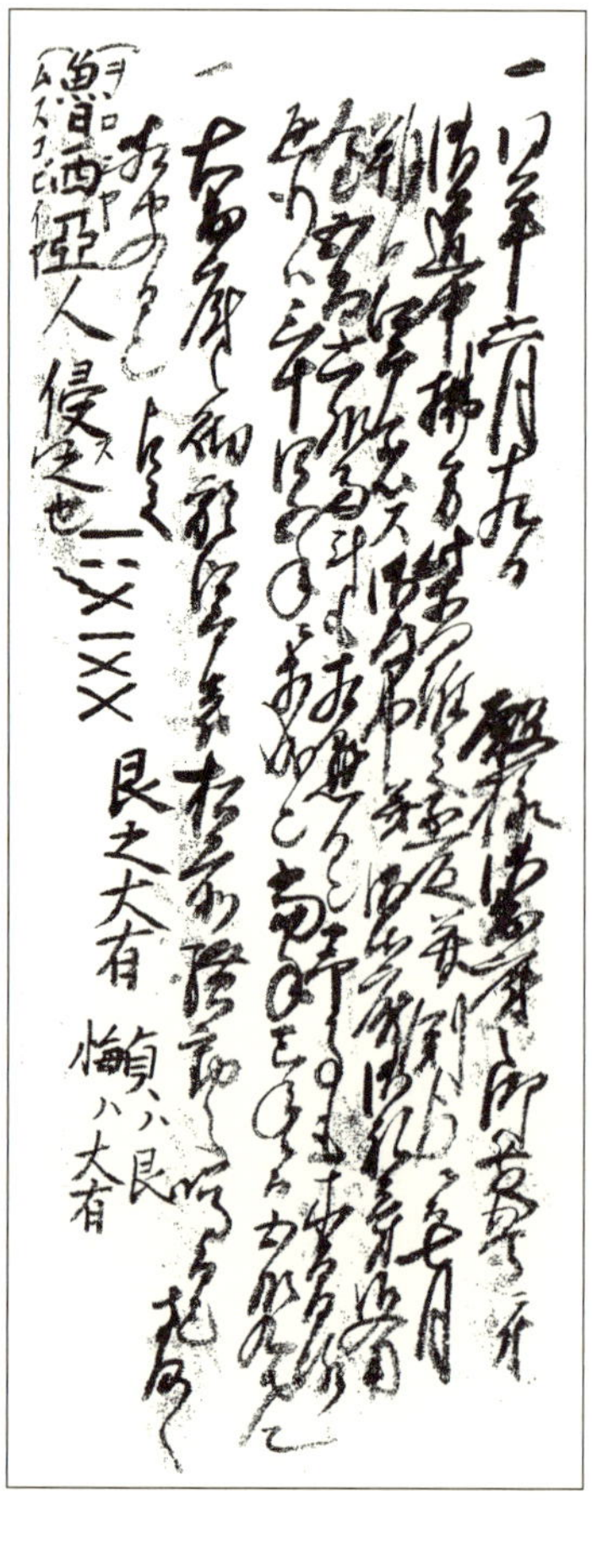

なお、つづいて江戸表で政六が聞いた話を記述している。それは、松前の騒動で魯西亜人（政六の表記「ヲロシヤ・ムスコビイヤ」）が侵入したという噂が、様々に聞かれたという。

この事件の最初は、文化元年（一八〇四）ロシア皇帝から派遣されたニコライ・レザノフが長崎に入港し通商を要求していた。しかし幕府は通商を拒絶。次いで文化三年から四年にかけて、レザノフの部下たちが樺太の松前藩居留地や択捉島駐留の幕府軍と戦うなどしたため、幕府は松前奉行を新設し、津軽藩・南部藩・庄内藩・秋田藩から約三〇〇〇名の藩兵を徴集して、宗谷や斜里など蝦夷地の要所を警固した。しかし、これらの蝦夷地襲撃はロシア皇帝の許可を得た軍事行動でなかったことから、文化四年五月ロシア軍は撤退したのである。

なおこのことについて、政六は後日談を記している。一一月下旬頃には松前騒動は納まったようであるが、噂噺をすることが厳しく「御停止」となり、詳細はよく知らないと記述している。とは言え、政六は、魯西亜人は「極寒国」から来ており氷で海が閉ざされてしまうので、「兵戦」は引き取ったのではないかと、推察しているのである。

(四)　新たな御勝手引請人の任命と倹約の励行

在府わずか一〇日間で、政六は、文化四年(一八〇七)七月一一日、江戸を出発して同二一日帰国した。その直後七月中旬末に、藩は財政の賄い向きを変更した。

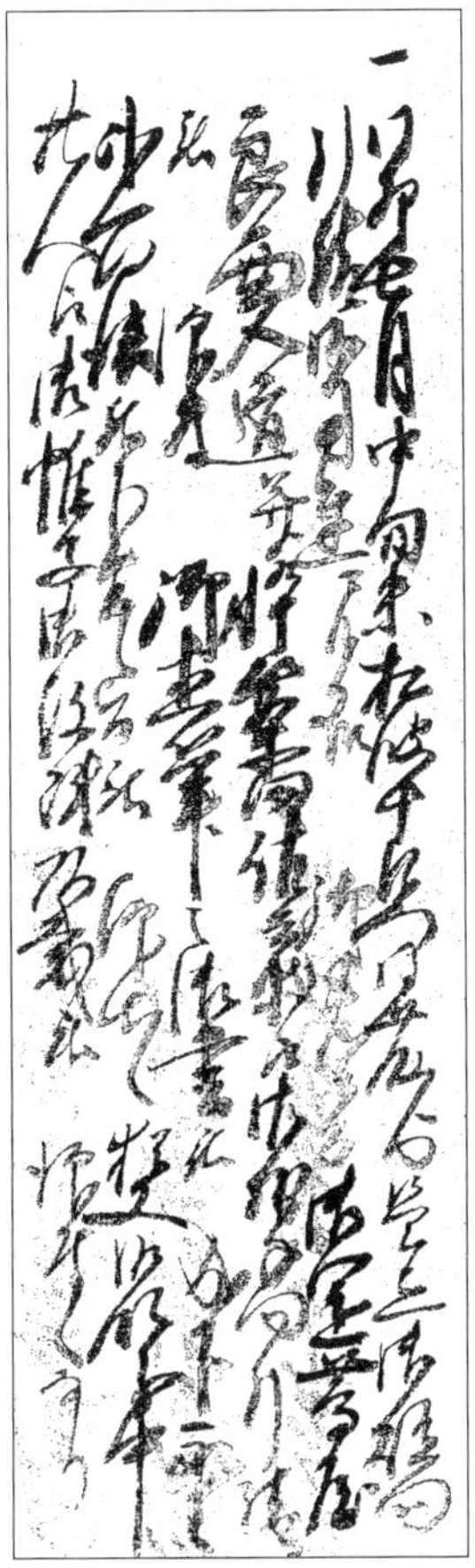

同卯(文化四年)七月中旬末、松波十左衛門・同藤右衛門、是迄御賄向引請、御用達ニ候処、御免ニて御園蔦屋良西入道并悴篠田佐兵衛え御勝手向引請被仰付、御直筆之御書被成下、永々弐百俵被下置候旨被仰出候、猶又御領分中ニ十人え御帷子御紋附頂戴被仰付候なり、

これまでの藩財政の賄向きは、松波十左衛門・同藤右衛門(加納宿本陣・問屋)が引き請けていたが、新しく、御園町(岐阜市)の蔦屋良西入道と悴篠田佐兵衛が御勝手向き引き請けを命じられた。殿様直筆の書き付けと、永々米二百俵も下された。御園町は、加納藩が天明三年(一七八三)正月上加納四か村の内から高九〇石余りで分郷させたもので、岐阜町から加納町を経て笠松・名古屋へ行く街道沿いにあたる。この町の筆頭に篠田佐兵衛がおり、蔦屋の屋号で酒造業を営み、新加納(岐阜県各務原市)旗本坪内氏に融資したり、東御坊(東本願寺岐阜別院・岐阜市)の祠堂金係を勤めたりしていた。また、御園町は酒造高でも傘・桟留縞集荷量でも城下町加納を上回る程に発展した。

改革のしくみはさらに、加納領内の有力百姓二〇人に、御紋付きの帷子を下賜されるなど、藩財政を実質的にやりくりする重要な任務を与えたようである。つまり一部の有力百姓・町人が持つ財力と、財政調達の仕法に頼る仕組みに替えることにしたのである。

この藩財政改革は、百姓・商人の仕法を取り入れることであった。さらに、この改革は、有力百姓・商人に、藩財政の賄いを請け負わせる仕組みの第一歩で、その意味で、文化四年の藩財政改革は画期的な改革といえるだろう。

そして、藩士自身が身を切る改革を実施した。一つは「五か年間の至極の倹約」で、もう一つは、「家中御流格以上に面扶持を下す」ということである。

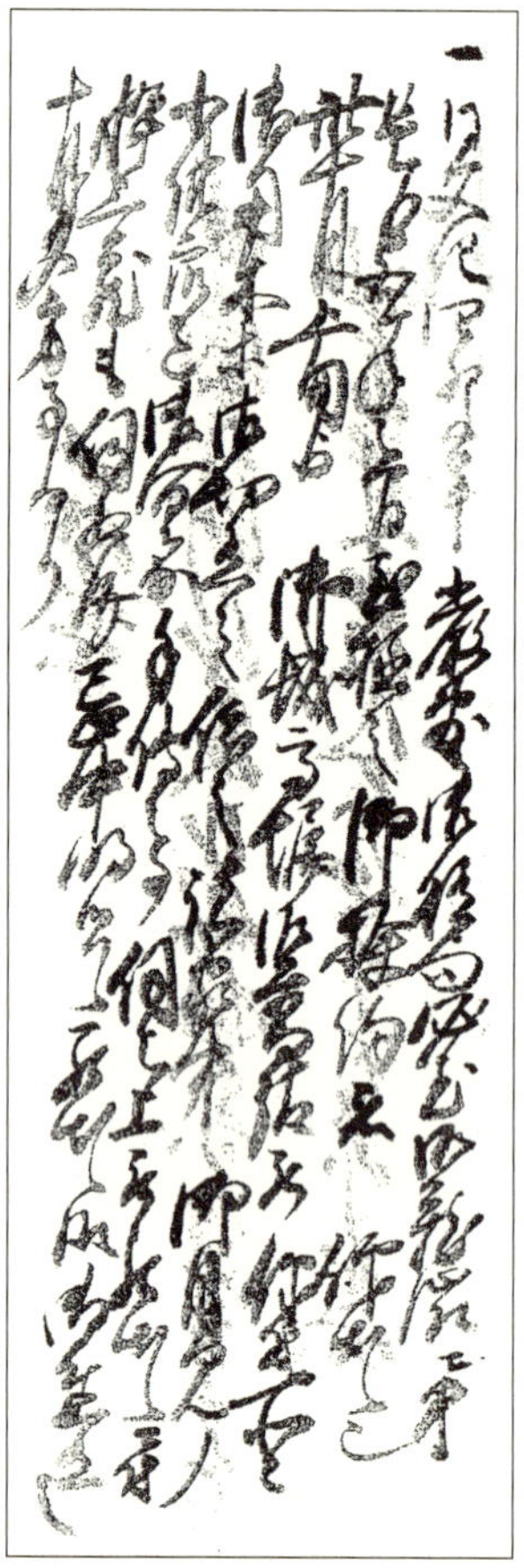

同文化四卯年厳敷御賄向必至御難渋ニ付、是より五ケ年之間、至極之御倹約被仰出候也

此十月上旬より御城高塀御普請被仰付、所々御用木等御切有之、依之諸家中御目見ノ小供衆迄、御冥加手伝之事、伺之上被罷出候ニ付、悴三蔵も伺相済、忌中明候ハハ罷出候様御達有之、十月夕方事なり

かくして藩は、「厳敷御賄向必至御難渋」につき、これより五か年間「至極之御倹約」を命じた。至極の倹約とは具体的にどのような内容であるのか不明であるが、家中の藩士たちの生活に不要な支出を減らすことはいうまでもないだろう。ここでは、十月上旬から御城高塀御普請に、家中の子どもたちが「御冥加手伝い」と称して参加することになった。お手伝いの普請は、三六〇間（約六四八m）になったようである。お手伝いといっても単なる自由意志ではなく、政六の三男三蔵も、伺いを済ませ忌明けになったら参加するようお達しがあった。普請の他に諸所の御用木等の伐採を行うことにもなったようである。

いずれにせよ、藩財政支出を極力減らすことを五か年間続けることになったのである。

（五）面扶持支給の断行

いよいよ文化四年（一八〇七）一二月二六日四つ時過ぎ、家中・藩士にとって厳しい、面扶持の支給が決定された。「家中御流格以上に面扶持を下す」という判物が出されたのである。

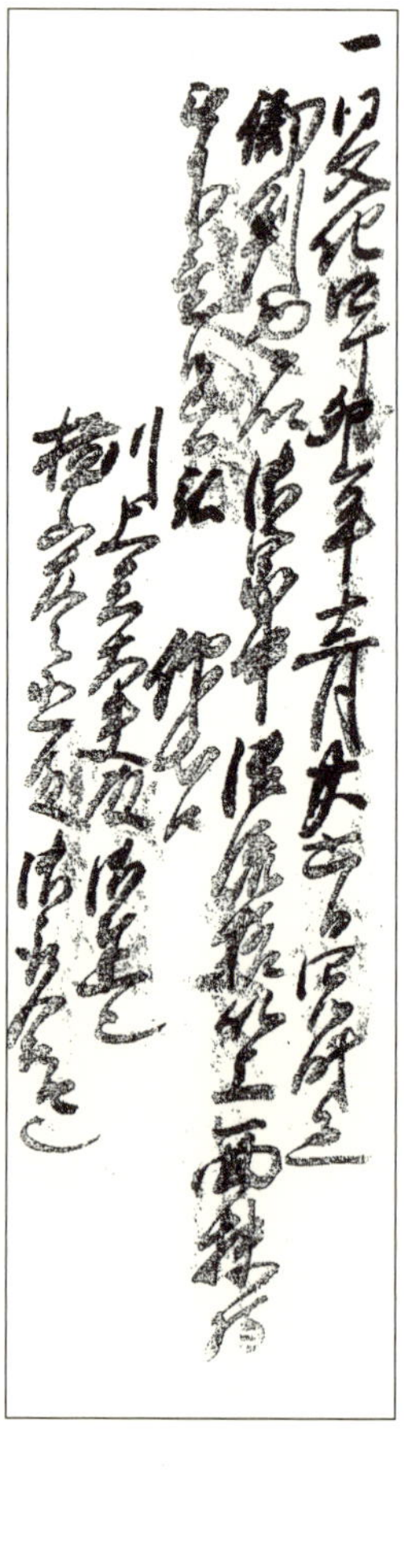

同文化四丁卯年十二月二十六日四ツ時過、御判物ヲ以、御家中御流格以上、面扶持被下置候旨、被仰出候

川上三太夫殿御達也、横山友之丞殿御取合セ也

実際に「面扶持」として藩からどれだけ支給されたかわからないものの、藩士の家族の人数に随って、扶持米が支給された。支給総額は、禄高による支給より面扶持による支給の方が減額されることは確実で、結果として藩財政、御勝手方賄い向きに寄与できたといえる。

政六は、「予初めて御判物を戴き候なり」とわざわざ記している。政六は手代格で仕え始め、次いで父仙右衛門が出来なかった御流格に寛政一一年（一七九九）一二月昇格していた。そしてついに、

「藩主から判物を貰えた」という名誉、ありがたさに喜び、「戴き候也」と記述したと思われる。しかも最初の判物頂戴が、面扶持支給、今で言う給料減額の命令書になってしまったのである。

政六は面扶持への変更に大きな不安を抱いたようで、早速占いを行っています。そして次のように記している。

殿様御心痛　恐察之御事共也

面扶持を命じざるを得ない殿様の「心痛」が、恐れ多くも拝察できるというのである。政六自身も生活苦への不安を抱きながらも、殿様の心情を思い、受け入れたようであった。

（六）佐太陣屋の金一〇万両余りの借財の発覚

加納藩佐太陣屋（大阪府守口市）で何か重大なことが起きているかも知れないという気配は、それから七年後、文化一一年（一八一四）三月八日、藩重役の篠原長兵衛が江戸から加納を経て、佐太の陣屋へ行くという記事から感じられなかった。

当時、徒目付役を務めていた政六は、出迎えのため三・四〇名の人々と共に下川手まで出かけた。政六は藩重役篠原がどのような使命をもって江戸から佐太陣屋へ出向くのか、知るよしもない。そのためか、下川手の有力百姓の屋敷地に植わっている杉の木に、三寸（約一〇㎝）の毛が生えているのを、見物にいっている。「一筋取ってきた」とも記している。

さて、ここで佐太陣屋の概要を説明する。

加納藩領三万二〇〇〇石の内、河内・摂津国に領有する一万二〇〇〇石を治める陣屋で、永井氏が加納へ転封の前の貞享年間（一六八四～一六八八年）に、渚（枚方市）から佐太（守口市）に移したものである。

この陣屋は、京都・大阪の交通・軍事の要衝の地で、大阪における蔵屋敷の役割を果たし、年貢米を始め、加納藩の特産物・傘や提灯、織物などもここで一端集積し、大阪の商人などへ売りさばくなど金融や物資の調達、加納藩の台所の役割を担っていたと思われる。

藩重役篠原がわざわざ加納を経て佐太陣屋に入って調査した結果、五月一九日借金が金一〇万六〇〇〇両あったことが判明したというのである。

「奉行岡村氏の取り計らい宜しからず」により、佐太陣屋での借金は「金一〇万六〇〇両余りになってしまった」という記事が出てきた。金一〇万六〇〇〇両という金額は、三万二〇〇〇石の大名にとって途方もなく膨大な金額である。全く乱暴な計算であるが、一年に一万両ずつ返済しても一〇年余りを要する。まして藩士に質素倹約を命じ、面扶持を命じている加納藩にとっては、考えられない程の借財になるのである。

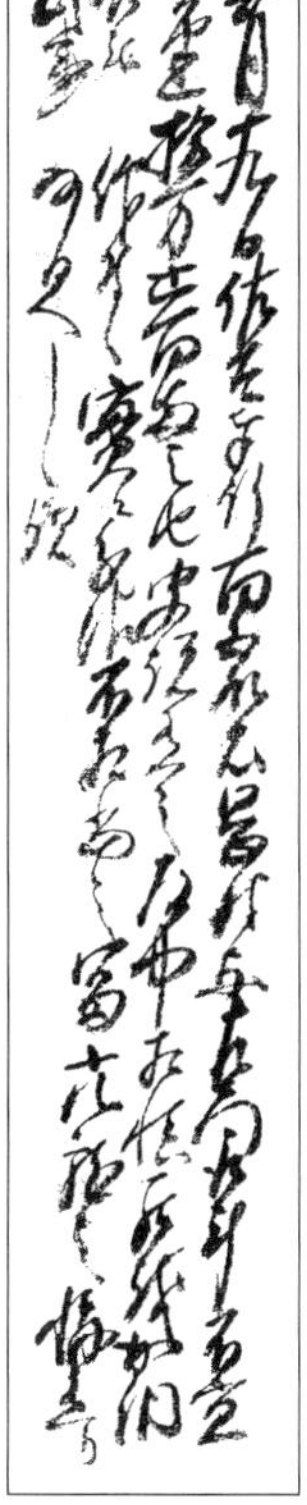

同戌（文化一一年）五月十九日佐太奉行・百五拾石・岡村与左衛門取斗不宜、御借金拾万六百両之由、聞説有之、道中相慎罷越、加納住居被仰付候、実ニ分限不相当之富、亢龍之悔有りとハ、此事なるへし歟、

そこで一五〇石取りの佐太奉行岡村与左衛門は、責任として謹慎し加納城下へ居住するように命じられた。政六は岡村が分限に似合わない贅沢をしたとか、「亢龍之悔有り」（栄達を極めた者には、もはや昇り得る道もなく、凋落するしかないという悔いがある）という易経の言葉を引用して、「この事なるへしか」として、岡村の所業や、佐太陣屋運営の不手際を批判している。なお、この陣屋での財政運営の不手際は加納藩にとって大きな失政といえる。八月一九日夕方、佐太陣屋より速水藤左衛門も、道中謹慎の心得で帰国した。その入れ替わりに八月二一日藩重役安池が陣屋失政を立て直すため、佐太陣屋へ向けて出発した。なおそれ以降、佐太陣屋の記事はない。

（七）再び水害のため、大坂加番免除願い

文化一二年（一八一五）六月下旬には、大雨の上に洪水が起こり、水防のため郷方元締や代官代が出張した。しかし、鳥屋村熊野（岐阜市本荘）の堤二〇〇間程（約三六〇m）が決壊し、上加納や東下川手等の高い所は被害がなかったものの、他所は収穫皆無となり、領分流失、損毛一万九〇〇〇石になってしまったようである。加納藩美濃国領分（加納城周辺）は凡そ二万石であるから、殆ど全滅といった情況である。

翌一三年二月加納藩主が大坂加番を命じられた時、領内の洪水により「極難渋」になったことを理由に、老中に大坂加番を免除されるよう直接願い出たようであると記している。

なお、この洪水の被害については、収穫が皆無であっても、定免の決まりのため、領民は年貢を上納しなければならなかった。

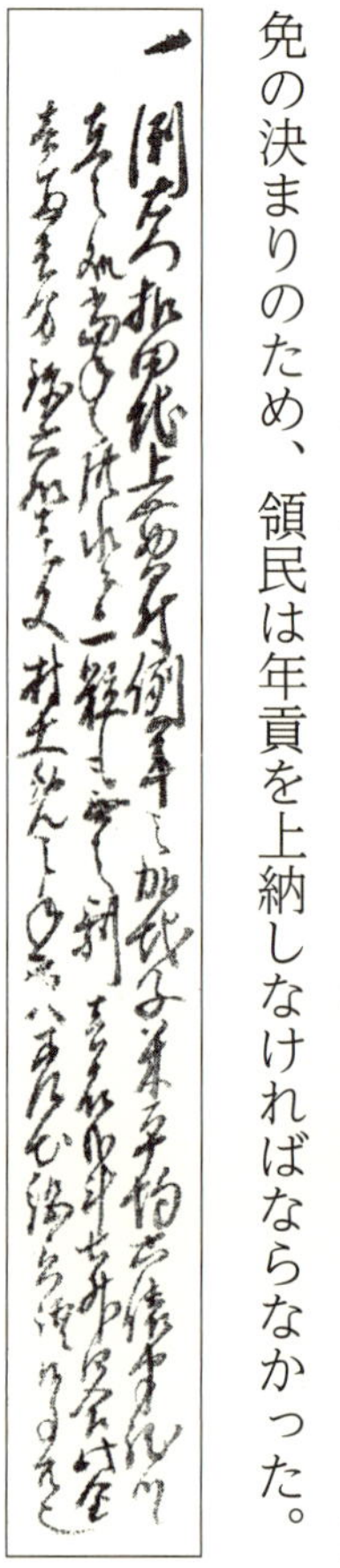

（文化一二年八月以降）渕右衛門扣田地、上茜部村例年之加地子米平均六俵半程ツツ在之処、当年（文化一二年六月二八日）之洪水ニて、一粒も無之、剰え壱石弐斗七升四合・此金壱両壱分銭六拾壱文、村上（定）免之年貢差出、絶言語候事共也

上茜部村に扣田地（小作に出している田地）を所持していた田辺家の政六・辰吉にとって、収穫が皆無であっても、年貢として一石二斗七升四合（この代金一両一分銭六一文）を納入しなければならなかった。そのため政六は、その不合理さは「絶言語」、つまり言葉にならないと嘆いている。百姓たちもほとんど同じような思いで、政六たちは年貢徴収の立場でなく、徴集される立場に立った感慨であったといえる。一方、百姓の不穏な動きについては、何の記述もない。

第二節　加納町の賑わいと政六の死去

一　享和・化政期の加納町

享和・化政期の加納町には数々の話題があった。政六は加納天満宮造営に関わることや、加納宿に飯盛り女を置くか否かのこと、さらに夜空に現れた帚星のことなどを記述している。

（一）　天満宮の繁昌

享和二年（一八〇二）二月二三日から二五日まで三日間、加納天満宮は九百年忌の大祭を催した。その賑わいを、政六は次のように記している。

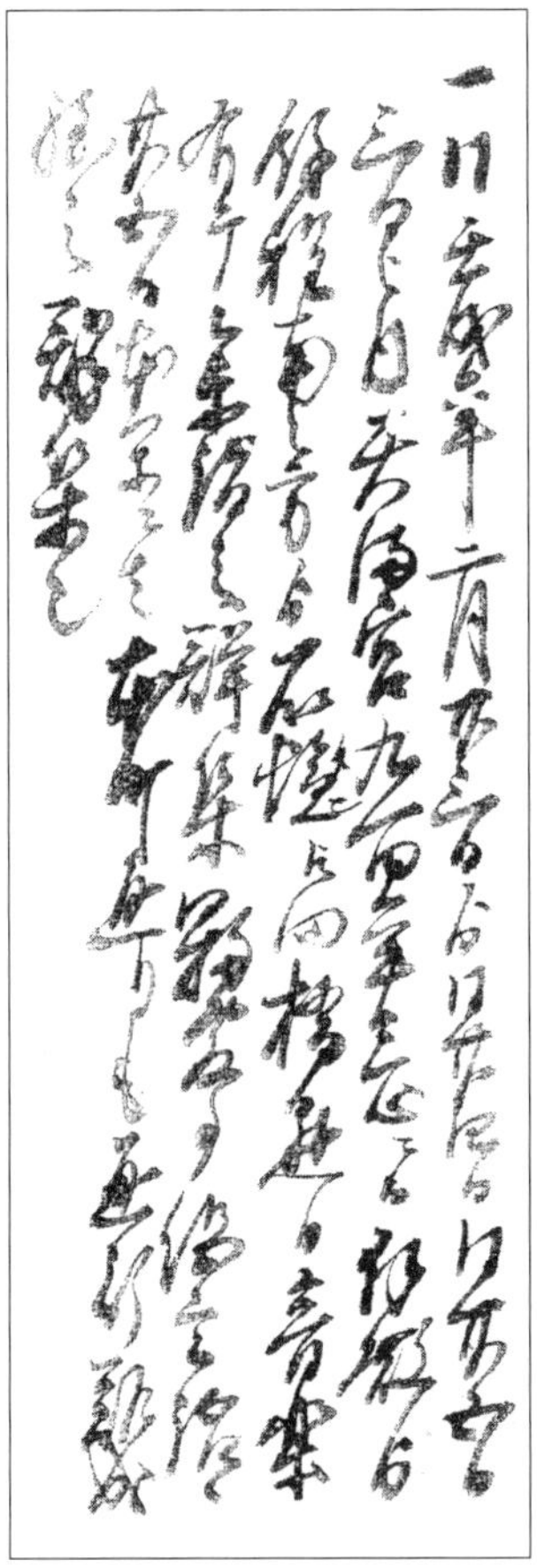

同（享和二）壬戌年二月二十三日より同二十四日・二十五日、三日之内、天満宮九百年忌ニて、拝殿より余程南之方より石壇（タン）え向橋懸候、音楽有テ参詣之群集夥敷事、絶言語候、二十五日本楽ニは、本町通りも通行難成程之群集也

拝殿より余程南の方、石段に向け橋を架けたことや、雅楽の演奏があり、参詣の群衆は「絶言語候」と、言葉に尽くせない程大勢で賑わっており、驚嘆の声を上げている。二五日の本楽には本町通りも通行が出来ない程の群衆であったことなど、政六は天満宮の賑わい、繁昌振りを好感的に受け止めていた。

文化元年（一八〇四）一一月七日より、天満宮境内において角力興行が催された。勧進元は田町の町人で、西方大関越柳、東方は大関養老山（西美濃出身か）で、その様子は記述してないが、大いに賑わったに違いないと思われる。

さらに翌二年二月、加納藩主が来たる二五日の天満宮祭礼に台挑灯四張りを献納せよと命じた。そこで命を請けた岩井屋が献灯できるよう準備した。また、挑灯の掲げる場所について、加納宿宿老と南上加納村とが争ったため、上段は双方とも止めて、社壇の東側を宿老、西側を南上加納村とした。この挑灯をどのような所に奉納するかは、各々の権威の象徴であり、なかなか容易に解決するものでなく、藩主の献灯や藩の奉行方の決裁があったといえよう。

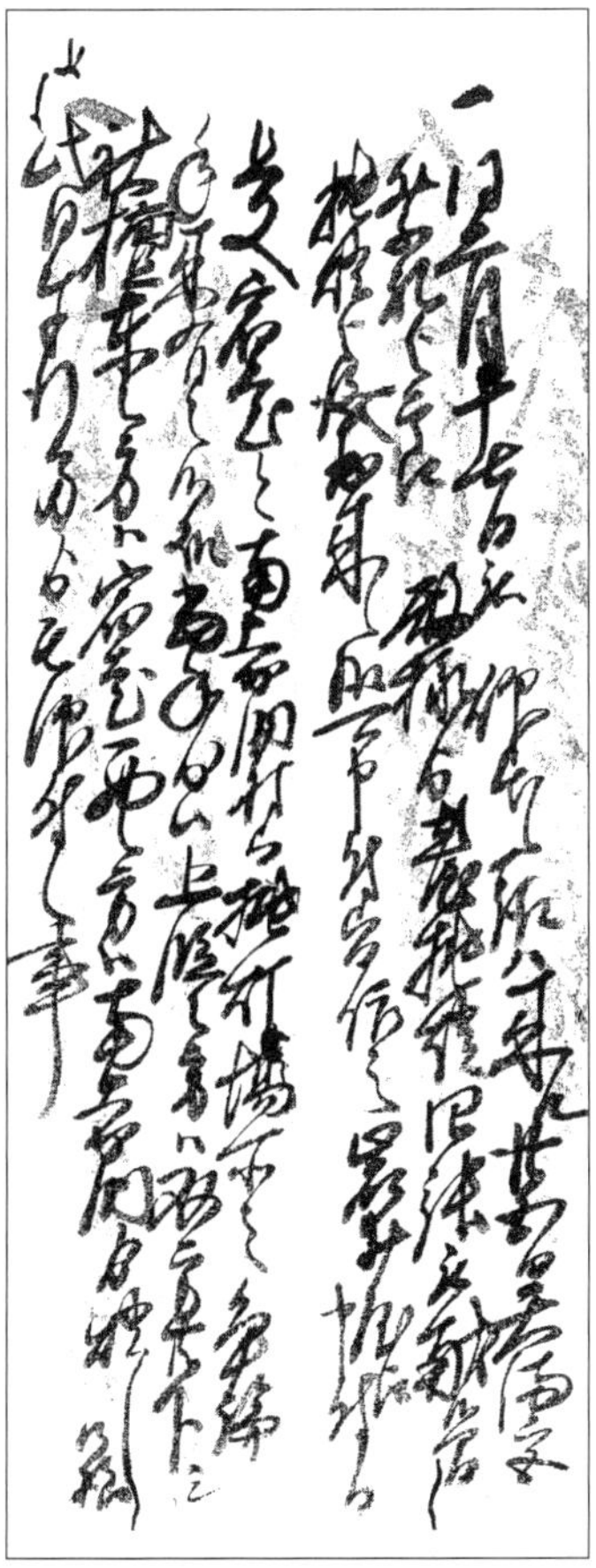

同（文化二年）二月一七日被仰出候趣ハ、来ル二十五日天満宮

祭礼之節、殿様より台挑灯四張被献候間、挑灯之儀出来候様可申付旨、依之、岩井屋え申付る、且又、宿老と南上加納村と挑灯場所の争論年来有之候処、当年よりハ上段之方ハ双方共下シ、社檀東之方ハ宿老、西之方ハ南上加納より灯し候様、此日奉行方より被仰付候事

そもそも、加納宿の宿老と南上加納村との挑灯設置場所争いが、なぜ年来にわたって継続していたのか政六は触れていない。恐らく加納に天満宮が祀られ崇敬されてきた経緯や、加納城下町・加納宿の整備の経緯の中での軋轢が、挑灯設置場所の争いになったといえよう。

この挑灯問題は、さらに尾を引いていた。政六の二月末の記事の中で、神主宮辺玄番が「天満宮御社の両脇に挑灯拾弐張」を灯したので、惣町・火消組の者達と争いになり、神輿等をそのまま放置したというのである。宮部家は天満宮の神主職を代々受け継いできた。ところが、どういう経緯があったかわからないが、この件により、宮部玄蕃と惣町火消組の者を始め町々とが対立し、争いごとに発展した。その後、この争いがどうなったか不明である。

(二) 加納火消組の本格的結成と天満宮

本格的に加納の火消組が結成されたのは、文化二年より一〇年前、寛政七年(一七九五)四月のことである。

直接の動機は、同七年正月一七日朝四ツ時過ぎ、七軒町より出火。焼失三〇軒、崩家四軒の火災で鎮火。政六は追手御門脇に住居を構えていたので、七軒町からは風下に当たり、急いで諸道具を残らず前の畑へ避難させた。「畳と味噌・唐臼・立臼」は未だ出さない前に鎮火したという。

七軒町の近くの田町では、寛政七年より九八年前の元禄一一年(一六九八)に、「田町焼失」といわれる大火があった。その前年に、一二・三人で「いろは」組の火消組が組織されていたが、本格的でなく、「勢微」なもので、「有るなしの体」の組織であったため、大火を招いてしまったという。

そこで寛政七年(一七九五)三月加納町中に火消組三組を、一〇八人で組織した。しかもその装束は「美々鋪事共也」と政六が表現するように、立派な出で立ちであったようである。

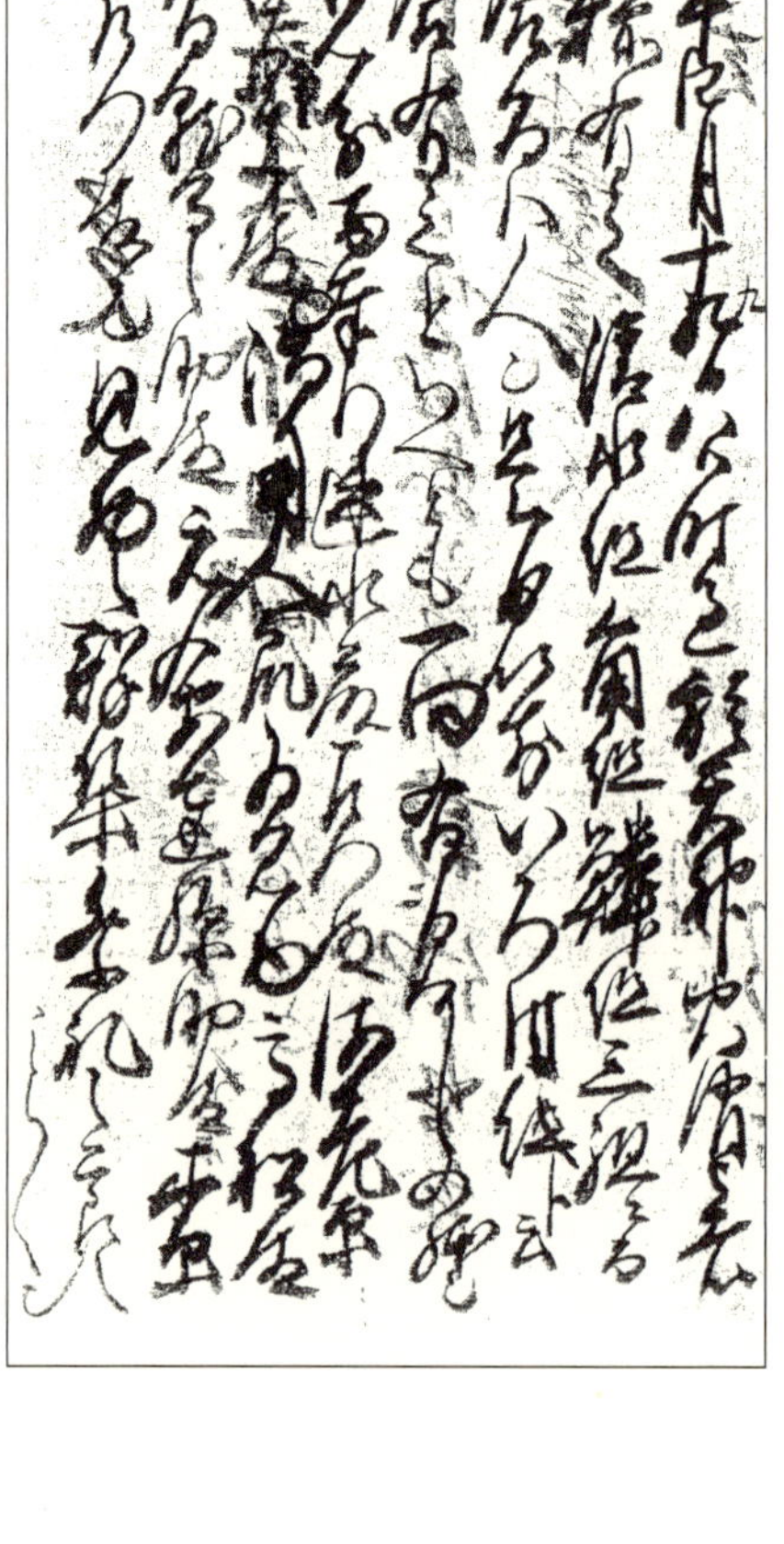

同(寛政七)年四月十九日八ツ時過、於天神火消之者勢揃有之、清水組・角組・鱗組、三組ニて都合百八人也、是より以前いろは組ト云組合有之といへとも、一向有るなしの躰也、為見分両奉行速水藤左衛門殿・海老原彦兵衛殿、御用人衆為見物高松殿、

御用人見習鷲之助殿、元〆安達孫助殿・木原喜左衛門殿也、見物之群集祭礼之節之ことく也

新しく本格的に組織された火消組は、同年四月一九日八ツ時(午後二時頃)過ぎ、天満宮に勢揃いした。「清水組・角組・鱗組、三組ニて都合百八人也」は、装束も新調され、美々しく立派な出で立ちで、頼もしいものであった。

検分のため藩の両奉行二名と、見物として御用人衆二名、元締め二名が出張った。勇ましい火消組の勢揃い・披露であるから、加納町の人々が大勢集まった。政六は「見物之群集祭礼之節之ごとく也」と、天満宮の祭礼に集まる賑わいに例えている。

さて、文化二年天満宮神主がこのように由緒ある火消組を始め惣町と対立し、御輿まで路上に放置するような事態になったわけであるから、その結果がどのように和解されたか知りたいところであるが、その件は記されていない。

(三)　天満宮の造営整備

文化三年(一八〇六)四月二七日八ツ時頃、天満宮の境内に、津島牛頭天王を勧請した。その道順は、尾張国津島(愛知県津島市)から木曽川を遡って笠松(岐阜県笠松町)の下町の宮へ移り、それより八丁縄手(岐阜市)へ出て、茶所の近くの八幡宮を経て天満宮へ入る順路であった。津島牛頭天王は「町方より大勢」で迎えた。

文化七年(一八一〇)二月二四日天満宮の試楽祭が執行された。また昨年以来造作していた拝殿も完成したことを祝って、餅まきも催された。

加納天満宮拝殿。文化7年2月建立

文化9年正月に加納藩家中が加納天満宮に寄進した灯籠

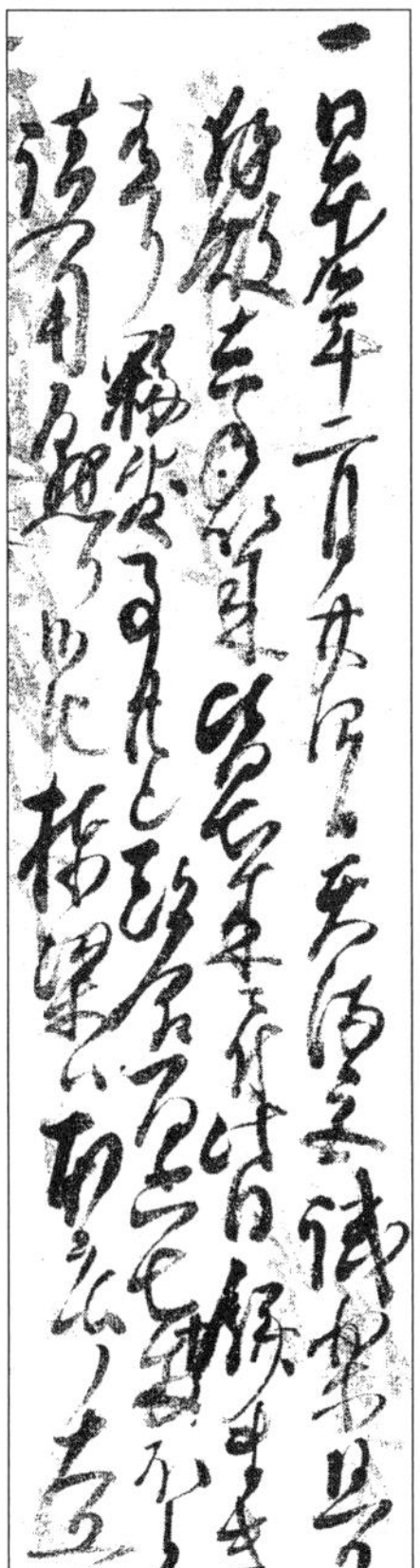

同(文化七)午年二月二十四日天満宮試楽、且又、拝殿去年以来皆出来ニ付、此日餅まき有り、夥敷事共也、都合百六・七十

両ほと、諸入用懸り候由、棟梁ハ本庄ノ大工也

参詣した群衆は夥しかったという。なお、拝殿造作の費用は都合金百六・七〇両程かかった。棟梁は本庄の大工が請け負ったという。

文化一〇年(一八一三)一〇月中に天満宮本殿の敷地を広め石段を移動させる普請が行われた。

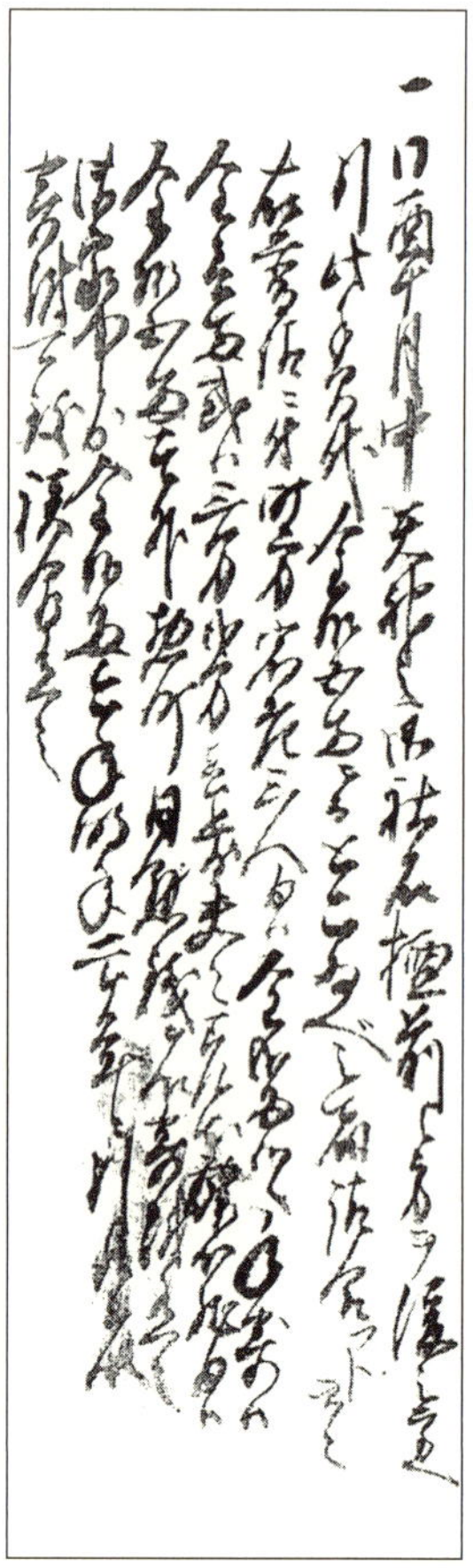

同(文化一〇)酉十月中、天神之御社石壇、前之方ヲ後之方へ引、此手間代金拾五両ニて、とこなべ之者請合フト云々、右普請ニ付、町方宿老三人より八金弐両ツツ、年寄ハ金壱両或ハ三分・弐分・壱歩、夫々差出、旅籠よりハ金拾五両、其外惣町日懸銭ヲ以寄附有之、御家中より金拾両、今年・明年ニケ年ニ引取ヲ以寄附可致、談合有之

その手間代金は金一五両程かかり、常滑(愛知県常滑市)の者が請け負ったという。石普請費用の外にも多大な費用が必要であったらしく、それらの費用の捻出には、町方宿老三人より各二両宛て、町年寄は金一両から金一分など、それぞれに寄附した。旅籠屋よりは金一五両、その他惣町の人々は毎日積立てた銭を寄附した。家中からは今年・来年の二か年賦で金一〇両を寄附するなど、すべての加納町の人々が、それぞれの分限に応じて寄附したのであった。

なお、天満宮の本殿は文化一四年(一八一七)年九月二〇日棟上げ造営になったのであるが、政六が亡くなってからのことで、『見聞録』にはこの記載が認められなかった。いずれにせよ文化年間に天満宮は一連の造営・整備を竣工させたのである。

(四)　町を二分した飯盛女問題

文化六年(一八〇九)暮れから七年にかけて、「加納宿に飯盛女を置いたらどうか」という議論が、宿老・年寄を巻き込んで起こった。飯盛女を置きその運上を惣町方へ割賦すれば加納宿の益とする「益方」と、そのために風儀が宜しくないとする「不益方」とに別かれ騒動になった。不益方は、宮部平作・三宅左兵衛・森孫作ら七名、益方は松波藤右衛門・松波甚五郎・八文字屋善八ら五名。

この件について、藩役人御目付衆に訴え出た者は一文字屋・大坂屋や田町町頭・七丁目町頭等七名。願いから抜け出た者に紙屋・糀屋・八丁目町頭〆四名。飯盛女を置いて加納宿の繁栄を目指すかどうか加納町の有力者を二分して、大問題になったのである。

なお、この件については、加納藩江戸表で藩主が、「御聞済無之候」と、飯盛り女配置を不許可とする旨の決断をしたことにより、一件落着となった。

(五)　彗星(帚星)の出現

文化四年(一八〇七)九月初旬、西南西の方角に新星が現れた。

皆々「帚星ならん」と噂していた。

始め星は、長さ二尺（約六〇cm）ばかりの細い尾（芒・のぎ）を引いていた。

九月下旬になると、光る芒は広がり「ドミドミトシテ青」く光るようになった。

研究熱心な政六は、箒星を「彗星」の横に「ハハキホシ」と仮名を打っている。そして古典を引用している。

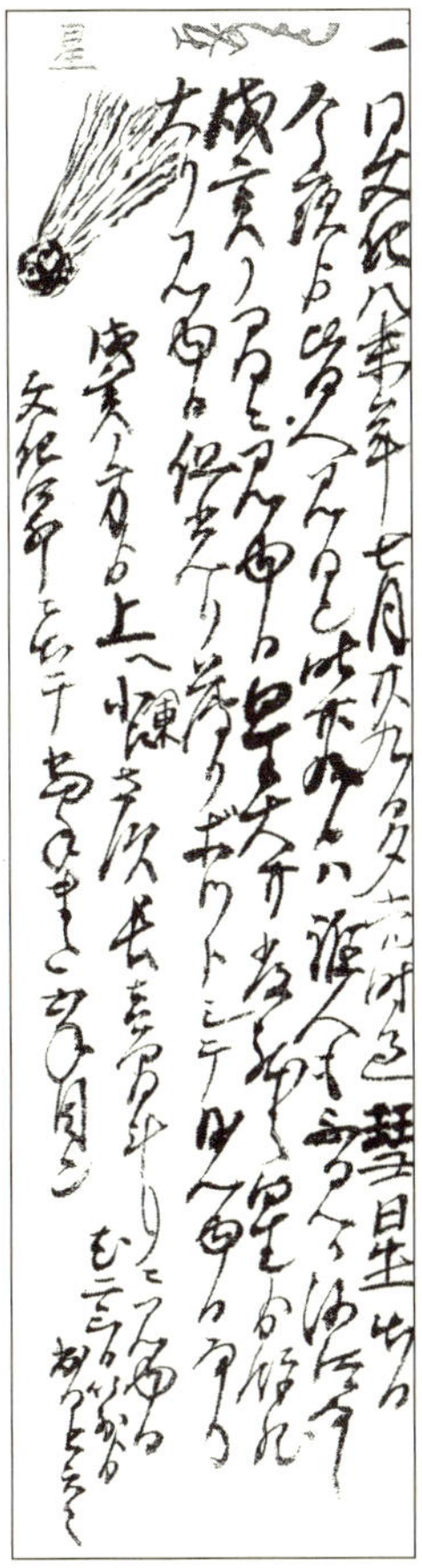

同文化八未年七月二十九日夕六ツ時過、彗星出る、今夜より皆人見る也、昨二十八日ハ誰人も不見るか、沙汰なし、戌亥ノ間ニ見ゆる、星大サ常体之星より、余程大ク見ゆる、但光り薄クボツトシテ見ゆるなり

戌亥ノ方より上へ、北東えさす、長壱間斗りニ見ゆる、尤、二・三日以前より出ると云々

文化四卯ニ出テ、当年また五年目也

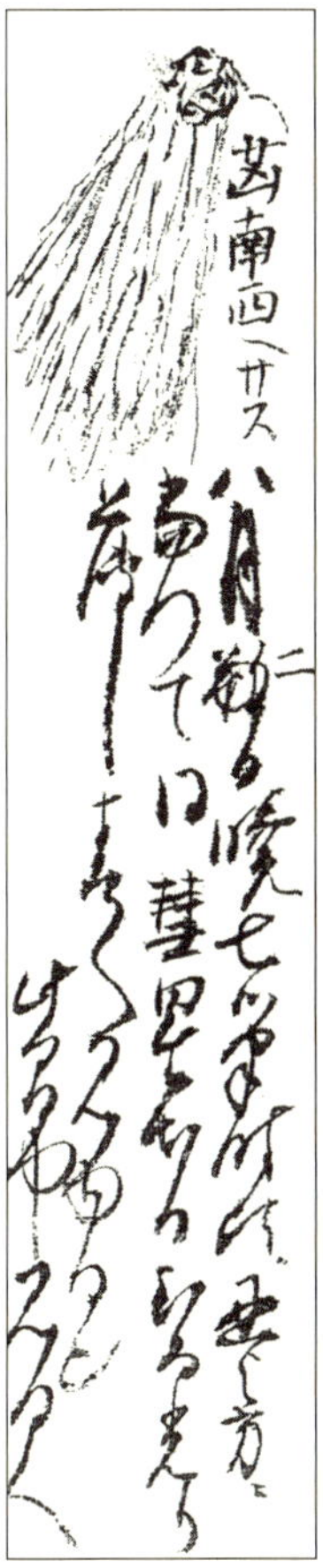

芒南西へサス、八月二日暁七ツ半時頃、丑之方ニ当つて、同彗星出る、至て光り薄し、青く見ゆる也、此間中見る人多し

五年後の文化八年七月二九日、突然帚星が北西（戌亥の方角）の空に現れた。星の大きさは「常体の星より余程大きく」「光は薄くボットシテ」青く見えたという。大方一一月上旬には見えなくなった。

この星が出たことについて、昔から天下が乱れるとの諸説が中国・朝鮮・日本などにあったが、政六は何ぞ「天下泰平」とか、「諸人諸種出来る也」と、彗星の出現を、むしろ良い兆しと受け止めていた。同様に庶民も、「此の間中見る人多し」と、夜の天体ショウを興味深く眺めていたようである。

二　家庭人としての政六

政六は田辺家の家長・父親として多忙を極めていた。第九節で触れたように、政六は、四九歳の寛政九年一一月妻コトが突然死去し、残された七名の子どもたちを如何にして養育するか、必死の思いであった。その上、加納藩に仕官した長男・三男も相次いで死去してしまい、ようやく二男の辰吉を嫡子にむかえ、そして自分自身も藩士として実精に勤め、御流格から徒目付役にまで立身出世したのであった。

（一）家政のやりくり

文化五年（一八〇八）には二女小雪を岐阜の商家の養女に出したものの、不縁によって道具と手間状と共に戻されてしまった。二年後には小雪は新加納（各務原市）へ嫁がせたものの再び不縁。次いで文化九年（一八一二）には日野（岐阜市）へ嫁ぐがまたまた不縁。娘の婚姻に悩み心労を重ねていた。なお、小雪は、政六が死去した後、文化一四年（一八一七）六月田辺家の家長となった辰吉の努力で、関町（関市）へ嫁いでいった。

また、父母の法事や、長男の亡勝蔵（琢也）の七回忌、三男の亡三蔵の三回忌を勤めたりした。文化一〇年（一八一三）には、妻の亡コトの一七回忌を勤めた。

一方政六は、湯殿を金二分程で造るなど改築を進めたり、座敷の畳替えもした。畳は深瀬（畳表）の上物で、一〇枚に付金一分値、それに駄賃銭一六文かかった。

さらにまた、風呂釜も銀一四匁五分で購入した。いわば家のリフォームを行ったのである。さらに長屋廻りの整備として、紙木（楮か）や梅木の植樹なども行っている。

政六にとって、嫡子辰吉の仕官・婚姻や、娘の結婚、父母の法事、家の増改築などの費用を捻出しなければならなくなっていた。

そこで文化一〇年（一八一三）九月一四日、政六は自分所有の上加納村（岐阜市）の田地、一反二畝一〇歩を金二両二分二朱で売ることにした。もともとこの土地は、享和三年（一八〇三）閏正月南広江町の百姓が借金をして出奔したため、町頭らと協議した結果、政六が金二両銀五匁五分五厘で引き受けた土地であった。

とはいえ、政六は藩士であるものの、田地を所有していることは家計を支える重要なものであると考えていた。

政六は上加納の田地の他に、上茜部村（岐阜市）に高五石二斗五升一合三勺の田地を所持していた。この土地は政六の母・里与が、父仙右衛門に嫁ぐ時、持参金の形で持ってきたもので、父母から相続したものである。この土地は、岐阜屋彦六、上野吉郎次、倉橋屋今井与八郎、母を経て政六（渕右衛門）に伝えられた土地であるとの書き付けを見た政六は、文化元年（一八〇四）改めて、右子息の厚恩に、「海の如く山之如し」と、感慨深く記している。さらに、「今に於いて加地子米平均六俵位ツヽこれ在り」と記して、この土地から毎年六俵（二石四斗）宛の小作料が入るということは、家計のやりくりには貴重な収入源であったといえる。

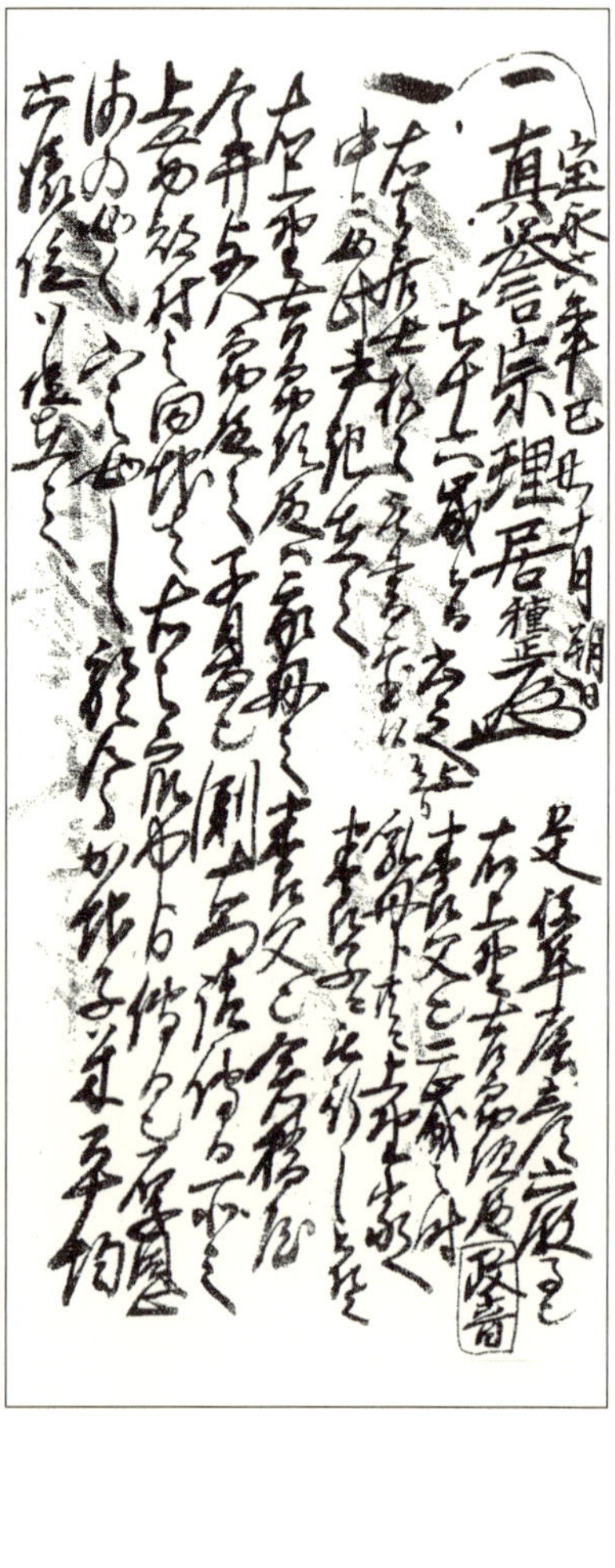

（前略）　右上野吉郎次殿ハ我母之養父也、倉橋屋今井与八郎

殿之子息也、渕右衛門請伝る所之上茜部村之田地は、右之衆中より伝る也、厚恩海の如く山之如し、於今加地子米平均六俵位ツツ在之

第一〇節で触れたように、例えば、文化一二年(一八一五)六月に大雨のため大洪水となり、加納領内で損毛(水田の被害)一万九〇〇〇石程となってしまった事があった。政六の田地も被害を受けた。しかし、洪水によって一粒も取れなかったのであるが、定免の年であったため、政六も例外なく、年貢として米一石二斗七升四合＝金一両一分銭六一文を上納しなければならなかったのである。さすが政六は、藩役人として年貢徴収の立場であるが、年貢納入の百姓の立場で、全くの収穫がなくても年貢を出さなければならない事は、「絶言語候事共也」として、定免の不合理さを嘆いていた。

このように土地を所持しているということは、加納藩士の立場でなく、毎年年貢を徴集されている百姓の気持ち、百姓の立場に立つことにもなった。

これほど田地を所持することが家計のやりくりに大切であることが分かっていながら、文化一〇年(一八一三)一〇月二二日政六は妻の一七回忌を勤める直前、九月一四日売却していることは、法事を勤める費用を賄うためであったのかもしれない。藩財政も逼迫していたが、文化年間の田辺家の家計も、そのやりくりが難しくなっていたのである。加納藩士の中で、田畑を所持している武士が他にもあったかも知れないが、極めて異例なことであり、藩士田辺家の特色であるといえる。

(二)　商家に養子していた辰吉の復縁・仕官

第九節で述べたように、田辺政六の嫡男勝蔵(琢也)が文化元年(一八〇四)に死去してしまったことに続き、文化五年(一八〇八)嫡子三蔵も若死してしまった。悲嘆に暮れた政六は、商家大坂屋に養子した二男辰吉を文化六年(一八〇九)正月二八日致し方なく、復縁させ、田辺家を相続させざるを得なくなったのである。藩士になった辰吉は、田辺嘉兵衛を名乗る。

ついで、文化九年(一八一二)一二月四日、辰吉は大坂屋の娘ぎんを引き取り、翌年春結婚することにした。文化一一年(一八一四)一二月二五日御用納めの時、辰吉は金一両加増になり、立派に政六の跡継ぎとなっていった。

三　加納藩士田辺政六の死去

(一)　政六の病死

『見聞録』には、文化一三年(一八一六)二月加納藩主が秋に大坂加番を命じられることになったことを記した後、いきなり政六が死去した旨が記載されている。

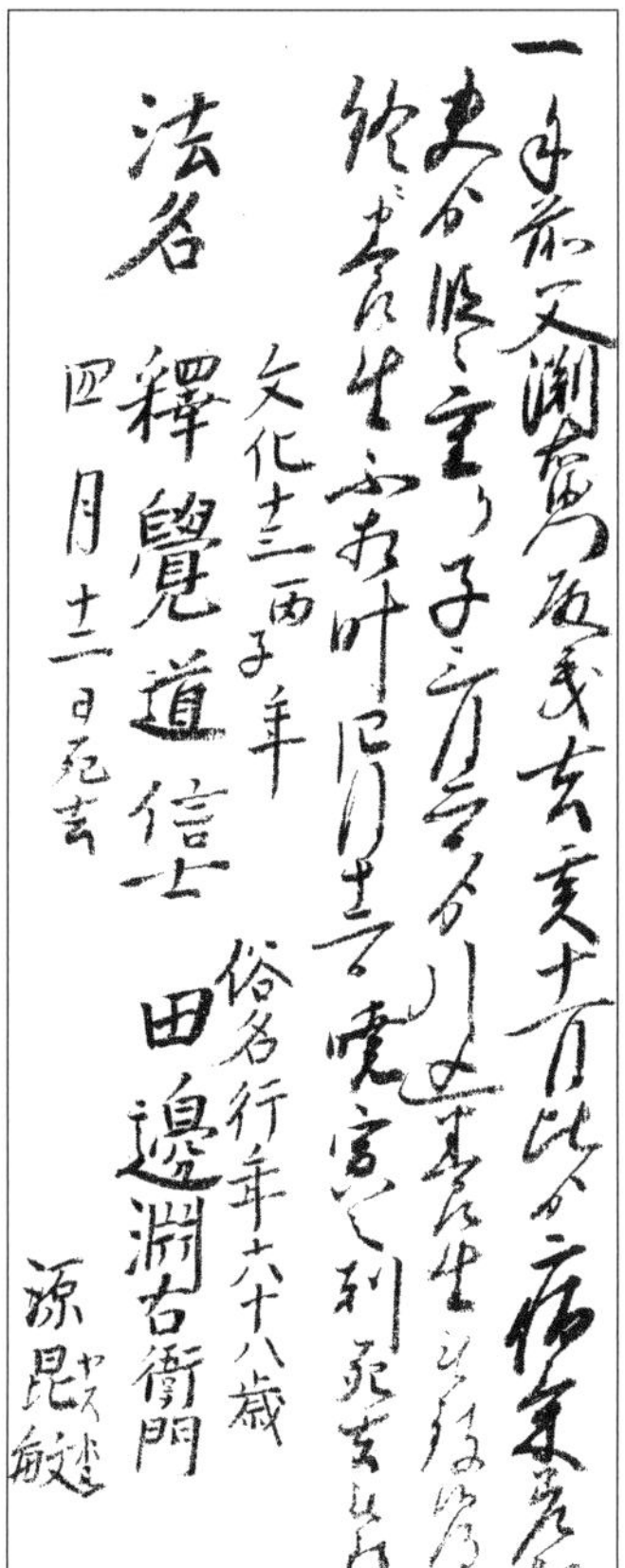
法名　釋覺道信士
文化十三丙子年
四月十二日死去
俗名行年六十八歳
田邉渕右衛門

手前父渕右衛門殿義、去亥十一月頃より病気差起り、夫より段々重ク、子三月二日より引込養生被致候得共、終ニ養生不相叶、四月十二日暁寅の刻死去被致候也

政六(俗名田辺渕右衛門源昆敏)は、昨年一一月より病気になり、明けて三月二日より養生していたが叶わず、文化一三年(一八一六)四月一二日に死去したというのである。政六は波瀾万丈の人生をここに閉じたのであった。

位牌は次の通りである。

文化十三年丙子年　俗名行年六十八歳
法名　釈覚道信士　田辺渕右衛門
四月十二日死去　源　昆敏(スヤトシ)

(二)　辰吉の家督相続

政六が死去した後、加納藩士として成人していた二男辰吉は、六月二八日役所において跡式金三両二分、二人扶持、格式は是までの通り(手代格)、勤めは追手御門番を命じられた。政六が加納藩士として築いてきた俸禄を、辰吉が受け取ることになったのである。この俸禄は、加納藩士として一年間に受け取る額で、これで藩士としての勤務を果たし、家族を養っていくのであるから、その生活は楽ではなかったといえる。

また、政六は嫡子として手塩にかけて育ててきた嫡男勝蔵を二四歳の若さで亡くし、次に嫡子として立てた三男三蔵も二二歳の若さで亡くしてしまった。二人の跡継ぎを亡くした政六は、商家へ養子に出していた辰吉を田辺家へ復縁させ、改めて嫡子としたのである。

これ程までにして田辺家の跡式相続に執着していたのは、何であったのであろうか。

父仙右衛門の跡を継いだ政六は、家職のように思ってきた献上方を継ぐことが出来なかった。「我家献上方ノ家ヲ故なふして失フ」「尤も上たる役人ニ(依怙)贔屓ノ取りつくろい有之」などと、悔しい思いをしていた。与えられた役は物書という内務の書記係。しかし、加納藩士として政六は、この『見聞録』の記述に見られるように幾多の迷い悩みを抱えつつも、几帳面に記録する実務に長じ、精勤な勤め振りを認められ、手代格から御流格に昇格し、藩主から判物も貰えるだけに立身出世した。役職も、御入目方物書などを経て、代官仮役を命じられるまでになってきたのである。

政六にとっては、死に臨んで、辰吉が跡式を継ぐことが出来ることに、安堵と大きな喜びをもっていたと思われる。

なお、跡式を継いだ辰吉は、藩士として政六をしのぐ立身出世をしていく。また政六が記録していたように『見聞録』を継続していく。これも、政六の遺志を継いだと思われる。妹小雪も後日、関へ嫁がせるなど、田辺家の家長としての責任を果たしている。

今日、家督相続というと、「目に見える財産を引き継ぐことのみ」という受け止め方が一般的である。

政六の跡式を相続し、見聞録の記述を受け継いだ辰吉は、田辺家の藩士としての格式や俸禄とともに、(田辺家の生き方)をも、引き継いだといえよう。

第二章　田辺辰吉時代

文化一二年（一八一五）〜慶応四年（一八六八）

第一節　殿様より「御通り頂戴」にまで昇格した二代目辰吉

一　藩士としての辰吉

辰吉は、文化一三年(一八一六)六月二八日、御役所において田辺政六の跡式金三両二分、二人扶持、格式は是までの通り手代格、勤めは追手御門番を命じられた。三三歳の時である。

(一)　手代格から御流格へ昇格

追手御門番を命じられていた辰吉は、文政元年(一八一八)七月二二日、御作事小奉行を命じられた。職務内容は、城郭並びに藩主の住宅、藩士の家屋の修繕及び、領内の藩直轄の橋梁・樋管・堤防の改修などである。

ついで一一月一一日御作事下役に転じ、一二月二五日、御流格御役料米二俵を賜った。

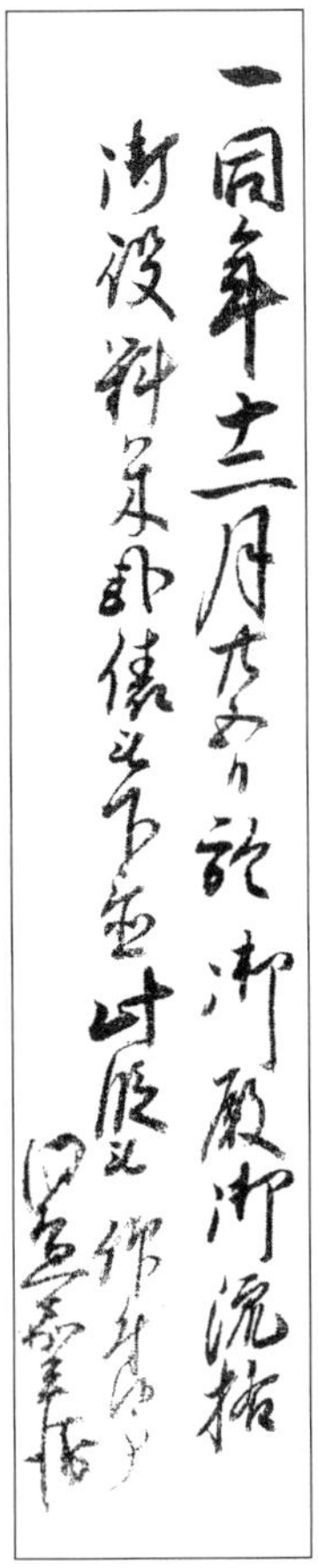

同(文政元)年十二月二十五日於御殿、御流格・御役料米弐俵
被下置、此段被仰付候事

田辺嘉兵衛

年表４　田辺辰吉の履歴　（天明４年～文政２年）

西暦	和年号	月　日	年齢	事　　　項
1784	天明４年	正・13	1	二男辰吉、出生
1792	寛政４年	2・16	12	辰吉、商家山田家へ養子、大坂屋を相続
1797	寛政９年	2・6		祖父・仙右衛門死去(87歳)
		9・10		辰吉、綿打ち商売始め
		11・23		母・コト死去(37歳)
1800	寛政12年	正・13		辰吉、山田嘉兵衛と改名
	享和４年	2・29		長兄・勝蔵死去(25歳)
	文化５年	3・17		弟・三蔵死去(23歳)
	文化６年	正・28	26	辰吉、田辺家に復縁、政六の嫡子となる
1811	文化８年	12・25	28	手代格・作事定小奉行御雇い一人扶持を拝命
	文化９年	12・4		大坂屋の娘ぎんと結婚
		9・19		長男・富太郎、出生
	文化11年	12・25		辰吉(嘉兵衛)、金1両加増
	文化12年	秋		洪水のため加地子米６俵半ほど入らず、定免のため年貢金１両１分余り納入
				辰吉が『見聞録』を記録始める
1816	文化13年	4・12	33	父・政六(渕右衛門)（徒目付役・御流格)死去(68歳)
		6・28		辰吉(嘉兵衛光治)、跡式金３両２分２人扶持を相続、手代格追手御門番拝命
		7・5		先役小奉行中出精につき褒美鳥目300疋拝領
	文化14年	11・27		二男・豊治、出生
	文化15年	7・22		辰吉、御作事小奉行拝命
		11・11		御作事下役拝命
		12・25		辰吉(嘉兵衛)、御流格拝命、役料米2俵拝領
1819	文政２年	7・17	36	御作事下役の長屋(丸尾式蔵跡)に仮宅拝命
		12・25		仮宅を本宅にする

つまり藩士としての格式は手代格から一段上の御流格になったのである。先代政六が手代格から御流格に昇格したのは、寛政一一年(一七九九)一二月二七日、五一歳の時であった。

辰吉は三五歳にして御流格に昇格して、どんな心境であったかはわからないが、役料として米二俵も賜り、その喜びは大きかったと思われる。また、辰吉が勤勉に勤めたからこその昇格であろうが、先代政六が御流格であったことを十分考慮されての昇格であったといえる。

(二) 職務の異動と住居の移転

御流格となった辰吉は、翌文政二年(一八一九)七月一七日、御作事下役の長屋を仮宅にするよう命じられ、同二〇日引っ越した。そして同年一二月二五日、仮宅を本宅にするよう命じられた。

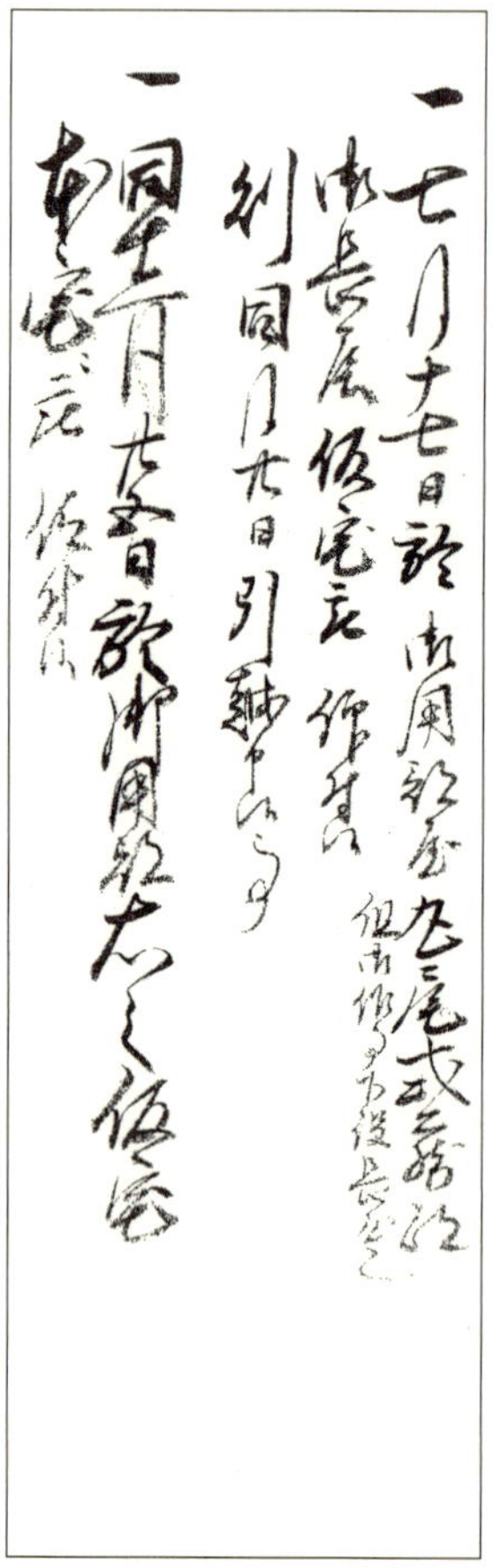

(文政二年)七月十七日於御用部屋、丸尾式蔵跡御長屋、仮宅被仰付候、則同月二十日引越申候事
但御作事下役長屋也
同十二月二十五日於御用部屋、右之仮宅、本宅ニ被仰付候

今まで住んでいた追手御門赤門脇から、文政二年(一八一九)七月一七日、丸尾式蔵跡の長屋に、移居を命じられたのである。先代政六が、天明四年(一七八四)一〇月一三日に本宅にしてから、三五年間住み慣れた住居を移らなければならなくなったのである。天明四年は辰吉が生まれた年で、辰吉の思い出深い家であったと思われる。なお、辰吉が移居するようになった丸毛跡の長屋がどこにあったか、『加納藩家中絵図』(30ページ図4)から確認することが出来なかった。

新しい住居に移った後も藩士として精勤に勤めた辰吉は、文政六年正月、金一分加増された。

(文政七年)九月十九日、悴孝吉義、御用部屋小僧被召出、御宛壱人扶持被仰付候、即刻改名被仰付
改　田辺旦可 茂豊(花押)　十一歳

また、辰吉の長男、富太郎(孝吉・旦可)一一歳は、文政七年(一八二七)九月一九日、御用部屋小僧として加納藩に仕え、一人扶持を宛われることになった。富太郎は、辰吉と妻ぎんの間に、文化一一年九月一九日に生まれていた。富太郎は七歳で手習い入門し、一〇歳で直心流剣術入門、一一歳素読入門と、早くから藩士としての素養を身につけてきた。

その後、文政八年(一八二五)一二月二〇日、加納藩家中一統に、書面を以て「永禄被仰出」、その外いろいろ命じられたので、次の通りの呈書を差し出したという。

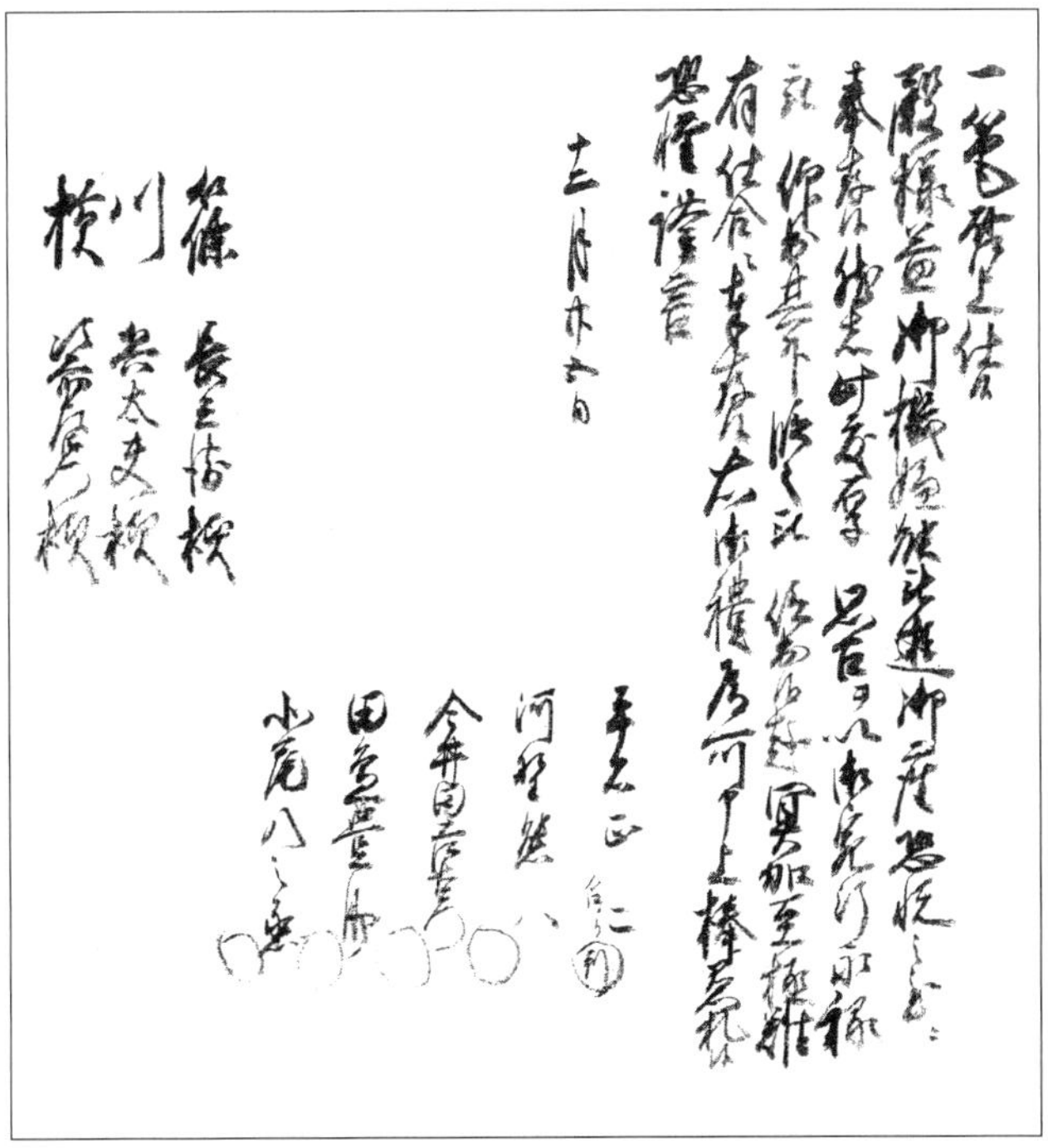

一筆啓上仕候、殿様益御機嫌能被遊御座、恐悦之至ニ奉存候、然は此度厚思召ヲ以、御宛行永禄被仰出、其外段々被仰出候趣、冥加至極難有仕合ニ奉存候、右御礼為可申上、捧愚札候、恐惶謹言

十二月二十五日

平石正二　名ノリ判
河野熊八　○
今井田吉右衛門　○
田辺豊助　○
北尾八之丞　○

篠　長兵衛様
川　兵太夫様
横　次郎左衛門様

宛行が「永禄」になったと言うことは、藩士としての俸禄が米穀から金銀銭の貨幣に変更することになったというのである。「冥加至極、有り難き仕合わせ」と最高の喜びをもって呈書を藩重役に差し出している。ちなみに辰吉はこの時「田辺豊助」を名乗っている。

ついで辰吉は、文政一〇年（一八二七）正月一六日、徒目付仮役を命じられた。徒目付の職務内容は、藩内外の風紀並びに個人品行の善悪を探り、藩主に申告することである。

作事の職務から、徒目付仮役になって、再び文政一〇年二月二日、長屋を三丁目下之切の小池三四郎跡の長屋に転居するよう命じられた。

『加納藩家中絵図』（30ページ図4）では、小池三四郎の名前は見当たらないが、盛徳寺が位置する三丁目通りの北に、「小池栄次」があり、この付近ではないかと思われる。

いずれにせよ、その長屋は当時大破しており修理をしなければ入居できない程であった。かつて御作事定奉行を勤めていたので修繕は得意であったとはいえ、自分で普請をすることはなかなか困難であった。完成するまでに日にちが懸かってしまったので、二月二〇日、普請半ばで一部分の引っ越しをすることにした。なお、長屋が大破していたので、家財道具と建物修復の為の費用、金二両二分二朱と銀三匁四分を支給された。ついで二月二四日、全てを引っ越ししたので、御手当金一分を、御払方役所から受け取った。

(三) 徒目付の勤め

文政一二年(一八二九)正月一五日、辰吉は徒目付本役を命じられた。ここで辰吉は、親藩尾張六〇万石と譜代加納三万二〇〇〇石との家格の違いをひしひしと感じる緊張した体験を味わうことになった。事の成り行きは次のようである。

昨、文政一一年一一月、岐阜材木町(岐阜市)材木屋与三右衛門方から出火した折、徒目付廻り番の辰吉が出役した。

そこで岐阜表御役所(尾張藩岐阜役所)から加納藩に御目録百疋(約銭二貫五〇〇文)宛下されたため、五月四日辰吉たちがお礼に岐阜御役所玄関まで出かけることになった。お礼に行くには代官・徒目付・若党を召し連れ、先ず御薗町の郷宿まで略衣の羽織を着て出かけた。そこで、綿布の袷に着替えて岐阜役所御玄関へ参り、御帳前の役人にお礼を申し上げ、退参することになっていた。実際は、御役所二之門外にて待ち合わせ、御玄関の辺りで、刀は若党に持たせ、脇差のみを指して、御帳前の役人の前に進み、「昨年材木町出火の節、加納藩より出役をしたことに対して、岐阜役所よ

年表5　田辺辰吉の履歴　(文政元年～文政13年)

西暦	和年号	月　日	年齢	事　項
	文化15年	7・22		辰吉、御作事小奉行拝命
	(文政元)	11・11		御作事下役拝命
		12・25		辰吉(嘉兵衛)、御流格拝命、役料米2俵拝領
1819	文政2年	7・17	36	御作事下役の長屋(丸尾式蔵跡)に仮宅拝命
		12・25		仮宅を本宅にする
	文政3年	2・初午日		富太郎、手習入門
	文政6年	正・15		辰吉(豊助)、金1分加増拝領
		正・28		富太郎(孝吉)、直心流釼術入門
	文政7年	4・上旬		富太郎、学問素読入門
		9・19		富太郎、御用部屋小僧、1人扶持拝命、旦可茂豊と改名(11歳)
	文政8年	正・16		二男豊治、手習い入門(9歳)
		6・11		富太郎、釼術出精につき御褒美面一つ拝領
		12・20		辰吉(豊助)、家中一統御宛行永禄を拝命
	文政9年	正・17		豊治、学問素読入門(10歳)
1827	文政10年	正・15	44	辰吉、徒目付仮役を拝命
		2・2		3丁目下之切、小池三四郎跡長屋へ家移りを拝命
		2・20		家移り。長屋大破につき修復金(金2両2分余支給)と、御手当金1分拝領
		7・18		豊治、手習い入門
		7・29		富太郎(丹可)、素読入門
	文政11年	2・5		富太郎、種田流槍術入門
		2・5		豊治、素読入門、直心流釼術入門
		4・22		富太郎、日置流・竹林流弓術入門
		11・4		夫婦と富太郎、隣家小池共、4人有卦を祝う
		12・27		富太郎、坊主方番入宛行金1両、都合金1両1人扶持、外に金2分御刀代拝領
	文政12年	正・15		辰吉(豊助)、徒目付本役 拝命
		4・25		富太郎、結婚、妻登世
		5・4		辰吉、奉行・代官同道で岐阜表御役所へ出張
1830	文政13年	2・16		富太郎、直心流切紙伝授
	(天保元)	2・24		富太郎、切紙伝授により御褒美南鐐1片を拝領
		6・6		辰吉、代官仮役、格式是迄の通り御流格

りお礼のため御目録を頂戴して忝なく有り難き仕合わせ」と、お礼の口上を申し上げた。

岐阜役所の玄関で尾張藩役人に、火災に駆け付けたお礼の御目録を貰ったことに対する返礼として、辰吉は衣装や刀のこと等まで、こと細かく記載している。用件の内容から言えば、加納藩は尾張藩に対して余り神経を使わなくても良いように思うが、この気の使い様は、小藩の取るべき慣例であったようである。

（四）代官の勤め

文政一三年（一八三〇）六月六日、辰吉は代官仮役を命じられた。格式は今まで通り御流格である。

辰吉の二男豊治は、天保三年（一八三二）正月一〇日加納藩士の下条庄兵衛の養子となり、ついで同二二日養父庄兵衛が死去したので、跡式は相違なく豊治に相続された。早速豊治一六歳は前髪を取り、武士として成人し、加納藩の太鼓御門番の職務を命じられた。田辺政六の孫がもう一人藩士としてデビューしたことになった。

天保八年（一八三七）一二月二九日、辰吉は代官本役を命じられ役料米三俵を賜った。

さらに翌九年閏四月七日、五五歳となった辰吉は「格別骨折精勤」であったという理由で、紋付き裃を、同役の太田得蔵・久村固十郎とともに御殿にて、御家老・御用人列席のもとで、拝領した。

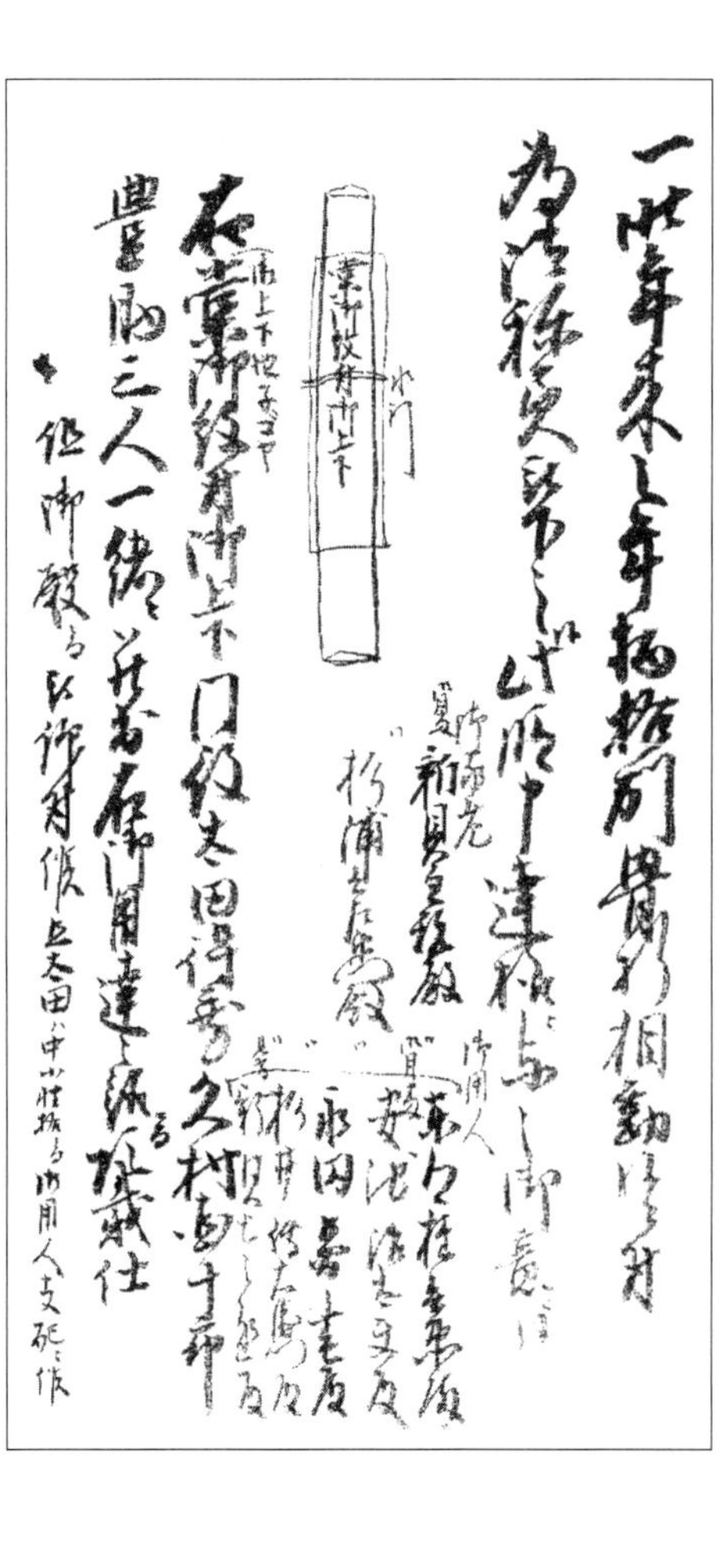

その時の辰吉の思いは記述されていないが、水引で締めた紋付き裃拝領の目録の絵や、その文言、家老や用人の名前などを記し、御殿にて仰せつけられたことを添え書きしていることから、言葉にならない程の喜びを噛みしめていたことであろう。

（五）御台所頭格・「御通り頂戴」に昇格

天保九年（一八三八）一二月二六日、辰吉は誠実に勤務していることから、「勤方是迄之通御流格」を命じられた。

翌天保一〇年七月一〇日、加納藩主永井尚典が家督を継ぎ、翌一一年八月二一日、初入りをした。

『見聞録』に記された藩主入部の様子は、当然ながら、田辺辰吉が見聞した範囲である。

先ず、七月二一日藩主が帰国する道中の「徒御供方」として、徒士席の清水を始め御流格の小川・長谷川・広江・片岡・久村の七名と共に、辰吉の嫡男富太郎が命を受けた。そこで、八月から翌年正月までの御手当銀五匁六分二厘五毛宛てを月割りで受けとることになり、また、木綿合羽代として金一分二朱宛貰った。

　さらにまた、鵜沼宿まで藩主をお迎えに行くため、お手当として銀五匁、往来馬代の半額として銭二四九文、昼食代四八文を御役所から受けとった。

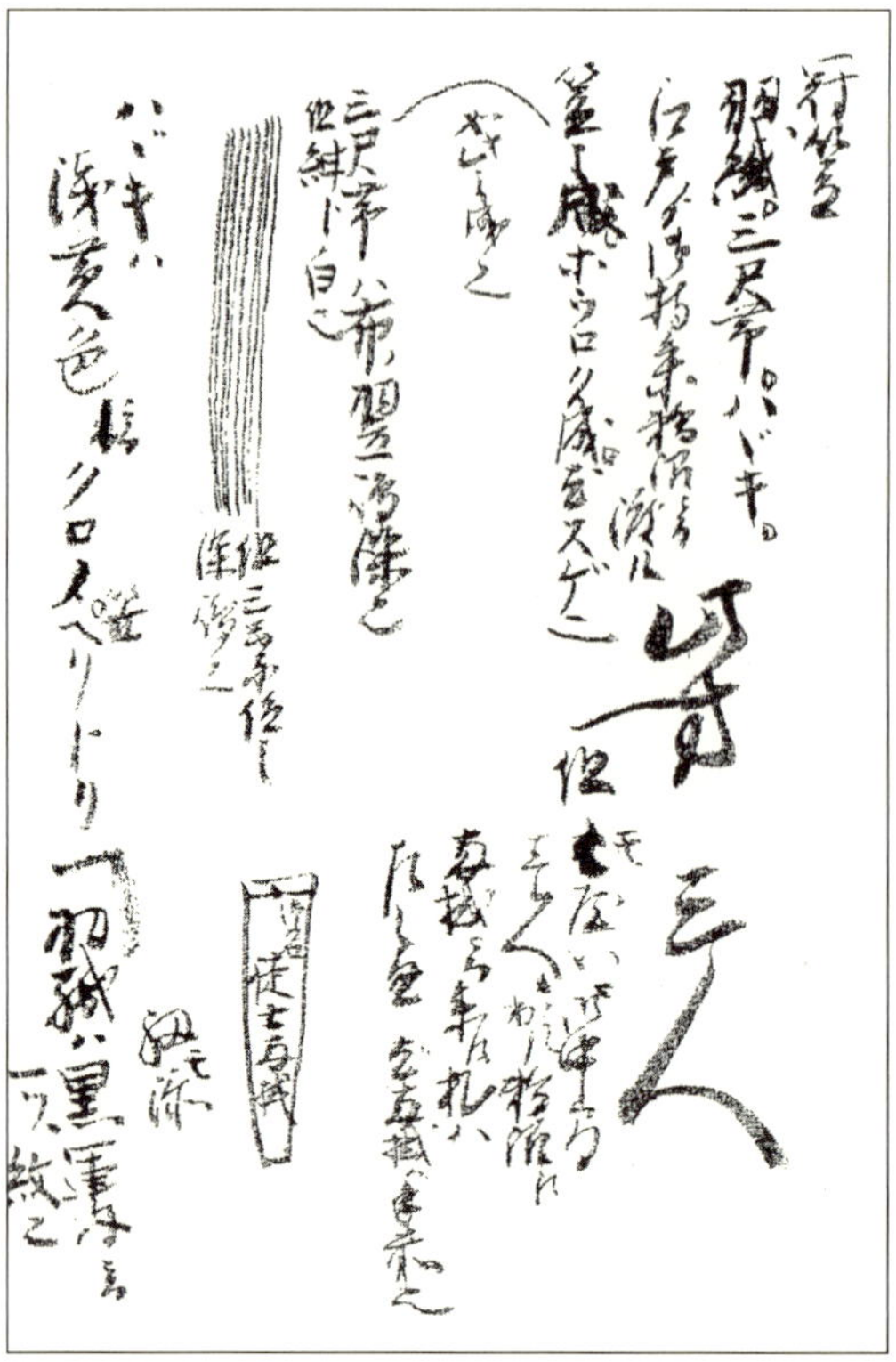

　加納から東へ一七kmほどにある鵜沼宿（岐阜県各務原市）で行列を整えるため、いよいよ天保一一年（一八四〇）八月二〇日早朝、富太郎たちは加納を出発した。翌二一日朝、御供頭一名、御刀番二名、中小姓四名、徒士小頭兼徒士目付二名と富太郎たち七名、そして給人席馬役兼一名によって行列を整えた。富太郎

年表６　田辺辰吉の履歴　（天保元年～同15年）

西暦	和年号	月　日	年齢	事　　項
1830	文政13年（天保元）	2・16		富太郎、直心流切紙伝授
		2・24		富太郎、切紙伝授により御褒美南鐐1片を拝領
		6・6		辰吉、代官仮役、格式是迄の通り御流格
	天保３年	正・10		豊治、下条庄兵衛へ養子縁組み
		正・22		豊治の養子先、下条庄兵衛死去
		3・13		豊治（豊治忠孝）、義父下条庄兵衛死去により跡式相続、太鼓御門番拝命
1834	天保５年	3・6	51	富太郎、皆勤の御褒美を拝領
		5・28		富太郎（龍吉）、還俗、御作事小奉行拝命
	天保８年	12・29		辰吉（豊助源頼置）、代官本役、役料米３俵拝命
	天保９年	閏4・7		年来格別骨折皆勤につき御褒美として御紋付御上下拝領
	天保10年	7・10		永井氏第５代加納城主（肥前守尚典）家督相続、御歓び呈書
		12・25		豊治（下条庄兵衛）、御流格太鼓御門番
1840	天保11年	5・21	57	豊治、女児（鐳吉女）出生
		7・11		豊治、御武具方下役
		7・21		富太郎、藩主御在城中徒士御供方拝命
		8・20		富太郎、藩主初入部につき鵜沼まで出迎え、供揃え
		8・21		第５代藩主（永井尚典）、入部
		12・25		辰吉（豊助）、御台所頭格、勤方是迄の通り拝命
	天保12年	正・元旦		御盃拝領、御土器辰吉１つ、富太郎１つ、豊治１つ
		正・7		辰吉、御料理初につき「御通り頂戴」、土器１つ
		正・9		豊治、男児（隆吉）出生
		正・23		富太郎（雄八）、御用部屋物書
		閏正・7		辰吉、皆勤につき御称美、御吸物・御酒
		2・17		辰吉、御拝領物届け、御紋付黄麻御上下１具、藩主永井尚佐より拝領
		6・晦日		豊治（下条庄兵衛）、御在城中御徒士勤めにより御称美南鐐１片など拝領
	天保14年	5・14		豊治、殿様御発駕により、徒士として出立
		9・5		富太郎、女児（お虎）出生
1844	天保15年（弘化元）	正・13	61	辰吉、親戚を招いて還暦を祝う

は、徒士御供方として行列に加わった。なお、辰吉は、御供頭・力丸助三郎が病気のため、給人・黒田八十八が跡役となったことなどを記している。

　また、辰吉の記すところによると、冠笠・羽織・三尺帯を着け、足元にはハバキを履いていたという。冠笠は、菅で出来たホウロク状の物。羽織は黒く光沢がある郡内織で、一ツ紋で紐付きの物。三尺帯は紺と白の混縞染めになっている物などなどである。

　加納藩主永井尚典は、江戸から鵜沼迄一〇名足らずの藩士と小人数の中間で行列を作ってきたようである。そこで鵜沼迄出迎えに行った富太郎たちを加え、改めて威儀を整え、合わせて二七名ほどの藩士と若干の中間の行列となった。

　加納藩主永井尚典は夜四ツ時（二二時頃）過ぎに入部した。家老・用人は追手御門内で出迎え、御家中面々は丸の内にて御目見申し上げる予定であったが、着城が夜になり路地が悪くなっていたので、家老が二の丸表御門前で出迎えた。

　藩主が入部した後、辰吉にとってうれしい出来事があった。天保一一年一二月二五日、五七歳の辰吉は、殿様の前で「御台所頭格、勤方是迄通」と昇格を命じられた。

同（天保一一）年十二月二十五日、
於御前御台所頭格
勤方是迄之通被仰付候　　田辺豊助

辰吉は、昇格の感想などを一言も記述せず、年の暮れを迎えている。

　翌天保一二年（一八四一）元旦、物頭以上の銘々には殿様から御盃を頂戴し、吟味奉行・給人以下の銘々には、御流れを頂戴したことを記述している。さらに、田辺家では御土器を、辰吉一つ、嫡男の富太郎一つ、下条豊治一つ、三人がそれぞれ頂戴したことをわざわざ記している。

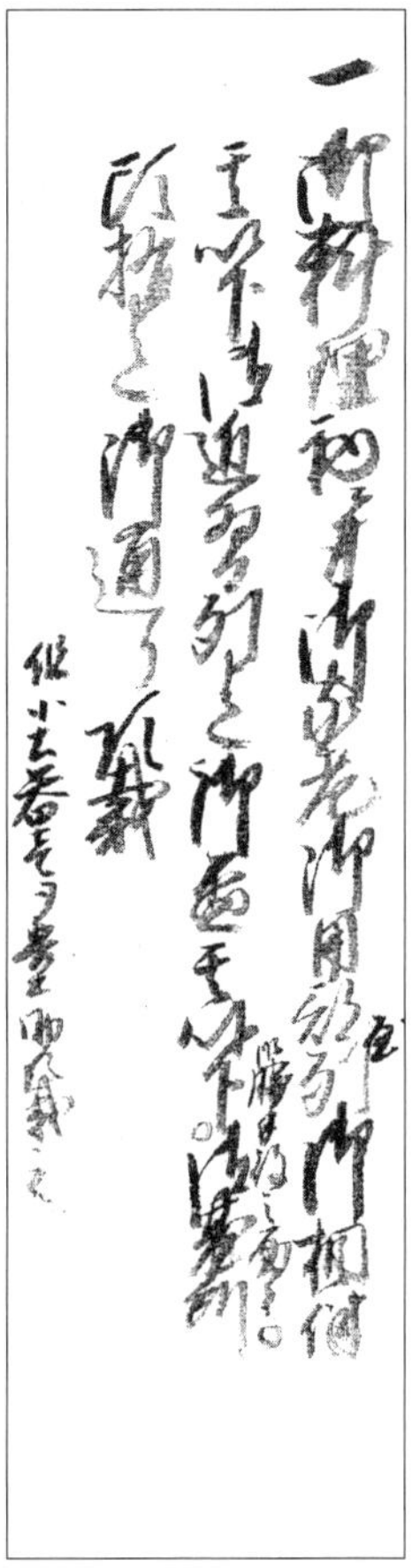

（天保一二年正月七日）御料理初ニ付、御家老・御用部屋列御相伴、其以下御近習列迄御盃、其以下御勝手役之面々・御台所頭格迄、御通り頂戴　　但　小土器壱ツ豊助頂戴之

　ついで正月七日御料理始めにあたり、先ず家老や御用部屋列が殿様の食事の御相伴をした。そして殿様近くに仕える近習の者達には御盃が、それ以下御勝手役の面々には御台所頭格まで、「御通り」を頂くことになった。「御通り」というのは、殿様の前へ召されて、手ずから酒を賜わることである。辰吉は、一二日前に「御台所頭格」に昇格したばかりであるが、今までの「御流格」とは違う待遇を受けたことになる。かくして「小土器壱つ豊助頂戴之」というのである。ついに父政六の得ていた「御流格」の上位の格になり、

しかも「御通り」を頂戴することが出来たのである。政六が御流格に昇格した次の正月に、金銀豆腐をたらふく食べることが出来たとして、昇格の喜びを表している。今度は「御通り頂戴」がその心境であろうか。辰吉五八歳の正月のことであった。

三年後の天保一五年（一八四四）正月一三日の記事に次のようにあった。

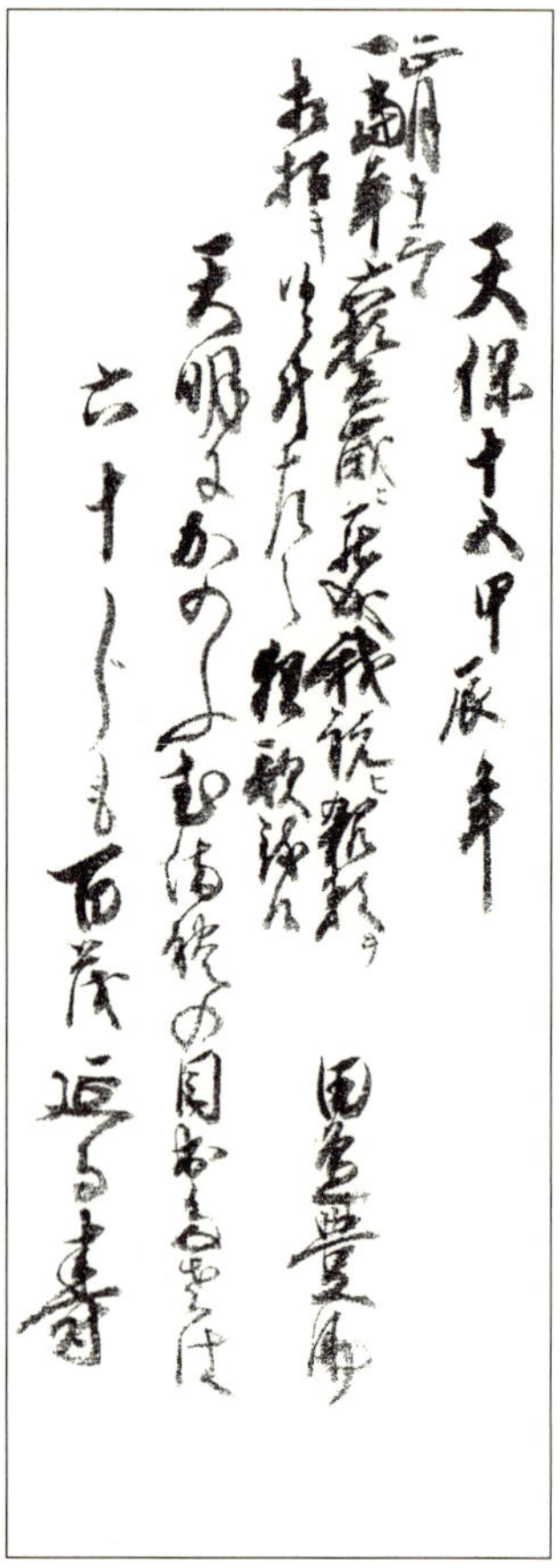

天保十五甲辰年正月十三日

当年六拾壱歳ニ罷成、我祝ヒ親類ヲ　　　田辺豊助

相招キ候ニ付、左之狂歌致候

天明に　かのふむまれの目出たさは

六十じも百も延る寿

辰吉は親類を招いて還暦の祝いをし、その席で狂歌を披露した。天明（四年）辰年に加納（かのふ）で生まれ（むまれ）た私、辰吉は、目出度いことに、（天保一五年・辰年）満六〇歳（還暦）になっても健康に過ごすことができ、百歳にまで長寿できるようである。目出度いこと、有り難いことと感謝している。

もう少しいえば、辰吉自身が藩士としても親が到達した御流格の上位の御台所頭格にまで昇進した。しかも、殿様に召され酒を賜わる「御通りを頂戴」するまでに昇格できたのである。

また、二人の息子の内、富太郎は御用部屋物書を命じられ、田辺家の嫡男として頼もしく成長した。二男豊治は養子して下条家の跡を継ぎ、御流格・太鼓御門番を拝命して、これも頼もしく成長した。

辰吉にとって父政六の跡を継いで藩士として、田辺家の当主として、何ら愁いがなく、健康に新年を迎えることが出来たことを祝っていると思われる。

第二節　辰吉の家族の成長

一　辰吉の兄弟姉妹

文化一三年(一八一六)六月、三三歳の辰吉が加納藩士、田辺家を継ぎ、跡式金三両二分二人扶持、格式はこれまでの通り手代格で、勤めは追手御門番を命じられた。なお、辰吉は跡式を引き継ぐ前、文化九年(一八一二)一二月ぎんを娶り、文化一一年九月一九日には長男富太郎をもうけていた。

辰吉の姉のキトは、天明二年(一七八二)に生まれ、文化三年(一八〇六)政六と同程度の格式の加納藩士島左源次方へ嫁いだ。天明九年(一七八九)生まれの弟定五郎は、商家に奉公に行き、そのまま養子となった。

寛政四年(一七九二)生まれの妹小雪につづいて、妹おていが、寛政九年(一七九七)に生まれた。おていを産んだ直後、辰吉の母コト(先代政六の妻)は産後の日立ちが悪く、寛政九年一一月二三日、死去してしまった。三七歳の若さであった。辰吉は、未だ一三歳の時である。

いずれにせよ、田辺家を相続した辰吉は、兄弟姉妹についても、気を配ることになった。

(一)　縁の薄い妹小雪

辰吉が跡式を継いだ一か月後の文化一三年(一八一六)七月二二日、嫁いでいた小雪が離縁して戻ってきた。小雪は度々離縁になるので、先代政六にとって悩みの種であったと思われる。

小雪は、寛政四年、父政六と母コトとの間に生まれた辰吉の妹である。小雪が一六歳になった文化五年(一八〇八)九月、仲人の小川祖左衛門の取り持ちで、岐阜町車町足袋屋利左衛門方へ養女に行った。翌年正月には吉日を選んで祝言を挙げる約束であった。そして小雪はおゆきと改名した。政六はこの記事の中で、「申し出より六・七日目に差し遣わす。不思議の嘉配也。目出度く珍重に候」と記し、わざわざ「目出度く」しかも「珍しいこと」と、この縁組みを大変喜んでいた。しかし如何なる理由があったかはわからないが、二か月もしない一一月二三日夜、仲人の妻に伴われて小雪は、不縁のため戻されてしまった。翌日には道具や手間状も戻された。

その後小雪は、文化七年(一八一〇)、新加納(各務原市)の旗本坪内屋敷に上がり、於冬《おとふ》と改名したという。

ついで、小雪は文化九年八月一三日、鵜沼内野新田村(各務原市)林佐之右衛門方へ、客分として遣わされ、一〇日後、お供の者に両掛けの挟み箱を持たせて嫁いだ。しかし先に述べたように、辰吉が跡を継いだ直後に離縁になって戻ってきたのであった。その経緯は、小雪が病気になり、その養生のため辰吉の家へ「預け置く」ということで戻ってきたのである。

その後、仲人の伝六という者が離縁のことを申し出てきたようである。そこで仲人伝六と掛け合ったが、話し合いが難しくなってしまい、やむをえず犬山(愛知県犬山市)の松村泉吾という仲裁人をたてて話し合うことにしたが、仲人伝六が、甚だ気持ちが高ぶっており「今暫く風を入れたい」とのことであったので、日にちをおいて後、熟談の話し合いをすることにした。

しかし、その矢先、翌々八月三日には諸道具を人足に運ばせ、仲人伝六は「拠ない用事のため話し合いに行けない」と、一方的に断ってきたのであった。

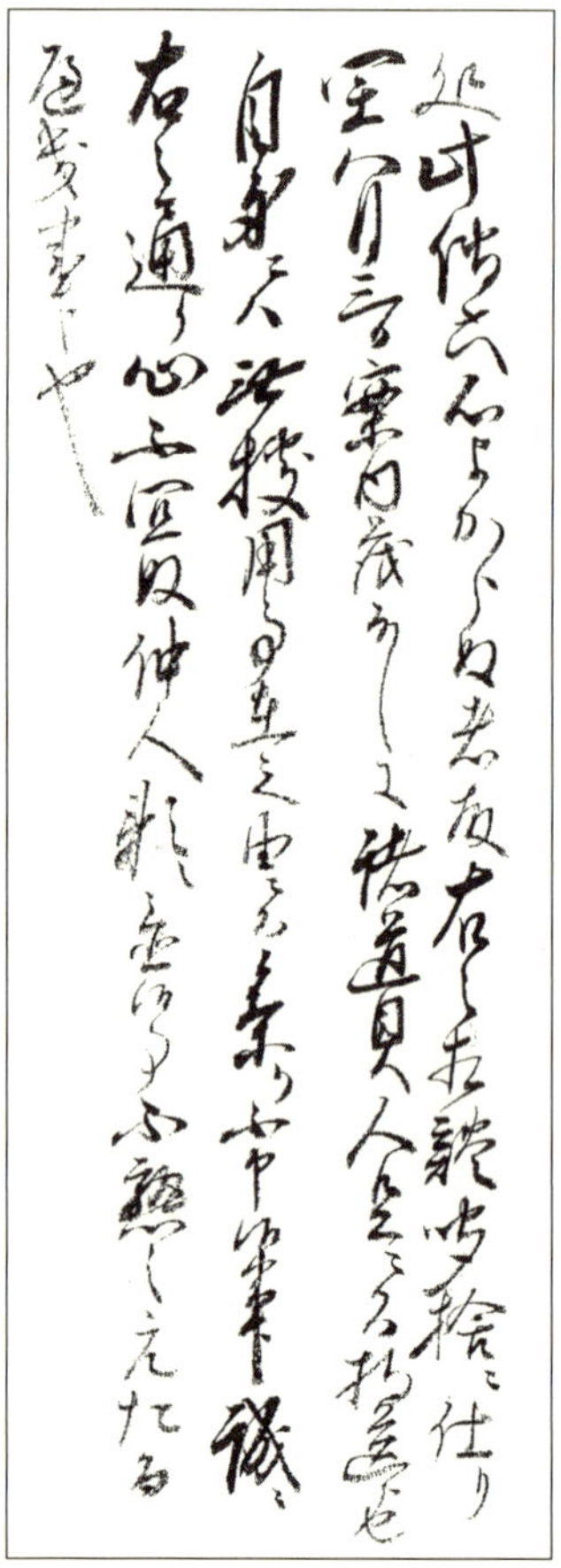

話し合いを拒まれた辰吉は、「誠に心宜しからぬ仲人を頼み置いたことが、不熟のもとであったなあ」と、小雪が離縁になってしまったことを残念がっている。少し穿ったことを言うなら、辰吉は、離縁の交渉を先代政六のように旨く熟談出来なかったことを悔やみ、家督を相続した者としての責任を感じていたのかも知れない。

（二）　良縁に恵まれ関へ

翌文化一〇年六月九日、二五歳の小雪は、藩重役の永田の母親の世話で、関の紺屋町鍋助へ嫁ぐことになった。田辺家の家督を継いだ辰吉さんの努力によると思われる。

永田の親戚、下有知（関市）の定六という人の仲介で、加納宿二文字屋長七と関町卯助の二人を表向きの仲人にたて、遣わすことにした。日雇いの又蔵に両掛け、道具を持たせ、小雪を加納から芥見まで問屋駕籠に乗せ嫁がせた。

加納と関の中間の芥見（岐阜市）からは、当時の輿入れの習慣に従って、迎えにきた婿家に請け渡されて嫁いでいったことであろう。

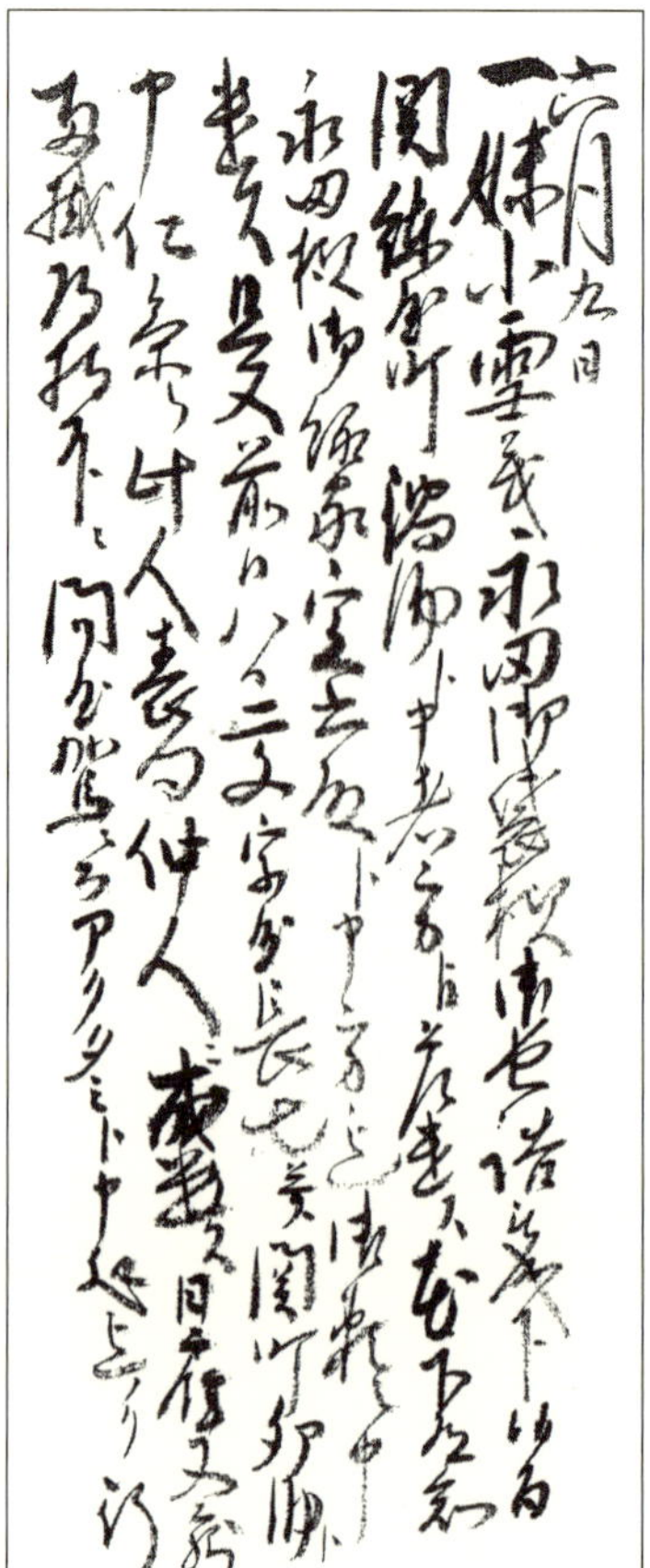

小雪については、この記事を最後に記載されていない。辰吉は、縁談をまとめる仲人のこと、結婚を前提に客分に入ること（足入れ婚）、嫁取りに途中まで迎えることなど、風俗習慣を身をもって体験したといえる。さらに田辺家を継いだ辰吉の家族の行く末を見守る家長としての重責を担っていることが、辰吉が記した『見聞録』から見えてくるのである。

二　辰吉の子どもたち

（一）　嫡男富太郎の藩士としての素養

富太郎は父辰吉（三二歳）の長男として文化一一年（一八一四）九月一九日出生した。富太郎は七歳で手習いに、一〇歳で直心流剣術修業に、一一歳で仙石謙吉のもとへ学問素読にそれぞれ入門した。因みに仙石の所へ入門したときは、扇子二本と塩鰹二本を持参したという。いずれにせよ、手習い、剣術修業、四書五経などの素読をすることは、藩士の子弟として必修の素養であった。

一一歳になった富太郎は、文政七年(一八二四)九月一九日、加納藩御用部屋小僧に取り立てられ、一人扶持を給されることになった。即刻、田辺旦可茂豊と改名を命じられた。富太郎の藩士としてのデビューである。

翌年には、剣術に精を出していることを認められ、富太郎は藩から防具の面を褒美として頂戴した。

文政一一年(一八二八)正月七日、一五歳になった富太郎は、田辺丹可光興という実名を頂戴した。

そして同年二月、光枝新四郎に頼み種田流鎗術へも入門した。この時は酒一升を持参したという。

ついで同年四月安池治太夫に頼み、日置流・竹林流

年表７　田辺富太郎の履歴　（文化11～天保５年）

西暦	和年号	月　日	年齢	事　項
1814	文化11年	9・19	1	辰吉とぎんの長男、富太郎、出生
1816	文化13年	4・12		祖父・政六(渕右衛門)（徒目付役・御流格)死去(68歳)
		6・28		父辰吉(嘉兵衛光治)、跡式金３両２分２人扶持を相続、手代格追手御門番拝命
	文化14年	11・27		弟豊治、出生
		12・25		父辰吉(嘉兵衛)、御流格拝命、役料米２俵拝領
1819	文政２年	7・17		御作事下役の長屋(丸尾式蔵跡)に仮宅拝命
		12・25		仮宅を本宅にする
	文政３年	2・初午日		富太郎、手習入門
	文政６年	正・28		富太郎(孝吉)、直心流釼術入門
1824	文政７年	4・上旬	11	富太郎、学問素読入門
		9・19		富太郎、御用部屋小僧、１人扶持拝命、旦可茂豊と改名(11歳)
	安政８年	6・11		富太郎、釼術出精につき御褒美面一つ拝領
		12・20		辰吉(豊助)、家中一統御宛行永禄を拝命
1827	文政10年	2・ 2		３丁目下之切、小池三四郎跡長屋へ繰り替えを拝命
		2・20		家移り、長屋大破につき修復金(金２両２分余支給)と、御手当金１分拝領
		7・29		富太郎(丹可)、素読入門
	文政11年	2・ 5		富太郎、種田流槍術入門
		4・22		富太郎、日置流・竹林流弓術入門
		11・ 4		夫婦と富太郎、隣家小池共、４人有卦を祝う
		12・27		富太郎、坊主方番入宛行金１両、都合金１両１人扶持、外に金２分御刀代拝領
	文政12年	4・25		富太郎、結婚、妻登世
	文政13年	2・16		富太郎、直心流切紙伝授
		2・24		富太郎、切紙伝授により御褒美南鐐１片を拝領
	天保３年	正・10		豊治、下条庄兵衛へ養子縁組み
		正・22		豊治の養子先、下条庄兵衛死去
		3・13		豊治(豊治忠孝)、義父下条庄兵衛死去により跡式相続、太鼓御門番拝命
1834	天保５年	3・ 6	21	富太郎、皆勤の御褒美を拝領
		5・28		富太郎(龍吉)、還俗、御作事小奉行拝命

弓術へも入門した。因みに扇子二本、銀札一匁を持参したという。なお、安池が留守の時は川上源一郎が世話をすることになっていたので、川上へも扇子二本を持参したという。

（二）　有卦の祝い

この文政一一年（一八二八）は田辺家にとって慶事の多い年であった。

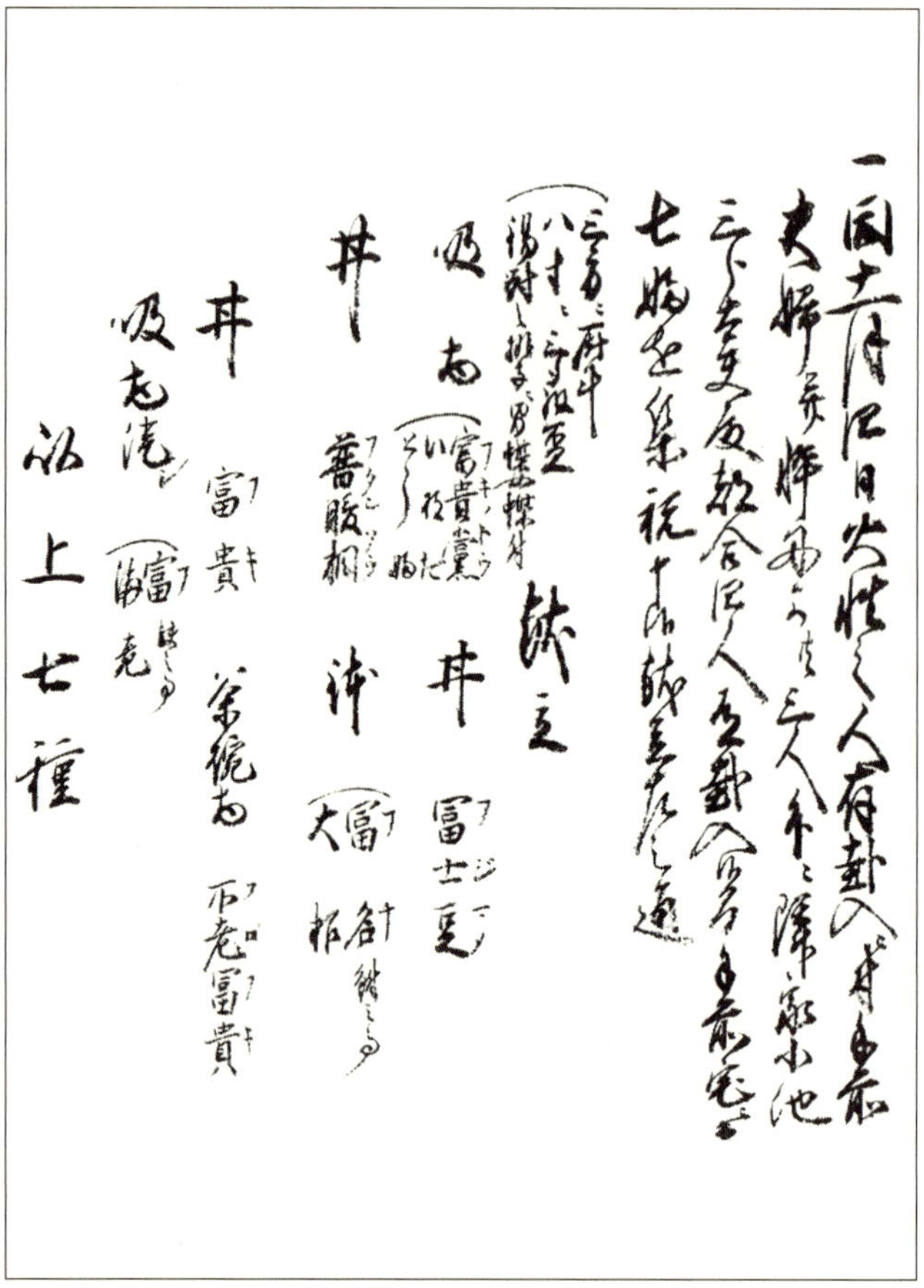

同（文政一一年）一一月四日火性之人有卦入ニ付、手前夫婦并悴巳可共三人、外ニ隣家小池三郎太夫殿、都合四人有卦入候間、手前宅ニて七福を集、祝申候、献立左之通
献立　三方ニ熨斗　八寸ニ三ツ組盃　錫対之挑子ニ男蝶女蝶付
吸物　富貴党（フキノトウ）・いなだ・とう福
丼　富士豆（フジマメ）
丼　普暖相（フダンソウ）　鉢　富名（フナ）鮒之事・大根
丼　富貴（フキ）　茶碗物　不老富貴（フロフキ）
吸物澄シ　富（フ）麩之事　海老
以上七種

辰吉夫婦、富太郎の三名と、隣家の小池三郎太夫、合わせて四名が、火性で有卦に入ることになった。「有卦に入る」というのは、陰陽道でその人の生年の干支により、七年間吉事が続くという年まわりになったというのである。田辺家の外に隣の小池も有卦に入ったので、辰吉の家に集まり、七福の食材を集めて、祝宴を開いた。

三宝に熨斗、八寸に三つ組の盃、男蝶・女蝶の飾りの付いた銚子。献立の吸い物・丼・鉢・茶碗物などの食材には、富貴党（ふきのとう＝蕗の薹）・富士豆（ふじまめ＝藤豆）・普暖相（ふだんそう＝不断草）・富名（ふな＝鮒）・富貴（ふき＝蕗）・不老富貴（ふろふき＝風呂吹き大根・蕪）・富（ふ＝麩）の七種の食材を調理した。さらに、夫婦悴共三人が有卦に入ることを祝って、喜び一杯の歌を詠んでいる。

富貴党婦《フキノトウ》だん菜富貴《ナフキ》に　婦じ豆と
　鮒麩《フナフ》あつめて　祝ふ不老富貴《フロフキ》
福《フク》の神福寿富士程《カミフクジュフジホド》　富貴《フキ》たまえ
　夫婦ふしぎに　子まで有卦益《ウケマス》

さらにまた、同年一二月二七日定期的な人事異動において、富太郎は坊主方番入、宛行金一両を命じられ、合わせて金一両一人扶持を支給されることになった。外に刀代として金二分を賜った。

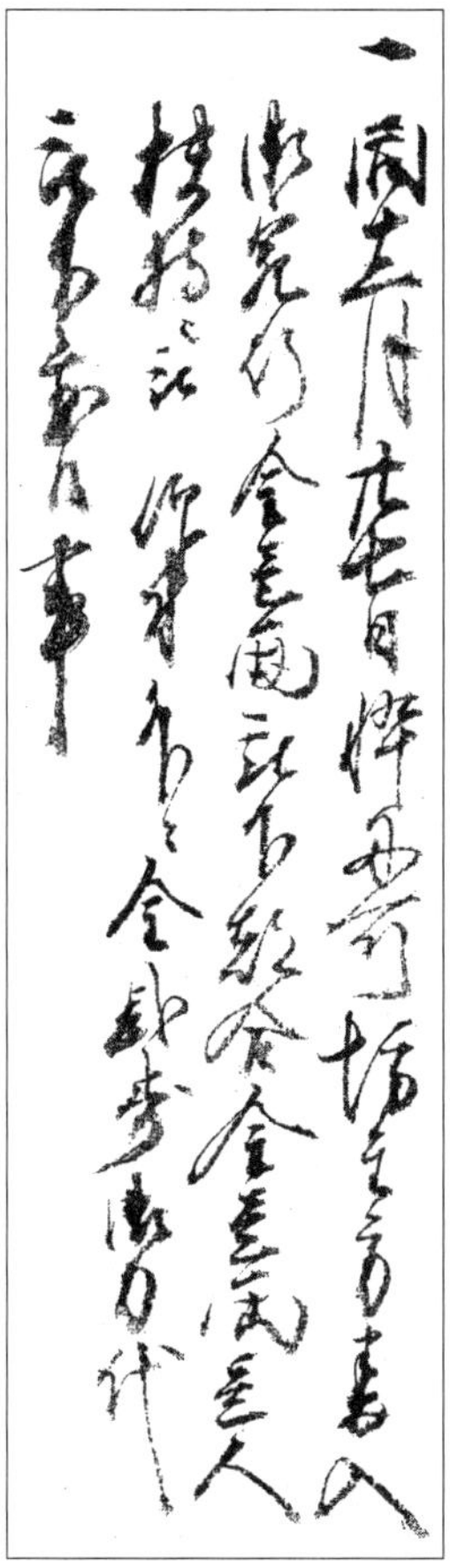

同（文政十一年）十二月二十七日悴丹可坊主方番入、御宛行金壱両被下、都合金壱両壱人扶持ニ被仰付、外ニ金弐歩御刀代被下置候事

坊主方とはどのような役職かは明らかではないが、家老・用人または納戸・近習の使役で恐らく藩主や藩重役の側近くにあって、警護はいうまでもなく諸々の用事を承る役目であったのであろう。また後の記録の中に「還俗」という言葉を使っていることからすると、「坊主方」というのは、出家し、或いは頭を丸めた姿を想像できる。しかし一方で、丹可は妻を娶ることになるので出家というわけでもなく、或いは頭を丸めて僧形のみであったのかも知れない。富太郎は武術修行をし、刀代金まで頂戴するのであるから、頭を丸めたSPの様な存在であったのかも知れない。

翌文政一二年正月一五日、当の辰吉は徒目付本役を命じられ、父子共に加納藩士として着実に立身出世し、ますます田辺家は隆盛になってきたようである。

藩士となり金一両一人扶持を支給されるようになった富太郎は、一六歳になった同年四月、内々に妻登世を娶った。神山兵内夫婦に仲人を頼み、夜、婚礼を行ったとのことである。新郎の年齢が一六歳と現代に比較するとかなり若いこと、婚礼が夜に挙行されることなど、江戸時代の民俗習慣を窺い知ることが出来る。

その後も藩士として富太郎は剣術に励み、師匠仙石十郎左衛門宅にて、直心流剣術の免許目録を伝授された。かくして藩御用部屋において南鐐一片（二朱判銀・八分の一両）のご褒美を貰うことになった。武芸を奨励している加納藩の取計らいといえよう。

天保五年（一八三四）五月二八日、二一歳になった富太郎は、還俗して御作事小奉行役に命じられ、龍吉と改名した。

五月一八日丹可義還俗、御作事小奉行役被仰付候事

富太郎は、丹可から龍吉という名前になるために、すんなり名前が決まったというわけでなく、幾つかの手続きをした。先ず次のような願書を藩重役に差し出している。

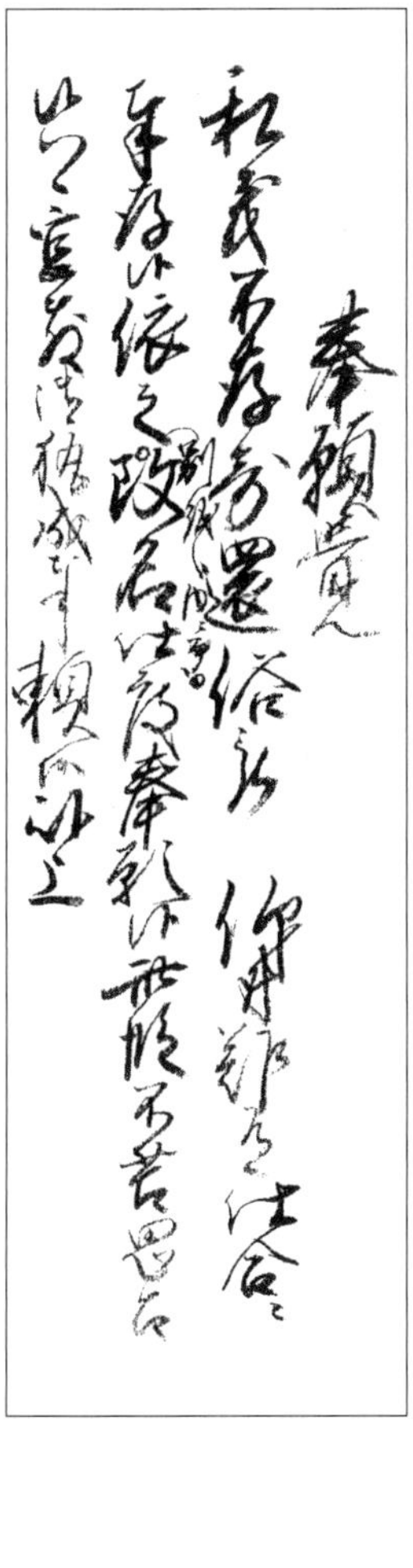

奉願覚

私義、不存寄還俗被仰付、難有仕合ニ奉存候、依之、別紙之内ニて改名仕度奉願候、此段不苦思召候ハヽ、宜敷御執成奉頼候、以上

六月六日　　　　田辺丹可　印判

山　団之丞　様
甲　加兵衛　様

右記の願書の後に、二つの名前の候補を記し提出している。かくして七月一七日朝四半(午前一一時)頃、御作事の役所から小使が呼びに来たので早速出かけて行くと、藩重役が「願之通、初筆方龍吉卜改名」するよう命ずるお達しがあったという。自分の名前といえども、勝手に付けることは許されず、江戸時代では藩重役に決めて貰うことになっていたようである。しかも、名前を決めて貰ったその後、「難有仕合ニ奉存候」と御礼廻りに参上している。

なお、御作事は父辰吉が文化八年(一八一一)から文政九年(一八二六)まで勤めた、土木・建築関係の役目を命じられたことになる。

(三) 三一歳で御流格を拝命

天保一二年(一八四一)正月二三日、富太郎(雄八)は、御用部屋物書を命じられた。天保一四年(一八四三)九月五日、富太郎は長女お虎を出生した。

この辰吉の孫お虎には、父富太郎が安政五年死去したため、従兄弟の下条礼次郎と結婚し、辰吉の嫡子の妻となって田辺家の跡を継いでいくことになる運命が待ち受けていたのである。

その後天保一五年(一八四四)三月六日、富太郎は御流格太鼓御門番を命じられ、四月一六日には当分御用部屋物書

年表８　田辺富太郎の履歴　（天保５年～嘉永７年）

西暦	和年号	月　日	年齢	事　　項
1834	天保５年	3・6	21	富太郎、皆勤の御褒美を拝領
		5・28		富太郎(龍吉)、還俗、御作事小奉行拝命
1839	天保10年	7・10		永井氏第５代加納城主(肥前守尚典)家督相続、御歓び呈書
	天保11年	7・21		富太郎、藩主御在城中徒士御供方拝命
		8・20		富太郎、藩主初入部につき鵜沼まで出迎え、供揃え
		8・21		藩主永井尚典、入部
		12・25		辰吉(豊助)、御台所頭格、勤方是迄の通り拝命
	天保12年	正・元旦		御盃拝領、御土器辰吉１つ、富太郎１つ、豊次１つ
		正・7		辰吉、御料理初につき「御通り頂戴」、土器１つ
		正・23		富太郎(雄八)、御用部屋物書
		2・17		辰吉、御拝領物届け、御紋付黄麻御上下1具、藩主永井尚佐より拝領
	天保14年	9・5		富太郎、女児(お虎)出生
1844	天保15年	3・6	31	富太郎、御流格太鼓御門番
		4・16		富太郎、御用部屋物書
		7・19		豊治、男児(礼次郎)出生
		12・25		辰吉(豊助)、御勝手中小姓格拝命
	弘化３年	7・23		富太郎、殿様国元在城中、御料理人
				富太郎、徒士格を拝命
1851	嘉永４年	4・15	38	富太郎、内願により徒目付御免、御広間五番を拝命
	嘉永５年	11・6		辰吉・こう・富太郎・豊治、有卦に入る
		12・15		富太郎(礼助)、徒目付仮役拝命
		12・16		昨春以来の面扶持御免再減少御弛、御救金頂戴
	嘉永６年	8・晦日		富太郎・豊治、礼次郎を虎の婿養子内定
		9・28		富太郎、徒目付本役を拝命
	嘉永７年	正・20		若殿(永井尚服)屋敷移りの祝儀辰吉金１分１朱、富太郎金100疋等拝領
		3・16		富太郎、鎌田流軍貝入門
		6・20		富太郎、御朱印御差下げ守護出立
		閏7・		富太郎、若殿様御在城中御供方
		12・28		富太郎、若殿様任官により御歓び呈書

を命じられた。富太郎三一歳の年である。

御流格は藩士として殿様に直接お目見えすることが出来る最低の格式であるが、この格式に昇格したのは先代政六が五一歳の時である。二代目辰吉が御流格に昇格したのは三五歳の時であるので、田辺家では御流格に昇格する年齢が順次若くなっていったことになる。

天保一五年の時点で六一歳になっていた辰吉は、天保一五年一二月、御台所頭格を経て、御勝手中小姓格に昇格した。

（四）下条家に養子した二男豊治

辰吉の二男豊治は、文化一四年（一八一七）一一月二七日、出生した。九歳の時、兄富太郎が入門した三年前と同様に久村固十郎に頼み手習いに登った。その時扇子二本、紙包・酒切手一升を持参した。富太郎の時は手習子へ色餅を持参した様であるが、今回は質素倹約のお達しがあったので、色餅は配らなかったと記している。

また豊治は一〇歳の時文政九年（一八二六）正月、学問素読を学習するため、仙石謙吉に入門した。今度は扇子二本、海老五匹を紙に包み水引を懸けて持参した。ついで文政一一年（一八二八）二月五日、一二歳になった豊治は、学問素読のため河合腆蔵に入門した。さらにまた豊治は、仙石謙吉・山岡団之丞に頼み、直心流剣術指南に入門した。両家には酒一升宛て持参した。手習い、学問素読、剣術修業など、二男豊治は兄富太郎同様に、藩士として必修の素養を修得していったようである。

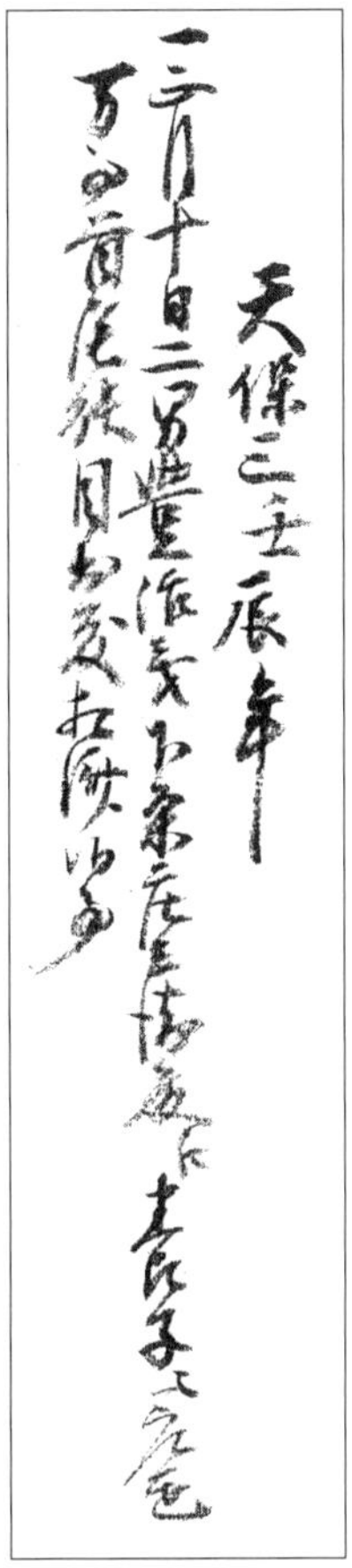

天保三壬辰年

正月十日二男豊治義下条庄兵衛殿え養子ニ差遣、万事首尾能、目出度相済候事

その後豊治は、天保三年（一八三二）正月一〇日下条庄兵衛のもとへ養子した。このことについて、辰吉は「万事首尾能く、目出度く相済み候事」と記している。

程なくして正月二二日、養父庄兵衛は昨年来の長病により、養生がかなわず死去してしまった。恐らく下条庄兵衛が自らの余命を察して辰吉に、下条家の跡継ぎのために二男の豊治を養子にほしいと願った事であろう。

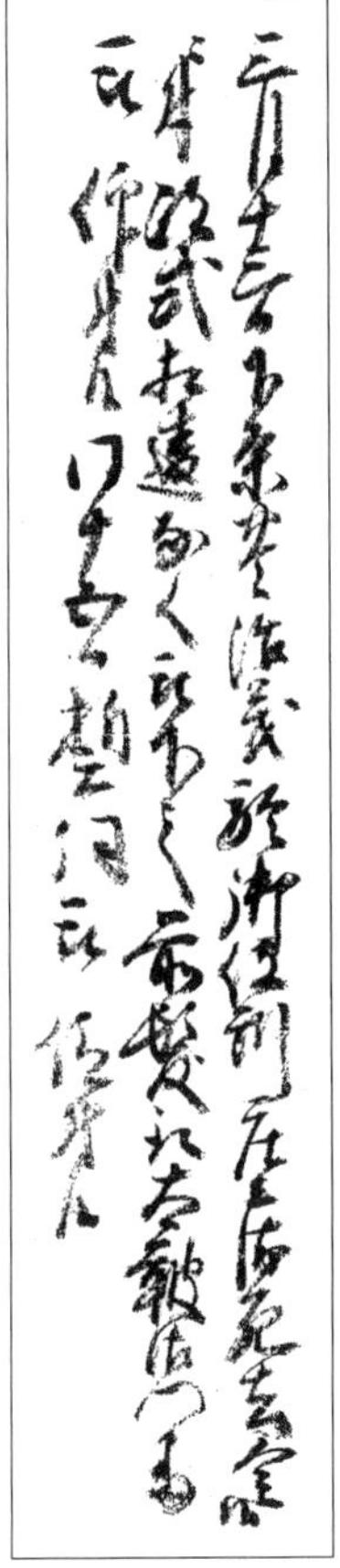

（天保三年）三月十三日下条豊治義、於御役所庄兵衛死去令候ニ付、跡式相違なく被下之、前髪取、太鼓御門番被仰付候、同十五日誓詞被仰付候

そこで下条豊治は、三月一三日御役所において「庄兵衛死去せしめ候に付き、跡式を相違なく下され」、前髪を取り元服して、藩の太鼓御門番役を命じられた。突如として、二男豊治は加納藩

士に取り立てられデビューすることになったのであった。時に一六歳の時である。

同年十二月豊治は実名を次のように付けて貰った。

「下條豊治忠孝（花押）」とし、花押は「事」から帰納したようである。

（五）　御流格に昇格した下条豊治

天保一〇年（一八三九）正月二日、二三歳の下条豊治は、奥谷の内方の紹介で西上加納村六兵衛の娘を娶った。

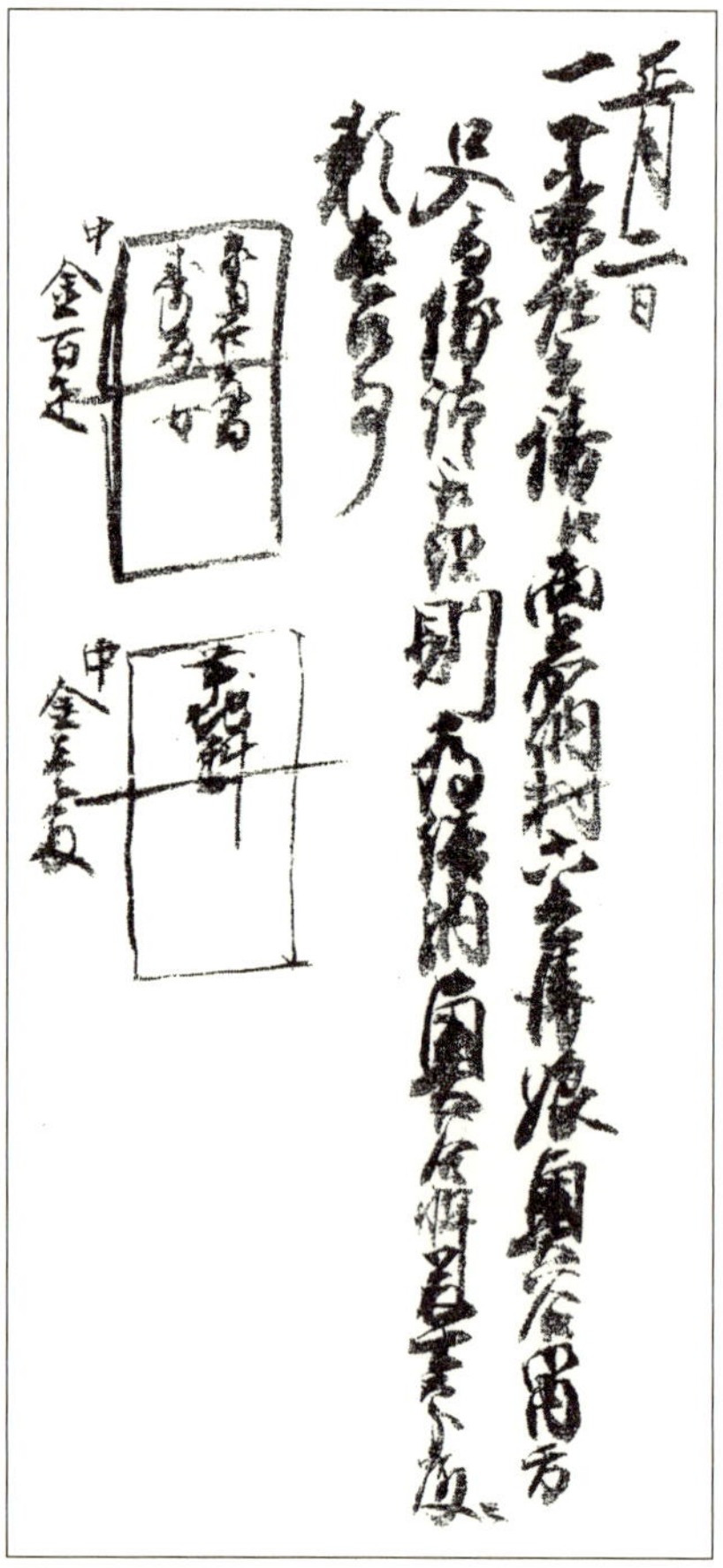

（天保一〇年）正月三日下条庄兵衛え、西上加納村六兵衛娘、奥谷御内方口入ニて、縁談取組、則為結納、奥谷悴藤吉郎殿ニ頼置候事

年表９　田辺豊治の履歴　（文化14年～天保15年）

西暦	和年号	月　日	年齢	事　　項
1817	文化14年	11・27	1	辰吉とぎんの二男豊治、出生
		12・25		父辰吉（嘉兵衛）、御流格拝命、役料米２俵拝領
1819	文政２年	7・17		御作事下役の長屋（丸尾式蔵跡）に仮宅拝命
		12・25		仮宅を本宅にする
	文政８年	正・16		豊治、手習い入門（９歳）
		12・20		辰吉（豊助）、家中一統御宛行永禄を拝命
	文政９年	正・17		豊治、学問素読入門（10歳）
1827	文政10年	2・ 2	11	3丁目下之切、小池三四郎跡長屋へ繰り替えを拝命
		2・20		家移り、長屋大破につき修復金（金２両２分余支給）と、御手当金１分拝領
		7・18		豊治、手習い入門
	文政11年	2・ 5		豊治、素読入門、直心流鈎術入門
	天保３年	正・10		豊治、下条庄兵衛へ養子縁組み
		正・22		豊治の養子先、下条庄兵衛死去
		3・13		豊治（豊治忠孝）、義父下条庄兵衛死去により跡式相続、太鼓御門番拝命
1839	天保10年	7・10		永井氏第５代加納城主（肥前守尚典）家督相続、御歓び呈書
		12・25	23	豊治（下条庄兵衛）、御流格太鼓御門番
1840	天保11年	5・21		豊治、女児（鐇吉女）出産
		7・11		豊治、御武具方下役
		8・21		第5代藩主（永井尚典）、入部
	天保12年	正・元旦		御盃拝領、御土器辰吉１つ、富太郎１つ、豊治１つ
		正・ 9		豊治、男児（隆吉）出生
		6・晦日		豊治（下条庄兵衛）、御在城中御徒士勤めにより御称美南鐐1片など頂戴
	天保14年	5・14		豊治、殿様御発駕により、徒士として出立
		9・ 5		富太郎、女児（お虎）出生
1844	天保15年	7・19		豊治、男児（礼次郎）出生

（包み紙表書）家内喜多留・寿留女　中　金百疋
（包み紙表書）帯地料　中　金壱両

結納の品は、家内喜多留（ヤナギダル・柳樽・酒）・寿留女（スルメ・鰑）として金一〇〇疋の包みと、帯地料として金一両の包み。この結納の品は、いわゆる仲人役の奥谷の悴藤吉郎が六兵衛の家へ納めに行き、めでたく結納の儀が執り行われたようである。

同年一二月二五日、豊治は御流格太鼓御門番を命じられた。殿様にお目見えできる御流格に昇格したのである。

辰吉は昇格したことのみ記述して、何のコメントも記していない。下条庄兵衛の跡式を継いだ豊治は、田辺家の人々とは違い、二三歳の若さで御流格に昇格したことになるのである。

翌一一年（一八四〇）五月二一日早朝、豊治の妻が女子を出生した。三日後には産湯を使うため、腰だき・褥婆（とりあげばば）を招き、名前を鐳吉女と命名し、家内でお祝いをした。

翌天保一二年（一八四一）正月九日、豊治の妻が、長男を出生した。その折り豊治は藩の重役に、出産の覚を届け出ている。

同（天保十二年）正月九日未ノ上刻男子出生覚
　但、御届面八十日之日附也
私妻儀、今暁卯上刻出産、男子出生仕候、依之産穢罷成引込申候、此段御届申上候、以上
正月十日　　下条庄兵衛
田　熊右衛門様
井　仁左衛門様
後　弥之助様

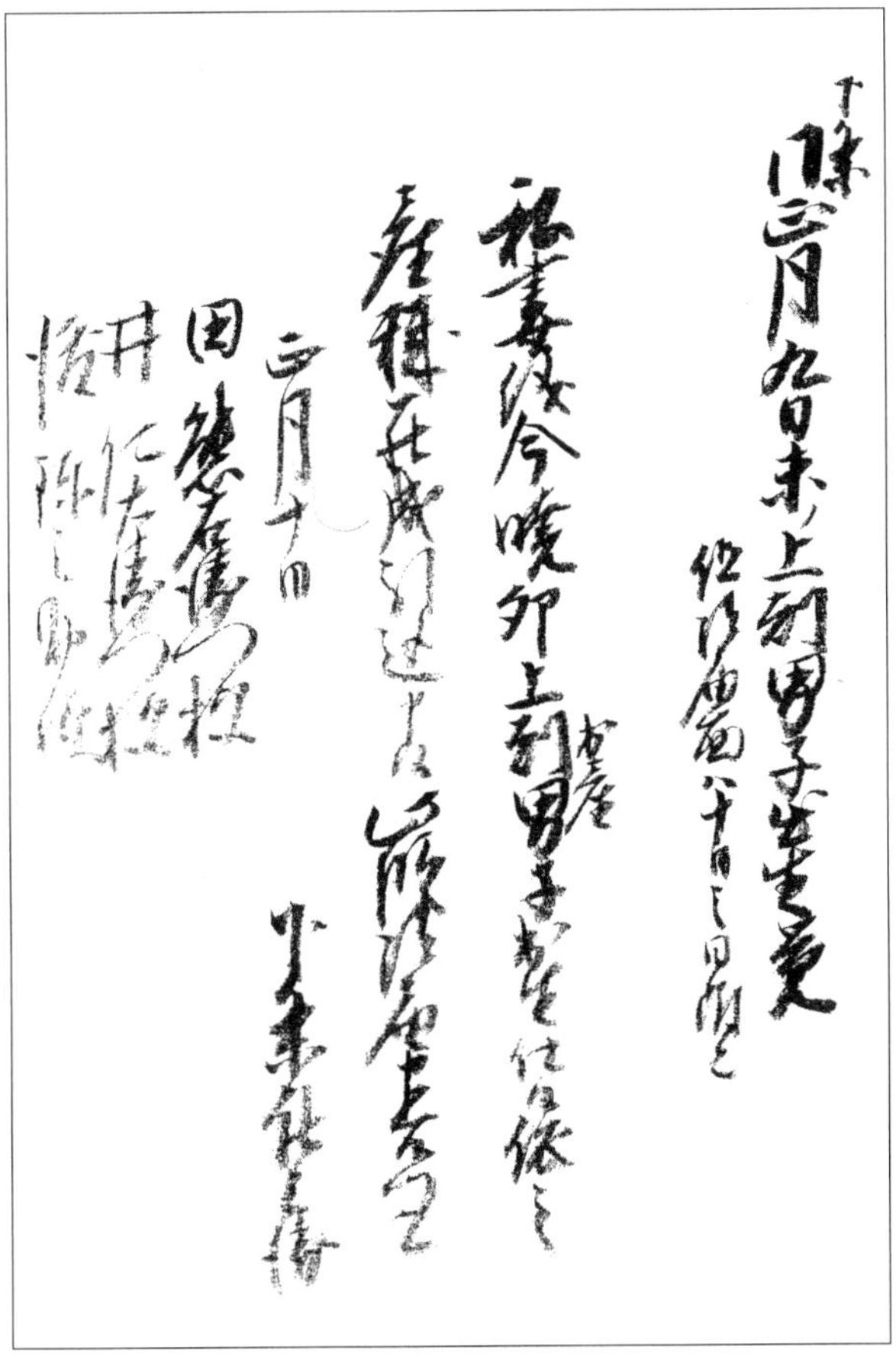

この文面通りに解すると、正月九日の卯ノ上刻、（朝六時頃）に出産といい、同文書に未ノ上刻（午後二時頃）に男子を出産したと記している。そのため産穢《さんえ》となったので、下条庄兵衛は、藩の役目を引っ込んだ（休んだ）というのである。一般に江戸時代では、出産に伴って産児の父母の身に被る穢れのため、父は七日間、母は三五日間、慎んだといわれている。出産の届けをした豊治は、何日間引っ込んだかは分からないが、産穢の習慣があったように思われる。

さて正月一四日、七夜を祝い隆吉《たかきち》と命名した。

天保一三年(一八四二)六月晦日、下条豊治は、藩主から「御在城中御徒士度々助相勤候」に付き、御称美として、南鐐一片(美しい銀の貨幣・二朱判銀)と莨包(青紅の水引で飾られたタバコ)を賜った。この時藩主三二歳、豊治二五歳の若い青年であったことから、殿様近くにつかえる藩士として、目をかけられていたのかも知れない。翌天保一四年五月一四日、藩主が加納を発駕して江戸へ登ることになった時、豊治は徒士としてお供した。

天保一五年(一八四四)七月一九日、豊治の妻が二男を出生した。

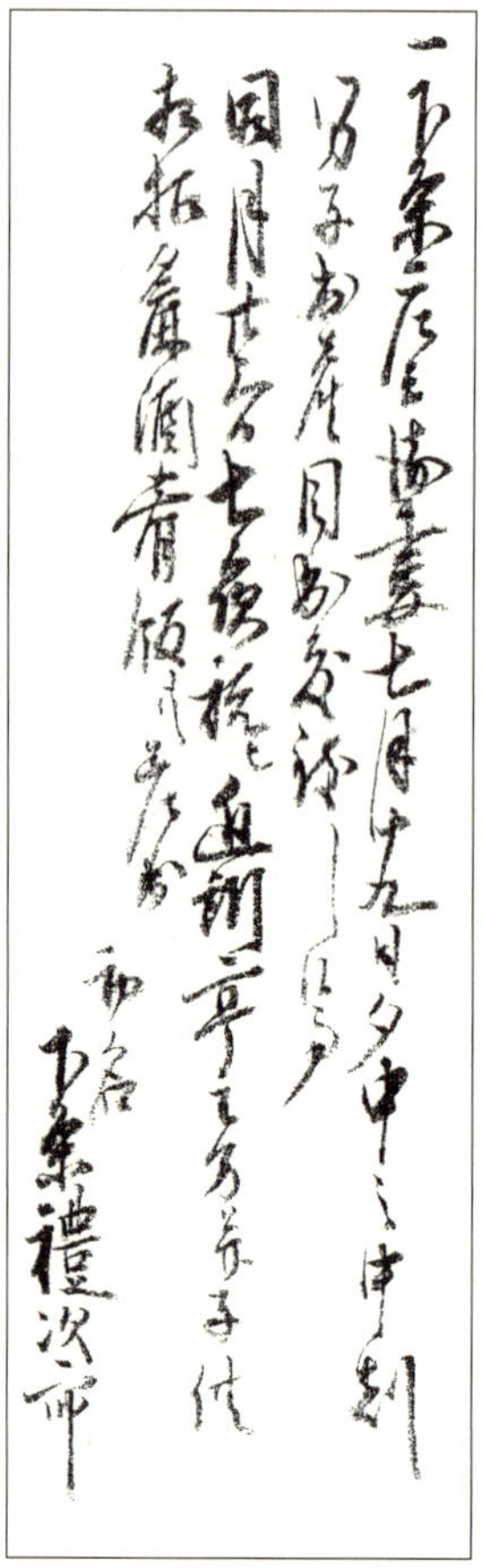

下条庄兵衛妻、(天保十五年)七月十九日夕申之中刻男子出産、目出度致し候事
同月二十三日七夜祝ヒ、近所亭主方并子供相招、麁酒・肴・飯共差出
初名　下条礼次郎

同月二三日、近所の亭主方や子どもを招き、麁酒・肴や飯を出して七夜の祝をした。二男は礼次郎と命名された。

この礼次郎は、辰吉の嫡男富太郎が一四年後の安政五年(一八五八)六月江戸にて四五歳の生涯を閉じてしまったため、急遽田辺辰吉の悴となり嫡子となるのである。また富太郎の一人娘お虎と結婚し、田辺家の家督を継ぐことになるのである。

第三節　還暦を過ぎた辰吉と天満宮九五〇年御神忌を祝う人々

一　還暦から退職するまでの辰吉の家族

加納藩主永井尚典が家督を継ぎ加納城へ初めて入部した天保一一年(一八四〇)、辰吉は、徒士小頭兼徒士目付や御台所頭格を命じられ、翌年正月御料理始めの時、殿様から「御通り」を頂載する栄誉を受けた。一方長男富太郎は御流格太鼓御門番や当分御用部屋物書を命じられていた。前年には富太郎の長女お虎が出生し、辰吉にとっては、初孫が生まれたことになる。

二男下条豊治(下条家へ養子して庄兵衛)は、御流格太鼓御門番を命じられており、天保一四年藩主が江戸へ発駕の時は徒士としてお供をしていた。なお、豊治は二年前に長男隆吉を、翌年には二男礼次郎をもうけていた。

六一歳となった辰吉は天保一五年(一八四四)正月一三日、親類を招き還暦の祝いをした。その時、「天明に　かのふむまれの目出たさは　六十じも百も延る寿」と歌を披露している。

この歌は、天明四年(一七八四)正月一三日加納の地で生まれた辰吉のことだから、「天明の年に加納で生まれ、六〇歳代にまで生きられ、この様子であると

年表10　田辺辰吉の履歴　　(天保15年〜嘉永６年)

西暦	和年号	月　日	年齢	事　　　項
1844	天保15年(弘化元)	正・13	61	辰吉、還暦を祝う
		3・ 6		富太郎、御流格太鼓御門番
		7・19		豊治、男児(礼次郎)出生
		9・		富太郎、殿様三度目御在城につき徒士衆御供金頂戴
		12・25		辰吉(豊助)、御勝手中小姓格拝命
	弘化２年	12・25		辰吉、御代官勤役、１人扶持加増
	弘化３年	5・25		豊治、御買物方御免、太鼓御門番武具方下役
		7・23		富太郎、殿様国元在城中、御料理人
		12・25		富太郎、徒士格を拝命
	弘化４年	正・ 3		豊治、女児(種)出生
		12・25		豊治、御武具方下役御免、徒士格御広間五番拝命
1848	弘化５年	4・26	65	辰吉(豊助頼置)、皆勤により御称美、御吸物・御酒拝領
		11・26		辰吉、鎮守様へ鳥居を奉納
		12・25		辰吉、1人扶持加増
	嘉永２年	5・15		辰吉、忠節水門普請につき、和桟留縞袴地1反拝領
		7・27		辰吉、寿明姫君御通行後まで、町方代官兼帯
	嘉永３年	5・21		豊治、男児(釟三)出生
		6・20		辰吉、当分町方代官兼帯を拝命
	嘉永４年	4・15		富太郎、内願により徒目付御免、御広間五番を拝命
1852	嘉永５年	2・21〜24	69	天満宮950年御神忌、神輿・山車、神納
		閏2・21		辰吉、老年まで勤続御称美として表中小姓格御広間中小姓一統の御番を拝命
		6・		辰吉、１反１畝余の田地を買い求め、庄兵衛へ譲渡
		6・29		藩主永井尚服婿養子縁組内定御歓び呈書
		9・12		豊治、男児(茂吉)出生
		10・27		奥座敷南口より鴬立込、来春の吉兆
		11・ 6		辰吉・こう・富太郎・豊治、有卦に入る
		12・15		富太郎(礼助)、徒目付仮役拝命
		12・16		昨春以来の面扶持御免再減少御弛、御救金頂戴
	嘉永６年	8・晦日		豊治、礼次郎を虎の婿養子内定
		9・28		富太郎、徒目付本役を拝命

百歳まで寿命が延びるのではないか。是非長生きしたいなあ」と、感謝と祈願の歌であろう。さらに、辰吉本人はいうまでもなく、長男富太郎、二男下条豊治も藩士として立身出世し、田辺家も下条家も孫が生まれるなどして、還暦を喜んでいるようである。

（二）還暦後も藩士として昇格する辰吉

還暦を祝った天保一五年（十二月から弘化元年と改元）の一二月二五日、辰吉は、御台所頭格から「御勝手中小姓格」に昇格を命じられた。

同（天保一五年・弘化元年）十二月二十五日於御前、御勝手中小姓格、勤方是迄之通被仰付候　田辺豊助

昇格を拝命した時、「御前に於いて」とあり、永井尚典加納藩主の前で拝命したのであるから、この上ない栄誉に浴したことになる。勤めは今まで通り代官本役・徒士小頭兼徒士目付を命じられた。六一歳にして、先代政六が昇り詰められなかった格式にまで昇格したことになる。

（弘化二年）十二月二十五日於御役所、御代官勤役中壱人扶持御増被下置候旨被仰付候　田辺豊助

翌弘化二年（一八四五）一二月二五日、辰吉は、俸禄金三両三分二人扶持の上に、代官勤役料として一人扶持を加増された。

その後、嘉永元年（一八四八）四月二六日、役所において、「去巳（弘化二年）一一月より未（弘化四年）十月迄」、六五歳の辰吉が皆勤であったことにより、ご褒美として吸い物や酒を賜った。

言うまでもなく吸い物は、日本料理にとってメインの料理で、料理人が最も神経を使う料理であるという。

さらにまた、同年（嘉永元年）一二月二五日、辰吉は御殿において一人扶持を加増された。三年前の加増に続いて合わせて二人扶持の加増で、一人扶持がおよそ米一石五斗と計算すると、米約三石の収入増となる。

嘉永二年五月一五日、辰吉は今度は、和桟留綿の袴地一反を拝領した。「和桟留縞」は、表面に光沢があり滑らかな縞のある綿織物で、本来はサン・トメ（インドのコロマンデル地方の異称）から渡来したものをいうが、「和」とあるので日本製である。いずれにせよ、袴地には素晴らしい布地であろう。

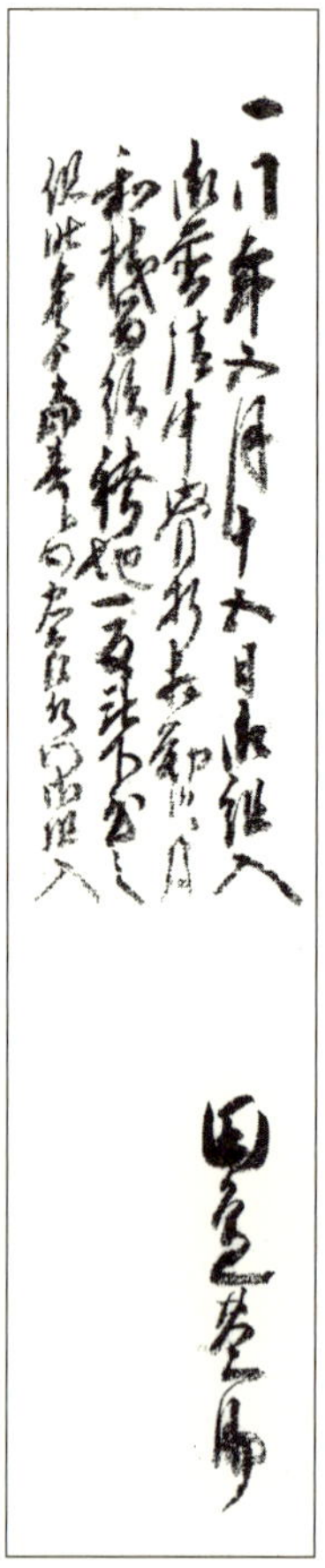

同(嘉永二)年五月十五日御組入御普請中、骨折相勤候ニ付、和栈留縞袴地一反被下置之、但、昨年より当春え向、忠節水門御組入

その事由は前年から春にかけて忠節の水門組み入れ中の普請に関して、「骨折り相勤め候に付き」ということである。具体的にどのような働き方をしたのか分からないものの、辰吉の勤めぶりが顕著であったことを認められたのである。

その後、辰吉は同年七月二七日、町方代官兼帯を命じられた。

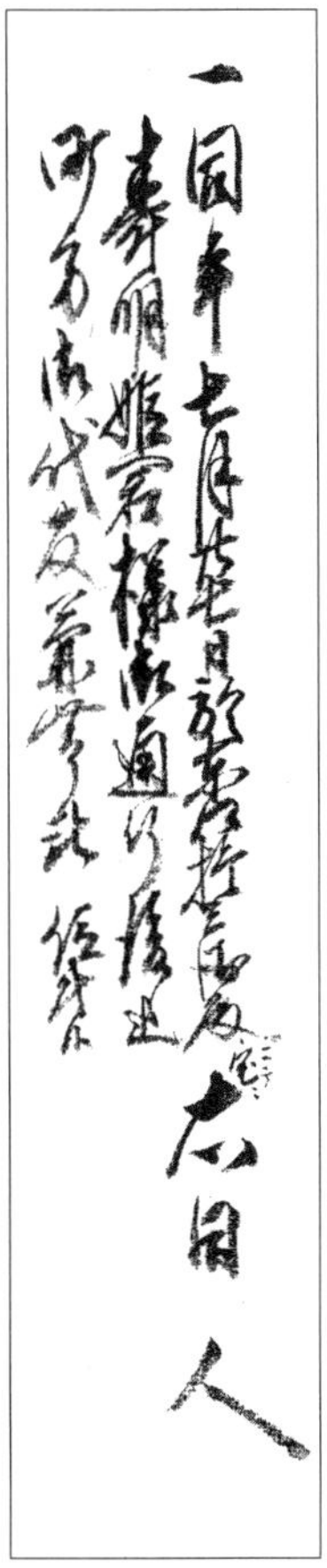

寿明姫君は摂政関白左大臣一条忠良の娘、寿明姫が徳川一三代将軍家定の第二正室になるため、中山道を通行し、加納宿に九月一九日宿泊することになったことによる。

『加納町史 下巻』によると、行列人数は一千余名であったという。美江寺(岐阜県瑞穂市)、河渡(岐阜市)、加納三か宿組合を取り極め、人足寄四百人馬四百疋、各三分の一を各宿において助郷より寄せることにした。加納宿、とりわけ加納藩にとっては遺漏なく通行出来るよう厳重な警戒を行うため、辰吉も町方の代官兼帯を命じられていたのである。

九月一九日当日の惣宿分献立は、

千代口(たこ・おろし酢)　汁(葉付大根・岩たけ)
平(焼玉子・松たけ・ぜんまゐ)　飯　引て　焼物　名よし

通し日雇之分は、

千代口　汁(とうふ)　平(かまぼこ・里いも・松たけ)　飯
焼物(くし海老・数見汁)

等と記録している。

さらに、「御下向首尾よく相済み、九月二五日天満宮へ御礼の献燈、今夕百八燈相備え、宿役人初め惣町一般参詣」したと、記している。

恐らく町方の代官兼帯を勤めていた辰吉も、寿明姫が無事に通行出来たことを感謝して、加納天満宮に参詣したに違いないだろう。

(二)　辰吉への褒美として
「表中小姓格広間中小姓一統之御番」に

嘉永五年(一八五二)翌閏二月二一日は、六九歳の辰吉にとって藩士として重大な慶事となった。

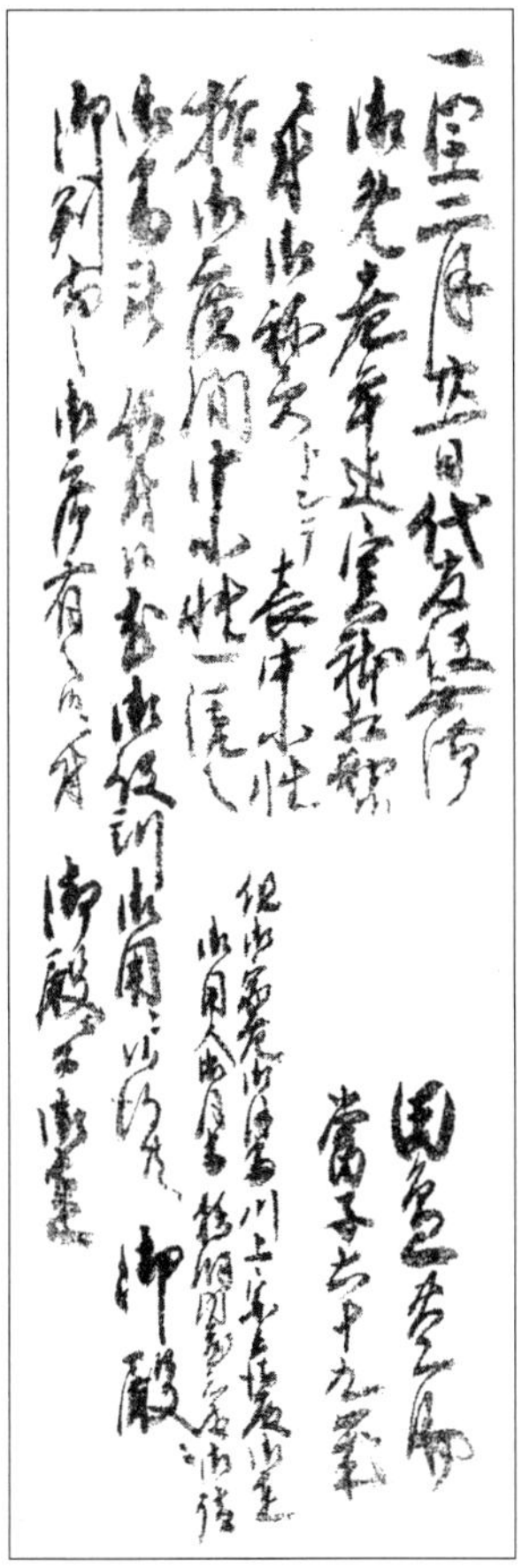

(嘉永五年)閏二月二十一日代官役無滞御免、老年迄実躰相勤候ニ付、御称美トシテ、表中小姓格・御広間中小姓一統之御番被仰付候、尤御役所御用ニ候得共、御殿ニ御判物之御席有之候ニ付、御殿ニて御達

田辺豊助　当子六十九歳

但、御家老御月番川上宗兵衛殿御達

御用人御月番鵜飼内蔵三殿御請

辰吉は「代官役滞りなく御免」と記し、ついで「老年迄実体に相勤め候に付、御称美として表中小姓格・御広間中小姓一統之御番」を命じられたと記述している。辰吉は、兄勝蔵や弟三蔵の死亡により田辺家にやむを得ず復縁し、文化八年（一八一一）二八歳の時から加納藩士となり、六九歳まで四一年間「実躰」（真面目に正直）に、実直に、誠心誠意を以て勤めてきたのである。

そして、辰吉は「御称美」として、「表中小姓格」に昇格となり、名誉職の「御広間一統之御番」として若い藩士の指導に当たることになったのである。

拝命の会場は、御役所の御用であるから御役所でもよいが、御殿に御判物（表中小姓格を命じた藩主の辞令）の席があるということから、御殿においてお達があった。月番の家老・川上宗兵衛からお達があり、月番の用人・鵜飼内蔵三が請けるかたちで、田辺辰吉（豊助）が拝命したのである。

加納藩の格式については、『見聞録』文化四年（一八〇七）の記事の中で次のように記されている。

当家格式次第

城代　家老　御城番　番頭　旗奉行　鑓奉行

持筒　持弓　用人　足軽大将　元〆　留守居　両奉行

中小姓頭　目付　使番　徒頭　郷方　御城番以下是迄家老支配

惣頭　御近習目付　給人　御勝手給人　御近習　祐筆

中小姓　御雇中小姓　御勝手中小姓格　代官　徒目付

徒　御流　御目見　手代　男居番

この格式の序列で言うと辰吉が昇格した「表中小姓格」は、天保一五年に昇格した「御勝手中小姓格」の上位であることは確かである。

「嘉永の頃の分限帳」によると、田辺辰吉は「田辺豊助　三両三分　三人扶持」として、「中小姓格用人支配」とし、加納藩士三五五名の中で、一六五位に記載されており、下級というより中位に位置している。

また「慶応の頃の分限帳」には「三両三分 三人扶持　田辺豊助」は、「中小姓」に位置付けられている。

それにしても、父政六が文化一三年（一八一六）六八歳でなくなった時は、「徒目付」であったことと比べると、六九歳の辰吉さんの喜びは極めて大きく、感慨無量であったと思われる。

表中小姓格・御広間中小姓一統之御番を拝命した辰吉は、二日後の閏二月二三日、御役所において誓詞を差し出し、早速、翌二四日より御番入りをするよう命じられ、家老と用人には、おのおの玄関で手札を以て御礼廻りをした。

（三）　息子二人の出世

辰吉の長男富太郎は武術に優れ、文政一一年（一八二八）一二月、一五歳の時坊主方に番入りし、金一両一人扶持の俸禄を受け取り、外に金二分と刀代を受け取るなど、藩士として順調なデビューを果たしていた。天保一五年（一八四四）三月六日には、御流格太鼓御門番を命じられた。富太郎三一歳の時である。いうまでもなく御流格になったのは、政六が五一歳の時であり、辰吉が三五歳の時であることを比べると、富太郎の昇格は順調に速まっている。

さらに、富太郎は弘化三年(一八四六)一二月二五日には、御徒士格を命じられ、翌年には徒目付仮役を命じられた。その後、御広間五番を命じられるが、嘉永五年(一八五二)には再び徒目付仮役を命じられ、翌六年九月二八日、四〇歳になった時には、徒目付本役を拝命した。

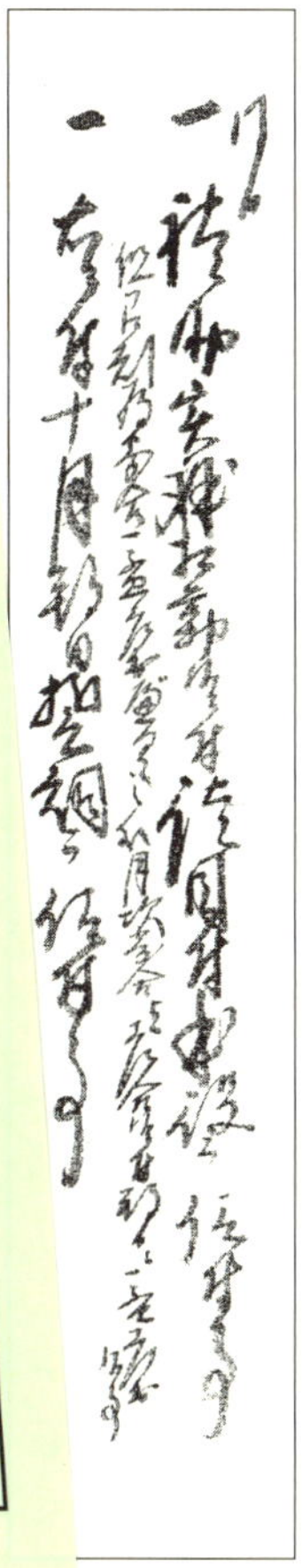

文政一二年(一八二九)、四六歳の時で、四歳早く昇格したことになる。

一方、二男豊治は、天保三年(一八三二)下条庄兵衛に養子し、養父死去に伴い同年三月一三日家督を継ぎ、太鼓御門番役を命じられ、天保一〇年(一八三九)一二月二五日、御流格太鼓御門番を命じられた。二三歳の時である。田辺辰吉家と下条庄兵衛家とは藩士としてほぼ同じくらいの格式を持っていたようであるが、先代庄兵衛の跡目を継いでいる豊治は、富太郎より若年で御流格に昇格したと思われる。豊治はその後、御武具方下役を命じられたり、御買い物方を命じられたりして、弘化四年(一八四七)一二月二五日、兄富太郎が前年に命じられた徒士格に昇格し、御広間五番を命じられた。三一歳の時である。

また、藩主永井尚典が加納に在城していた弘化五年(一八四八)などや、参府の時には、豊治は徒士としてお供をしていた。

(四) 辰吉が下条豊治に土地を買い与える

嘉永四年(一八五一)六月辰吉は、豊治のために南上加納村地内の田地一反一畝余り(約一、一〇〇㎡)を、金二九両で購入し贈与した。

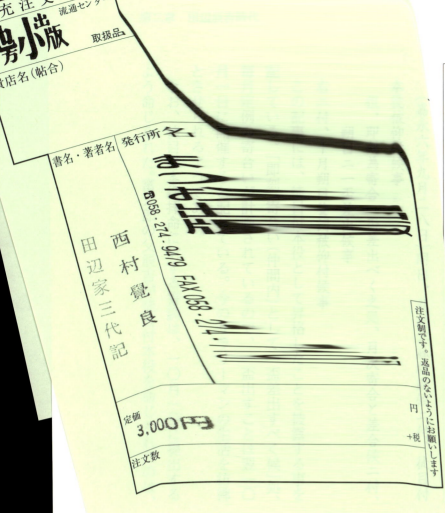

譲渡置候証文之事
一㊞南上加納村地内田地壱反壱畝七歩　此代金弐拾九両
此度坂井田井兵衛より買求之、下条家代々為撫育譲り置候間、子々孫々永久変失無之様急度致所持、目出度相守可申候、依之本書証文添譲渡置申候処、仍而如件

……頼置㊞花押

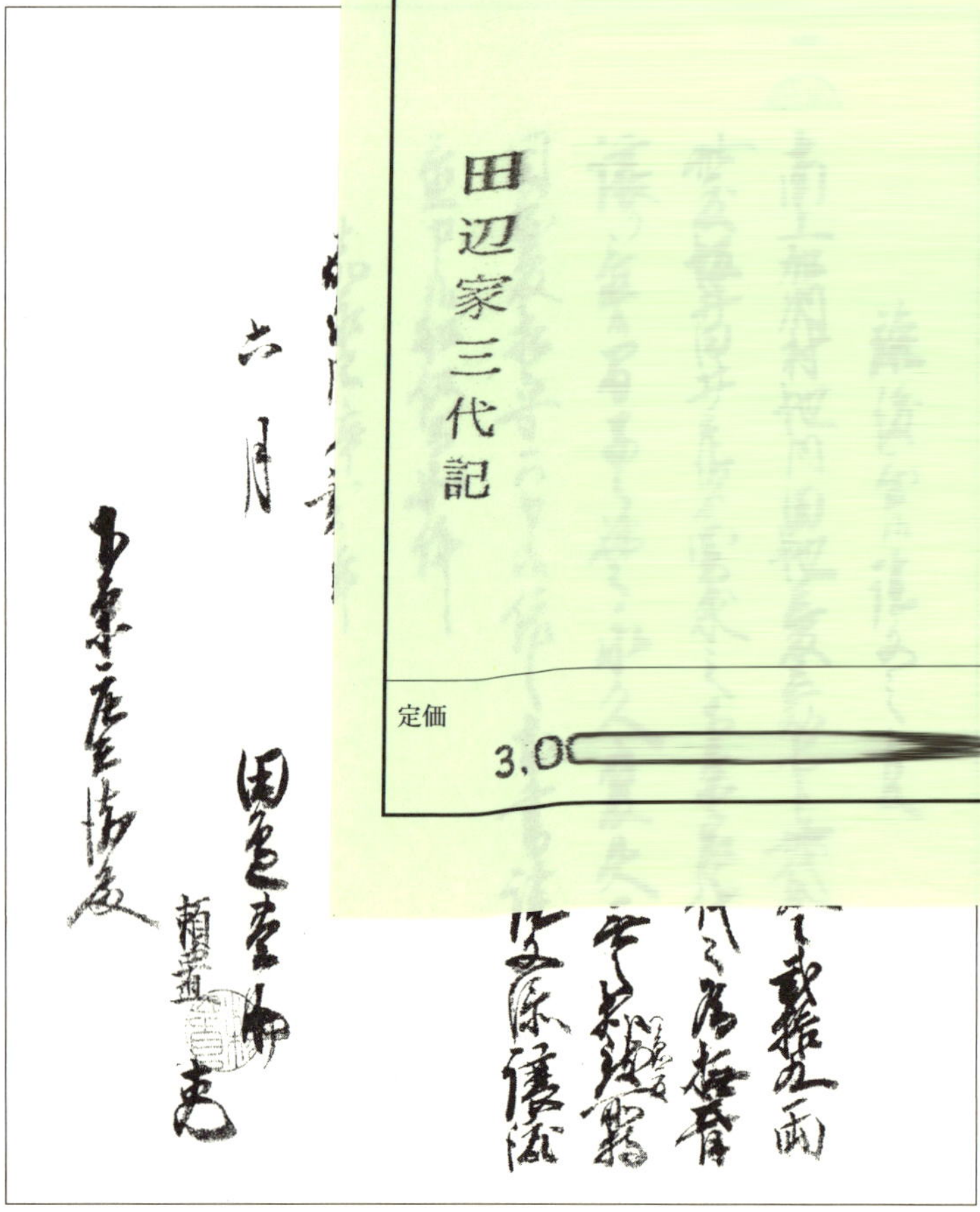

控田地(小作に出してある土地)を持つことは、そこから納入される小作米(加地子米)が、田辺家の家計を支えてきた経緯があることから、藩士といえども、辰吉は下条家に養子した豊治に与えたものと思われる。田辺家に伝来する控田地は、祖父仙右衛門の妻となった里与(辰吉の祖母)が婚姻の時持参した上茜部村(字舟田や字川東)高五石二斗五升一合三勺(面積四反二〇歩)の田地で、そこから小作米が六俵~六俵半(二石四斗~二石六斗)程、田辺家へ納入されていた。先代政六は享和四年(一八〇四)田地を伝えてくれた衆中(里与の養父たち)の厚恩に、「海の如く山之如し」と最大の感謝の言葉を送っている。

また、政六は享和三年(一八〇三)正月には、南広江町の町人が出奔したため、質入れされていた東上加納村と西上加納村の田地高一石八斗(一反二畝一〇歩)を、金二両銀五匁五分五厘で購入している。その後、政六は、この土地を文化一〇年(一八一三)九月一四日に代金二両二分二朱で売却している。この土地の売却理由は記していないが、政六の妻・おことの一七回忌法事を、一〇月二二日に執行していることから、これらの費用に賄ったのかも知れない。辰吉が、田辺家嫡子として加納藩に仕え、三〇歳になっていた時であった。

いずれにせよ辰吉は、政六が藩士であるものの、控田地をもって家計をやりくりしていたことを、十分承知していたといえよう。

そこで譲り証文の中に、「下条家代々撫育の為」に譲り置くとし、「子々孫々永久変失これ無き様、急度所持致し」「目出度く相守り申すべく候」と記して、辰吉のくどい程の耕作地所持への思い入れがあったのである。

(五)　辰吉の家族たちの有卦を祝う

嘉永五年(一八五二)一〇月二七日、突然辰吉の奥座敷南の口よりに鶯が一羽舞い込んだ。鶯は、奥座敷から六畳間、三畳間へと飛び、捕らえられた。それを見て、辰吉は「来春の吉兆」だと喜んだ。

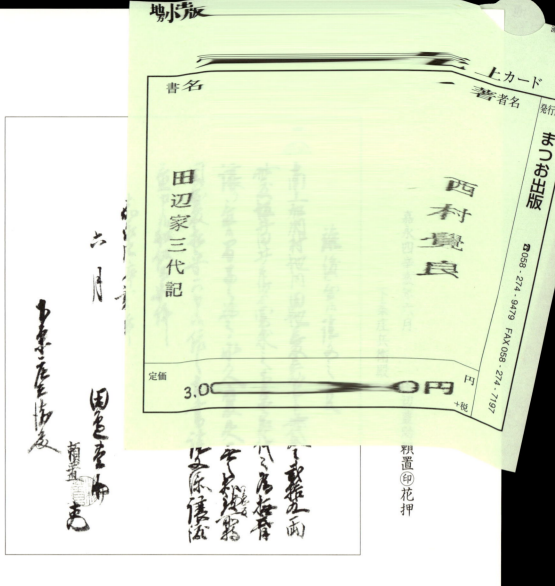

一一月六日辰吉、妻こう、長男富太郎、下条豊治の二男礼次郎の四人が、火性の生まれということから一緒に有卦を祝った。祝い膳は、七福の品々を集めたものであった。

献立本膳　三ツ組盃・冷酒　向付 皿 盛＝鮒(フナ)・大根
平盛＝ふ・海老・菜　汁＝ふきのとう・いなた・とうふ
飯
小皿物＝ふたん草したし物・ふきのみそあへ・ふし豆煎豆
茶碗物＝ふろふき大根

食材に鮒、麸、蕗の薹、豆腐、不断草、蕗の味噌和え、藤豆、風呂吹き大根など、いずれも「ふ(富)」の音をもつ縁起物を取り入れた本膳を食している。有卦の祝いは田辺家では度々行われることで、生まれ年の干支により七年間吉事が続くということである。

辰吉の二人の息子は、加納藩士として立身出世し、有卦に入ることなど万々歳、田辺家・下条家とも隆盛になってきたようである。

二　天満宮九五〇年御神忌祭執行

嘉永五年(一八五二)二月二一日から二五日迄、加納天満宮の九五〇年御神忌が執行された。「連日之天気ニテ無滞相済候事」と、辰吉は記している。

(嘉永五年二月)二十三日、神輿御米蔵え御旅有之、町々之カラクリ山并手躍山供奉之節、追手御門下三尺程掘テ、往来致し候

二三日には城内の御米蔵が御旅所となり、神輿の神幸が執行され、町々のカラクリ山や手躍山が追手御門をくぐることになったという。しかも、ここには何気なく記しているが、加納城の顔のような存在の追手御門の下を三尺ほど(九〇cm余り)掘り下げたというのである。御門の下を掘り傾斜地を設けたということなどである。加納藩にとっても天満宮九五〇年御神忌という大祭は、極めて重要な行事と捉え、御旅所を城内御米蔵に祀ったのである。

神幸の行列は、加納宿役人は麻裃、宮司の宮部讃岐守は騎馬に乗ることになった。但し、神馬や騎馬や口取りの要員は、藩から貸し出されたものであった。

町々から出される山車は以下の通りであった。

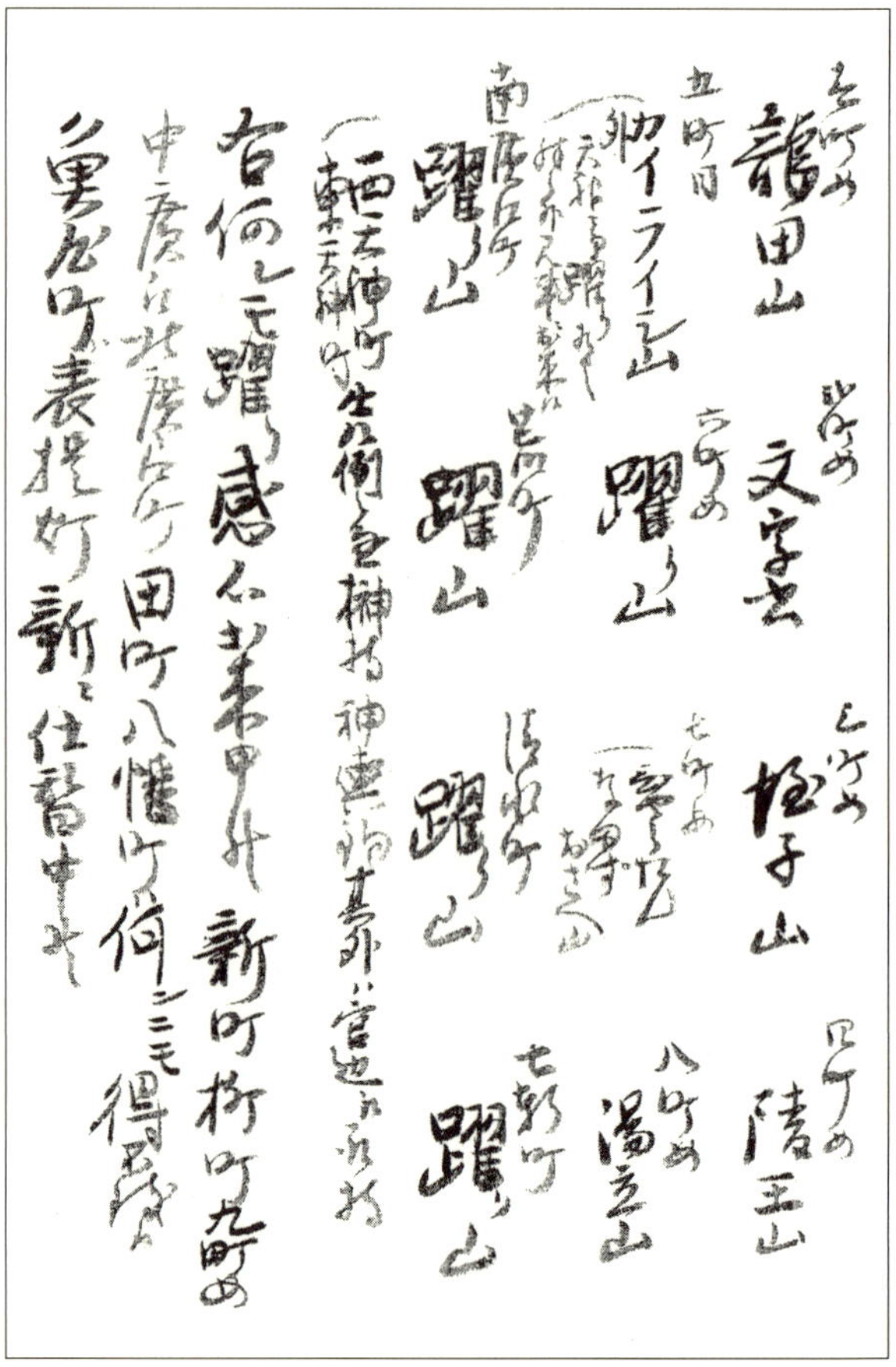

壱丁め＝龍田山　弐丁め＝文字書　三丁め＝蛭子山
四丁め＝陵王山
五丁目＝カイライシ山　外、天神にて躍り有之、殊之外見事ニ出来候
六丁め＝躍り山　七丁め＝ひやうたん・なまずおさへ山
八丁め＝湯立山　南広江町＝躍り山　荒町＝躍山
清水町＝躍り山　七軒町＝躍り山
西天神町・東天神町、先例之通り榊持神輿釣、其外ハ宮部え取持、
右何レモ躍り感心出来申候
新町・柳町・九丁め・中広江・北広江町・田町・八幡町ハ、
何ンニモ得不致候、魚屋町ハ表提灯新ニ仕替申候

いずれにせよ、辰吉は、引き揃えられた山車などを事細かに記録し、なかでも躍り山の躍りはなかなかの出来栄えで「感心した」と、記述している。

なおこの神忌に当たり、藩士の祐筆から中小姓格まで一〇人で、金一〇〇疋と銭一八四文、代官より徒士格まで一六人で金一〇〇疋を神納したという。辰吉は御勝手中小姓格・代官役を勤めていたので、仲間内で金一〇〇疋を奉納したと記している。

それとは別に辰吉個人が青銅二〇疋を御神酒料として納めている。

加納天満宮にとって、この神忌は重要な行事であったことはいうまでもないが、加納藩・加納町・加納藩士にとっても、重要で盛大な祭りであったといえる。

三　藩主永井尚服聟養子縁組

嘉永五年（一八五二）六月二九日、陸奥国福島藩三万石の藩主板倉内膳正勝顕の舎弟の鍫吉が、藩主永井尚典の養嗣子として於鋭と婚姻する旨の内談が整った。

この縁談については、江戸表において決定したわけであるが、辰吉は同席の代表として、御殿において、この旨を「申聞置候様」とのお達しがあった。辰吉たちは早速同席連名で御礼参りの手札を差し出した。

子（嘉永五年）六月二十九日、此度於江戸表、板倉内膳正様御舎弟鍫（ケイ）吉様、於鋭様え御聟御養子ニ御内談御取究被為遊候ニ付、此旨申聞置候様との御意之趣、御殿ニて御達有之、依之、御席之内壱人可罷出旨、御目付方より前日申参り候間、手前罷出候処、右之御達候間相済御礼参り同席連名之手札ニて相廻り候事

右御聟御養子七月二十五日御願済之旨ニて、八月四日御飛脚至来ニ付、同五日為恐悦物頭已上謁以下御着帳有之、御養子鎣吉様御義若殿様ト奉称、於鋭様御儀御姫様と奉称候様御触来ル
若殿様御実名尚服(ナヲモチ)公ト奉称候様、九月六日御触来ル
九月十二日御姫様え若殿様より御結納被進候ニ付、為恐悦、於御広間御着帳有之

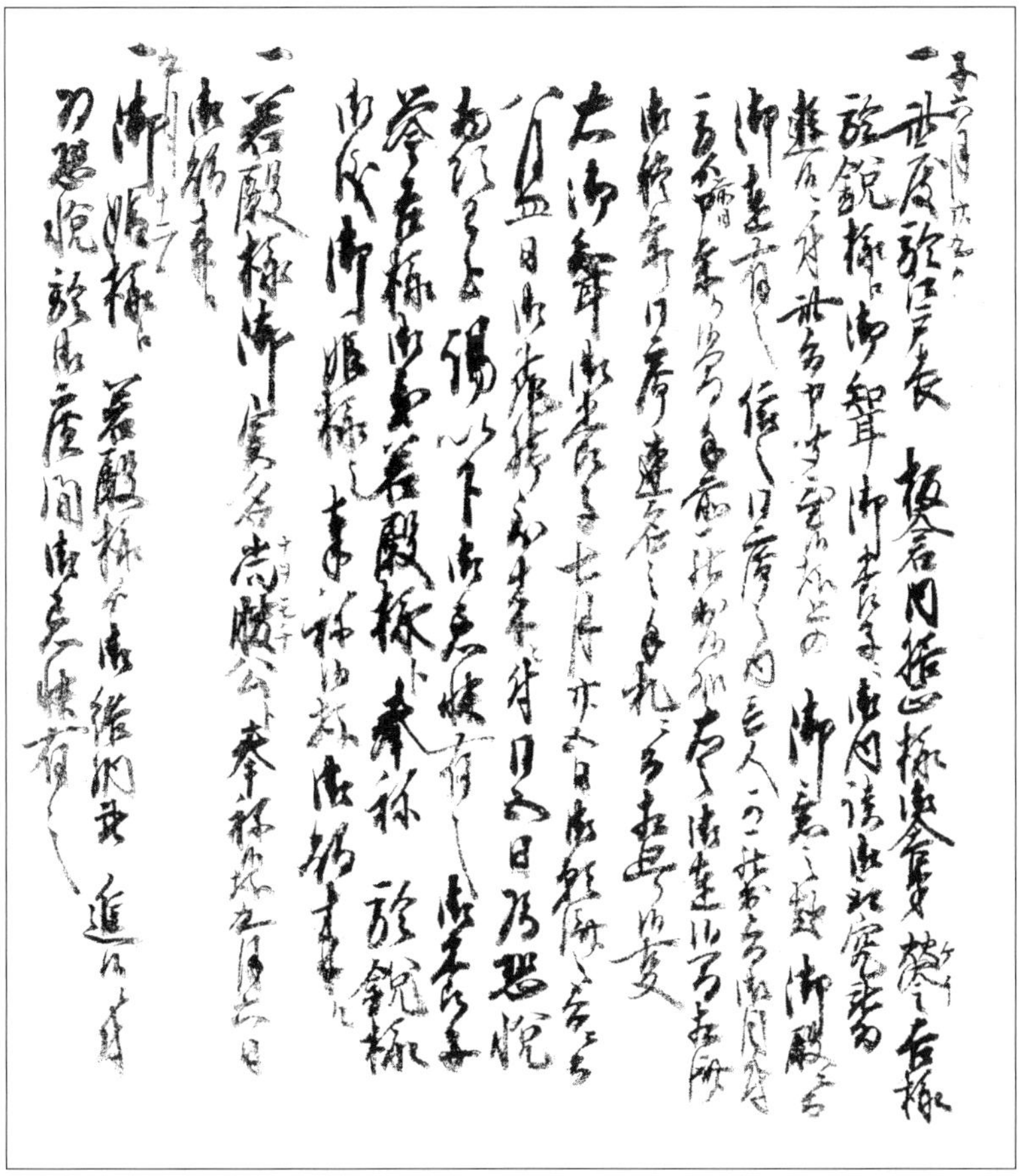

婿養子の幕府への願いは七月二五日に裁許になり、八月四日に飛脚により加納へ連絡があった。そこで同八月五日、恐悦のため、物頭已上謁以下が着帳したという。さらに、鎣吉は若殿様、於鋭は御姫様と、また若殿様は実名を「尚服公《なおもち》」と称するよう、九月六日に触が出た。なお、藩主永井尚服の呼び名については、『加納町史　上巻』に「なおこと」と仮名が振ってあるが、辰吉の『見聞録』には、わざわざ「ナオモチ」と振り仮名が付けてあることから、このように称するよう命じられたといえよう。

藩士としての辰吉家にとって、若殿様の養子縁組は「恐悦」の極みであった。田辺辰吉(渕右衛門・豊助)、富太郎(礼助)、下条豊治(庄兵衛)、隆吉、礼次郎は、この後、藩士として側近く仕えることになるのである。

第四節　幕末の激動を乗り切る加納藩

一　藩財政の逼迫

藩士としての田辺家の格や俸禄は、祖父仙右衛門、父政六、ついで辰吉に相続されるに従い、昇格・加増になった。天明二年(一七八二)三月四日、七二才で亡くなった仙右衛門は、手代格・献上方を勤めていた。給金は明確な記載がないが、他の献上方の記載を勘案すると、扶持として金二両余りであったと思われる。次いで政六は天明三年(一七八三)五月三日、手代格・奉行物書本役を命じられ、文化一三年(一八一六)四月一二日、六八才で亡くなるときは、御流格・代官仮役まで昇格し、金三両二分二人扶持を跡式として辰吉に遺している。

跡を継いだ辰吉は、慶応元年一二月表小姓格となり、俸禄は金四両三分三人扶持にまで、昇格・昇給を果たした。

しかし、慶応二年四月になると、加納城下も「諸色高直にて御家中一統難渋」となり、辰吉たちは「御救いとして拝借金札にて二両御貸し」下されたというように、臨時に藩より拝借金を借用するなどして生計を賄っていた。といっても拝借金の金種は正金でなく「札」、所謂「藩札」を支給されていたのである。

さらに同年七月にも、「御家中難渋者」だけに、さらに御救御借金札を金一両一分貸し出された。辰吉は「誠ニ難有奉存候」と、感謝と喜びを表現している。

さらにまた、一二月晦日夜四つ時過ぎ(二十二時頃)、あと二時

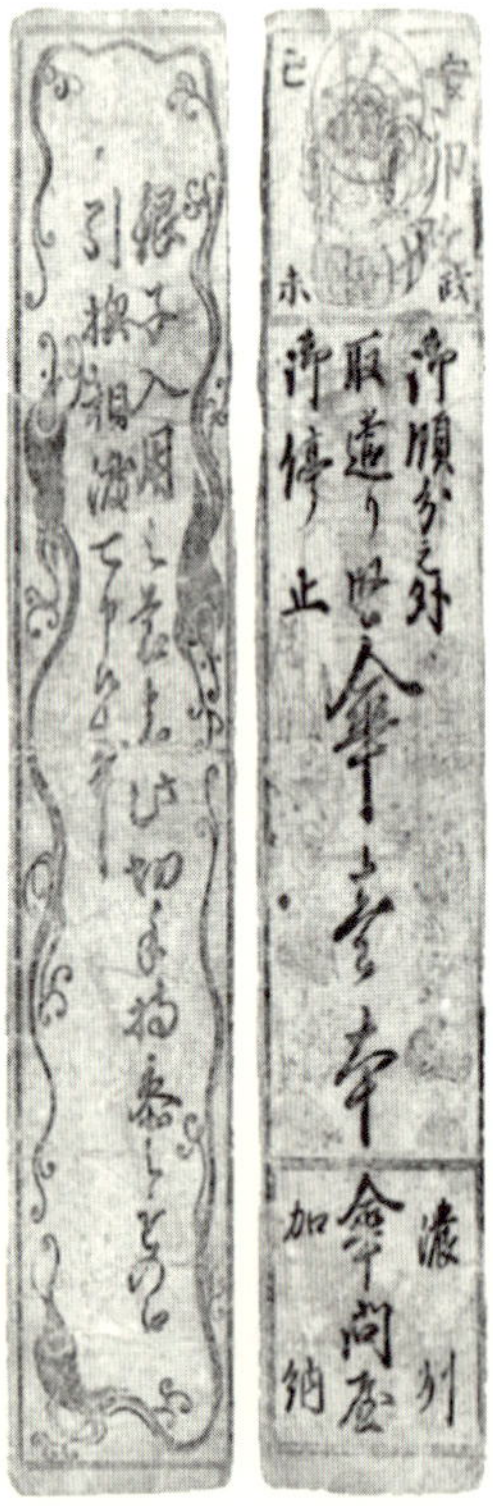

右　傘一本札

安政己未　御領分之外取遣り堅御停止　傘壱本　濃州加納　傘問屋
銀子入用之節は此切手持参之ものえ引換相渡可申候事

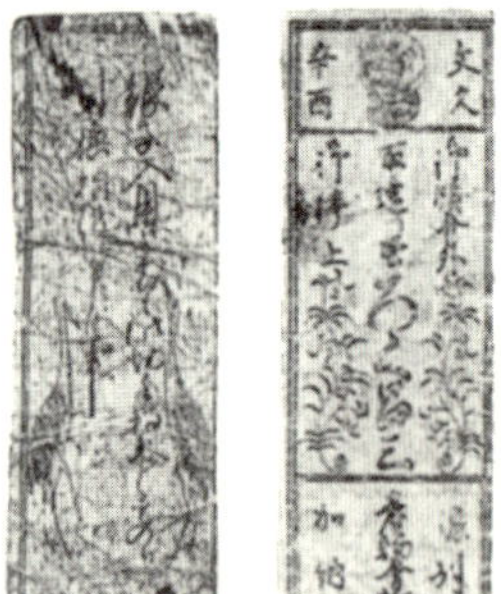

中　轆轤三札

文久辛酉　御領分之外取遣り堅御停止　ろく呂三　濃州加納　産物会所
銀子入用之節は此切手持参之ものえ引換相渡可申候事

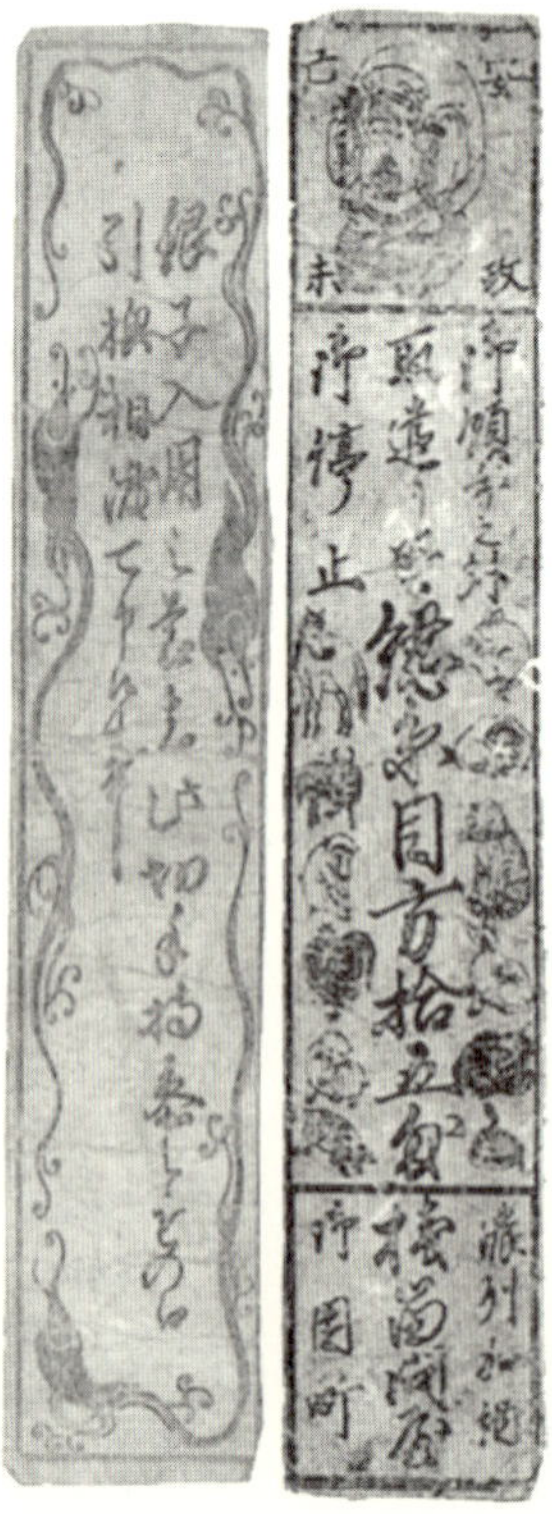

左　綛糸一五匁札

安政己未　御領分之外取遣り堅御停止　綛糸目方拾五匁　濃州加納　桟留問屋　御園町
銀子入用之節は此切手持参之ものえ引換相渡可申候事

加納藩の主な藩札

間ほどで除夜の鐘が鳴る時刻に、辰吉は御救金四両を、また跡取りの礼次郎が金一両二分を各々頂戴している。但し三分の一が正金で三分二を藩札で受け取った。

所謂加納藩札は、安政六年（一八五九）四月、加納周辺で生産されていた傘と桟留（木綿織物）を引き当てに、傘一本札銀二匁通用と綛糸《かせいと》一五匁札銀一匁通用の二種類が発行されるようになった。

その後、城下の特定御用商人に傘問屋を引き受けさせたものの、一手販売を企てた専売制は成功しなかった。かわって問屋制生産の経営者として成長してきた有力傘屋が、専売制の担い手として産物会所を結成した。加納藩は傘生産や桟留・木綿生産業を発展させると共に、藩財政の補填策、藩士の生計補助等のため、藩札発行をさらに進めた。

ちなみに、明治四年（一八七一）一〇月現在の統計で、傘二本銀四匁札が九,〇五〇枚、傘一本銀二匁札が一六五,四七二枚、綛糸銀一匁札が一九,二〇〇枚を始め、ろくろ三銀三分札と、ろくろ二銀二分札がそれぞれ発行されていた。

さらに、旧加納藩は明治五年新制岐阜県への報告の中で、発行高二三三,一一九枚、銀価三九六貫二〇〇匁一分に達したとしているように、藩の借財は、藩札の形で累積していった。辰吉や礼次郎たちは、この藩札を受け取っていたのであった。

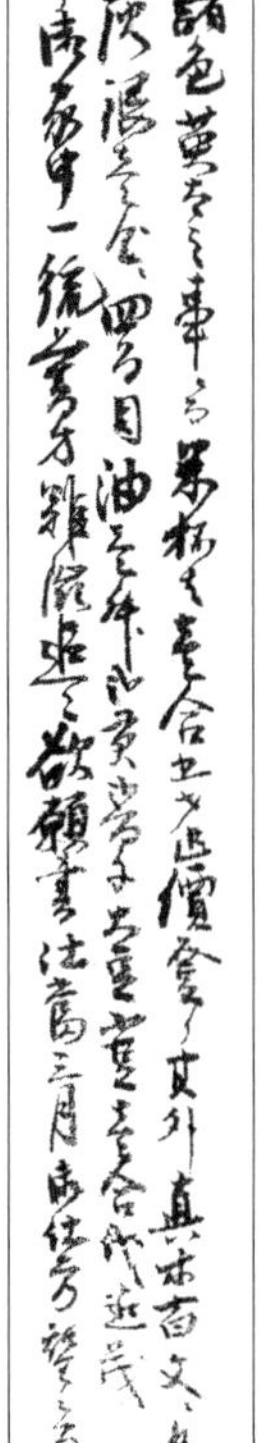

当時（慶応三年）諸色莫太之事ニて、米抔は壱合五才迄価登り、其外真木百文ニ付八百目、炭銀壱匁ニ四百目、油壱升弐貫弐百文、大豆・小豆壱合代迄も差登り、御家中一統暮方難渋、追々欲願書仕、当三月御仕方替ニて、（下略）

慶応三年になると「諸色莫太之事」となり、白米は銭一〇〇文に一合五勺まで値が登り、薪は銭一〇〇文に八〇〇匁（約三kg）、炭は銀一匁に四〇〇匁（約一・五kg）、油は銭二貫二〇〇文に一升（一・八ℓ）、大豆・小豆一合迄も値上がっていた。

家中一統の暮らし方が難渋となったので、追々歎願した結果、三月に仕法替えがあって、家老に八両、それより格により一両落ち、代官格からは二分落ちで計算し、辰吉は金二両、礼次郎は金一両二分を頂戴している。

諸物価の値上げ、藩士の家計の窮乏、さらに藩財政の逼迫は「ここに極まりぬ」といった情況になってしまったのである。

二　武田耕雲斎ら浪士軍が木曽路を通行

『見聞録』の元治元年（一八六四）一二月朔日の記事に、「此度関東より浮浪人上京致候趣ニて木曽路ヲ押上ケ候」とある。「浮浪人」とは、尊王攘夷の志をもった水戸藩（茨城県水戸市）の浪士たちが藩の重臣武田耕雲斎を頭領と仰ぎ、元治元年一月一日常陸国筑波山麓（茨城県）に挙兵した者たちである。勤王攘夷の熱い志を、朝廷や水戸藩出身の徳川慶喜に上奏しようと中山道を西上しようとしたのであった。

鉄砲・弓矢を持ち鎧を着たり、大砲一〇挺余り、幟旗を押し立て、太鼓・法螺貝、鉄砲一五〇〇挺ほど、鑓・長刀一二〇〇本余り、多量の弾薬を所持するなどと、武装していた。

しかもその人数は、一〇〇〇人余りとも二〇〇〇人弱ともいわれ、また女性も何人か含まれ、組織的に行動する軍団、「水戸浪士軍」とか「天狗党」とか呼ばれていた。

辰吉は「浮浪人」と記しているが、厳しい軍規を定め組織的に動いていることから、ここでは「浪士軍」とする。

「公儀よりも見合い次第討取候趣、厳敷」仰せ出されたと記しているように、幕府は浪士軍が京都へ向かうことを阻止する方針を取り、中山道近隣の諸藩に命じて、下仁田（群馬県）や和田峠（長野県）で阻止の戦いを仕掛けた。しかし浪士軍は次々と戦いに勝利して、馬籠（岐阜県中津川市）から美濃へ入ってきた。鵜沼宿（岐阜県各務原市）を過ぎれば、加納宿である。幕府の命を請け加納藩三万二〇〇〇石の大名永井の名誉にかけて、絶対に加納城下を通過させることは出来ない。加納藩は「厳重御固メ」の態勢を取った。

絶対通行阻止の態勢を感じ取った浪士軍は、一一月二九日鵜沼宿を過ぎ二十軒（各務原市）という所から谷汲街道に道を替え、芥見（岐阜市）を通り天王町（岐阜県山県市高富）に入った。

天王町・高富村は高富藩本庄一万石陣屋の所在地である。同月三〇日、浪士軍は天王町を中心に東深瀬村・戸羽村・梅原村（以上、山県市）・西粟野村（岐阜市）の五か村に分散止宿した。翌一二月一日、長屋村（本巣市長屋）を経て揖斐（揖斐郡揖斐川町）に向かった。揖斐に宿泊した浪士軍は、旗本岡田の家臣棚橋天籟に説諭されて、揖斐から長瀬を経て根尾川を北上することにした。美濃と越前堺の這帽子峠（九七八m）を越えて越前に入り、その後捕らえ

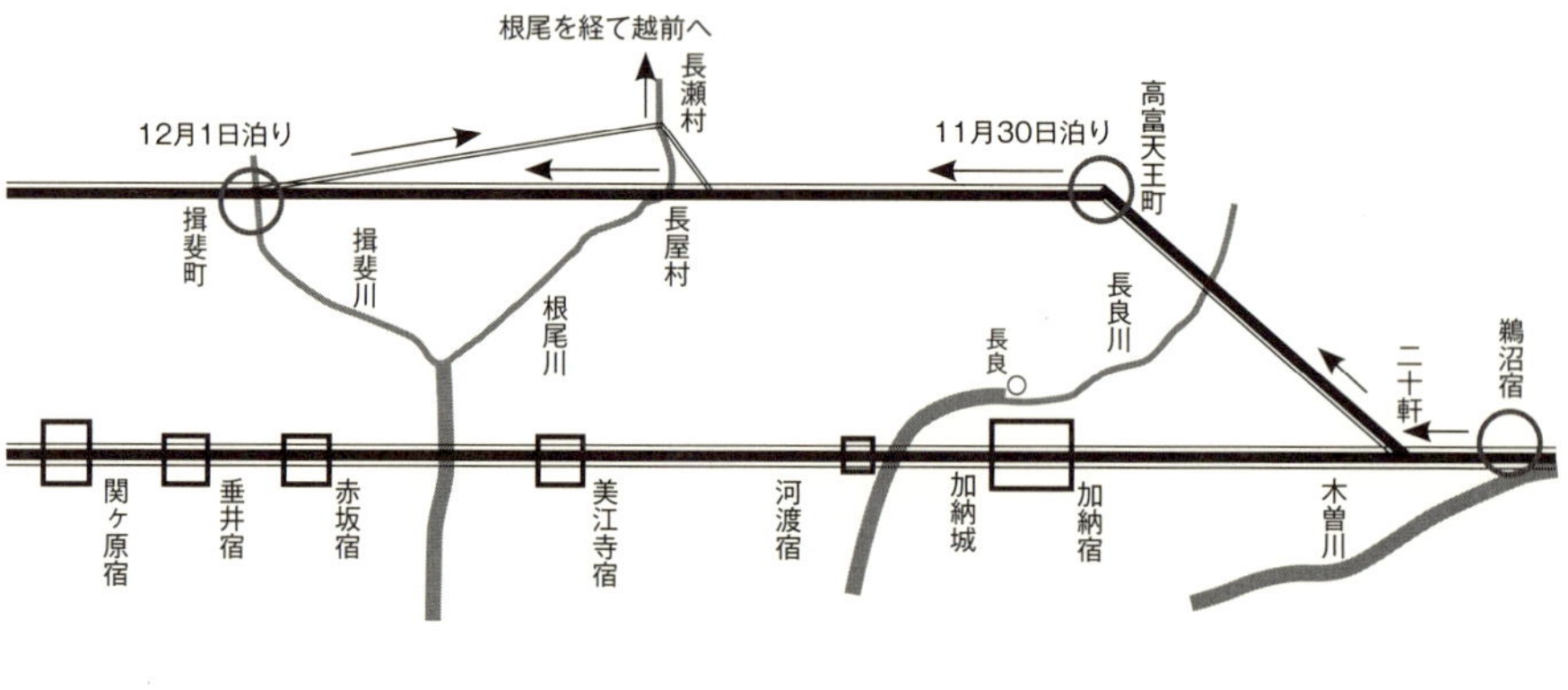

図５　浪士軍美濃国内行軍経路

れた。浪士軍は元治二年二月四日、武田耕雲斎ら三五二名が斬首となり、一一〇名は遠島処分、残り七〇〇名余りは水戸に返されたという。（『野史台維新史料叢書9』）

加納藩は浪士軍が美濃へ入った頃から兵三〇〇名余りを組織し、障壁を築き地雷を伏せるなどして「厳重御固メ」の態勢を取った。

幕府笠松郡代は、兵三〇〇余りを以て合渡川（長良川の河渡宿付近）を固め、大垣藩は兵六〇〇余りを中山道美江寺宿に派遣し、彦根藩は関ヶ原を固めた。

尾張藩の態勢は、長良川沿の長良村（岐阜市長良）から岐阜町に侵入しないようにした。とりわけ渡船の見張りをしており、一一月三〇日浪士軍が天王町などに止宿すると、長良村から岐阜役所に注進し、早打ちで名古屋へ連絡・報告した。尾張藩からは国家老成瀬・石川、大番頭衆・御目付衆等二〇〇〇人程の軍勢が出張り、二日二夜長良周辺に止宿した。（『岐阜市史史料編近世二』「川出金右衛門記録」）

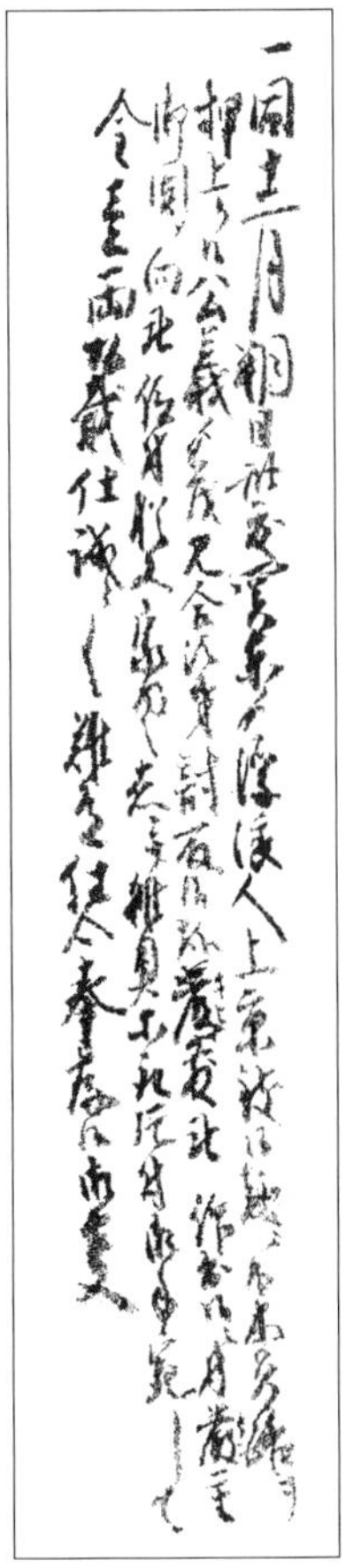

同（元治元年）十二月朔日、此度関東より浮浪人上京致候趣ニ候、木曽路ヲ押上り候、公儀よりも見合次第討取候様厳敷被仰出候ニ付、厳重御固メ向被仰付、猶又家内之者并雑具等取片付、御手宛して金壱両頂戴仕、誠ニ誠ニ難有仕合奉存候御事

この辰吉の記録は、恐らく浪士軍が揖斐へ向けて出発したという知らせを聞いて、加納へ侵入してくる可能性が少なくなったという安堵の記録であろう。そして、「家内之者并雑具等取片付、御手宛として金壱両頂戴仕」として、「誠ニ誠ニ難有仕合奉存候」と、浪士軍が加納藩に何の災いもなく無事に通過し、御手当金がもらえたことに、辰吉は最大の感謝を表現している。辰吉にとっては、時代の大きなうねりというより、むしろ家計のやり繰りに問題意識を持っていたようである。

三　慶応四年正月の加納藩

（一）加納に届いた鳥羽・伏見の戦いなどの情報

慶応四年（一八六八）元旦早々の記事に、辰吉は次のことを記している。「旧臘（昨年の一二月）二十五日、徳川家甚だ御心配の筋」があったが、「徳川家には三百年来の御厚恩」を頂いており、殿様も「厚く御心配を抱いておられ」ることから、「家中之面々は合体致し、非常の節は精勤を働くように」とのお達しがあったという。殿様の御勝手元で、家老から御流格まで吸物と酒、銀七匁五分あて、御目見格より下には銀五匁あて、支給されたというのである。「旧臘二十五日」の件については、一五代将軍徳川慶喜の将軍職奉還と王政復古号令、さらに徳川慶喜が二条城を出て大坂に退くなど、徳川将軍家の心配事をいうのであろう。それに対し、加納藩は徳川将軍家の御厚恩を思い、家中が殿様を中心に一体となることを改めて確認したのである。

その直後、正月三日会津藩と桑名藩（幕府軍）と西国勢（薩長軍）

とが、鳥羽・伏見において激突した。天下の大騒動である事から、加納藩、加納宿、辰吉には、いち早く情報が届いたと思われる。

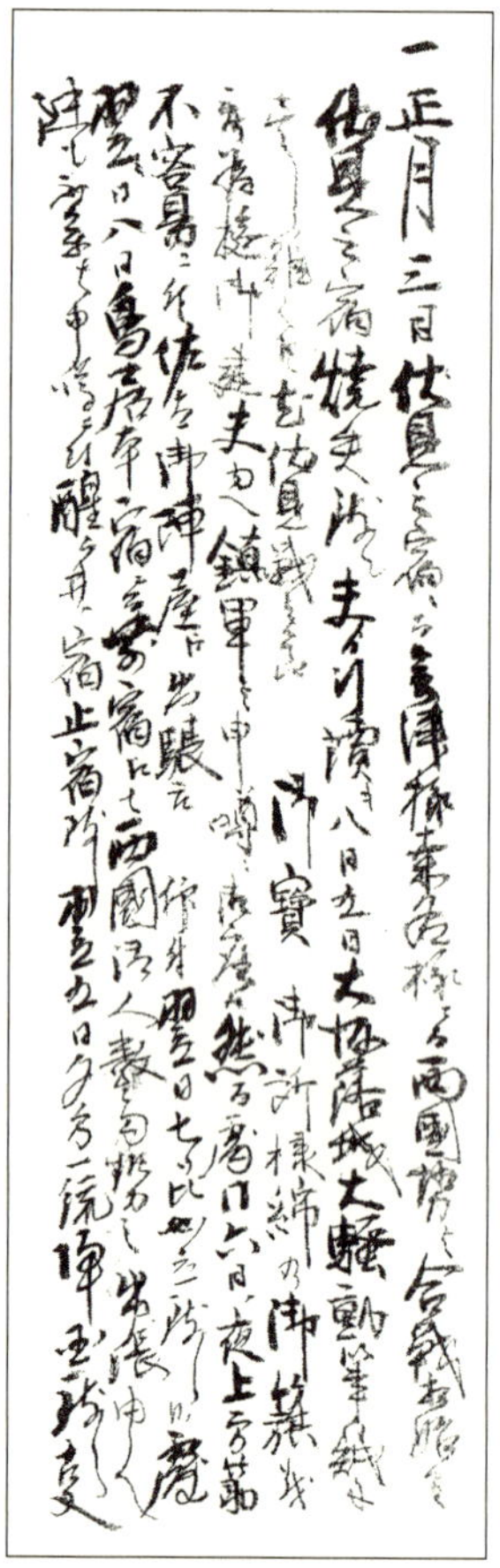

（慶応四年）正月三日伏見之宿ニて会津様・桑名様ニて、西国勢と合戦相始り、伏見之宿焼失致候、夫より引続キ八日・九日大坂落城大騒動、筆紙に尽し難く候、尤伏見戦之節、御宝御所様錦乃御籏を被為遊御建、夫ゆへ鎮軍と申噂ニ御座候、然る処、同六日ノ夜、上方筋不容易ニ付、（河内国）佐太御陣屋へ出張被仰付、翌日七ツ頃出立致し候処、翌々日八日、鳥居本宿（近江国）ニて前宿えは西国御人数多勢之出張ゆへ、迚も不参と申噂ニ候、醒ケ井宿（近江国）止宿致し、翌九日夕方一統帰国致し候事

鳥羽・伏見の戦い、それに続く大坂城の落城などの激戦、そして幕府軍の敗退などから、辰吉は「筆紙に尽くし難」いと驚き、不安・動揺したと思われる。さらに西国勢は「錦乃御旗」を建て「鎮軍」になったという。次いで六日の夜上方方面が不穏になってきたので、加納藩領の摂津国島上郡と島下郡、河内国茨田郡の内（守口市・高槻市・茨木市・枚方市・寝屋川市・門真市に分散）、合わせて一九か村約一万二〇〇〇石余りを治める佐太陣屋（守口市佐太中町七）を警固するため、藩兵を出張させるよう決定された。翌七日早朝四時頃、加納を出発して、翌々日の八日鳥居本宿（滋賀県彦根市）に到着。「鳥居本宿から先の宿へは、西国へ行く大勢の出張人が居るので迚も行く事が出来ない」という噂があった。そこで、加納へ少し戻った醒ヶ井宿（滋賀県米原市）に宿泊して翌九日夕方に藩兵一統が帰国した。

（二）赤報隊と対峙する加納藩

慶応四年（一八六八）正月二三日、朝「天野半九郎殿切腹被致」という記事を記している。その後段で辰吉は、郡奉行を務めていた天野半九郎（嘉永・慶応の分限帳で三〇俵三人扶持）の人となりを「適ノ武士」と評価している。東山道鎮撫総督府の東征に先だって前侍従綾小路俊美（大原重美）の一団である赤報隊が、京都を出発して中山道の加納宿に至り、加納城下に留まり、加納藩が新政府に帰順するよう迫った時の事であった。

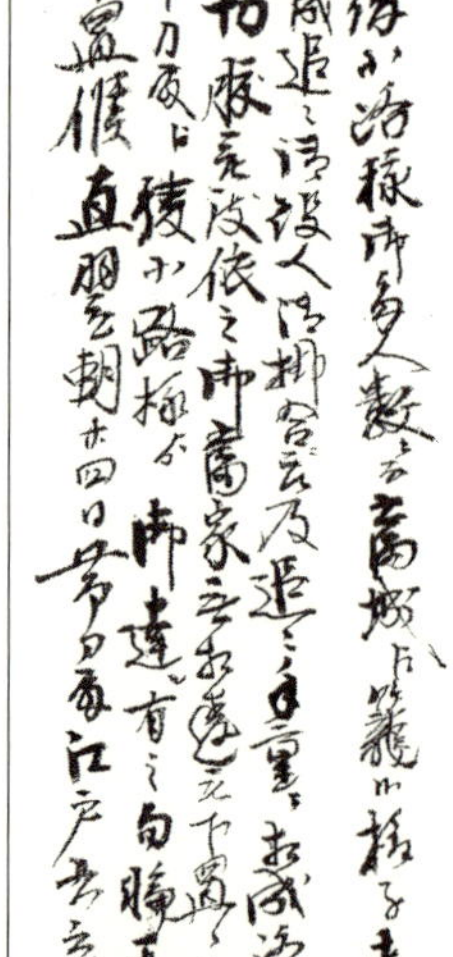

同（慶応四年正月）二十日綾小路様多人数ニて、当城え籠候様子、夫より御家中不容易心配ニ相成、追々御役人御掛合ニ被及、追々手重ニ相成、終ニは二十三日朝天野半九郎殿切腹被致、依之御当家無相違被下置候之 御勅命、御用人川上帯刀殿え綾小路様より御達シ有之、勿論天野半九郎適ノ武士、依之被下置候、

直翌朝二十四日帯刀殿江戸出立被致候事

鳥羽・伏見の戦いで勝利した東征軍は、一月九日直ちに東山道鎮撫総督に岩倉具定を任命し、同月二一日京都を出発した。この本隊に先立って先鋒隊が結成され、その任務は、東征軍が進んでいく沿道の諸藩が、どの程度薩長軍が主力とする官軍に勤王を誓い忠誠を誓うか、その地方の民心の状態はいかがなるものか、などを調べること、となっていた。美濃へ入ってきた先鋒隊には、美濃笠松に入り幕府領を管轄していた笠松郡代役所を接収した、竹沢勘三郎一隊があり、その他には加納へ入ってきた赤報隊があった。

　赤報隊は、前侍従綾小路俊実（大原重美）・侍従滋野井公寿等を擁して結成され、一月一八日関ヶ原を越えて美濃へ入り、先ず、鳥羽・伏見の戦いで幕府軍奉行を勤めた竹中丹後守重固の陣屋を接収した。この情報はいち早く加納へ伝わり、近づく赤報隊の到来を前に、その対応をめぐって動揺と緊張の度が高まった。加納藩主永井尚服は、慶応三年六月若年寄兼会計奉行の要職にあり、同年一二月将軍徳川慶喜が、「天朝反逆之罪状有之」に付き辞職していたものの、幕閣であった事には間違いがない。また永井の分家、旗本の永井玄蕃頭尚志は、慶応二年一一月将軍から急便を以て大坂城へ呼ばれ、大目付・外国奉行・徴集御用掛を命じられていた。鳥羽・伏見の戦いに出陣する前将軍の命令を請け、幕府軍として鳥羽・伏見に駆けつけたりもしていた。そんな両家の立場から、いきなり「勤王を誓い官軍に忠誠を誓うこと」は難しい状況であった。

加納宿。左側は加納宿当分本陣跡

　一月二〇日赤報隊の「綾小路ら多人数が、加納城え籠もった様子」であった。隊の人数は二〇〇名余り、継立人馬、大砲などを持つなど物々しいものである。加納宿の人々は恐怖の的であった。宿の記録によると、「抜き身の刀を振り回したり、生きた鶏や豚を井戸端で料理するなどしていた」などという。さらにまた、「夜は市中に篝火を焼き、往来人を咎めるなどした」と記されている。さらにまた、岐阜に勢力を張る博徒の頭目水野弥三郎（通称弥太郎）及びその配下も赤報隊を警固したり、隊に加わろうとしているという情報もあった。また別の記録によると、「綾小路様ニ高弐万石之御墨付頂載仕候事」とか、「いづれ当加納城へわる者頭弥三郎在城可致」とか、「毎日〱町郷とも今ニもいづ方より合戦相初り候哉」などという風聞が飛びかった。加納の人々をはじめ

「御家中不容易心配ニ相成」、極度の緊張・混乱の中にあったといえよう。（『岐阜市史通史編近世』）

　加納藩と赤報隊綾小路との折衝については、『加納町史上巻』「綾小路等の騒擾」を引用する。綾小路は、「藩主永井肥前守は、江戸に於て朝敵の参政の役を相勤め、剰へ分家玄蕃頭尚志は、伏見にて朝敵と成りたるものの家族をかくまいたる段、甚だ以て不都合の次第也、依て直ちに開城して、兵器を差出すべし」と、加納藩に要求した。藩は、この要求に対して、「追々御役人御掛合に及んだと思われる。二一日郡奉行天野半九郎始め用人・家老が綾小路宛に差し出した嘆願書は、次の通りであった。

覚

此度徳川慶喜被対　天朝反逆之罪状有之候に付而者、主人肥前守儀参政之役儀をも相勤罷り在候に付、蒙　御譴責一言之申訳無御座奉恐入候、依之開城可仕旨　御沙汰之趣、異議可申上様無御座候、然るに、唯今肥前守家名断絶仕候而者、何程勤　王之赤心有之候共、水之泡と相成歎ケ敷奉存候

右之趣早々江戸え私共之内罷出申聞候者、悔悟伏罪可仕者当然之儀に付、急度辞職為仕於一藩者憤発勉励仕、勤王の実効相顕れ候様之御用向相勤可申候間、何卒大之御憐愍を以て、肥前守家名立行候御執成被下候様奉歎願候

戊辰正月二十一日　永井肥前守家来

郡奉行　天野半九郎　印

用　人　篠原富之進

同　小倉新五郎

同　川上帯刀

家　老　片岡左富

綾小路様

御軍議衆中

加納藩主は、天朝反逆罪の徳川慶喜の参政の役儀を勤めていることを謝罪すること、開城には異議ないこと、永井の家名断絶は勤王の赤心が水泡となることから、「大之御憐愍を以て肥前守家名立行候」ように取り計らってほしいことを願い出た。

　その後も加納藩重役と綾小路との折衝が続いたものと思われる。先述の通り、家名断絶などということは加納藩存亡の危機であり、錦乃御旗を掲げる東征軍の要求であるだけに、加納藩にとって全く無力であった。

（三）郡奉行天野半九郎の切腹

それでも藩として郡奉行天野半九郎が、折衝の全責任をもってあたった。一方赤報隊の警固を担っていた水野弥太郎が、古くから永井玄蕃頭尚志と因縁があることから、加納藩と赤報隊との穏便な解決・仲介の労を買って出たようである。それでも加納藩にとって厳しい対決があった事はいうまでもない。辰吉が記したように、「追々手重ニ相成、終ニは二三日朝」、折衝の責任を取って、天野半九郎が切腹し、藩論を統一した。

　辰吉は、「依之」と敢えて記し、「御当家無相違被下置候之御勅命」、つまり永井家の家名相続が出来、加納藩の存続が出来るという勅命が、綾小路から用人川上帯刀に通達されたと記している

のである。折衝にあたった天野半九郎について、辰吉は、「適ノ武士」としている。

「適」は「あっぱれ」と読み、「南が太陽の光を受けて明るくみごとであること」を表す日本製の漢字である。「あっぱれ」は、現在「天晴」と書くが、辰吉はわざわざ「適」の文字を選んで、天野半九郎の切腹に、加納藩を救ってくれた事への最高の感謝と、見事に役目を命がけで果たした賛辞・賞賛の言葉を贈ったといえよう。

此度肥前守家名存亡之境に切迫仕、私共進退止候に付、唯今家名断絶仕候而者一藩之勤　王之宿志も水の泡相成、歎ケ敷奉存候に付、此上猶更憤発勉励仕、実効相著し候様之御用相勤可申候間、何卒寛大之御憐愍を以て家名立行候様歎願書差上候処、出格之御仁恵を以て、歎願之趣御承知被為在候間、安心仕候様にとの御沙汰之趣、身に余り一同之安心可申上様も無御座候就ては肥前守儀退職帰城仕候儀と奉存候、乍併、参政の役儀相勤諫争をも不差加候儀御不審にも相成候段、御譴責之趣も有之候に付ては隠居為仕家名相続之儀は隠居松濤に被仰付再勤被仰付候様仕度奉願候、然る上者京地之御用被仰付被下候得者、自然と勤王之実地を相勤、家中一般四民に至る迄　王臣王民たる所以を相辨、彌尽力仕候様に相違可申と奉存候、何卒出格之思召を以て願之趣に被仰付下候様御執成之程只管歎願候、以上

戊辰正月二十四日　用人印
家老印

綾小路様
御軍議衆中

翌一月二四日加納藩重役の連名で、綾小路に対して「家中一般四民に至るまで王臣王民」となることを願い出た。

つづいて、辰吉は用人川上帯刀が「江戸出立」と記している。綾小路との折衝の経緯や、加納城の開城のこと、さらに兵器を差し出すことや家名は存続すること、天野半九郎が切腹したことなどを藩主永井尚服に報告し、決裁を請けるため江戸へ出発したと思われる。二五日赤報隊綾小路は加納を出発し中山道を東に進んだが、その時藩は、施条炮(大砲)二門、ミニーヘール銃四〇挺、ケヘール銃三〇挺などを勤王のために献納した。赤報隊が加納を離れたことにより、加納はようやく穏やかになった。しかし赤報隊二〇〇名余りが本陣・脇本陣などに宿泊していたので、その費用銀六貫六三五匁余り(約金一一〇両)の調達に後々、苦慮しなければならなくなった。

(四)　藩主より御歓びを頂戴

赤報隊が加納を離れ、二月二一日謹慎を解かれた藩主永井尚服が帰城した。翌二月二一日東山道鎮撫総督府の本隊が、加納宿本陣に到着した。直ちに加納藩兵一〇〇名も従軍した。その中に辰吉の跡取りとなった礼次郎、下条の跡取りとなった隆吉(いずれも辰吉の孫)の二人も従軍した。

次いで、三月一〇日、藩主は京都表へ登るため加納を昼後に出発し、五月二〇日、京都表より帰城した。

次に六月一五日、「殿様が此の度、京都表の朝廷御用向が、首尾能く万端清(スゴ)させられ候、依之御歓びとして御吸物・御酒下し置かれ、有難く頂戴仕り候事」と記している。

京都表へ登って、加納藩・永井家の家名存続が認められたことにより、その歓びとして、辰吉など家中の者たちに御吸物とお酒が下し置かれた。それのみならず、「家中銘々一席一人ツツ」が殿様の前に召し出されて、「此度、朝廷に召し出され色々御達があった趣」などを話されたというのである。藩主が藩士の辰吉たちに直々に話されることは今までなかったことである。

しかも、藩士から、藩財政再建のための意見を申し出るよう、次の通りご下問があったというのである。

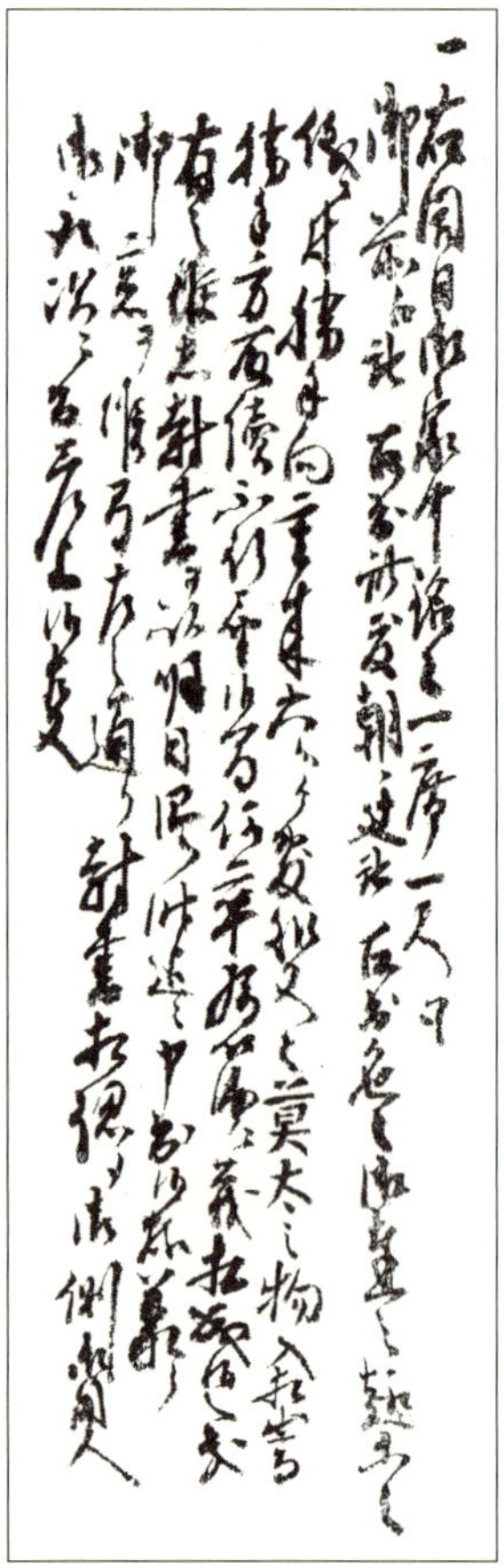

右同(慶応四年六月一五)日、御家中銘々一席一人ツツ　御前え被召出、此度朝廷被召出色々御達之趣等之儀ニ付、御勝手向重来六ツケ敷処、又々莫太之物入相嵩、勝手方取続不行届候間、何卒為筋ニも相成候之義有之候は、封書ヲ以、明日四ツ時迄ニ申出候様蒙り　御意ヲ候間、左之通り封書相認メ御側御用人御取次ニて、差上候事

藩財政の収支が難しいことや、莫大な物入りが嵩んで勝手方の存続が不行届きになることから、その解決策があれば封書に認め翌一六日四ッ時(午前一〇時頃)までに、用人取次ぎで提出せよということであった。

辰吉(田辺豊助)は、次の様に認め提出した。

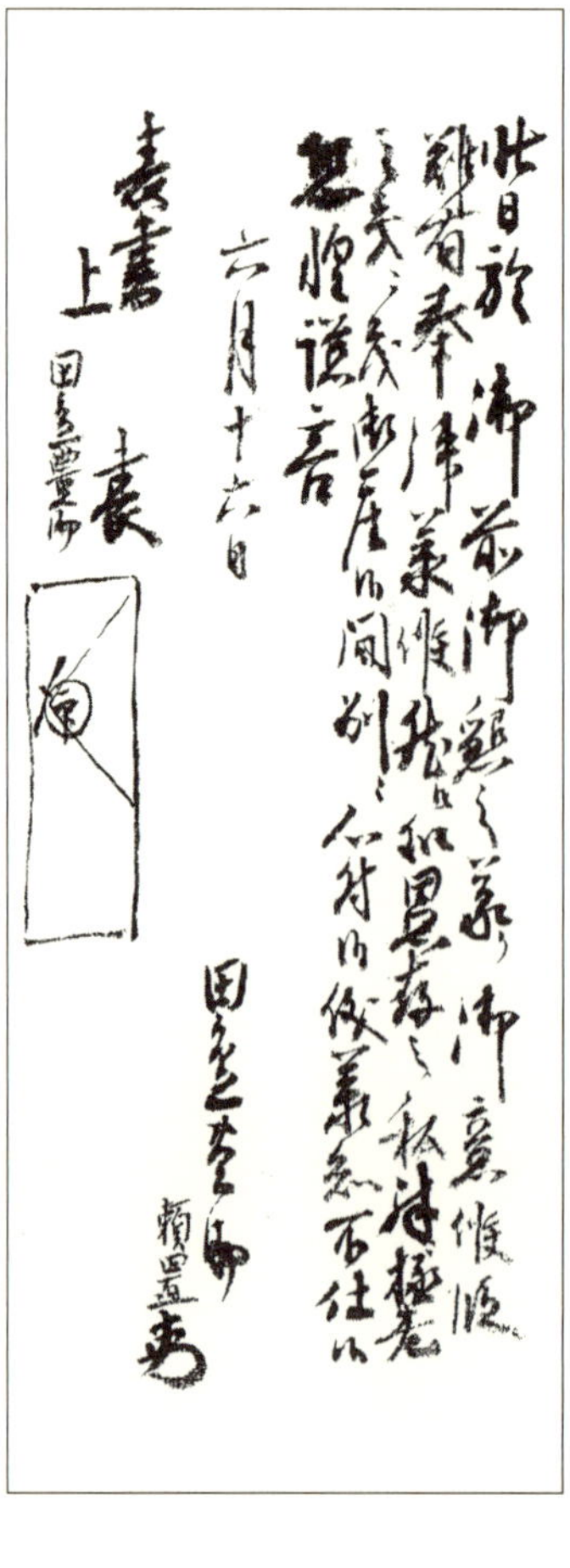

昨日、於　御前御懇之蒙り　御意候段、難有奉拝承候、然ル処愚存之私、殊極老之義ニも御座候間、別ニ心付候儀承知不仕候、恐惶謹言

六月十六日

田辺豊助頼置(花押)

表書　　裏
上　田辺豊助

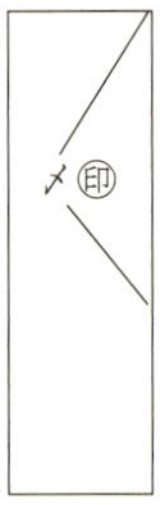

辰吉は、極老(八五歳)になっており、「別に心付候儀承知仕ら

ず候」と申し上げている。

次いで七月七日、東山道鎮撫総督府の本隊に従軍していた田辺礼次郎と下条隆吉が、帰国してきたことから、辰吉は「目出度」と、率直に喜びを表している。

かくして激動の時代に翻弄された加納藩は、明治維新政府の成立、維新の改革の中で加納藩制を整えていくことになった。慶応四年（一八六八）九月、明治天皇が即位し明治元年となって、見聞してきた江戸時代は終焉を迎えることになるが、加納藩に仕える老年（八五歳）になった辰吉の見聞はまだまだ継続している。

第五節　頼みの嫡男を亡くし、なお藩に仕える辰吉

一　七〇歳代になっても

（二）再び現役復帰か

嘉永五年（一八五二）表中小姓格で一線を退き隠居したように思えたが、七六歳になった辰吉は、七年後の安政六年（一八五九）改めて「中小姓格」を命じられた。

安政六年六月二〇日江戸勤め番になっていた嫡男富太郎（礼助）が突然病死してしまった。養子として迎えていた孫（礼次郎）は未だ一〇代の若輩であったことから、辰吉（豊助）は現役の藩士として拝命したのである。

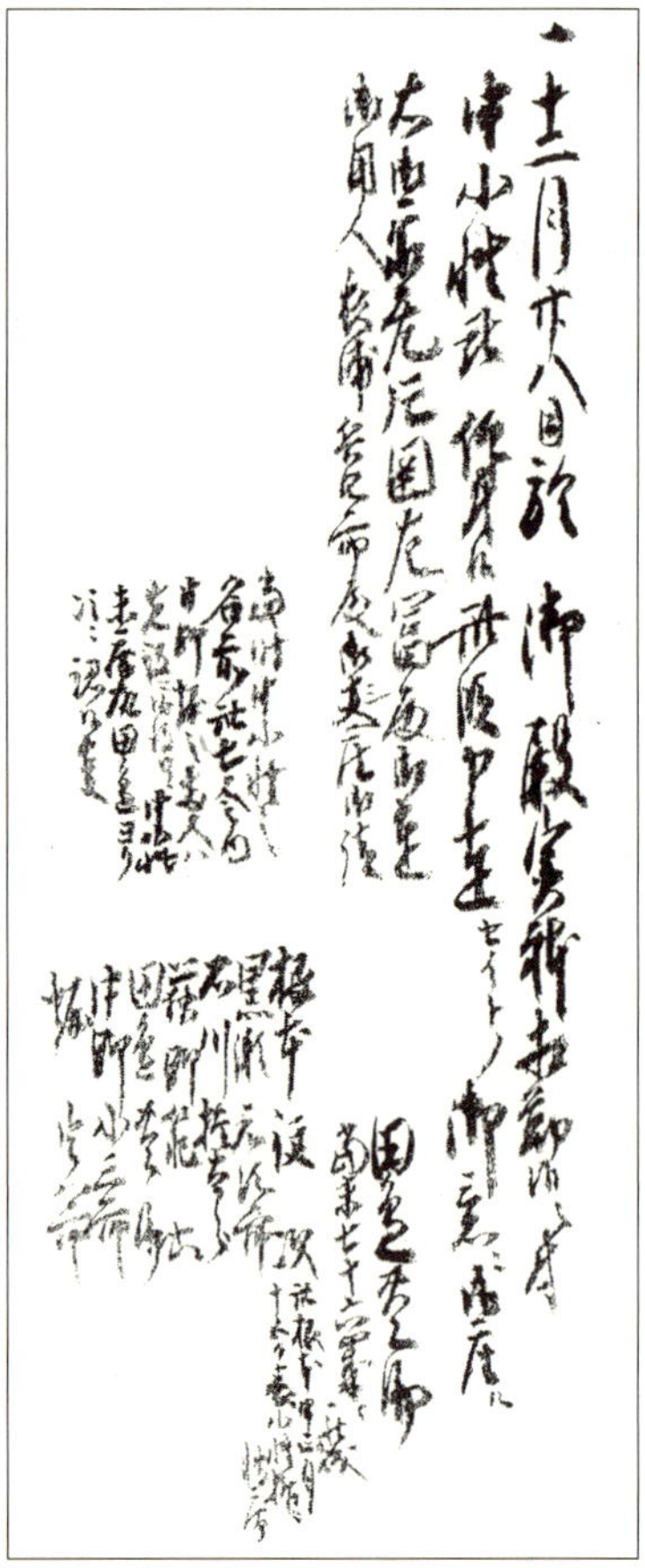

（安政六年）一二月二十八日於御殿、実躰相勤候ニ付、中小姓
被仰付候、此段申達セイトノ御意ニ御座候
右御家老片岡左富殿御達、御用人杉浦兵四郎殿御支（シ）座御請
田辺豊助　当未七十六歳ニ罷成
根本鍵次・黒瀬元次郎
石川権太郎・荻野範六
田辺豊助・中野小三郎
堀宇八郎
当時中小姓之名前、此七人之内、中野・堀之両人ハ先跡ニ候得共、中小姓末席故、田辺ヨリ次ニ認候事
此根本、申正月十五日、表小姓格ニ転席

その時の様子は次の通りである。一二月二八日七六歳になっていた辰吉は御殿において、家老片岡左富・用人杉浦兵四郎から、殿様の「御意」であるとして「実躰相勤候ニ付、中小姓被仰付候」とのお達しを拝受した。

一緒に中小姓を拝受したのは、根本・黒瀬・石川・荻野・中野・堀の七名であった。

ちなみに「加納藩慶応頃の分限帳」『加納町史上巻』によると、根本鍵次は表小姓格・五両三人扶持、黒瀬元次郎は中小姓上席・二五俵三人扶持、石川権太郎は中小姓格二〇俵三人扶持、荻野範六は祐筆格・二〇俵三人扶持、そして田辺辰吉（豊助）は中小姓・三両三分三人扶持とある。

辰吉と共に中小姓を受けた中野小三郎・堀宇八郎は慶応の分限帳に記載されていないが、辰吉以外は慶応になると、中小姓より上位の格式に昇っており、辰吉にとって同僚といっても上位の藩士といえる。

万延二年（一八六一）正月二〇日辰吉は、七八歳になっていたが元蔵役を命じられ、二年後の文久三年（一八六三）一二月二五

年表11　田辺辰吉の履歴　（嘉永５年～安政６年）

西暦	和年号	月　日	年齢	事　　　項
1852	嘉永５年	2・21～24	69	天満宮950年御神忌、神輿・山車、神納
		閏2・21		辰吉、老年まで勤続御称美として表中小姓格御広間中小姓一統の御番を拝命
		6・		辰吉、１反１畝余の田地を買い求め、二男豊治(下条庄兵衛)へ譲渡
		10・27		奥座敷南口より鶯立込、来春の吉兆
		11・ 6		辰吉・こう・富太郎・豊次、有卦に入る
		12・15		富太郎(礼助)、徒目付仮役拝命
		12・16		昨春以来の面扶持御免再減少御弛、御救金頂戴
	嘉永６年	8・晦日		豊治、礼次郎を虎の婿養子に内定
		9・28		富太郎、徒目付本役を拝命
	嘉永７年	正・19～20		アメリカ一条につき天神・八幡２夜３日の間武運長久を祈祷
		正・20		若殿(永井尚服)屋敷移りの祝儀辰吉金１分１朱、富太郎金100疋等拝領
		6・20		富太郎、御朱印御差下げ守護出立
		閏7・		富太郎、若殿様御在城中御供方
		12・28		富太郎、若殿様任官、伊豆守様と改名、御歓び呈書
	安政２年	2・10		お虎、有卦を祝う
		2・15		富太郎、甥下条礼次郎(15歳)を娘虎の婿養子縁組みを届ける
		3・29		富太郎、足痛につき鹿足袋使用
		5・15		永井氏加納所替以来100年居城祝い
		9・14		豊治、長男隆吉吹き出物があるため、月代を許可願う
		11・朔日		富太郎、礼次郎子分につき御貸金拝借願い
		11・15		富太郎、礼次郎を養子に引き取るため、藩重役や町内へ披露挨拶回り
				豊治、礼次郎を富太郎の子分にするため、藩重役へ挨拶
				礼次郎、養子は８つ時、嫁入りは夕方
		12・28		富太郎、鎌田流軍貝目録伝授につき、御称美金200疋頂戴
	安政３年	正・24		富太郎、稲荷大明神を祀り、子々孫々武運長久立身出世を祈祷
	安政４年	正・ 5		安政４年～７カ年面扶持御免再減少御弛、百石に金２両宛御救金支給
		5・16		富太郎、若殿様御供江戸勤番を拝命、御台所頭格式徒目付本席拝命
		5・16頃		豊治、死去(42歳)
		5・19		豊治嫡男隆吉、跡式金３両２分２人扶持、追手御門番を拝命
		閏5・		富太郎、江戸勤番につき、金12両２分調達
		閏5・16		富太郎、若殿様江戸へ発駕につき御供出立
		6・20		富太郎、江戸勤番御台所頭格徒目付御供方拝命、御手当金３両２人扶持拝領
				富太郎、御台所頭格につき下男扶持１人分拝領
		8・24		礼次郎、袖留め祝言
		10・29		富太郎、格式是迄の通り、徒小頭御供方拝命
		11・10		富太郎昇進につき、加納の藩重役に御礼回り、子孫繁昌を祝う(豊助)
	安政５年	6・20		富太郎、江戸表で病死(44歳)
		7・21		孫礼次郎(18歳)を嫡子とする旨願い出る(豊助)
		10・11		礼次郎を嫡子とする件認められる
		11・16		礼次郎の前髪を執らせる
1859	安政６年	正・元日	76	富太郎の遺品、加納へ着府
		5・25		礼次郎、元服(表向き19歳、正年16歳)
		12・28		辰吉、実躰相勤めにつき中小姓拝命(豊助、76歳)

日、「老年ニ及候ニ付、元蔵役御免」となり、「御座間六番之御番」を、五ッ時(午前八時頃)から八ッ時(午後二時頃)に勤めるように命じられた。

慶応元年(一八六五)一二月二五日には、八二歳になっていた辰吉は、「表小姓格」に昇格し、御広間で六ッ時(午前六時)から九ッ時(正午一二時)まで御番を勤めることとなった。勤務は順次半日勤務に軽減されたのである。この命を受けた辰吉は、即刻参上し、「目出度難有仕合ニ奉存候」とお礼を申し上げている。

現在においても、八二歳での勤務はなかなか心身共に辛いものがあると思われる。格式をあげ、さらに職務を命じられ、御救い金を与えられていることから、辰吉のお礼の言葉には田辺家相続のためにも、重い意味があったと思われる。

（二）孫たちの養子縁組み

嘉永六年(一八五三)八月晦日、下条豊治(庄兵衛)の二男礼次郎を辰吉の孫娘虎の婿養子にするよう、田辺家と下条家で内談し、仲人・媒酌人奥谷貞助を頼み、取り決めができた。

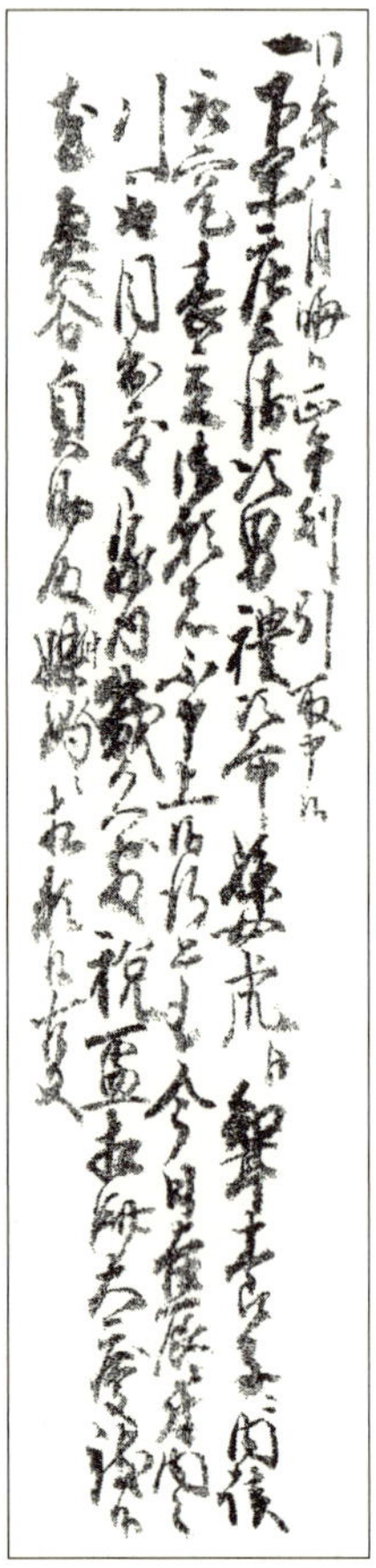

この段階では表だって藩へ許可願いを出さないものの「目出度く家内幾久しく祝盃を交わし」たという。虎と礼次郎は従姉弟同士で、親が決めた許嫁といったところである。といっても、お虎は天保一四年(一八四三)九月生まれの一一歳そこそこで、礼次郎は天保一五年七月生まれの一〇歳そこそこといったところである。

この時、辰吉の長男・富太郎は、加納藩士として御徒士格・徒目付仮役を命じられており、藩主永井尚典が在城中はお供を命じられる四〇代になった中堅藩士といったところである。この年齢で、跡継ぎの問題を考えることは、今日では到底必要ないことかも知れないが、政六・辰吉と受け継いできた田辺家にとっては、極めて重要な問題であったと思われる。もう少し穿った見方をすれば、家職とさえ思っていた「献上方」を故なく失い、御奉行方物書本役・手代格を命じられた先代政六が、御流格・徒目付まで昇格している。跡式三両二分二人扶持を受け継いだ辰吉は、商家に養子していたにもかかわらず、政六の嫡男・嫡子が相次いで若死にしたため、急遽田辺家に復縁、政六の嫡子となった経緯がある。その辰吉は加納藩士として老年まで勤続した功績の御褒美として、表中小姓格御広間中小姓一統の御番を拝命するまで立身出世したのであった。加納藩士として下級の中でも、かなり上位の格式まで昇格した田辺家、辰吉にとって、確実に嫡子を決めておきたかったのではないかと思われるのである。

婚約した二年後の安政二年(一八五五)二月一五日、いよいよ富太郎は、弟豊治の子礼次郎を養子とする旨の許しを藩役所へ提出した。

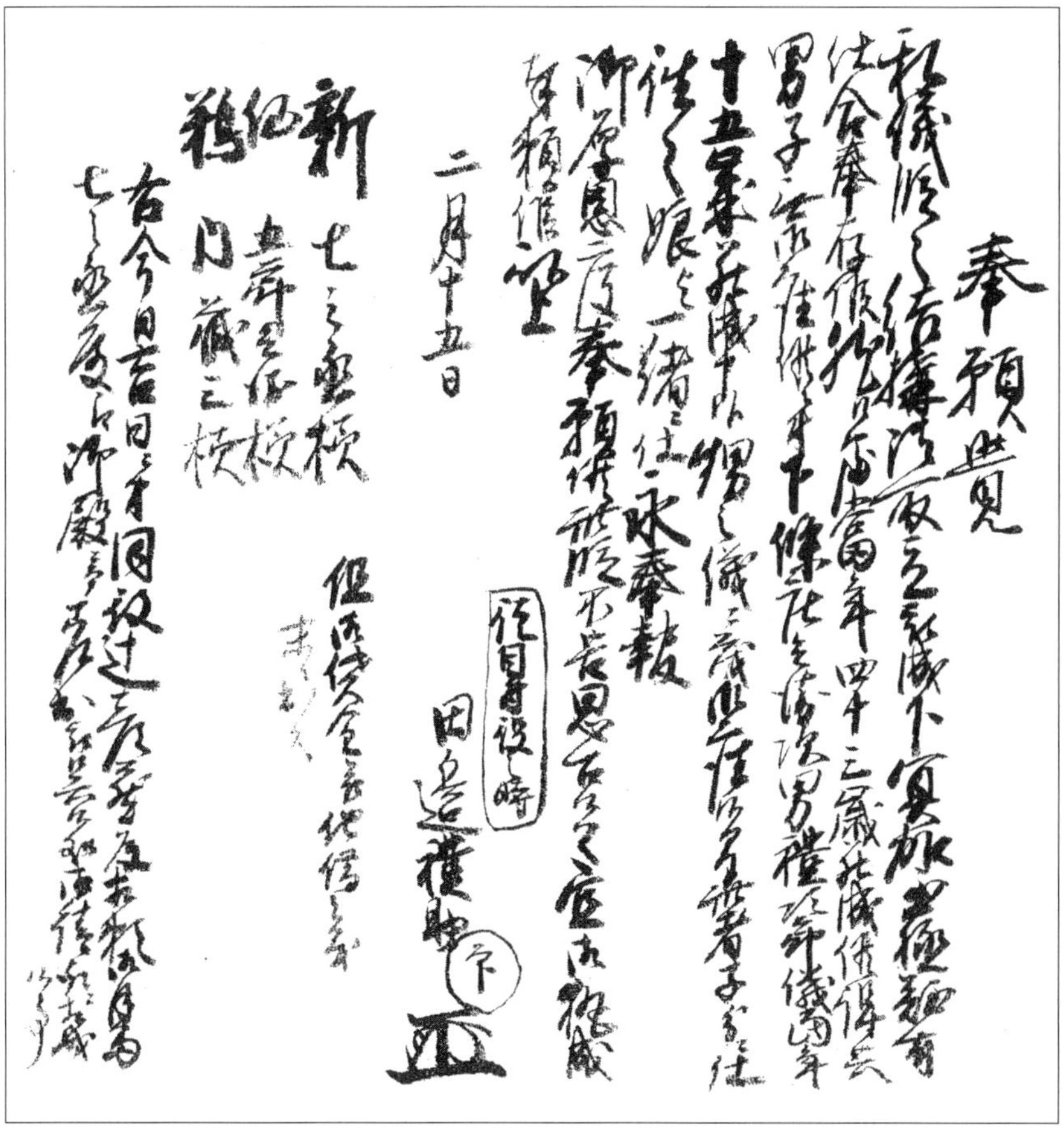

奉願覚

私儀段々結構御取立被成下、冥加至極難有仕合奉存候、然ル処、当年四十三歳罷成候得共、男子無御座候ニ付、下条庄兵衛次男礼次郎儀、当年十五歳罷成申候、甥之儀ニも御座候間、此者子分ニ仕、往々娘と一緒ニ仕、永奉報　御厚恩度奉願候、此段不苦思召候ハヽ、宜御執成奉頼候、以上

二月十五日　　徒目付役之時

田辺礼助㊞（花押）

新　七之丞様　　但　御貸金并他借之義

仙　五郎兵衛様　　末ニ出ス

鵜　内蔵三様

右、今日吉日ニ付、同役辻彦蔵殿相頼、御月番七之丞殿え御殿ニて差出被呉候処、御請取ニ相成候事

養子許可願いの中で、富太郎（礼助）は、自分は四三歳（実際は数え四二歳）になるが男子がないので、下条豊治（庄兵衛）の二男礼次郎を「子分」（養子）とすると願い出たのである。願書の中で礼次郎は富太郎の甥に当たること、一五歳（実際には数え一二歳）になること、往々は娘・虎（数え一三歳）と夫婦にすることとしている。

一方同日付けで、下条豊治も礼次郎を富太郎の養子にする許可を願い出ている。この願いは、一週間後の同月二一日に聞き届けられた。田辺家は辰吉、富太郎、礼次郎と跡継ぎが明確となり、行く末安泰といったところであろう。

同年一一月、富太郎は、礼次郎をいよいよ養子に迎えるため、藩の御貸金拝借として銀四匁（此の銭五一一文）や他借金として金一朱を借り入れた。なお、下条豊治も御貸金拝借として銀三一匁九分五厘、他借金として金二分を借り入れた。

いよいよ、富太郎は一一月一五日七ッ過（朝四・五時）頃、礼次郎を連れて「今日子分之者引取申候」と家老や用人或いは懇意の人々、親類・町内の人々に披露して歩きまわった。養子は一五時頃とし、嫁入は夕方とした。

田辺家も下条家も婿養子の婚儀が行われるということで目出度いことであるが、その経費を借金しなければならない家計状況であった。

（三）長男・富太郎（礼助）

長男富太郎は先に述べたように、嘉永五年（一八五二）一二月徒目付仮役を命じられ、翌年九月には徒目付本役を命じられた。さらに翌嘉永七年（一八五四）正月には、表中小姓格の父辰吉と共に、若殿様・永井尚服から祝儀を頂戴した。辰吉は金一分二朱、富太郎は金百疋と、両名には紅白の水引・切り熨斗の煙草入れ包みを頂戴したのである。

その後六月には、富太郎は御朱印状を守護して江戸から差し下ることを命じられた。将軍から藩主への御朱印状で、「守護御大切之品」であるから、万全を期さなければならない役目である。御目付・市川には「不寐も被仰出」され、往来には引き戸駕籠の使用を許された。徒目付の富太郎と徒士仮役の者には、御目付と同様に「不寐」の勤めであるので、下りの道中のみ、二人「摸合」（催合モヤイ＝二人以上の者が共用すること）で使用する駕籠を一挺許されるなど、総勢二〇名ほどの物々しい供行列であった。

加納へ帰城してからも、富太郎は若殿様・永井尚服のお側近くに仕え、一二月に伊豆守任官においても富太郎

年表12　田辺富太郎の履歴　　（安政２年～安政６年）

西暦	和年号	月　日	年齢	事　　項
1855	安政２年	2・10	42	富太郎の娘お虎、有卦を祝う
		2・15		富太郎、甥下条礼次郎（15歳実は12歳）を娘虎の婿養子縁組みを届ける
		2・15		豊治、二男礼次郎を田辺富太郎（礼助）の婿養子縁組みを届ける
		3・29		富太郎、足痛につき鹿足袋使用
		5・15		永井氏加納所替以来100年居城祝い
		6・18		富太郎、家老篠原養老行の御供
		8・ 6		富太郎、家老篠原奥方より家紋入り上下頂戴
		11・朔日		富太郎、礼次郎子分につき御貸金拝借願い
		11・15		富太郎、礼次郎を養子に引き取るため、藩重役や町内へ披露挨拶回り
				礼次郎、養子は８つ時、嫁入りは夕方
		12・28		富太郎、鎌田流軍貝目録伝授につき、御称美金200疋頂戴
	安政３年	正・24		富太郎、稲荷大明神を祀り、子々孫々武運長久立身出世を祈祷
		8・25		殿様（永井尚服）・大殿様（永井尚典）へ江戸表大風雨・津波の御見舞
	安政４年	正・ 5		安政４年～７カ年面扶持御免再減少御弛、百石に金２両宛御救金支給
		5・16		富太郎、若殿様御供江戸勤番を拝命、御台所頭格式徒目付本席拝命
		5・16頃		豊治、死去（42歳）
		5・19		豊治嫡男隆吉、跡式金３両２分２人扶持、追手御門番を拝命
		閏5・		富太郎、江戸勤番につき、金12両２分調達
		閏5・16		富太郎、若殿様江戸へ発駕につき御供出立
		6・20		富太郎、江戸勤番御台所頭格徒目付御供方拝命、御手当金３両２人扶持拝領
				富太郎、御台所頭格につき下男扶持１人分拝領
		8・24		礼次郎、袖留め祝言
		10・29		富太郎、格式是迄の通り、徒小頭御供方拝命
		11・10		富太郎昇進につき、加納の藩重役に御礼回り、子孫繁昌を祝う（豊助）
1858	安政５年	6・20	45	富太郎、江戸表で病死（45歳）
		7・21		孫礼次郎（18歳実は15歳）を嫡子とする旨願い出る（豊助）
		10・11		辰吉、礼次郎を嫡子とする件認められる
	安政６年	正・元日		富太郎の遺品、加納へ着府
		5・25		礼次郎、元服（表向き19歳、正年16歳）
		12・28		辰吉、実躰相勤めにつき中小姓拝命（豊助、76歳）

は同僚と供に御歓の呈書を差し上げた。

翌安政二年六月富太郎は、家老篠原のお供をして養老(岐阜県養老町)へ行くことになった。機転を利かせた富太郎は、自分は頭痛で難儀をしているので、養老の滝に打たれること、朝早く出発して遅く帰ること、三丁目の御門を出入りすることを、届け、許可を得ていた。

富太郎の細かい気遣いのお礼として、篠原の奥方から御裃を貰うことになった。

家紋は篠原の紋になっているので、「田辺の家紋に直して着用するように」と言われたが、そのまま家紋も頂戴し着用することを願い出た。拝領物を着用出来るのであるから、最も名誉なことであったといえる。

安政四年(一八五七)正月御判物が出され、給金の減少を本年より七カ年に延長することが命じられた。これにより高百石につき金二両宛の御救金が下されるというものであった。藩財政がいよいよ逼迫してきて、藩士に対する俸給が滞り減少せざるを得ない情況になっていたのである。

二　豊治の突然の死と、富太郎の異例の昇進

(一)　豊治の死と相続

安政四年(一八五七)五月一六日富太郎は若殿様のお供で夏から来年の夏までの予定で、江戸勤番を命じられた。富太郎の格式は是迄通り徒目付本席で、勤め方は御台所頭を拝命した。富太郎が江戸勤め番に行くため、その費用を捻出するためには、御手当金や他借をしなければならなかった。費用は、御手当金として金二両一分、他借が金二両一分、拝借金四両二分、御貸被下金三両二分、合計金一二両二分となる。

富太郎が江戸へ出発する準備をしていた矢先の五月一六日頃、豊治(下条庄兵衛)が突然死去してしまった。その情況については記載がないが、嫡男隆吉が金三両二分二人扶持、下条家の跡式を受け継ぎ、追手御門番を拝命した。五月一九日誓詞を提出し、翌二〇日より見習い勤務を始めた。

下条家は、隆吉に相続することが出来、ひとまず安堵したところである。辰吉にとって豊治は、一五歳で下条家に養子し、四男三女をもうけ、加納藩士として徒士本席まで昇進し、四二歳の前途有望であった人生を閉じてしまったのである。辰吉の嘆きは尋常でなかったと想像できるが、辰吉は『見聞録』の中で一言も語っていない。それだけに心を引き締める思いが伝わってくる。

下条隆吉が下条家を相続し、追手御門番の見習いに初めて着任した同日、五月二〇日、田辺辰吉(豊助)と富太郎(礼助)は、養子の礼次郎の「袖留」の儀を藩へ願い出た。「袖留」は、男子が子どもの時に着ていた振り袖の脇をふさぐことで、腋ふさぎともいう。元服は半元服と本元服の二段階に行われることが一般的のようで、半元服には、額のすみの髪を剃るとともに、袖留めを行い、本元服には、前髪を剃り、烏帽子を被ることである。年齢として、半元服は一三歳頃、本元服は一五歳頃が一般的といわれているが、江戸時代の加納においては、もう少し年齢が高かったよう

である。袖留之儀を藩へ願い出る時、二・三歳年上に記述している。安政六年五月、礼次郎が元服之儀の許可願いを出す時、「当年十九歳ニ罷成」と公文書に記しているが、辰吉はその横に、「但御上表十九歳、正年十六歳也」と記述している。年齢に偽りがあることを告白している。加納地域での袖留之儀や元服之儀の年齢が、一三歳や一五歳でなく、もう少し高い年齢での習慣であったと思われる。

(二) 富太郎の江戸出立と昇格

いよいよ安政四年(一八五七)閏五月一六日、「若殿様今朝江戸表へ爰元御駕」された。富太郎(礼助)は若様(永井尚服)のお側近くで勤務していた。

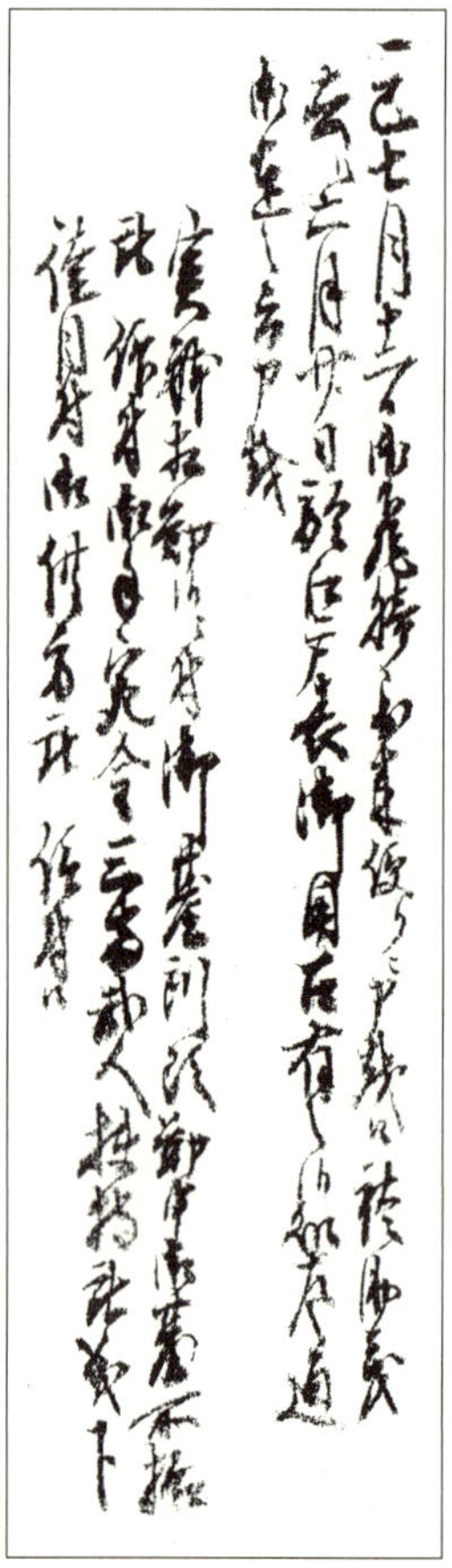

巳(安政五年)七月十二日御飛脚到来便りニ申越候、礼助義、去六月二十日於江戸表御用召有之候処、左之通御達之旨申越

実躰相勤候ニ付、御台所頭勤中、御台所格被仰付、御手宛金三両弐人扶持被成下、徒目付御供方被仰付候

同年七月一二日江戸からの飛脚便で、江戸勤めとなっていた富太郎が、「六月二〇日江戸表で、実体に勤めているので、御台所頭・御台所格を命じ、御手当金は金三両二人扶持とし、徒目付御供方を命ずる旨のお達しがあった」と知らせてきた。

この知らせを聞いた辰吉は、即刻御礼廻りをした。家老の片岡左富、用人仙石五郎兵衛・河合腆蔵へ、金一朱宛を包んで内礼をした。また、御台所頭格に昇格したので、下男一人を召し抱える扶持を頂くことになった。

そこで辰吉は、「誠ニ難有仕合、目出度、目出度万々歳」と我が子の出世を喜んでいる。

さらにまた江戸に居る富太郎から、五月に藩へ伺っておいた養子礼次郎の袖留之儀の件について、「勝手次第」と許可が出た旨を、知らせてきた。そこで辰吉は、早速袖留之儀を執行しようと思ったが、「月悪敷候」に付き、八月二四日朝五つ時(七時~九時)に行うこととした。

奥谷貞助を親と頼み、祝い膳として引裂き鯣に冷酒、燗酒に鮎の煮付、芋のころ煎とし、下条家と田辺家の家内で祝った。

さらに一〇月二九日、富太郎は、格式はこれまでの通りであるが、徒小頭御供方を命じられた。この知らせは、江戸より一一月一〇日に辰吉に届いたようである。そこで次のような手札をもって、辰吉(豊助)は再度御礼廻りをした。

私悴礼助儀、去月(安政四年一〇月)十六日於江戸表格式是迄之通、徒小頭御供方被仰付、於私不存寄難有仕合奉存候、右御礼参上仕候

十一月十日

田辺豊助

先の六月二〇日の辞令では、「御台所頭勤中御台所格、御手当金三両二人扶持、徒目付御供方」を拝命した。それが未だ四か月足らずで、格式は御台所格のままであるが、徒目付から徒小頭御供方になったというのである。徒小頭の役目がどのような職務か分からないものの、何人かの徒士の者を束ねる事になったのではないかと想像される。役目が重くなったばかりでなく、極めて名誉なことであったといえる。

右は当五月江戸勤番被仰付候以来、江戸表ニて度々結構ニ被仰付、誠、子孫繁昌目出度、万々歳ト大祝(悦)ヒ申納候事

と記している。「大祝ヒ」と読むべきか、「大悦ヒ」と読むべきか、偏と旁を少し変えると祝・悦に読める。いずれにせよ、辰吉の心境は「子孫繁昌」「目出度」「万々歳」とあらゆる喜びの言葉をもって、我が子富太郎の立身出世を手放しで喜んでいるのである。

三　嫡男富太郎の突然の死去

翌安政五年(一八五八)六月二〇日、富太郎は、江戸勤番の時、病気のため死去してしまった。

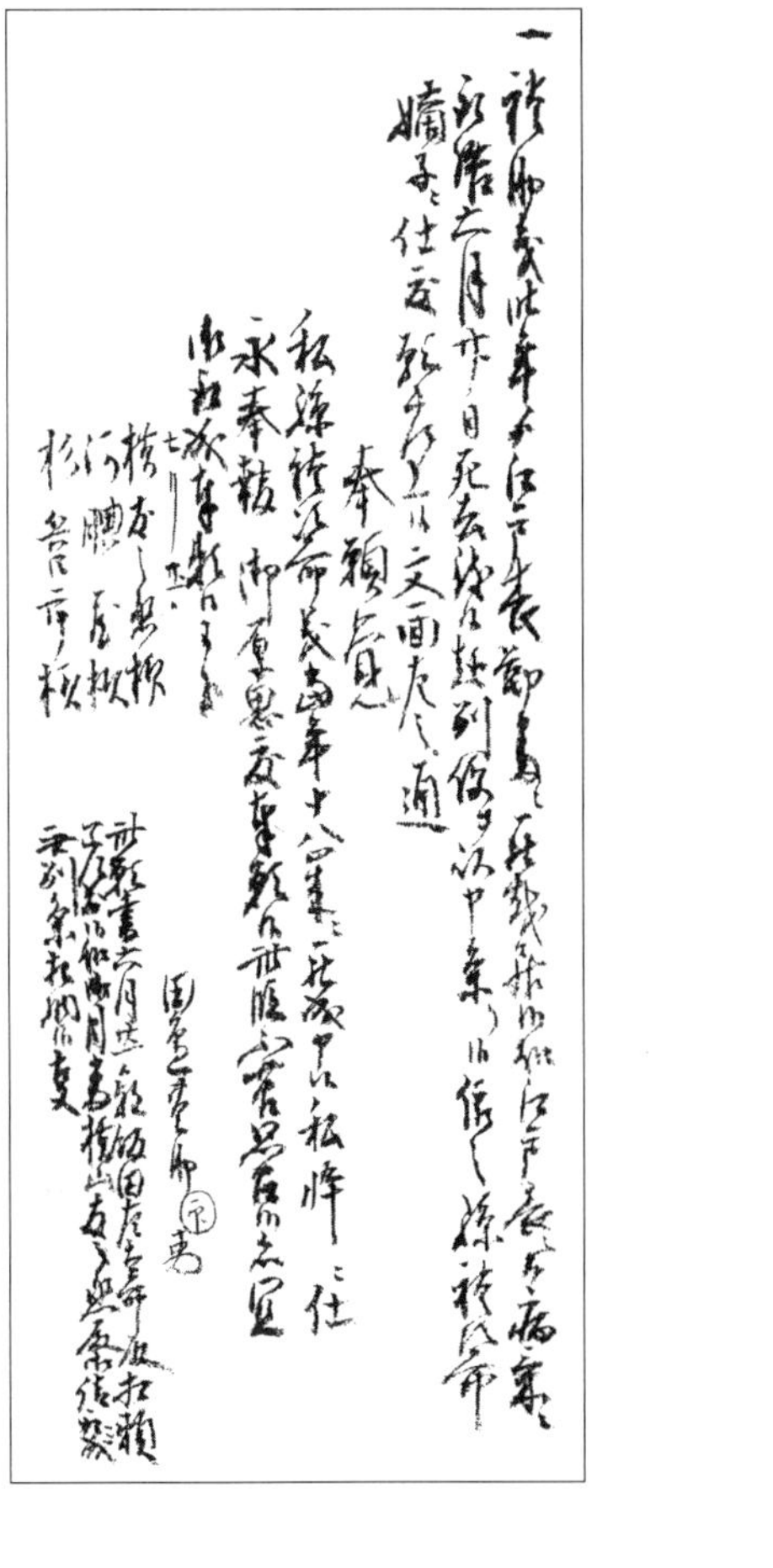

礼助(富太郎)義昨年より江戸表勤番ニ罷越居候処、江戸表ニて病気ニ取詰六月二十日死去致候趣、別便ヲ以申参り候、依之、孫礼次郎嫡子ニ仕度願差上候、文面左之通(後略)

記事としては「礼助義昨年より江戸表勤番に勤務していた所、江戸表にて病気を患って、六月二十日死去した。そのことを別便で知らせてきた」と、記しているのみである。喜び絶頂の辰吉のもとに、わずか八カ月後に「病気ニ取り詰め」「死去致候趣」と知らされても、やりきれない、無念極まりないことである。しかも昨年六月二〇日は、御台所頭勤中・御台所格に昇格し、御手当金三両二人扶持を下され、徒目付御供方を命じられたり、徒小頭を命じられるなど、辰吉は、「誠に子孫繁昌・目出度く・万々歳と大悦び(大祝い)」と、最高の喜びを味わったところである。

しかし辰吉は、我が子の死について、感想を全く記していない。先代政六が嫡男勝蔵を病死させた時はいろいろな場面で述懐していた。江戸表での勤番・出張中の病死であるので、一切述懐できなかったのかも知れない。

時あたかも、安政五年は日本の歴史の中でも激動の時である。日米修好通商条約を締結・将軍継嗣問題などについて、大老井伊直弼を中心に開国派と尊皇攘夷派が激しく対立していた時であった。

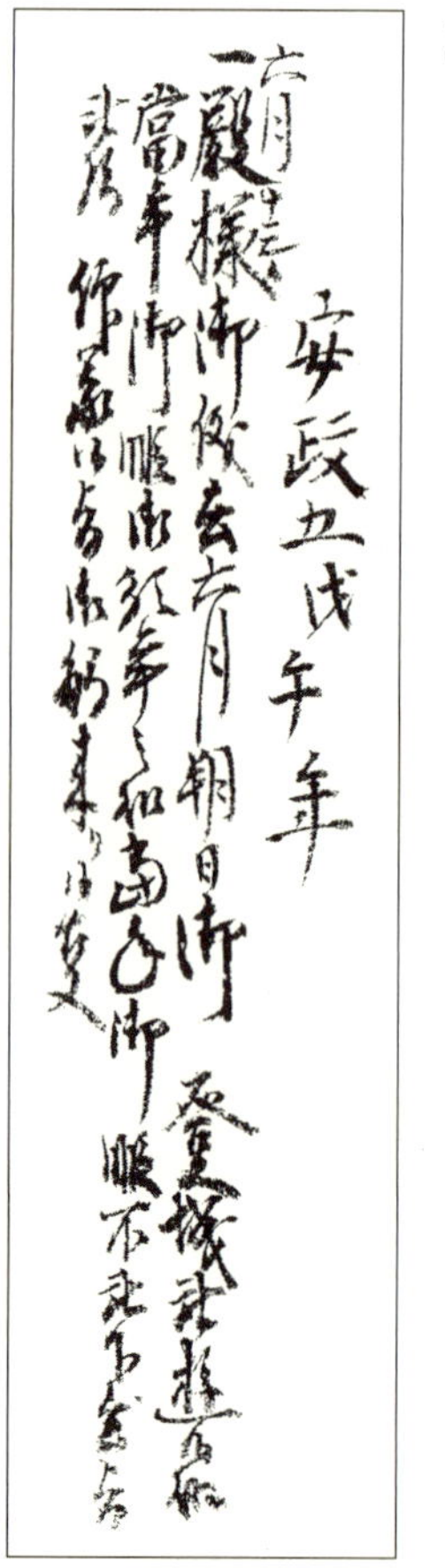

富太郎が死去する七日前、六月一三日の記事には、加納藩主永井尚典が今年は加納へ帰城する順年であったが、「当年御暇不被下置旨」を命じられたということであるので、江戸表においてはかなり緊迫した雰囲気であったようである。

さらに詳しく日にちを追うと、正月に老中堀田が日米通商条約締結の勅許を得ようと上京したが失敗。ついに六月一九日神奈川において、アメリカ応接掛の井上・岩瀬がハリスとの間で、条約に調印した。二一日には幕府は条約調印を奏上し、二二日には諸大名を召して条約調印を告げた。条約調印に反対していた徳川齊昭や慶喜らは、大老井伊直弼に激しく詰め寄っている時であった。

この幕府が激しく動揺している六月二〇日、田辺富太郎(礼助)は病死したのである。と言っても富太郎の死と条約調印とは、全く別次元のことといえる。

嫡男富太郎が病死したという知らせを聞いた辰吉は、一カ月後の七月二一日付けで、富太郎の養子としたばかりの、いわば辰吉から孫にあたる礼次郎を、辰吉自身の悴とし、辰吉の嫡子とするよう願い出たのである。

奉願覚

私孫礼次郎儀、当年十八歳ニ罷成申候、私悴ニ仕、永奉報御厚恩度奉願候、此段不苦思召候は、宜御取成奉頼候、已上

七月二十一日　田辺豊助㊞花押

横　友之丞様
河　腆蔵様
杉　兵四郎様

礼次郎の嫡子願いは、「六月二一日朝、飯田左太郎へ提出したところ、月番の横山友之丞が請け取り、別状なく受理された」と添書している。実際は七月に提出している。

一〇月一一日御殿から呼び出しがあり、辰吉が早速御用部屋へ行くと、「孫礼次郎は当年十八歳になるので悴に仕る件」は、殿様から「勝手次第致すべし」と許可が出たということであった。そこで辰吉は礼次郎を召し連れ、即刻お礼廻りをした。

次いで一一月一六日、辰吉は礼次郎の前髪を執る願いを届け出、この願いは、翌年四月六日に聞き済まされ許可になった。

富太郎の衣類・雑具等の遺品は、一二月二二日江戸を出発し、安政六年(一八五九)正月元日加納へ届いた。運賃については、殿様より本馬一疋と金一両二朱銭一四四文が下された。また人馬賃銭割増や川々手伝い人足賃銭、その他酒手等の追加費用は、藩役所から金二分二朱と銭三一三文支給された。この時辰吉は、「誠に誠に難有仕合奉存候」と記している。辰吉は、自分の跡取りと

して加納藩に仕え、徒士小頭・御台所頭格・金三両二人扶持にまで立身出世した富太郎の遺品をどれだけ心待ちに待っていたことか。

我が子が江戸勤番中・出張中に病死しても、一切愚痴や未練の言葉もなく、嫡子を立て田辺家の跡取りをはっきりさせようとしていることや、非情なまでのこの一連の動きは、やはり、江戸時代の一面といえるのであろうか。立身出世する我が子を手放しで喜べても、勤務中の死去については一切口を閉ざさなければ成らないのが、江戸時代といえるのであろうか。

田辺辰吉が見聞した江戸時代は、このような厳しさを持っていたといえよう。

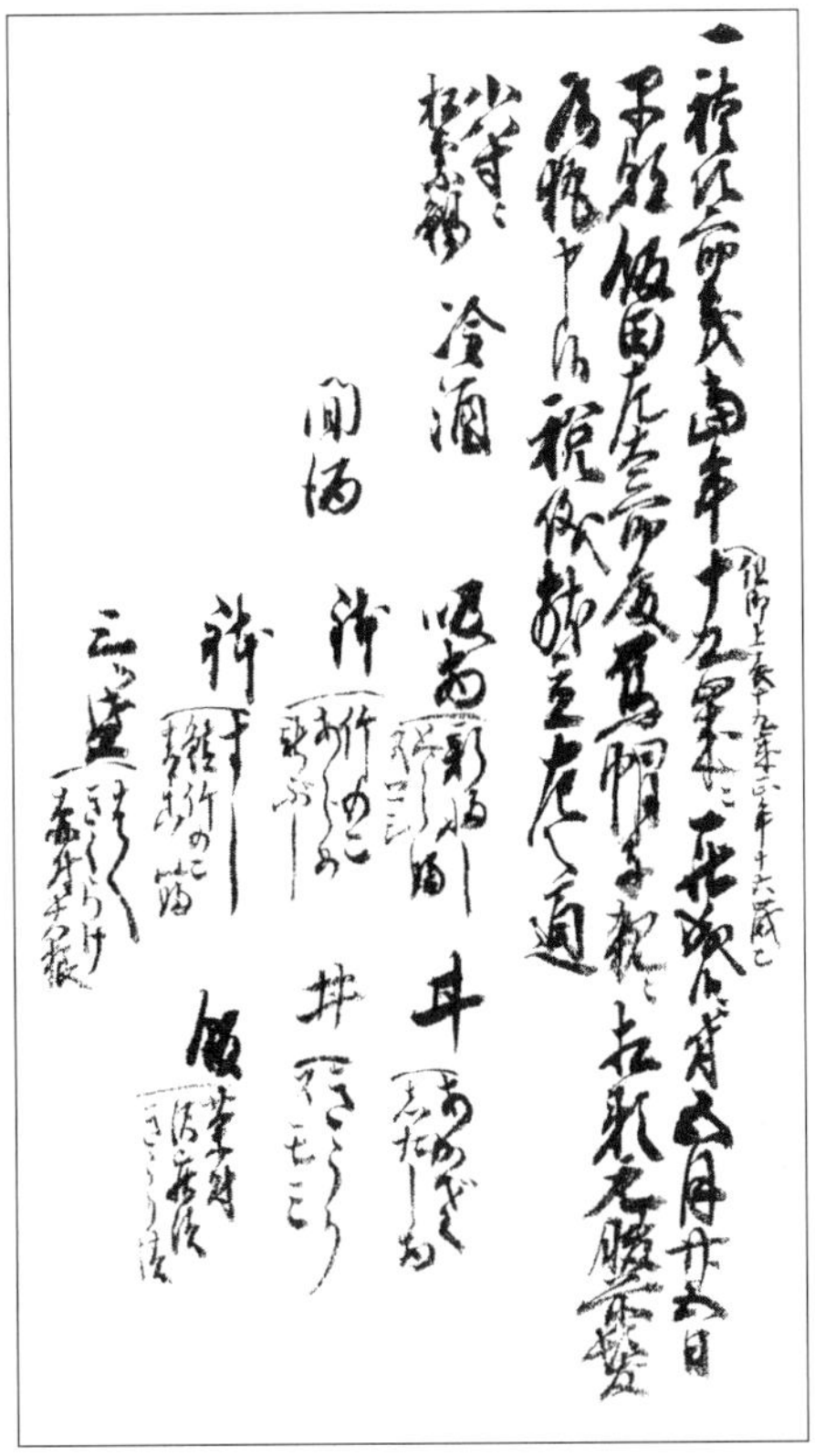

長男富太郎の遺品が届いたことを見届けた辰吉は、同年五月二五日早朝、嫡子礼次郎が一九歳になったということで、飯田左太郎を烏帽子親に頼み、元服・前髪を執ること

年表13　田辺辰吉の履歴　　（安政６年～慶応２年）

西暦	和年号	月　日	年齢	事　　　項
1859	安政６年	正・元日	76	富太郎の遺品、加納へ着府
		5・25		礼次郎、元服(表向き19歳、正年16歳)
		12・28		実躰相勤めにつき中小姓拝命(豊助、76歳)
	万延２年	正・20		元蔵役を拝命
		2・20		芹沢の娘を市川に嫁がせる仲人を引き受ける(豊助夫婦)
		7・11		御家中一統難渋のため御手当金１両拝領(豊助)
1862	文久２年	正・18	79	先祖田辺忠太夫百回忌、勝手向き逼塞中につき斎は止める
		4・		上西部村扣田地高５石２斗５升余りを金60両で売却(豊助)
		6・ 6		悴礼次郎が結婚することを口上
		8・22		虎の懐胎、着帯を祝う
		9・21～23		養子引取、礼次郎と虎の婚礼披露
		10・15		殿様(永井尚典)隠居、若殿様(永井尚服)家督相続により着帳(豊助)
		11・ 8		虎、男児出生、届けは暫く延引
		12・29		御元金・御救金合計金２両札６匁銭123文拝領
	文久３年	4・15		礼次郎改名恵之助
		6・16		殿様大坂表の将軍警護に行く予定が、急遽変更になり加納へ着城
		7・20		殿様御発駕
		9・ 5		江戸上屋敷類焼
		9・ 9		一同皇国之為尽力防戦の旨、家中一同に触れ
		12・25		元蔵役御免、御座間六番御番、５つ時～８つ時泊番は免除(豊助)（80歳）
		12・大晦日		御救金２両拝領
	文久４年	正・15		礼次郎、御流格太鼓御門番、１人扶持拝領(恵之助)
		9・ 2		礼次郎、江戸勤番中金１両加増、総手当金５両２分銀１匁余り拝領
		9・ 7		礼次郎、参府の節道中徒士、非常の節は炮発の心得、江戸表勤番拝命
		9・22		礼次郎・隆吉、殿様江戸出府につき両名徒士御供拝命
		10・10		礼次郎、男児(信吉郎)出生
		12・朔日		関東より浮浪人上京につき、厳重警固御手当金1両拝領
1865	元治２年	12・25	82	老年まで実躰相勤につき表小姓格、５つ時～９つ時御広間六番の御番拝命
	慶応２年	4・12		83歳になり余命のことを思い、亡父祥月と年回仏事を勤める
		4・28		諸色高値にて家中一統難渋のため拝借金札にて2両借用
		7・13		諸色高値にて家中一統難渋のため御救御借金札1両1分借用
		12・大晦日		御救金4両、礼次郎1両１分拝領(大晦日夜４つ時過ぎ)

とした。

辰吉は、「礼次郎は表向き一九歳としているが、正しくは一六歳であること」と記している。年を偽ってまでして、礼次郎の元服を願った富太郎に報いることとした辰吉の切なる願いであったと思われる。

なお、祝儀の献立は、八寸に松葉鯣、冷酒・燗酒、吸物（新ふし・とうふ・スマシ）、鉢（竹のこ・あらめ・新ぶし）、鉢（すし・鯖・竹のこ・青こんふ）、三ツ盛（はく・きくらけ・赤付大根）、丼（あかざ・したし物）、丼（きうり・スモミ）、飯（茶付・沢庵漬・きうり漬）である。有卦の祝いの七福の食材とはかなりの違いが見られる。

辰吉は二男豊治（下条庄兵衛）を亡くし、外孫嫡男隆吉への相続に助力した。長男富太郎の突然死にあたり、孫の礼次郎を嫡子として認められ、藩士としての元服をも成し遂げることが出来た。

辰吉が「実躰相勤候ニ付、中小姓被仰付」けられたのは、この安政六年（一八五九）一二月であった。

翌安政七年の記事に辰吉は、閏三月に年号が万延と改元になったことと、一二月七日皇女和宮が将軍徳川家茂と縁組になったことを記しているのみである。おそらく辰吉は、富太郎・豊治の突然の死去による落胆・悲嘆に暮れながら、孫礼次郎の田辺家の相続の目処がたち、我が身の父政六を凌ぐ藩士としての昇格を遂げたことなど将来に光明を見つけていたと思われる。それでも落胆し、人生の機微を噛み締める一年になったようである。

第六節　辰吉の最後の願い

一　家計を支えた田地の売却を決断した辰吉

（一）　祖母持参の土地

文久二年（一八六二）四月辰吉は、先代政六から相続した上茜部村所在の高五石二斗余りの土地を、金六〇両余りで売却した。

この土地は、辰吉の祖母（里与）が仙右衛門に嫁いでくる時、持参金替わりとして田辺家へ持ってきたもので、この田地から毎年米六俵～六俵半（二石四斗～二石六斗＝三六〇～三九〇kg）の加地子米（小作料）を得ていたのである。これだけの米が加地子米として田辺家に入るということは、家計の賄いでは大切な収入源である。一般に一石の米があれば、一人の食糧を確保できることだという。そんな意味合いから、仙右衛門の跡を継いだ政六は、土地を譲り与えてくれた人に「海の如し山の如し」と感謝の気持ちを書き記し、下級藩士の田辺氏にとって土地を所有していることの有り難みを充分認識していたのである。

三五〇名余りの加納藩士の中で、田地を所持している藩士が他にいたのであろうか。一般に藩士は、領主からの俸禄のみで生計を立てていたと思われているので加納藩士の中では土地を所持していた事例は、いたとしてもごく希であったといえる。

そんな藩士の風潮の中で、政六は享和三年（一八〇三）正月六日、東上加納村・西上加納村所在の高一石八斗五升・掟二石四斗、一反二畝一〇歩の田地を金二両銀三匁一分五厘で譲り受けた。この土地については所有者が出奔してしまったため村持ち分になったことから、事の成り行きで政六が所持することになったようである。

この土地は、文化一〇年（一八一三）九月一四日、金二両二分二朱で売却している。売却の必要性は記述されていないが、翌月一〇月二二日、政六の妻の一七回忌法要などに支出したのではないかと思われる。

さらに政六と同様に、田地を所有することの有り難さが分かっている辰吉は、田地を積極的に所持しようと意図していた。

嘉永四年（一八五一）六月、辰吉は南加納村田地一反一畝七歩を金二九両で購入し、下条家へ養子している二男豊治（下条庄兵衛）に譲り渡している。辰吉も政六同様、田地から得られる加地子米の収入が、俸禄の少ない下級藩士にとって、家計の賄いに如何に重要であったか認識していたといえる。

しかし辰吉は先に記述した通り、文久二年（一八六二）売却してしまったのである。田地売却の証文は、次の通りである。

売渡申田畑之事

一　舟田九十三番彦六分
　上田六畝歩　高九斗

一　同所
　中田四畝五歩　高五斗八升五合

一　同所
　下田二畝十二歩　高二斗六升四合

一　同所九番
　中田壱反二畝二十八歩　高壱石九斗八升一合三勺

川東方三十九番
一 上田二畝十七歩　　高三斗八升四合九勺
同 所
一 中田二畝十五歩　　高三斗二升五合
同 所
一 下田五畝五歩　　高五斗六升八合三勺
同 所百十番
一 下田二十二歩　　高八升六勺
川東三十五番
一 下田四畝六歩　　高四斗六升弐合

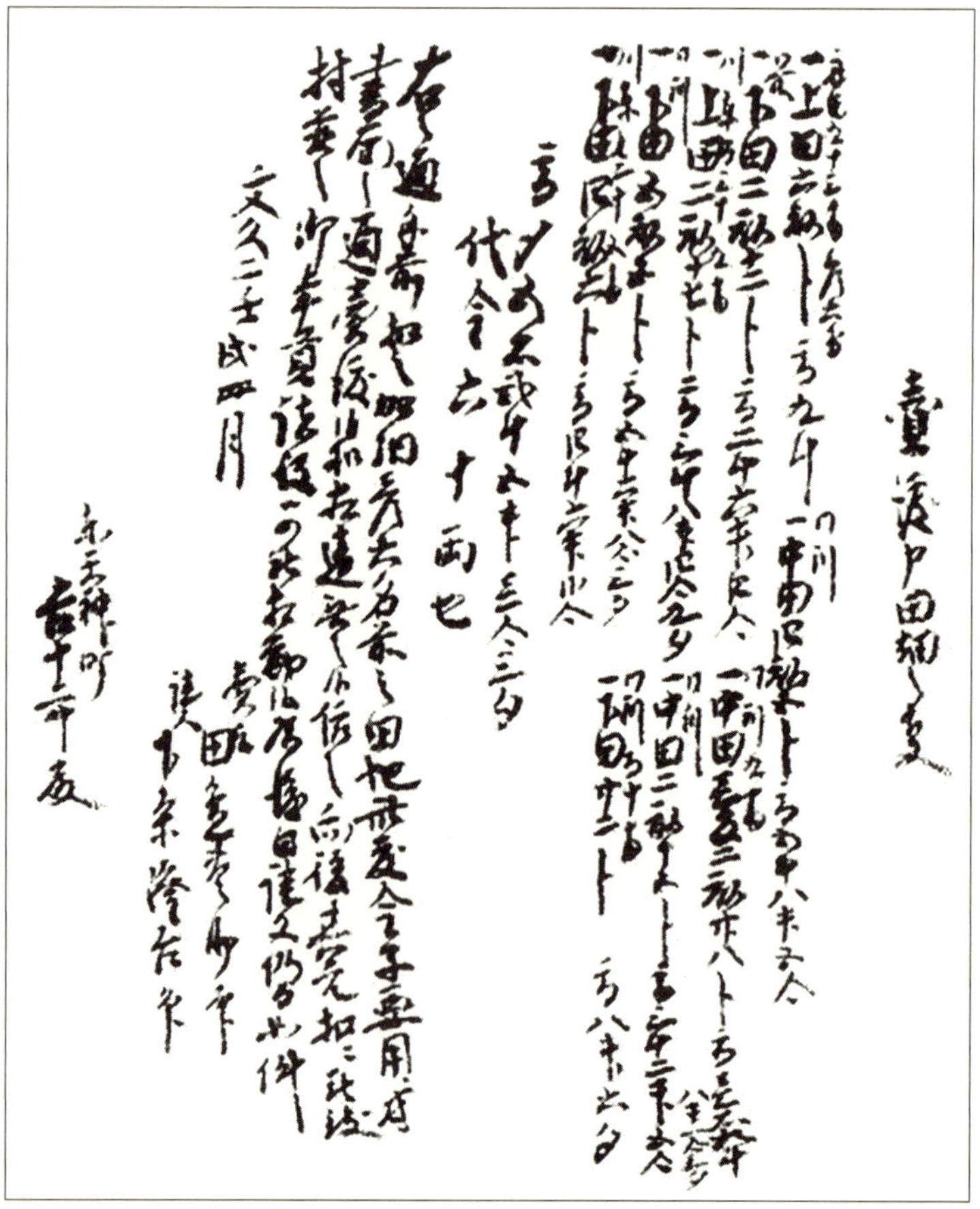

高〆五石二斗五升壱合三勺
代金六十両也
右之通手前扣之加納彦六名前之田地、此度金子要用ニ付、書面之通売渡候処、相違無之候、依之向後、其元扣ニ被致、村並之御年貢諸役可被相勤候、為後日証文、仍て如件
文久二壬戌四月
売主　田辺豊助 印
請人　下条隆吉 印
東天神町　吉十郎殿

田地の所在は、「舟田」とか「川東」などという小字名が記されており、加納城本丸の南、現在の岐阜市立加納中学校敷地付近と思われる。田地は九枚に分かれていて、合計面積は、四反二〇歩（約四〇二〇㎡）になる。この石高は五石二斗五升一合三勺だとしている。この田地を金六〇両で売り渡したのである。

売り渡しの理由は何か、あれほど政六・辰吉とも、田辺家が田地を所有することに、その有り難さを十分理解していたのになぜ売り渡したのか。

その理由を辰吉は、売り渡し証文の前に次のように記している。

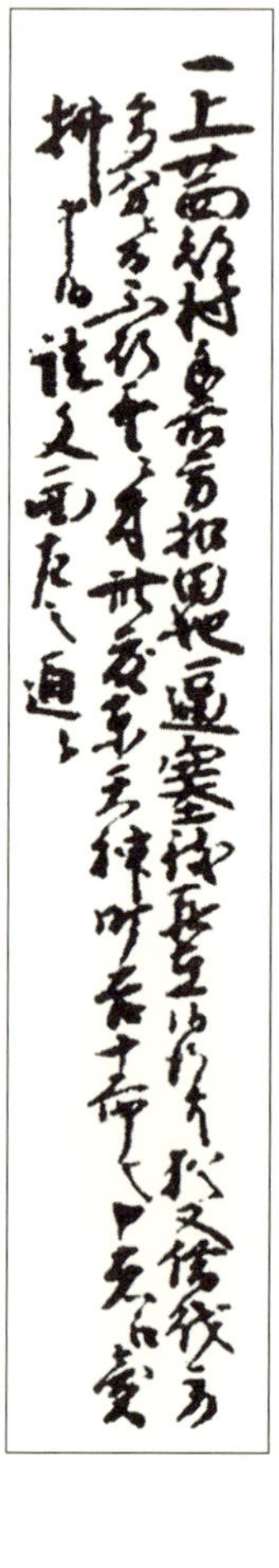

上茜部村手前方扣田地、逼塞致罷在候得共、猶又借財方多分ニて、不行届ニ付、此度、東天神町吉十郎と申者え売払申候、証文面左之通り

田を売却する理由を辰吉は、「逼塞致罷在候得共、猶又借財方多分ニて、不行届ニ付」としている。

加納藩では、藩財政が逼迫したため、嘉永四年(一八五一)から俸禄を面扶持支給にしたり、俸禄減少に踏み切ったりした。つまり、家中藩士の人たちの俸禄はそれぞれ格や職務によって決められていた。辰吉は政六から家督相続した時、跡式として金三両二分二人扶持を引き継いだ。しかし面扶持＝家族の人数に従って扶持が支給されることになり、家計のやりくりが困難になり「逼塞」していたようである。そこで藩士たちは度々御救金を賜って急場をしのいでいた。辰吉の家計も同じようであった。

田畑を売却する三か月前、同年正月一八日、辰吉は曾祖父に当たる田辺忠太夫(田辺氏が初めて加納藩主安藤氏に仕えた人)の百回忌法要を勤めた。その時、辰吉は、読経の後、「諸親類(を招待して)麁斎(粗末な御斎・食事)であっても差し出そうと思っていたが、「近来勝手向きが逼塞中に付、少略(省略)致し」、僧侶のみを招いた」と記している。

さらに、辰吉は、「借財も多くなってきた」ので、田地を売却したということなのである。

(二)　嫡子・婿養子礼次郎の婚礼披露

辰吉の嫡男富太郎は、文化一一年(一八一四)九月に生まれ、文政一二年(一八二九)四月登世と結婚した。その後、天保一四年(一八四三)九月長女お虎が出生した。一方、辰吉の二男豊治は、下条家へ養子し、天保一五年(一八四四)七月下条礼次郎が出生した。

年表14　田辺(下条)礼次郎の履歴　(天保15年～文久4年)

西暦	和年号	月　日	年齢	事　項
1844	天保15年	7・19	1	下条豊治(庄兵衛)二男、礼次郎、出生
	嘉永6年	8・晦日	10	下条礼次郎、伯父富太郎へ養子し長女虎と結婚することを内定
1855	安政2年	11・15	12	礼次郎、養子は8つ時、嫁入りは夕方
	安政4年	5・16頃		礼次郎の父下条豊治(庄兵衛)、死去(40歳)
		5・19		豊治嫡男隆吉、跡式金3両2分2人扶持、追手御門番を拝命
	安政5年	6・20		礼次郎の義父富太郎(礼助)、江戸表で病死(44歳)
		7・21	15	礼次郎、祖父辰吉(礼助)の嫡子となる旨願い出る
	安政6年	正・元日		義父富太郎の遺品、加納へ着府
		5・25	16	礼次郎、元服(表向き19歳、正年16歳)
1862	文久2年	4・		祖父辰吉(豊助)上西部村扣田地高5石2斗5升余りを金60両で売却
		9・21～23		養子引取、礼次郎と虎の婚礼披露を盛大に行う
		11・8		礼次郎・虎、男児(信太郎)出生、届けは暫く延引
	文久4年	正・15	21	礼次郎(恵之助)、御流格太鼓御門番、1人扶持拝領
		9・2		礼次郎、江戸勤番中金1両加増、総手当金5両2分銀1匁余り拝領
		9・22		礼次郎と兄下条隆吉、殿様江戸出府につき両名徒士御供拝命
		10・10		礼次郎、男児(信太郎)出生届け

お虎と礼次郎は、辰吉の内孫と外孫で、両人は従姉弟の関係である。

文久二年（一八六二）六月五日辰吉の嫡子・婿養子の礼次郎がお虎と結婚する旨を藩役所に届け出た。その後八月二二日礼次郎と結婚した虎が懐胎したというので、「穏婆」を頼み、着帯をした。そして、下条家を招き、赤飯・汁・平・膾・神酒を準備してお祝いをした。

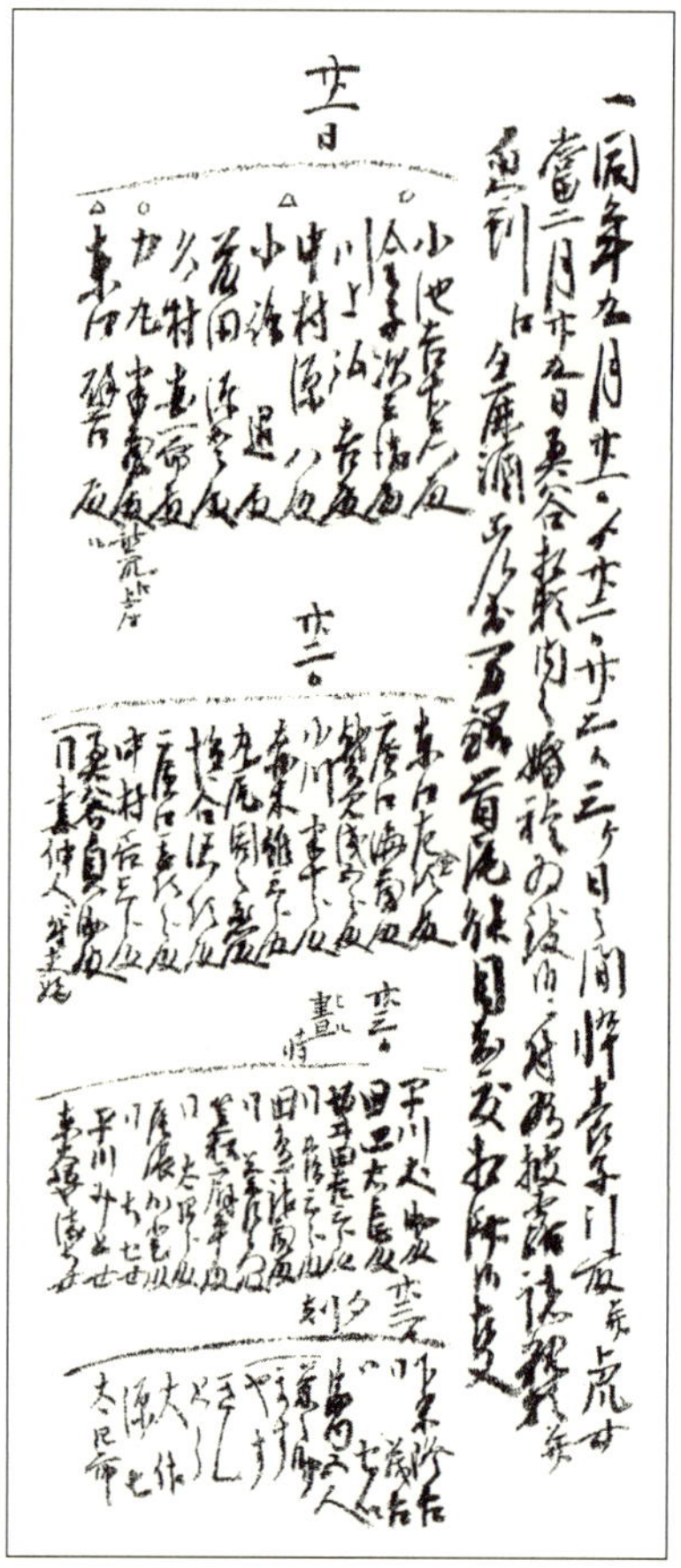

その直後、九月二一日より二三日まで三カ日間、嫡子礼次郎を養子にしたこと、孫・虎と娶せたことの披露を、藩の重役・同役、親戚、近所の人々を招いて執り行った。

二一日日には、足軽大将・物頭・番頭支配・祐筆格・表小姓など九名の上役を招待した。「慶応頃の分限帳」（『加納町史上巻』）によると、小池吉右衛門は足軽大将・一八〇石、金子次兵衛は物頭・三〇俵三人扶持、川上弘吉は番頭支配給人・一二〇石、中村源八は使番・三五俵三人扶持、小島退は近習・一九人扶持、藤田源吾は記載なし、久村固一郎は中小姓格・四両二分三人扶持、力丸半蔵は表小姓・銀二枚二人扶持、東郷肇は記載なし、となっている。但し力丸は○印で小池の次、東郷は△記で中村の次としている。恐らく両人は足軽大将と両奉行格になる家柄であったと思う。藤田と久村は「嘉永頃の分限帳」では、祐筆格・二両二分三人扶持と祐筆格・四両三人扶持、東郷は近習・銀五枚二人扶持とそれぞれ記載されている。

いずれも辰吉（豊助「慶応頃の分限帳」では中小姓・三両三分三人扶持）の上役であり、礼次郎（恵之助「慶応頃の分限帳」では御流格・一人扶持）がこれからお世話になる方々であろう。

二二日には、同役や仲人夫妻など一一名を招待している。東郷左金次は記載なし、広江海蔵は台所頭格・二両二分二人扶持、鷲見成五郎は徒士目付・三両二人扶持、小川半十郎は徒士格・三両三人扶持、赤木雄三郎は御流格・三両二分三人扶持、丸尾周之丞は御流格・三両三人扶持、塩谷沢次は記載なし（但し嘉永には足軽格・二分一人扶持）、広江甚次郎と中村善三郎は記載なし、仲人の奥谷貞助は徒士格・三両二人扶持と記載されている。

翌二三日昼には親戚筋など一二名を、二三日夕には下条家や田辺家の家族など一六名を、それぞれ招待している。三日間にわたり、合計四八名の招待客となった。

その献立は、鯔《ぼら》と豆腐の吸い物である。硯蓋《すずりぶた》（硯箱の蓋に薄様

などの紙を敷いて酒の肴などを盛る）には、蒲鉾・串海老・蜜柑・蓮根・茄子のヘタが盛りつけてある。蒲鉾や串海老・蜜柑などには、食べて美味しいことは言うまでもないが、各々縁起物・ハレの日の食材の感じがする。しかし、「茄子のへた」とは、蒂《へた》つまり果実に残っている萼《がく》のことで、そんなに美味しいとは思えない。だとすれば、茄子の蒂にはどんな意味があるだろうか。初夢に「一富士　二鷹　三茄子」をあげ、縁起がよいものに挙げられよう。また、「親の意見と茄子のトゲ」という諺があり、「親の意見も茄子のトゲも後になって痛みが増し心に響いてくる」という意味合いがあったのかも知れない。

鉢に鰤（但し形はひらめ）と大根、芋と鮹の丼、鯖すしの丼、松茸と菜シタシの丼、鯊《はぜ》と天後《あまご》の丼を盛りつけている。猪口には、鱠《なます》として、数の子の辛子味噌和えを盛りつけている。平には里芋と薇《ぜんまい》・鰤（ひと口）を盛りつけている。澄まし吸物には鯒《こち》と湿地《しめじ》を入れ、刺身には鰤と三嶋海苔などを食材にしている。但し二三日の親類・家内共に焼き物の小イナ（鯔の幼魚）を付けている。

九月下旬、今日で言うと一〇月の秋野菜など豊富に生産される時期であるものの、鯔・鰤・蛸・鯖・鯊や、南日本の砂底に生息する鯒などの食材、文字通り山海の珍味を盛った料理である。その他に豆腐と花カツオの汁と、飯がある。もちろん酒が振る舞われていることは言うまでもない。

これだけの献立の料理を以て饗応するのであるから、その引き出物もかなり豪華な物であったと思われる。従ってその経費は、記載がないものの莫大な支出であったに違いない。

藩の財政が逼迫しており田辺家の家計も決して豊かではなかったにもかかわらず、田辺辰吉は伝来の土地を売ってでも、孫娘の婿養子を我が子の突然の死に直面して、嫡子として盛大に披露する思いがあったといえる。

（三）辰吉最後の大きな願いが叶う

翌文久三年（一八六三）四月一五日、吉辰に付き、辰吉（豊助）は、次のような口上書を板書付にして、御用部屋御月番・新貝七之丞へ届け出た。また、ほぼ同文言で半紙折紙で、御目付・久保田隈蔵へ届け出た。

口上書

一　私悴　礼次郎事　恵之助

右之通改名為仕候、此段御届奉申上候、以上

四月十五日　　田辺豊助

さらに辰吉（豊助）は、同年一二月二五日、老年になったので元蔵役から、「御座間六番之御番」となり、「五ツ時より八ツ時迄」を勤めることになった。

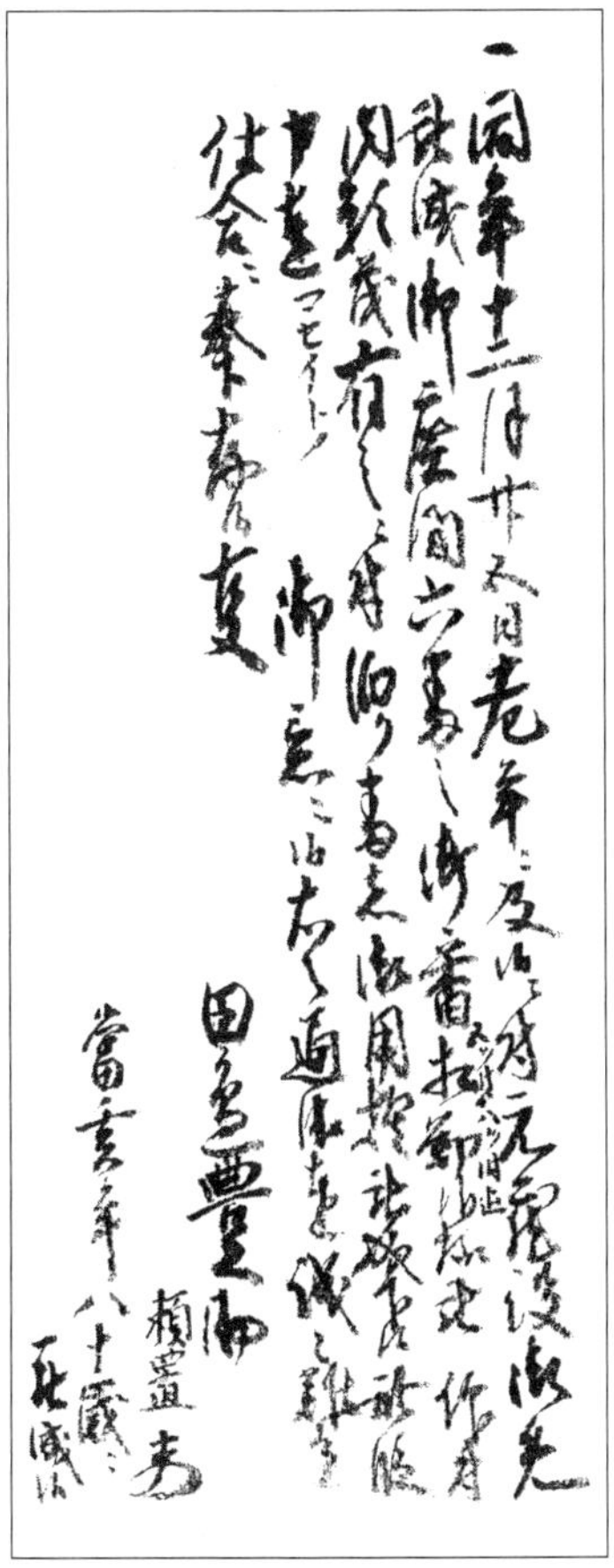

同（文久三）年十二月二十五日老年ニ及候ニ付、元蔵役御免被成、御座間六番之御番五ッ時より八ツ時迄、相勤候様被仰付、内願も有之ニ付、泊り番は御用捨被成下候、此段申達マセイトノ御意ニ候、右之通御達、誠々難有仕合ニ奉存候事

田辺豊助　頼置（花押）

当亥年八十歳ニ罷成候

「御座間六番之御番・五ツ時より八ツ時迄」が、どのような役目であるかわからないが、恐らく三之丸の加納藩役所内の第六番の部屋に詰めており、必要に応じて藩士たちの相談に乗っていたのではないかと思われる。しかも勤務時間は、泊まり番はなく、朝八時頃から一四時頃までの勤務となる。しかも、藩主直々にこの事を「申し達しませい」と命じられている。辰吉は、「誠に誠に有り難き仕合」と喜んで、「八十歳に罷り成り候」とわざわざ書き記している。八〇歳といえば、今日でも傘寿として祝うほど目出度いことである。それ以上に、昼間六時間程の勤務にして現役として役目を命じてくれる加納藩や藩主に深く感謝をしていたのではないかと思われる。

かくして翌文久四年（一八六四）正月一五日、礼次郎（恵之助）は、御流格一人扶持、太鼓御門番を命じられた。

（文久四年）正月十五日、実躰相勤候ニ付、悴恵之助義、御流格・壱人扶持被下置、太鼓御門番被召出、難有仕合奉存候、家内打寄目出度大慶仕候事

礼次郎の年齢は一時期二歳余り多く数えられていたが、この時二一歳になっていた。

辰吉はこの記事の中で、「有り難き仕合に存じ奉り候」とし、続いて「家内打ち寄り、目出たく大慶に仕り候」と記している。嫡男富太郎を突然亡くしてしまった辰吉は、孫娘に養子を取った婿が嫡子として認められ、ようやく加納藩士として御流格・一人扶持を命じられるまでになったことに、大喜びで安堵したと思われる。辰吉の最後の大きな願いが叶えられたといえる。辰吉八一歳の春のことであった。

同文久四年（元治元年・一八六四）一〇月一〇日、礼次郎とお虎の長男が出生した。父親の礼次郎は徒士として江戸勤め番を命じられ、留守中であったので、藩への出生届けは、祖父の辰吉（豊助）が代わって行った。一五日には、穏婆・腰抱女、仲人、その他に、田辺・下条の家内が打ち寄り、七夜の祝いをした。その時、「田辺恵之助悴、幼稚名嫡子田辺信吉郎」とした。ここに「嫡子」としていることに、辰吉の大きな願いである辰吉・（富太郎）・礼次郎・信吉郎と、代々田辺家が受け継がれていくことが可能になったのである。

翌元治二年（慶応元年・一八六五）二月二五日、辰吉は、老年まで実躰相勤め候に付き、「表小姓格朝五ツ時より九ッ時迄御座間六番之御番」を命じられ、中小姓から表小姓格に昇格した。

翌慶応二年（一八六六）正月三日、田辺辰吉たちが連署して、藩主（永井尚服）・前藩主（永井尚典）が益々御機嫌能く超歳されたこ

との祝詞を呈した。連署の名前は次の通りである。なおその下に、辰吉を除いて「慶応頃の分限帳」を参考に一覧にしてみた。

田辺豊助頼置（花押）　表小姓格・金三両三分三人扶持
永田又三正命（花押）　表小姓格・銀三枚二人扶持
根本鋋次信清（花押）　表小姓・金五両三人扶持
加々爪勝太郎貞到（花押）　表小姓・米二石
力丸半蔵季寛（花押）　表小姓・銀二枚二人扶持
安池恵之助重效（花押）　表小姓・銀二枚二人扶持
田中良助時言（花押）　表小姓・銀二枚二人扶持
清水三之丞桓久（花押）　表小姓・銀三枚二人扶持

連署した八名はいずれも表小姓格または表小姓である。しかもこれらの苗字を見ると、永田・加々爪・力丸・安池・田中・清水が物頭以上に名を連ねており、加納藩上級藩士一族である可能性が高いと思われる。つまり、田辺辰吉は、表小姓格を拝命して、ようやく下級武士の中でも、上位の格式に列したといえよう。別の見方をすると、祖父仙右衛門までは献上方を勤めていたが、政六は手代格から昇進して御流格になり、辰吉は手代格から昇進して表小姓格にまで列することが出来るようになったのである。

いずれにせよ、辰吉の大願であった富太郎の養子として迎えた礼次郎は、加納藩に仕え御流格・徒士を拝命し、江戸勤番を果たすまでになった。さらに礼次郎とお虎の間に信吉郎が生まれ、田辺家の家督（家の徳など）を、礼次郎・信吉郎へと受け継いでいける目途が立ったのである。さらに自らの藩士としての立身出世、
表小姓格にまで昇格したことから、ゆくゆくは礼次郎・信吉郎など子孫に加納藩士としての望みがつなげたといえよう。

第三章　田辺礼次郎時代

慶応四年（一八六八）～明治一〇年（一八七七）

第一節　田辺家の相続を願い続けた辰吉の死去

一　剃髪し家督を譲った辰吉

加納藩が「京都表之朝廷」から「御用向」が万端首尾よく恭順が認められたということで、慶応四年（一八六八）六月一五日藩主永井尚服は、「御歓」として家中にお吸い物とお酒を下賜した。その席で、「この度朝廷に召し出されいろいろお達しがあった。従来から勝手向き（藩財政）は難しかったが、さらに莫大な物入りが嵩み一層勝手方が不行届となることが予想される。為になる意見があれば翌日までに封書で申し出よ」との御意があった。そこで辰吉は次のように封書にしたためお側御用人の取り次ぎで差し出した。

その中で、謙遜していることもあり、「愚存の私、殊に極老の義にも御座候」ために、「別に心付け候儀、承知仕らず候」と、進言することはないと返答している。特に、辰吉が自ら「極老の義」と言うように、この時八五歳を数えていた。

『見聞録』は、続いて七月七日辰吉の嫡子（孫娘の聟）田辺礼次郎（恵之助）と辰吉の孫・下条隆吉が、朝廷の御使者岩倉の巡検のお供から帰国した事を記している。

その次の記事からは筆跡が変わり、嫡子の田辺礼次郎が記述し始めたものである。

慶応四年（一八六八）九月五日付けで加納藩庁の事務事項は、「御家老事総括、内政事務掛り、会計掛り、月行事監察」の名の下に公布された。

「方今の形勢、今日は無事でも明日の兵機は計りがたい」ので、「諸事を簡易にし無益の手数を省き、速やかに御用弁が達せられるように」との趣旨であった。

①　毎日五ッ時より九ッ時（朝八時～昼一二時）迄、長刀堀の儀事所へ出仕すること

②　殿様は毎日御出座被遊候のこと

③　諸向きの事柄は箇条書で儀事所へ申し出ること

④　学校掛や軍務掛は文武館へ詰めること

⑤　一と五の日は休日のこと

⑥　諸向きの願い・伺い・届け等は、五ツ時から九ツ時迄の内、長刀堀儀事所へ差し出すこと。但し自宅では受け取らないこと

⑦　諸願い・伺い・届けは、今後一定の書式とすること

⑧　藩領の郷からの届けは、少札の書式にすること

⑨　病気や他出の届けは少札の書式にすること

⑩　支配下への奉書はこれまでの通り折掛とし、表書きは書式の通りとすること

⑪　諸御手当・金穀・諸品の請け取り手形裏印は、会計頭取月番にて取り計らうこと

⑫　誓伺の儀は召し出された節ばかりで、以後は役替えの節に前書きばかりを渡すこと

⑬　御用談・評議は、御家老・御用人の自宅でなく、儀事所へ出仕して取り扱うこと　以上

次いで明治二年（一八六九）一月一五日御用始めの召し出しが

あったが、辰吉は「昨冬より引き込み罷り在り、同席の飯田誠一郎殿を名代に頼んだ」という。

一（明治二年正月）十五日御用始メ御用召之儀有之候処、豊助昨冬ヨリ引込罷在、依之同席飯田誠一郎殿名代相頼、尤引込名代二付、御次御用御達シ、左之通候

時に辰吉八五歳のことである。辰吉の筆跡と変わった慶応四年（明治元年）冬頃から、辰吉は「引き込み」、それは大病というより老衰の状態になって、表に出なくなったというのである。召し出しの用件は次の通り。

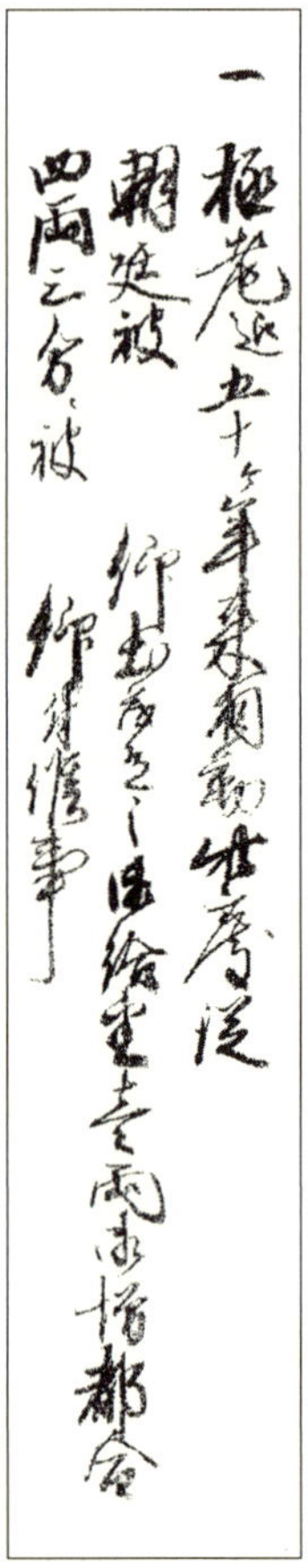

極老迄五十ケ年来相勤、此度従朝廷被仰出も有之、御給金壱両御増、都合四両三分被仰付候事

田辺辰吉が加納藩に極老まで五〇か年仕えてきたことにより、朝廷（新政府）の申し出もあって、給金を一両増額し、都合金四両三分を給されることにするという内容であった。

その後三月施政司から「養老之典」が発せられ、「七十歳以上は都て勤めは御免のこと」、「是迄下し賜う所の給俸は其のまま悴え下し賜うこと」、「年来勤め方もこれ有り候間、二人口宛て更に下し賜うこと」を命じられた。

そこで、同年一〇月三日辰吉の嫡子礼次郎（丹吾）が、施政司御役所宛に次のような伺いを提出した。

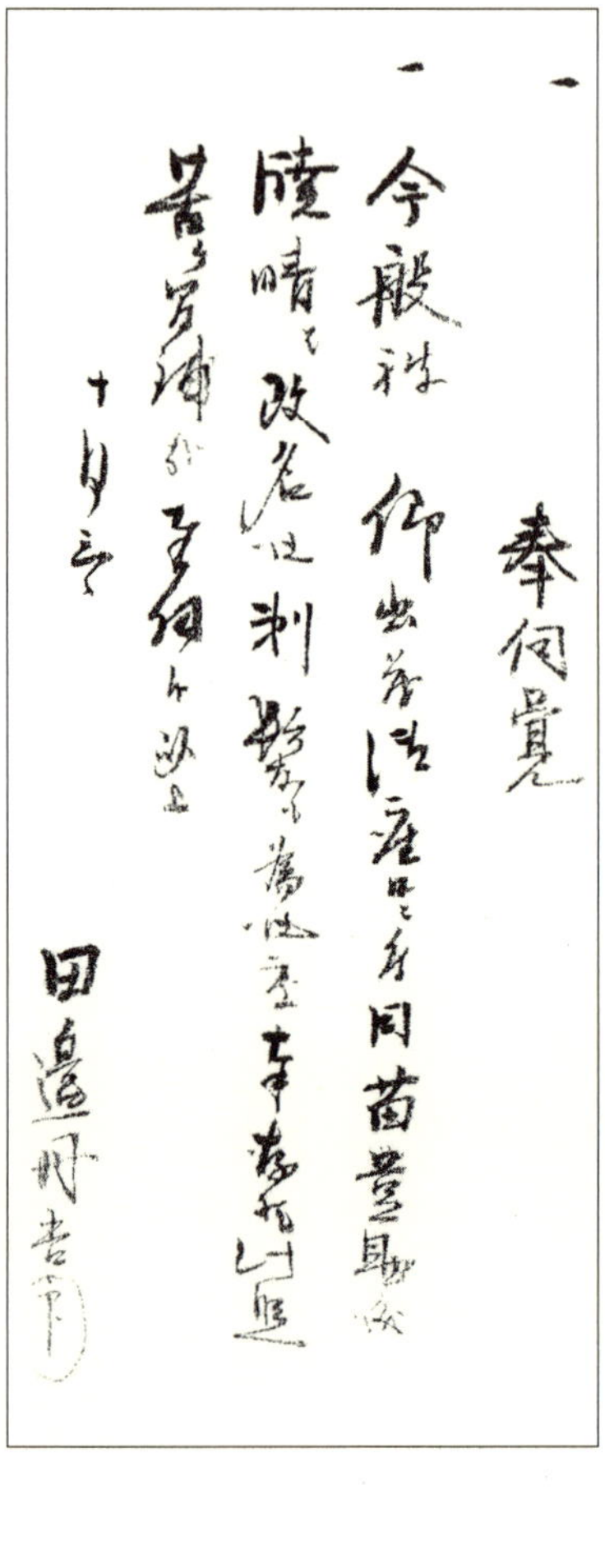

奉伺覚

今般被仰出も御座候ニ付、同苗豊助儀暁晴と改名仕、剃髪も為仕度奉存候、此段苦ケ間鋪哉奉伺候、以上

十月三日　田辺丹吾　印

施政司　御役所

この伺いにより、辰吉は剃髪し暁晴と改名した。また、「養老之典」により、辰吉は礼次郎に家督を譲ったのである。

『見聞録』を記録していた礼次郎は、明治二年一〇月一九日より翌三年二月までの予定で、京都警固を命じられた。実際は、同年一二月京都乾門警衛兵備を勤めの途中で免じられ、京都を出立した。

その後、一二月二五・六日、中山道筋の今須宿周辺の百姓が、「不容易形成」（騒動を起こしそうな不穏な情況）であるとして、笠松県から要請があったので、出兵することになった。加納藩兵として美江寺宿（岐阜県瑞穂市）に待機していると、今須宿周辺の百姓が鎮撫されたという知らせがあり、加納へ帰陣することになった。

今度は、同年一二月二七日夜九ツ過（夜中一二時過ぎ）、加納から四里（一六㎞）程北の「山家大河（ヲヲガ）辺」（岐阜県山県市）の百姓が一揆をおこし騒ぎを致しているという知らせがあった。早速、藩兵が出張することになり、翌二八日明六ツ頃（早朝六時頃）に加納を出発し、大晦日の夜四ツ頃（夜一〇時頃）に帰陣した。

翌朝、明治三年元旦は「目出度御礼罷出候事」と礼次郎は記している。

二　辰吉、死去の記事

その後、明治三年は記載が無く、翌四年（一八七一）の最初の記事に次のように記されている。

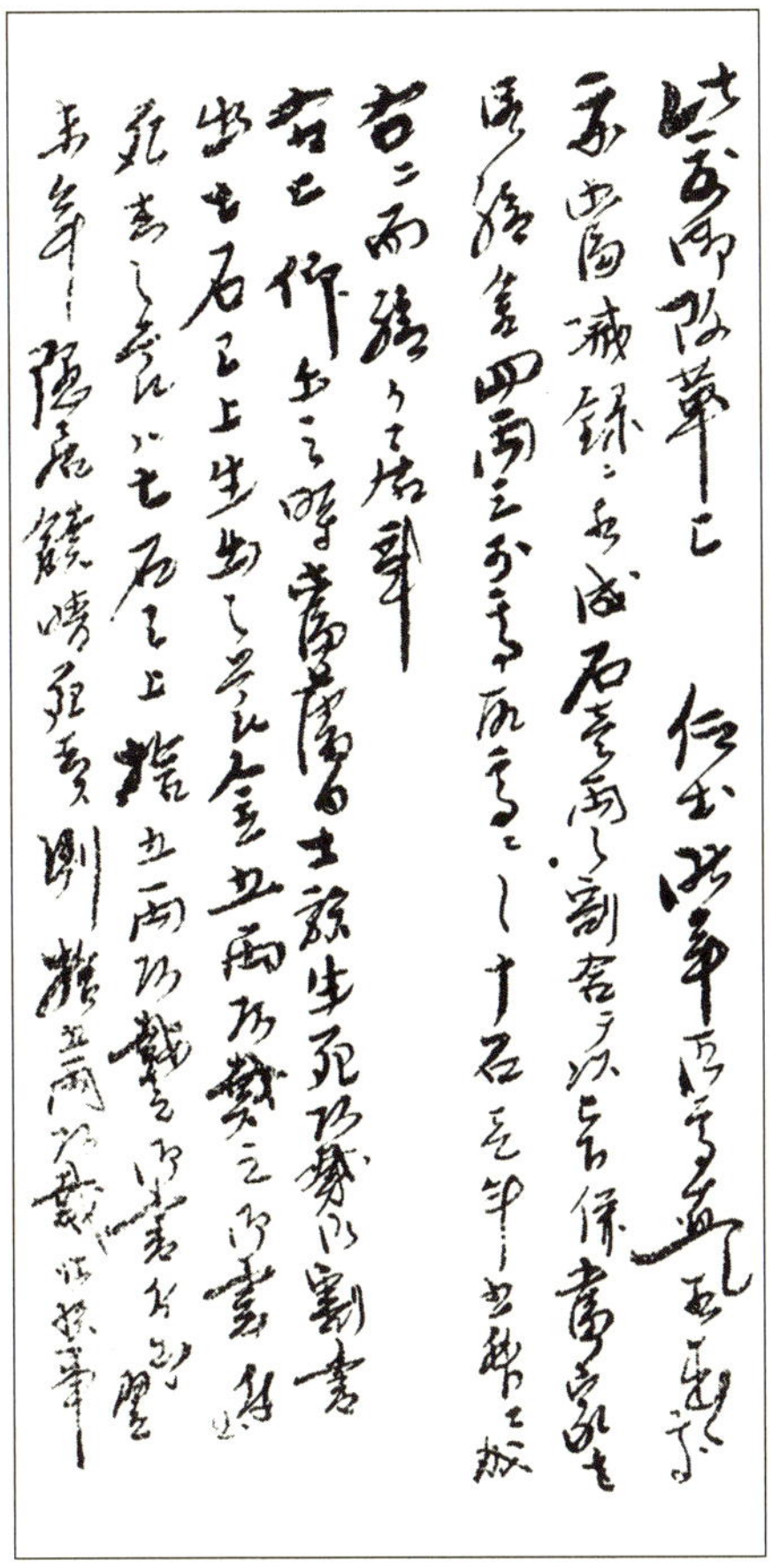

此度御改革被仰出、昨年（明治三年）御高直し相成候処、亦当減録（禄）ニ相成、石壱両之割合ヲ以被下、併当家は御給金四両三分高故、高ニし十石壱斗五升ニ成、右ニて給り居事

右被仰出之時、当藩士族生死頂戴御割書出、七石已上生出之節、金五両頂戴之御書付出、死去之節ハ七石已上拾五両頂戴之御書付出候、

翌未年隠居銕晴死去ス、則拾五両頂戴仕候事

改革によって、「当家（田辺家）は御給金四両三分高故」「高にして米一〇石一斗五升」を給されることに決定した。厳密に計算すると、金四両三分の給金は、金一両を米一石に換算するということで、米四石七斗五升になる。その上、三人扶持であるので、一人扶持米一石八斗と換算して、五石四斗となり、合計して家禄高一〇石一斗五升になる。その改革を命じられた時、加納藩士族の生死の割書が決められ、米七石以上の者で、生存の者は金五両、死去之者は金一五両を受け取ることになったという。

ここからが、辰吉に関わることで、「翌未年」つまり明治四年に「隠居銕晴（辰吉）死去」したというのである。そこで、田辺家は七石以上の加納藩士族ということで、「金一五両を頂戴した」というのである。

『見聞録』の中で、田辺辰吉が死去したという記事は、この記載が唯一であった。

辰吉の菩提寺・玄竜寺（岐阜市）の『過去帳』には、「明治四年五月二五日・釈銕晴信士・田辺豊助叟」という記事があり、この事からも、辰吉は八八才の生涯を静かに閉じたと思われる。

第二節　明治維新を乗り切ろうとした礼次郎

一　礼次郎をとりまく大きな出来ごと

(一)　永井知事の東京出発

明治五年(一八七二)加納藩は加納県となった。四月上旬までに加納城を売り払うこととなり、加納県から岐阜県へ引き渡された。これにより、加納県の役人は残らず罷免となった。その上で、同年四月一三日、加納県第一区で戸長・副戸長の見込書を提出することになった。

四月一四日表御居間において、旧加納藩主・知事永井尚服より「御離盃」を下賜されることになった。

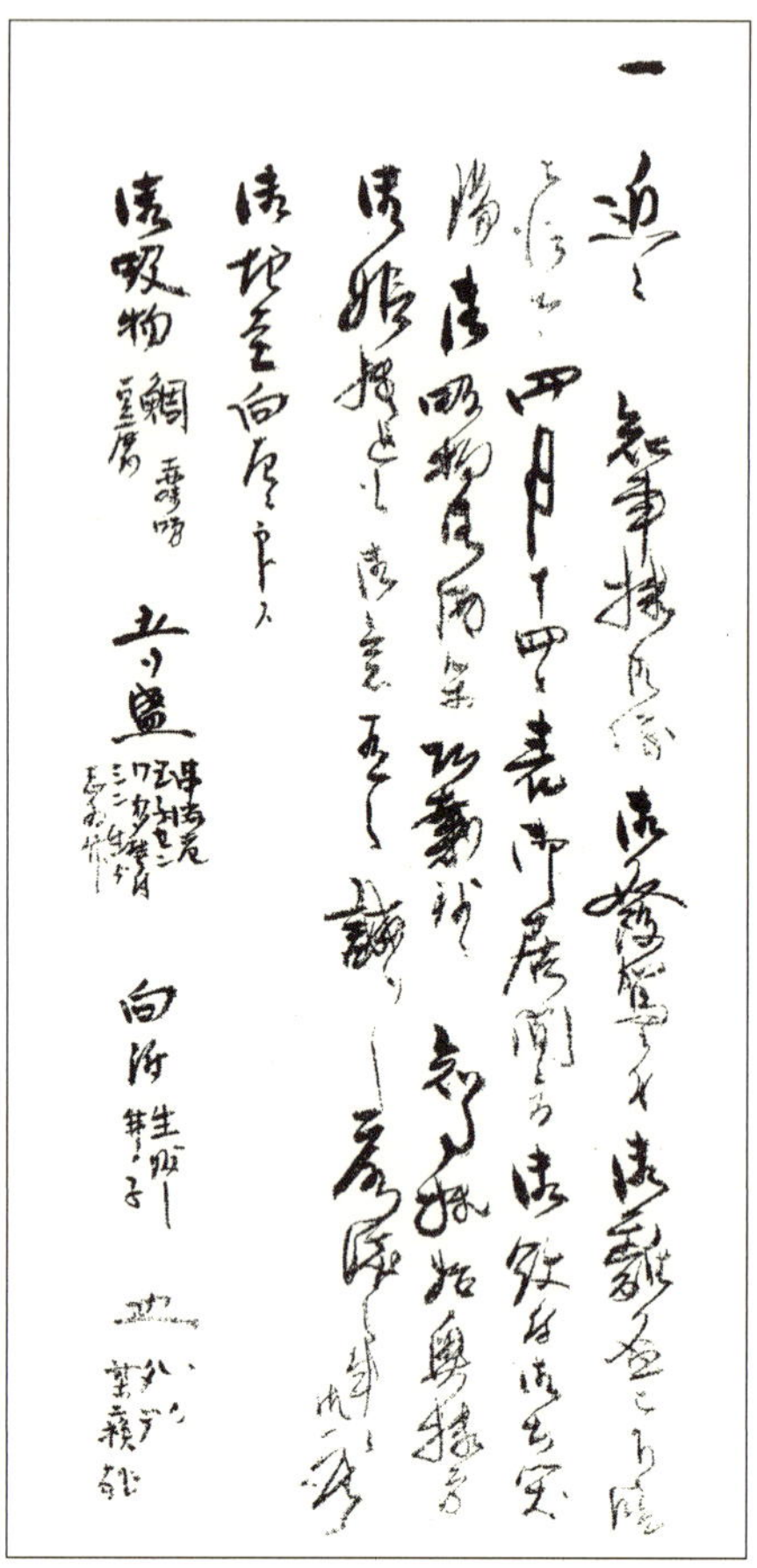

近々知事様御儀御発駕ニ付、御離盃被下候段被仰出候、(明治五年)四月十四日表御居間ニて、御紋付・御土器、錫、御吸物、御酒等頂戴致候、知事様始奥様方、御姫様迄も御意有之、誠ニ誠ニ落涙之事ニ御座候、御地(馳)走向左ニ印ス

御吸物　鯛・豆腐　赤味噌
五ツ盛　串海老　玉子セン　ワカメ・袴付
　シン生か(新生姜)　しゐ竹(椎茸)
向附　生ぶし(生節)　竹ノ子(筍)
皿　いか(烏賊)　タデ(蓼)　紫蘇　酢

旧藩士は御紋付・御土師、錫、御吸物、御酒等を頂戴した。御吸物は、鯛と豆腐の赤味噌仕立て。五ツ盛は串海老・玉子・わかめ・新生姜・椎茸。向附は生節・筍。皿は烏賊・蓼・紫蘇の酢和えである。

旧加納藩主・知事一家は、加納を離れ、東京へ「お帰り切り相成」ることは、藩士の誰もが承知していた。さらに知事始め奥様・お姫様からまでもお言葉をかけてもらって、礼次郎も感激して、「誠に誠に落涙のことに御座候」と、記している。

ついで同一八日、元加納藩主のご先祖代々の画像を掲げて、元藩士族卒が拝礼する行事を催した。士族・卒族のすべては麻裃で礼拝に罷り出た。拝礼を済ませて退出する居間の縁側に、名前を書いた金五両が広益に載せてあった。

表には、熨斗・水引を掛け、「御家付配当金　田辺丹吾」と記してあった。金五両の内訳は、二両は金札、三両は御手前札にて拝領した。

年表15　田辺礼次郎の履歴　（文久４年～明治10年）

西暦	和年号	月　日	年齢	事　　項
1864	文久４年	正・15	21	礼次郎(恵之助)、御流格太鼓御門番、１人扶持拝領
		9・ 2		礼次郎、江戸勤番中金１両加増、総手当金５両２分 銀１匁余り拝領
		9・22		礼次郎・兄下条隆吉、殿様江戸出府につき両名徒士御供拝命
		10・10		礼次郎、男児(信太郎)出生届け
1866	慶応２年	4・28		諸色高値にて家中一統難渋のため拝借金札にて２両借用
		7・13		諸色高値にて家中一統難渋のため御救御借金札１両１分借用
		12・大晦日		辰吉(豊助)御救金４両、礼次郎金１両１分拝領(大晦日夜４つ時過ぎ)
	慶応３年	10・下旬		諸色莫大、米は１合５匁、薪は100文に800目など、家中一統暮方難渋
				辰吉(豊助)２両、礼次郎１両２分各々拝借
	慶応４年	正・ 3		伏見にて会津・桑名藩と西国勢とが合戦
		正・20		綾小路俊美等多人数が加納城へ籠った様子、掛け合いに及び、手重になる
		正・23朝		郡奉行天野半九郎切腹、勅命を綾小路より藩御用人に達せられた
				辰吉が「天野半九郎は適(あっぱれ)の武士」と賞賛
		2・22		礼次郎・隆吉、岩倉の国々巡検の警固御供を拝命
		3・ 2		礼次郎、男児(矩錦治)出生
		4・11		長屋繰替により引っ越す、金２両１分拝領
		6・16		辰吉(豊助頼置)、「愚存の私、極老により承知仕らず」と申し出た
		7・ 7		礼次郎・隆吉従軍より帰国、目出度い
		9・		礼次郎、丹吾と改名
1869	明治２年	正・15		辰吉、御用始めの所、昨冬より体調不良のため、名代を頼む
				辰吉、極老迄50カ年来勤続により、給金１両増し、都合4両3分に加増
		9・	26	辰吉(豊助)、家督を礼次郎(恵之助・丹吾)に譲る
		10・ 3		辰吉は暁晴と改名
		10・19		礼次郎(丹吾)、京都警衛を拝命
	明治３年	3・22		礼次郎、正式に家督を相続
1871	明治４年			改革により、家禄金４両３分であるので、高にして10石１斗５升になる
		5・25		辰吉(豊助・暁晴)死去、88歳、釈饒晴信士。　金15両拝領
		9・		屋敷住居向建物被下切り
		11・23		礼次郎、頼忠と改名、岐阜県貫属を拝命
	明治５年			加納県廃止
		4・14		知事・家族東京へ帰還、表居間にて土器・錫・吸物・酒を頂戴
		4・18		永井氏先祖代々掛画を麻上下着用にて元藩士族卒が拝礼、金５両宛拝領
		4・22		知事・家族東京へ出発、元家来落涙、礼次郎は笠松まで見送る
	明治６年	2・28		旧憲章館に憲章学校設立、信太郎入学
		5・		礼次郎、４畝余りの畑を金７円で売却
		9・19	30	礼次郎、岐阜県地券係拝命
	明治７年	5・27		礼次郎、家禄奉還を願う
		8・		礼次郎、金子商法資本金のため、家禄奉還公債証書を質物として借金
		9・12		礼次郎、「家禄奉還御願済」の奉書を岐阜県庁より受け取る
1877	明治10年	4・18	34	信太郎(信吉郎)、当区内学校助教岐阜県雇い、月給２円50銭拝命

知事が「少分ながら遣わす」との御意によって下賜されたものだと、礼次郎(丹吾)は記している。そして、礼次郎は「誠に誠に恐れ入り候」と、知事の厚情に感激して拝受した。翌朝、御側衆へ御礼に行ったことは言うまでもない。

同二二日永井知事一行はいよいよ東京へ向けて出発した。

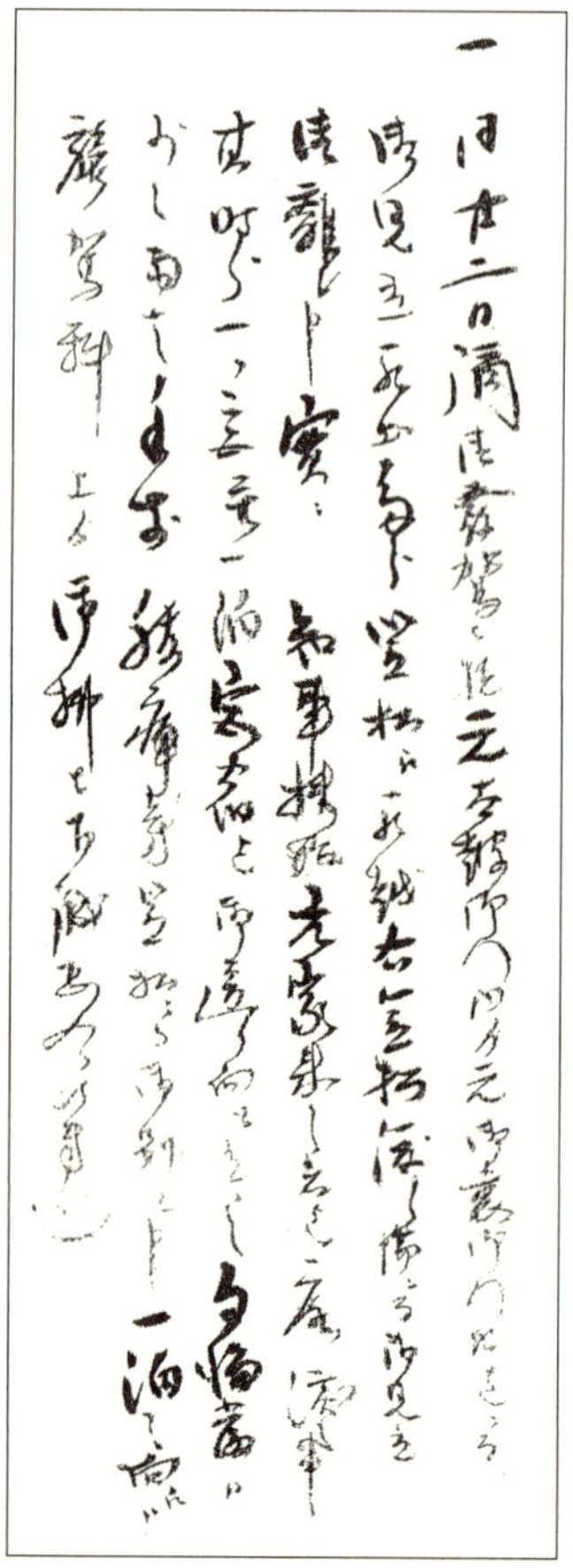

同(明治四年四月)二十二日、弥御発駕被遊、元太鼓御門内より元裏御門内迄ニて、御見立罷出、多分笠松え罷越、右笠松渡し場ニて御見立御離レ申、実ニ知事様始元家来之者迄落涙之事、其時分一ノ宮并一泊宮宿迄御送り向も有之、勿論当日少々当は手前腹痛旁笠松ニて御別レ申、一泊之向えハ旅駕料上より御払被下、誠恐入候次第也

元太鼓御門内から元御裏御門内までお見送り。笠松(岐阜県笠松町)渡し場迄送って「御見立て御離れ」をした。「実に知事様始め元家来の者まで落涙のこと」。中には一ノ宮(愛知県一宮市)で一泊して宮宿(名古屋市)まで見送りをした者もあったという。礼次郎は腹痛のため止むを得ず笠松で別れをしたという。見送りで一泊をした者には、旅駕料は知事が払った。礼次郎はこのことについても、「誠に恐れ入り候次第なり」と感激している。

(二) 岐阜県貫属を命じられ

明治四年(一八七一)笠松県よりの布告で、礼次郎(丹吾・頼忠)は、左のような書き付けを七月二二日戸長へ提出した。

美濃国厚見郡
加納居住
祖父渕右衛門 代官
養父暁晴 表小性
元加納県士族
元高金四両三分三人扶持
高現米拾石壱斗五升
生国美濃
田辺頼忠
申廿九才
明治三庚巳年三月廿二日家督相続
明治四辛未年十一月廿二日岐阜県貫属

なお、家督相続した明治三年は庚午で、「巳」は誤って記録したようである。ちなみに礼次郎の実兄下条隆吉(帷重)の書き付けは、次ページの通りである。

かくして一一月二二日、元加納藩士族・卒は岐阜県貫属となり、岐阜県の指図を受け当五区戸長の取り扱いになる旨を命じられた。なお、区の戸長には月給二両二分が支給され、これらを含む区内の経費は軒割り別で賄うこととなっていた。

元加納県士族　　　　　　　　——祖父庄兵衛　晦方
元高金三両二分二人扶持　　　——父　庄兵衛　徒士
高現米七石壱斗　生国美濃　下条帷重
　　　　　　　　　　　　　　申三十二才
安政四丁巳年五月十六日家督相続
明治四辛未年十一月廿二日岐阜県貫属

今まで採用していた陰暦明治四年十二月三日をもって、太陽暦・新暦明治五年一月一日とするよう布令が出た。そこで礼次郎は目出度く屠蘇三ツ組で元旦雑煮餅等を祝った。なお、新暦は四年ごとに一日の閏を置いて三六六日とし、閏日のない年は三六五日と定められた。

官員の礼服は裃は廃止となり、飾りがある左の様なものとなった。服の表は黒色の羅紗と礼次郎がわざわざ絵図に書き留めているところを見ると、言葉で表現できないほど例えようがなかったといえよう。

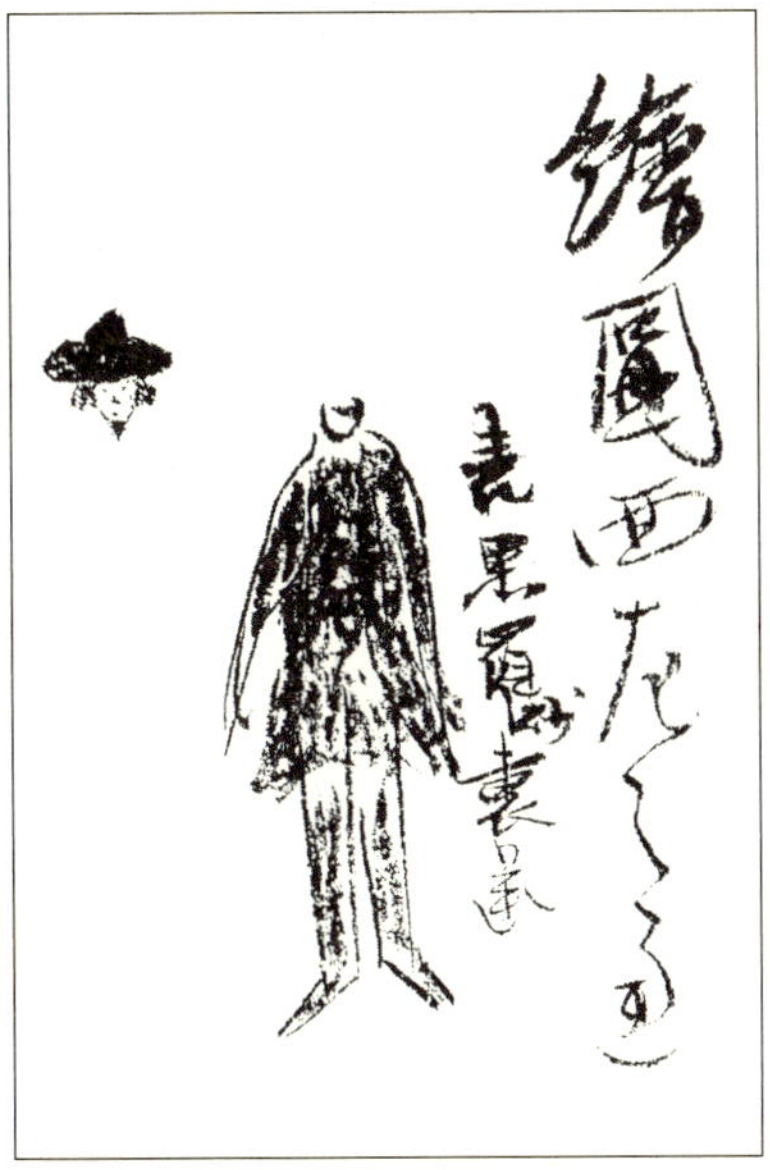

二　家禄を奉還した礼次郎

(一)　家禄奉還の手続き

明治五年(一八七二)九月一九日岐阜県庁より奉書が来て、礼次郎(頼忠)は岐阜県地券掛りを命じられた。翌二〇日より出勤し、給料は月に一二円。処理する地券の筆数が一日一五〇筆の規定で、一一月一三日まで雇われ、五五日ばかり出勤して、二五円ほど受け取った。このような記載を見ると、岐阜県貫属として一定の職務に就いているのでなく、臨時の採用になっているようである。ましてや月に一二円で生活が成り立っているか不明である。

そんな明治六年五月中に、五丁目などにある面積四畝一三歩・高二斗六升六合の畑地を、実兄下条隆吉(帷重)を保証人として、金七円で茜部村寺屋敷の岩田政蔵に売却した。なお、この畑地売却には、五区の戸長辻明啓や下加納村戸長宮田吉三郎・同副戸長島茂平の裏印を貰っている。

さらに礼次郎は家禄を手放し、資金を得ることを考えた。明治七年(一八七四)五月礼次郎たちは商業を始めるため、家禄を奉還し、その公債金を元手に出資金をつくることにした。先ず五月二三日家禄奉還見込書をもって、御払い下げ地を放棄すること、ついで五月二七日家禄現米一〇石一斗五升を奉還することとした。奉還願いは次の通りある。

家禄奉還見込書

今般家禄奉還商業相営候見込ニ付、御払下地所望無之候ニ付、此段申上候、以上

明治七年五月二十三日　　加納住貫属士族

岐阜県参事小崎利準殿

田辺頼忠　印
行年二十九歳十ヶ月

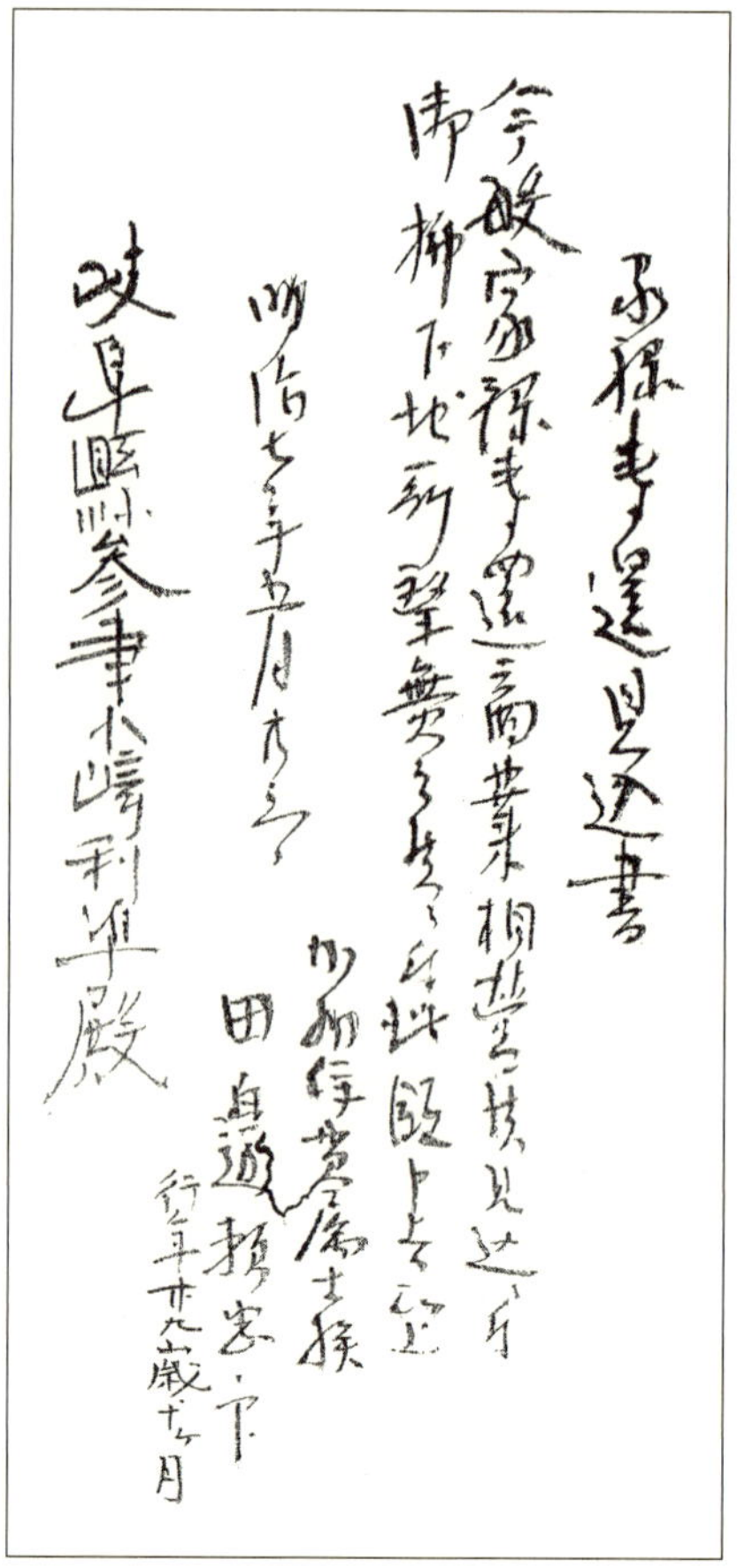

家禄を奉還して、商業を営みたいことを届けている。この日付は、明治七年五月二三日。次いで四日後、次のように家禄奉還願いを提出している。

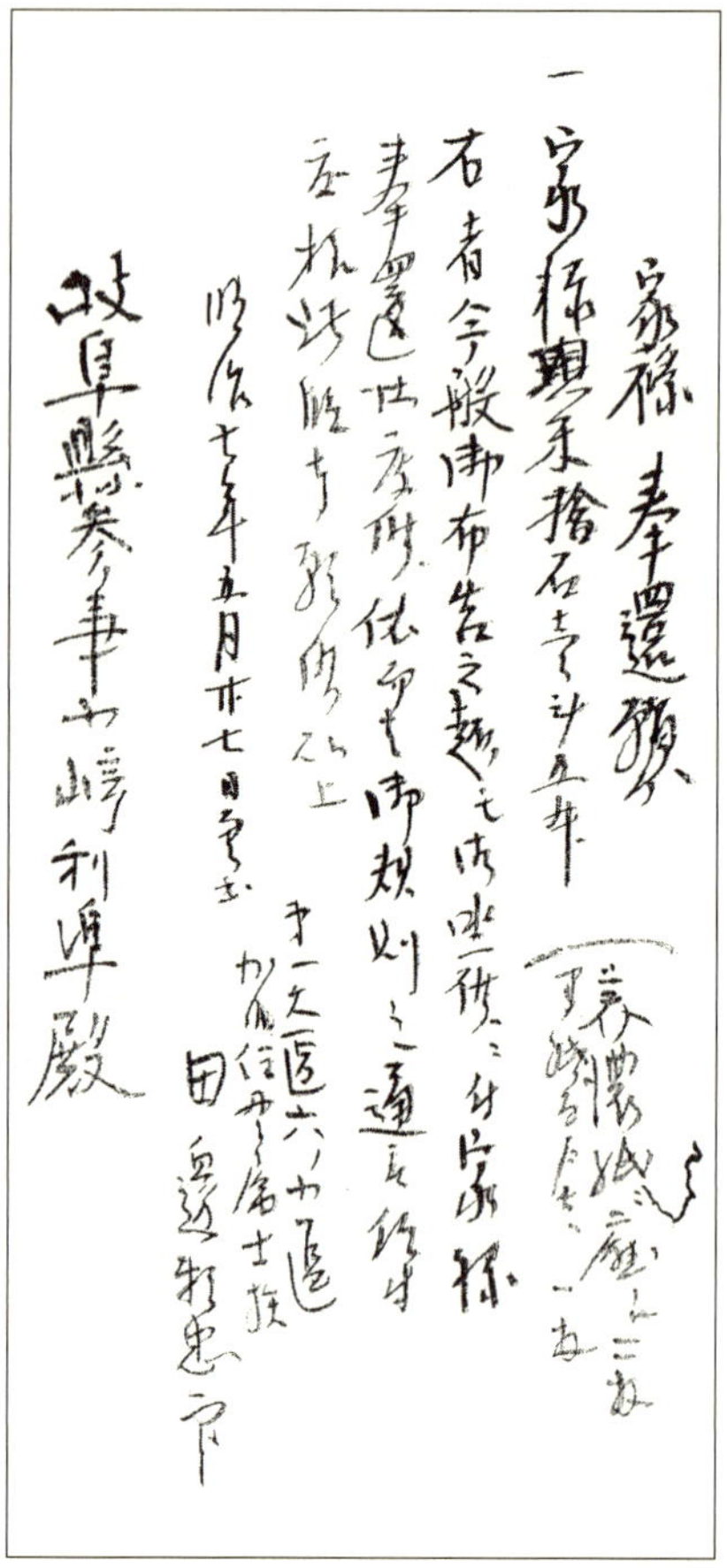

一　家禄現米拾石壱斗五升

家禄奉還願

右は今般御布告之趣モ御座候ニ付、家禄奉還仕度候、依ては御規則之通被仰付度様、此段奉願候、以上

明治七年五月二十七日差出　第一大区六ノ小区
加納住貫属士族
田辺頼忠　印

岐阜県参事小崎利準殿

（美濃紙ニ庁えニ枚、半紙ニて戸長へ一枚）

明治四年に確定した田辺家の家禄米一〇石一斗五升を奉還するというのである。この家禄は田辺政六・辰吉が加納藩士として、長年にわたり「実躰相勤め」てきた賜である。とりわけ辰吉が、明治二年「極老迄五十ケ年来相勤」めたことを評価して、加納藩より「都合金四両三分」を拝領することになっていたのである。明治四年、藩の改革により御給金四両三分三人扶持をもって高一〇石一斗五升の家禄となった経緯がある。礼次郎は、祖父（養父）辰吉が八八歳まで真摯に加納藩に仕えてきた姿を十分承知の上で、家禄奉還を願い出たのである。礼次郎の思いは記述されていないが、時代の大きなうねりの中で、断腸の思いで家禄奉還を願い出たと思われるのである。

（二）　公債金の売却

明治七年（一八七四）八月、礼次郎たち旧加納藩士一二名は、家禄奉還による公債金一、〇五〇円を引き当てに、金八〇八円五〇銭を借用することとした。

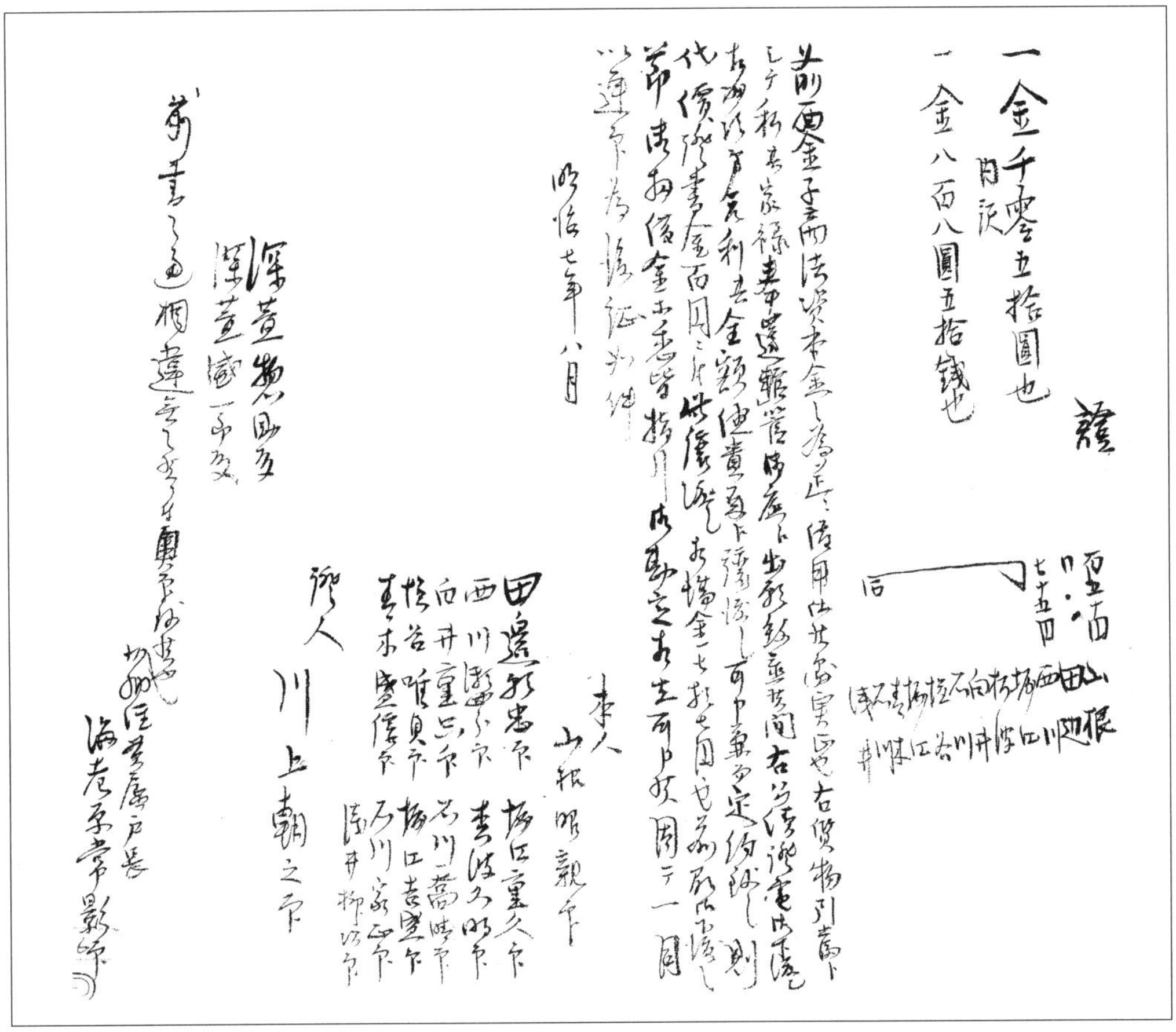

証

一金千零五拾円也

一金八百八円五拾銭也

内訳

百五十円　山根　百五十円　田辺

七十五円　西川　七十五円　堀江

同　松波　同　白井

同　石川　同　塩谷

同　堀江　同　青木

同　石川　同　浅井

前面金子、商法資本金之為メ、正ニ借用仕候処実正也、右質物引当トシテ、私共家禄奉還管轄御庁え出願致置候間、右公債証書御下渡シ相成次第、元利共金額儘貴殿え譲渡し可申、兼て定約致し、則代価証書金百円ニ付、此譲渡し相場金七拾七円也、前顕御下渡之節、御拝借金等悉皆指引御勘定相立可申候、因テ一同以連印、為後証如件

明治七年八月　本人山根昭親印

田辺頼忠印　堀江重久印

西川瀬四郎印　松波久時印

白井重只印　石川喬晴印

塩谷唯貞印　堀江吉盛印

青木盛信印　石川家正印

浅井柳次印

証人川上朝之印

深萱惣　助殿

深萱威一郎殿

前書之通相違無之候ニ付、奥印致候也

加納住貫属戸長　海老原常影 印

証文によると、商業活動を目論んだ旧加納藩士の仲間は、公債金一五〇円を出した山根昭親と田辺礼次郎（頼忠）の二人と、公債金七五円を出した堀江重久、西川瀬四郎、松波久時、白井重只、石川喬晴、塩谷唯貞、堀江吉盛、青木盛信、石川家正、浅井柳次の一〇名である。公債金合計の一、〇五〇円を引き当てとして、公債金一〇〇円を七七円の相場で売却される価値があると換算して、八〇八円五〇銭と計上している。宛名の深萱惣助と深萱威一郎両名の詳細についてはよく分からないが、資産家であることは間違いないだろう。

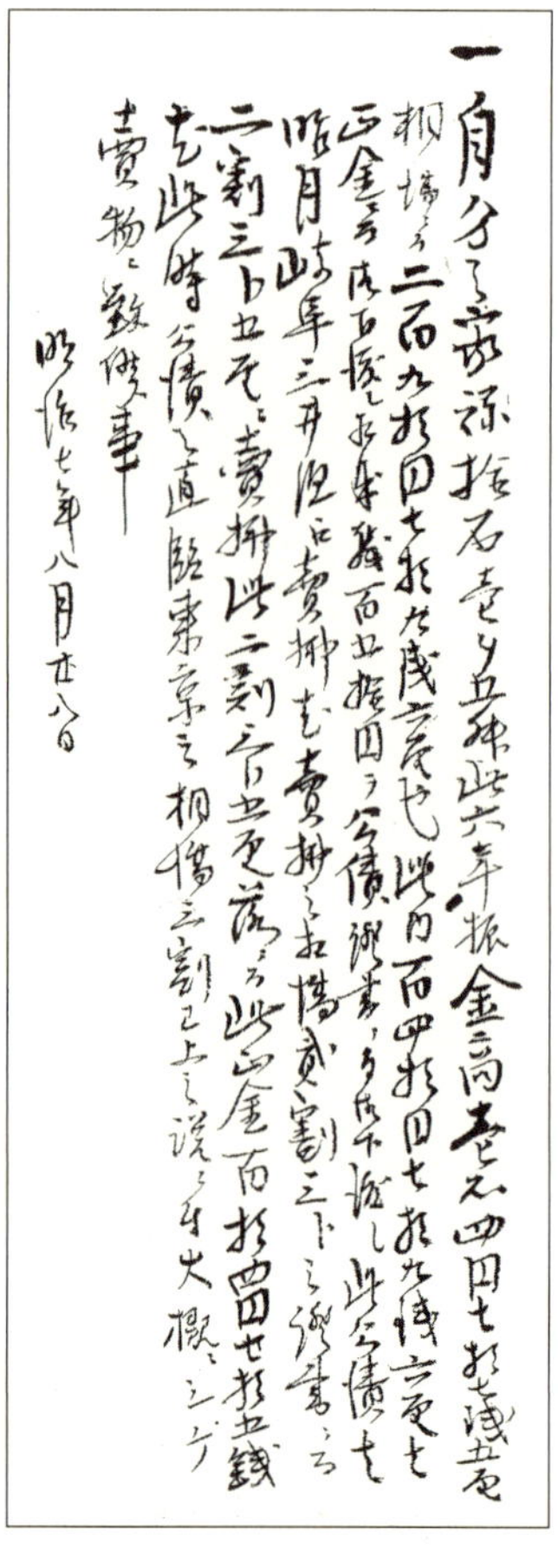

自分之家禄拾石壱斗五升、此六年振金高壱石四円七拾七銭五厘相場ニて、二百九拾円七拾九銭六厘也、此内百四拾円七拾九銭六厘は正金ニて御下渡シ相成、残百五拾円ヲ公債証書ニて御下渡し、此公債は昨月岐阜三井組え売払、尤売払之相場、弐割三分之証書ニて、二割三分五厘ニ売払、此二割三分五厘落ニて、此正金百拾四円七拾五銭、尤此時公債之直段、東京之相場三割已上之説ニ付、大概ニシテ売物ニ致候事

明治七年八月二十八日

礼次郎が家禄をどのように現金化したのだろうか、右の記述から復元してみる。

先ず家禄は明治二年、金四両三分三人扶持に決められたことから、石高にして一〇石一斗五升となる。その後明治七年八月まで六年間と成り、家禄はその六倍となっていた。そして一石を四円七七銭五厘と換算して、一〇石一斗五升×六年×四円七七銭五厘＝二九〇円七九銭六厘になる。この内、一四〇円七九銭六厘は正金で受け取り、残り一五〇円は公債証書で受け取った。この公債は岐阜の三井組に売り払ったという。売り払いの相場は、証書に二割三分引きとなっているが三井組には、二割三分五厘引きで売り、正金一一四円七五銭を受け取った。なお、公債売買の相場は、東京では三割以上を差し引かれる相場になっていることから、明治七年八月二八日おおむね二割三分五厘引きは妥当な割引率だとして売り払ったという。

その直後明治七年九月一二日、岐阜県庁より「奉還御願済」となり「資金御渡シ相成」と記した御奉書が田辺礼次郎の元に届いた。この日は、田辺家にとっても重大な日、大きな意味を持つ日であったといえる。

礼次郎は、明治七年家禄を奉還し、公債証書を売って、商業活動を始める準備を進めた。明治維新の激動の時代を生き抜き、仲間と共に商業活動を始めたのである。田辺家が加納藩主安藤に仕えて以来一二〇年以上着つづけてきた「加納藩士」の裃を、名実ともに脱いだ瞬間なのである。

三　信太郎が憲章学校に入学、そして助教に

明治五年（一八七二）二月二八日、加納藩の学問所であった旧憲章館にて学校が創立された。

今日の岐阜市立加納小学校の草創期の学校「憲章学校」である。書籍購入等のため、軒別に金二朱宛出金した。生徒があれば請業料として月々金一朱宛出金した。

「憲章學校」扁額（岐阜市立加納小学校所蔵）

当然、田辺信太郎はこの学校に入学した。信太郎は文久二年（一八六二）一一月八日生まれであるので、数え一一歳になっていた。ただし、礼次郎と虎の婚礼より日数が余りたっていないことのため、出生届けを延引することになっていた。その結果、信太郎の出生届けは二年後の元治元年（一八六四）一〇月一〇日正式に届けられた。従って、九歳で入学したことになる。

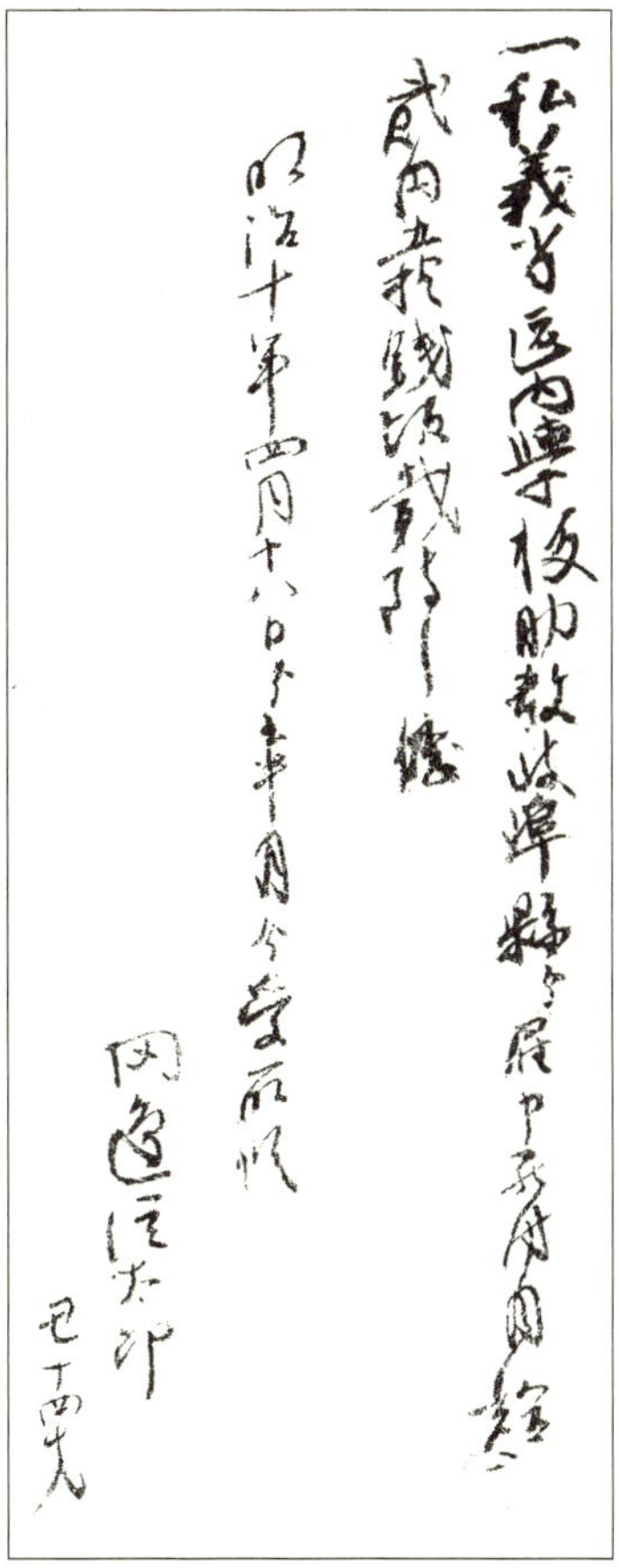

私儀、当区内学校助教、岐阜県より雇申被付、月給ハ弐円五拾銭頂戴致し候
明治十年四月十八日より之半月分受取候
田辺信太郎　巳十四歳

明治一〇年（一八七七）四月一八日、礼次郎の嫡男信太郎が「私義当区内学校助教、岐阜県より雇申被付」と、学校助教として岐阜県に雇われたと記している。

学校は「当区学校」としてあるので、憲章学校の可能性も高いと思われ、また信太郎は若干一四歳で助教を任じられ、月給二円五〇銭を受け取ることになったという。

田辺礼次郎（恵之助・丹吾・頼忠）が、その後どのような商業活

動を、どのように展開していったか分からない。また嫡男信太郎が教員（助教）になったことは確かであるが、どのような人生を歩んだか分からない。

『見聞録』の記事は、信太郎が「当区学校」の助教を任じられたことを記して、終っているのである。

終　章　下級武士の存在形態

第一節　下級武士にかかる諸問題

『見聞録』の筆者田辺政六、辰吉、礼次郎は、加納藩に仕える藩士である。従って書き綴られる内容が多様であるものの、藩士としての自分自身や子弟の登用・任免・俸禄・扶持などが継続して記録されている。その記載期間が安永一〇年（一七八一）から明治一〇年（一八七七）の九六年間と長期にわたっている。さらに筆者政六の三代前の先祖からの系図によれば、田辺家は、美濃国厚見郡東島村（岐阜市島地区）に苗字を名乗れる有力百姓として本拠をもっており、元禄期以降の当主など何人もの者が「桑名藩や加納藩に仕えていた」などと記述されている。そこでこれら田辺家の家系をたどりながら、継続した三代の履歴をもとに下級武士の存在形態を解明することができるのではないかと思われる。

江戸時代の下級武士については、新見吉治『下級士族の研究』や木村礎『下級武士論』などによって、士族・卒の分界や、家格・職・俸禄、家督や跡目相続のことなど、基本的な有り様を明確にされている。しかし、これらのことは藩によって多様であり、時代によって改変されている。一方、江戸時代は世襲社会であったというものの、「武士階級も新陳代謝が多く、足軽が代を重ねて給人（上級武士）にまで昇進した者や、その逆もあった」（『下級士族の研究』）などという事例も明らかになった。

また、笹間良彦は『下級武士　足軽の生活』の中で、下級武士として形なりにも二本の刀を差しているものの、中世末から近世を通して、諸藩によって大きく違う足軽階級の配属、待遇、勤務形態、組屋敷、給与、内職、昇進等「庶民との接触が一番多かった足軽の実体」を詳細に解明された。

『見聞録』によると田辺家の先祖は元禄期（一六八八〜一七〇四）頃から桑名藩や加納藩に仕えていたようで、その職務は何であったか記載はないが、恐らく加納藩の「嘉永頃の分限帳」（『加納町史上』）に記載されている「平組定番」や「足軽格」などであったと思われる。政六や父仙右衛門が拝命していた「飛脚組」や「献上方」の職務も藩の職制の中で同程度の位置づけであったといえる。

家職と思っていた献上方を拝命できなかった政六は、手代格・御奉行方物書本役を振り出しに藩に仕え、六八歳で死去する時は、徒目付となり跡式金三両二分二人扶持を、嫡子辰吉に相続させることができた。ついで辰吉は、手代格や御流格を経て、表小姓格まで昇格し、金四両三分三人扶持にまで加増した。このような、百姓身分から下級武士の最下位の階層にどのようにして身上がりしたのであろうか。また下級武士の中でも、どのようにして上位の格式にまで昇格し加増されたのであろうか。

磯田道史は『武士の家計簿　加賀藩御算用者の幕末維新』の中で、加賀藩の陪臣猪山家が「御算用者」という特殊技能を代々にわたって家内で伝え、修練して藩に仕えていた。その子弟には「筆一本、算盤一挺」に専念させるなど、藩士としての素養を身につけさせ、優れた特技や技能を身につけさせることにより、藩に重く任用されることになったというのである。さらにまた、明治五年家禄奉還して得た公債金は、借家購入や銀行類似業務会社へ預金し、一方海軍官僚などに進む英才教育に活用したなどという。

加納藩士田辺家の立身出世の転機は何であったのであろうか。また、子弟の教育をどのように行っていたのであろうか。辰吉は、嫡男富太郎に手習いや剣術修行に入門させたりして、藩士としての教育に力を入れている。一五歳で藩の「坊主方番入」に出仕、藩主や藩重役の側近くに仕えさせていた。成人してからは、徒士格、徒目付等を勤め、藩主が江戸参府の時には、「御台所頭格」となって、藩主の側近くに仕えていたのである。

高野信治は、『武士の奉公　本音と建て前　江戸時代の出世と処世術』の中で、「人事は奉公・勤務の実態（精勤性）や意識（上昇志向）などの個人的問題とともに、人間関係（主君・大名との親疎や幕府関係者など有力者の依頼・取持など）、そして家格（組織内本来的な位置づけ）など、様々な要素が複合的に作用したとみられる」と指摘している。富太郎は、若くして藩主との極めて近い関わりの中で立身出世していったのではなかろうか。

『武士の周縁に生きる』で、森下徹は「近世社会は、士農工商という身分制度によってがんじがらめではない。むしろ多様な生業の人々が、歴史の表舞台で活躍。彼らは様々な集団をなし、それらの重層と複合によって社会は成り立っている。そうした人々や集団の具体的な有り様を明らかにして、近世の身分について再検討しようと始めた」という。確かに『見聞録』においては、何代かにわたり百姓身分から下級武士の身分に上昇していく有り様が克明に記されている。同時に、下級武士の子弟が百姓身分になることや、下級武士の子弟が商人身分になる場合は、一定の手続きを経て行えば、地域社会からも承認されていたのである。

根岸茂夫は、『近世武家社会の形成と構造』や『大名行列を解剖する　江戸の人材派遣』の中で、武家の階層を軍役・供連と俸禄の種類を組み合わせて、Ⅰ足軽・同心、Ⅱ徒・歩行、Ⅲ中小姓・小十人、Ⅳ給人・馬廻り、Ⅴ大身層の五層に分類している。そのうえで、「Ⅲの階層は、Ⅳ以上の階層の部屋住みや庶子などが最初に出仕することも多く、またⅡの階層以下が昇進出世する到達点にもなっていた」こと、「Ⅳ以上は俸禄を世襲し譜代的な主従関係が強い階層であり、Ⅱ以下は次第にそれが希薄になっていた」こと、「主従関係の強い階層と雇用関係の強い階層との接点の部分」「すなわちⅢやⅡの階層を中心に、いわゆる近世官僚制が発達したのではないか」と指摘している。

『見聞録』に記された加納藩士田辺政六、辰吉、礼次郎の九七年間の履歴と、それ以前の先祖三代の由緒や系図から、田辺家が藩組織の縦系列の中で昇格していく様相をもとに、下級武士の階層を分類することができよう。

一般に下級武士は、城を取り巻く城下町に住んで藩からの俸禄のみで生計を立てていたと思われていたが、『見聞録』の田辺家は、藩士として俸禄を得ていたことは言うまでもないが、その他に高五石余りの田地を所持し、そこから毎年加地子米を得ていた。さらに同じく藩士の家に養子した我が子に、代金二九両もの大金をはたいて田地を購入し、譲り渡していた。さらに、急遽嫡子とした孫娘婿の結婚披露宴に、父祖伝来の田地を金六〇両で売却し資金を充てていたようなことも含めて、ここには田地を所持する下級武士の特異な事例がある。

第二節　百姓の身分から下級武士の階層へ

『見聞録』の初代筆者田辺政六は、天明二年（一七八二）四月二五日、父仙右衛門が献上方退役を許可された一週間後、「献上方見習飛脚」を急いで命じられた。その一年後の天明三年五月六日、政六は「御奉行物書本役・手代格」を拝命したが、この人事異動について、憤慨し不信感を抱いている。父が献上方を退役した後は、当然嫡子である自分が献上方を拝命できると思っていたに違いない。その前提は、献上方は我が家の家職で、世襲であると認識していたからであろう。

明和二年（一七六五）、政六が一七歳の時始めて加納藩から拝命した「定番」は、「嘉永頃の分限帳」（『加納町史上』）によると、足軽格の上位で、平組定番→男居番→定番頭支配定番組→両奉行吟味奉行支配手代格と上位に昇格するところに位置していた。つぎに拝命した「飛脚組」や「献上方」は分限帳に記載がないが、いずれもどちらかというと外勤の現業であったといえよう。そして職制は足軽格→定番→飛脚組→献上方と、上位の格式で、仙右衛門や政六と加納藩との関係は、一代奉公というより代々相続できる家職と認識できるほどの密接な関係になっていたといえる。しかも、飛脚組を拝命していた安永一〇年の時期には、政六は「田辺政六昆敏（花押）」といった、苗字・通称・諱・花押といった武士の名乗りをしていたことから、二本の刀をさす武士として自覚し、藩や周囲の人々にも下級ではあるが武士として認識されていたといえる。さらにまた、家職を拝命できなかったことへの憤りや覚悟を、屈原『漁夫辞』や孔子『論語』を引用して表現していることから、武士としての教養を身につけていたことがわかる。

この田辺家は、つまり『見聞録』には、「田辺東家」と記された本家は、どのような経緯で加納藩主永井三万二〇〇〇石に仕えるようになり、下級武士に身上がりしたのであろうか。

「東島村田辺東家の系図」（182ページ図6）によると、政六（図6㋚、以下㋚とする）の父仙右衛門（㋖）は、何時の頃からか安藤五万石加納藩に仕えていたが、所替えにより宝暦六年（一七五六）永井三万二〇〇〇石が入部してから「二七年間献上方を勤めてきた」という。

この仙右衛門は、加納西広江（岐阜市）に居住していた伯父田辺忠太夫（㋔）のもとへ、幼少の時に養子してきたという。

忠太夫は、宝暦一三年（一七六三）一月一八日死去したが、系図の中で「初メ桑名城主松平越中《ママ》守様ニ仕フ」としている。この真偽については、桑名（三重県桑名市）と厚見郡東島村（岐阜市）とは長良川を船で往復することが容易で、しかも忠太夫の妻が「勢州桑名の島屋善兵衛娘」であることから、忠太夫は桑名の町に居住し桑名藩一〇万石に仕えていた可能性が高いといえる。

その後、何らかの理由により安藤加納藩に仕えることになり、加納西広江に居住したのであろう。ちなみに加納西広江の場所は、初代加納藩主となった一〇万石奥平信昌夫人亀姫の菩提寺光国寺の北側に位置し、元禄八年（一六九五）頃の「加納藩家中之図」（『加納町史上』）には「徒士並小役人足軽中間屋敷」と記されている。

図6　東島村田辺東家系図

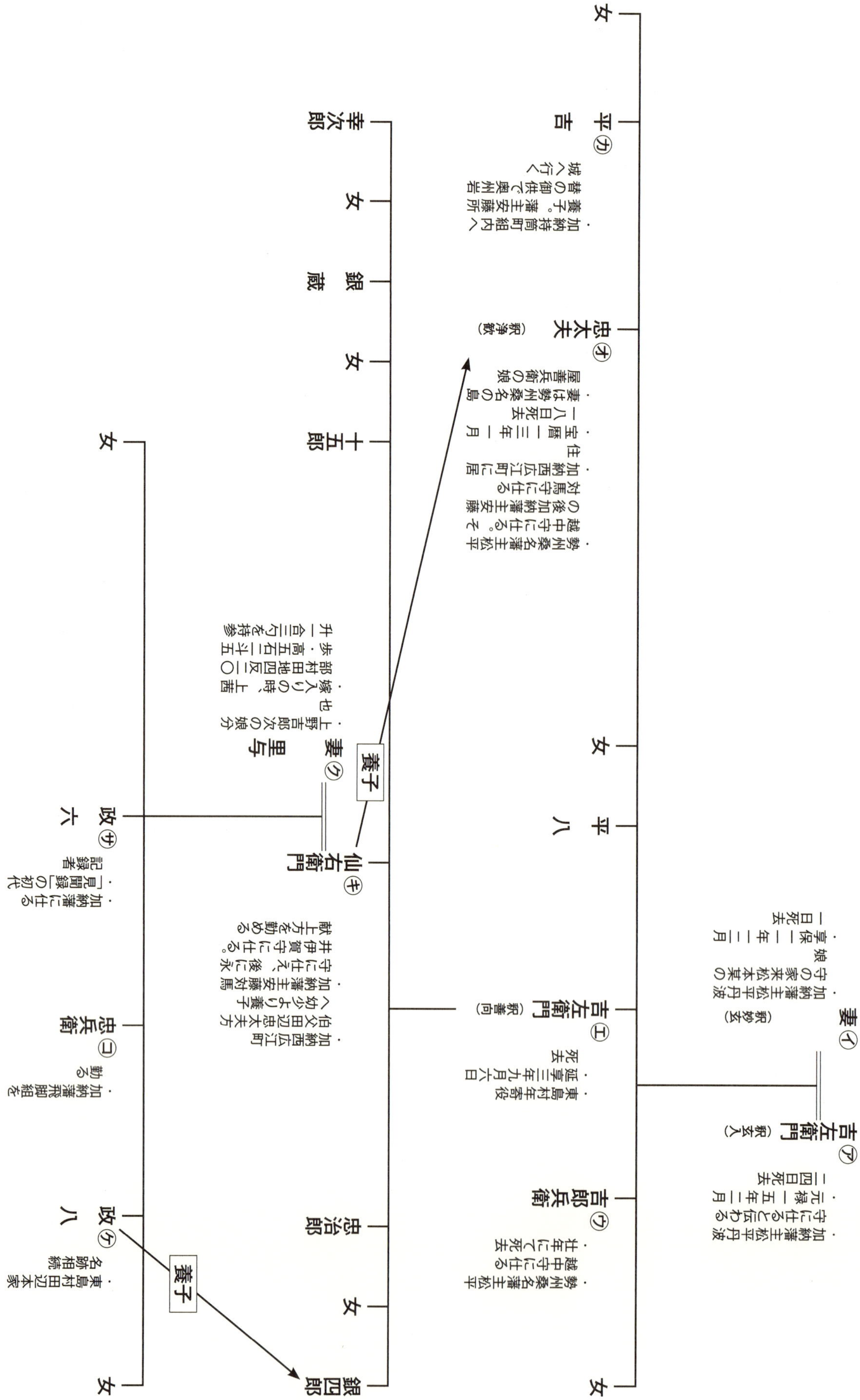

さらに、忠太夫の長兄吉郎兵衛(㋒)は、忠太夫と同じく「勢州桑名藩主松平越中《ママ》守」に仕えていたが、壮年に死去したという。さらにまた、弟平吉(㋕)は、「加納持筒町組内へ養子」し、どのような職務であったか分からないが、加納藩に仕えたようで、藩主「安藤様御所替御供」して陸奥国磐城平(福島県いわき市)へ随行したという。

つまり、忠太夫の兄弟三人は、桑名藩や加納藩に仕え、一人が東島村の田辺東家を守っていたことになる。そして東家を守っていた吉左衛門(㋓)は仙右衛門の実父で、子どもの一人を弟忠太夫の養子にして、加納藩に仕えさせている。

次に忠太夫兄弟の親はどうであろうか。系図を見ると、両親ともに東島村の百姓とのみいえない経歴をもっているのである。

先ず父吉左衛門(㋐)は、元禄一五年(一七〇二)二月二四日死去であるが、「加納藩主松平丹波守に仕えていた」という言い伝えを記録している。松平丹波守(戸田光凞)は正徳元年(一七一一)まで加納藩主で、時代的には松平に仕えることは可能である。ただこれだけでは吉左衛門が何時からどのような職務を拝命していたか分からない。一方、吉左衛門の妻(㋑)の出自が、「加納藩主松平丹波守の家来松本某の娘」と記されており、身分違いは不縁である当時の常識を考えると、吉左衛門が加納藩に仕えていたという可能性は比較的高いように思える。

つまり、田辺家は、田辺政六の三代前から桑名藩や加納藩に仕える下級武士、あるいは武家奉公をする有力百姓と武士との間の存在であったといえる。なお、政六(㋚)の三人兄弟の内、後に吉左衛門となった政八(㋘)は百姓身分として東島村の田辺東家の本家をつぐ有力百姓となっていたのである。江戸時代の士農工商の大きな身分区分の中で、政六は下級武士の身分であるものの、百姓身分と交わる階層に位置していたといえる。

この田辺吉左衛門(㋐)や忠太夫(㋔)らは、どのような村落共同体の中から、下級武士になっていったのであろうか。また、百姓身分であった者が、下級武士になる機会があったのであろうか。次のような風土がその要因の一つではなかろうか。

かつて加納藩領であった、旗本文殊戸田領の西西郷村(岐阜市西郷)の「延享四年(一七四七)三月、諸奉公人帳」(『河村家文書』)によると、奉公人三五人計上されている中で、文殊旗本陣屋(本巣市)へ六人が奉公に上がっていた。その内訳は御歩行三人、御足軽一人、御中間二人である。ちなみに、西西郷の正徳二年(一七一二)の「家数人馬相改帳」(同文書)によると家数九八軒、人数三九二人であるので、その村から六人の武家奉公人を出すことは、数として多いかどうか、強制的であったかどうかなど分からない。まして、これらの奉公人を苗字・帯刀をゆるされる下級武士としてよいかどうかも即断は出来ない。ただ、旗本の陣屋では、これらの奉公人を歩行・足軽・中間に雇っていたことは確かである。

また、正徳元年(一七一一)まで加納藩領であった方県郡東改田村(岐阜市改田)の宝暦六年(一七五六)「東改田村宗門人別御改帳」(『岐阜市史史料編近世二』)によると、家数七五軒、人数二九七人の村で、江戸戸田主膳屋敷奉公として男一人一三年間、江戸本庄和泉守屋敷奉公として男一人七年間、名古屋家中屋敷へ奉公として男一人八年間、京都の商家へ奉公として女一人四年間というように、四人の百姓が奉公に出ている。とりわけ三人は七年から一三年間という長期の武家奉公である。

また、同じく東改田村天保一四年(一八四三)六月「他所奉公・帳外者書上」(前掲『岐阜市史』)によると、他所奉公人合計五二人の内、江戸武家屋敷奉公として男三人、大垣藩家中屋敷奉公として女一人、合計四人が屋敷奉公として書き上げられている。注目すべきは、三人の江戸武家屋敷奉公の職務が、二人は「御仲間奉公」とし、一人は「御輪夫(かごかき)奉公」としていることである。

さらに加納の町民も武家奉公に出ていた。「宝暦六年加納町中帳外之者書出帳」(前掲『岐阜市史』)によると、奉公七四人、欠落一四人、追放四人、江戸住居一人と記されている。奉公人の内武家奉公は一四人で、江戸屋敷奉公中間として男六人、旗本坪内屋敷奉公として男三人、加納藩江戸屋敷奉公足軽として男一人、加納藩江戸屋敷奉公として男一人、松平美濃守江戸屋敷奉公足軽として男一人、笠松郡代役所奉公として男一人、尾張藩武家屋敷奉公として男一人と書き上げられている。

つまり、加納藩領の村々から百姓が、武家奉公として足軽、中間、輪夫などに雇われていたのである。

さて、武家奉公人として中間や足軽に採用されたとして、どのくらいの収入を得ていたのであろうか。貞享五年(一六八八)、大垣藩は中間奉公人の切米を、「役中間は米六俵、上々草履取は五俵、草履取内中間の五俵以下は相対で定めること、すでに仕えている中間は翌年もそのままとするが、それは抱主の心しだいだとすること(後略)」(『岐阜県史通史編近世』)としている。さらに、享保九年(一七二四)、中間奉公人の基準を「米一俵持つことができ、また髪月代が大概なるもの、すなわち一般普通のものを上として米四俵半、この二条件のいずれか一つにあたるものを中として四俵、全く条件に合わぬものを下として三俵半とし、その判定は抱主の判断に任せる」(前掲『岐阜県史』)と定めて、村落から優秀な奉公人を募集できるようにしていた。さらに、奉公人の雇い入れの手続きも詳細に規定した。例えば「藩士が中間奉公人を求めるときは、その頭より上中下の希望を述べて、郡奉行・代官を通じて名主へ申しつけ、その奉公人を代官の書付をそえて抱主へつかわすこと」(前掲『岐阜県史』)と、藩の郡奉行・代官や各村の村役人に責任を持たせ保障をしている。一方、近世中期になるとどこでも多少とも農村社会に商品経済が浸透してきて、百姓の出稼ぎがさかんとなり、農村の労働力の不足、耕作地の荒廃が目立ってくるようになる。幕府も安永六年(一七七七)、幕府領や私領に対し「奉公稼之儀に付御触」を出し、大垣藩はこの線に沿って、天明五年、寛政一〇年、文化一〇年と奉公稼ぎの禁令を繰り返し、文政・天保期となると、作間余業の禁止令まで出している。(前掲『岐阜県史』)

このように見てくると、厚見郡東島村の田辺東家の田辺吉左衛門、吉郎兵衛、忠太夫、平吉、そして仙右衛門は、奉公稼ぎ、作間余業のためだけの理由で、武家奉公に出ていたのであろうか。東島村は、現長良川と古川・古々川と流路を変え、そして鳥羽川・

伊自良川などが複雑に合流するところにあたり、水災をうけやすく耕地として不安定な文字通り島・中州の村であった。従って桑名藩や加納藩の武家奉公に出稼ぎをしなければならなかったのかも知れない。

だが、もう少し積極的な理由として、美濃国内の農村に成立していた頭分制の意識が大きかったのではないかと思われる。同じ百姓身分であるが村の中で苗字を名乗れる頭百姓があり、苗字を同じくする者同志が党(統・衆)をなし、血縁擬制的な関係、すなわち同族集団的な関係を村内で成立させ、脇百姓とは厳格に分けられていた。頭百姓(頭分)は一般的には、かつては侍身分であったとする伝承をもち、村役人などを独占し、住居を始め衣服、冠婚葬祭など全般にわたって特権をもっていた。とりわけ一七世紀後半以後、美濃の諸村には「村法」「郷例」などと称される村掟が成立していた。このような頭分制については、様々な角度から論じられ研究解明されている。(『岐阜史学一二号・一八号』『幕藩制確立期の村落』『宮座と祭』)

頭分制の成立について、中世末から近世初の土豪層に系譜があるとか、開発地主であったとかの伝承をもって、武士的性格を有していることから、天正一七年(一五八九)一〇月に始まる太閤検地や慶長一四年(一六〇九)江戸幕府が実施した岩見検地などの名請け人にされてしまった有力百姓が頭百姓になったのではないかなどといわれている。しかし、兵農分離を経過した幕藩社会では、全国的に共通した条件で、その点だけで頭分制の成立の説明がつかないともいわれる。また頭分制は農村に限定されず、町方にも形成された事実があるとして、加納宿の頭分制も解明されてきた。

これらの事実から、美濃の頭分制は、江戸時代を通して変容しつつも、幕藩領主による承認などにより村法として規定された頭分制こそが一つの社会制度であり、厳密な意味での頭分制として成立したのであるといわれる。つまり、加納宿における頭分制成立の画期は、「藩による公認を見る明暦年間前後」ではないかという考えが有力である。(『岐阜市史通史編近世』)

これらのことを考え合わせると、東島村の田辺東家はどのような位置にあったか、不明瞭ではあるが推測できよう。

天明二年(一七八二)一二月、東島村の百姓が、庄屋のもとにある村入用帳記載に疑惑をもち、その開示要求のために、田辺東家を継いだ政六の兄、政八(吉左衛門)にその調査と仲介を依頼してきた。この事から東島村において、田辺東家は奉公人稼ぎに出なければならないほど困窮した家ではなく、「田辺」の苗字を名乗れる頭百姓の家格をもち、村内出入りの仲介を頼まれるなど信頼され、一目を置かれるほどの家であった。田辺吉左衛門をはじめとする忠太夫や政六の先祖は、侍の系譜をもつと断言できないものの有力百姓であったといえよう。

第三節　表小姓格にまで昇り詰めた田辺家

初代筆者田辺政六が天明三年、三五歳の時、献上方見習飛脚から手代格御奉行方物書本役を拝命して以来、田辺家の何時にも変わらない「実躰なる勤めによって」藩の中で高く評価された。二代目辰吉は、二八歳の時手代格作事定奉行一人扶持を拝命し、三三歳の時父政六の跡式相続をした。その後八二歳になった慶応元年（一八六五）一二月、終に表小姓格に昇格し、職務は元蔵役から御広間六番之御番に異動し、勤務時間が「五つ～八つ」から「六つ～九つ」に軽減された。拝命して七日後の慶応二年（一八六六）正月二日、藩主への祝詞差し出し連署八人の中に、辰吉と共に、家老など大身の子弟と思われる四人が含まれていた。つまり辰吉は、藩の中でもかなり高位の格式である表小姓格に昇格したのである。さらに、八六歳になった明治二年（一八六九）正月、給金を一両加増し、俸禄は都合金四両三分三人扶持となったのである。

一般的に「藩士の中で閉鎖的な階層が固定化されており、俸禄の加増もなかなか容易でなかった」といわれている。そんな中で、田辺政六や辰吉、富太郎、礼次郎などが得てきた格式・職務・俸禄などは、加納藩の職制においてどのような位置付けになっていたのであろうか。さらに武士としての階層の中でどのような位置にあったのであろうか。

戸田一〇万石の大垣藩（岐阜県大垣市）における職制は、明暦二年（一六五六）頃に成立したと考えられている藩法「定帳」に詳細に規定されている。家臣団の総数は約一五〇〇人、外に仲間が五〇〇人いた。藩の軍事的編成の骨組みは知行組、大小姓組、子小姓組、詰組などの組に編成されていた。家臣の身分的序列を示す格式は、家老、番頭（組頭）、組外、者頭（物頭）、平士、歩士（徒）、足軽、仲間などの区別があり、同時に軍事職をも意味していた。つまり藩主の支配のもと、閉鎖的な身分社会ともいうべき階層を構成していたのである。（『新修大垣市史』）

一方、遠山一万五〇〇石の苗木藩（岐阜県中津川市苗木）における職制について、後藤時男は、正保二年（一六四五）から享保七年（一七二二）の分限帳記載の家臣を、給人、中小姓・徒士、足軽、中間、下男に分類している。およそ七〇石以上の知行を与えられている層を給人とし、中小姓・徒士は中級家臣で一般的に士分といわれる層、足軽以下は下級家臣としている。（『苗木藩藩政史研究』）

根岸茂夫は武家本来の軍制や俸禄の種類、そして擬制的な家の論理などを考慮して、⑤大身層、④給人・馬廻り、③中小姓・小十人、②徒・歩行、①足軽・同心と、五つの階層に分類している。ただしこれらの分類は各藩によって多少異なってくるともいう。（『近世武家社会の形成と構造』『大名行列を解剖する』）

そこで、加納藩の藩士の階層を「嘉永頃の分限帳」（『加納町史上』）から、「加納藩嘉永頃の階層と俸禄」（187ページ図7）のように分類した。格式の順位は分限帳記載の順によるものの、階層の区切りは軍制や俸禄の種類、さらに判物や祝杯支給などを手がかりに、大まかにⅤ階層、Ⅳ階層、Ⅲ階層、Ⅱ階層、Ⅰ階層に分類した。

図７　加納藩 嘉永頃の階層と俸禄

階層	格式・職務	俸禄など		受給者数	階層の人数
Ⅴ階層 家老・ 用人・ 足軽大将	城代格・家老・ 持弓組・持筒頭・ 用人・足軽大将 など	1,100石	～50石	15	21
		40人扶持	～13人扶持	6	
Ⅳ階層 目付・ 使番・ 給人・ 近習	両奉行・中小姓頭・ 定番頭・目付・使番・ 物頭・近習目付格・ 吟味奉行・ 番頭支配給人・ 近習 など	190石	～50石	31	94
		160俵	～20俵３人扶持	36	
		銀７枚	～銀４枚２人扶持	3	
		金５両３人扶持	～金４両２分３人扶持	4	
		17人扶持	～9人扶持	20	
Ⅲ階層 祐筆・ 表小姓・ 中小姓	中小姓目付次之席・ 祐筆・表小姓・ 表小姓格・中小姓上席・ 中小姓・ 中小姓格用人支配 など	70石	～2石	9	65
		45俵	～15俵３人扶持	11	
		銀10枚２人扶持	～銀２枚２人扶持	17	
		金８両３人扶持	～金１両１人扶持	26	
		10人扶持	～1人扶持	2	
Ⅱ階層 台所頭格・ 徒士・ 御流格	徒士目付・徒士格・ 台所頭格・代官・ 御流格・御目見格・ 坊主・ 両奉行吟味奉行支配手代格 など	2石		1	128
		30俵３人扶持	～4俵２人扶持	6	
		金５両３人扶持	～金２分１人扶持	116	
		9人扶持	～1人扶持	5	
Ⅰ階層 定番組・ 男居番・ 足軽格	定番頭支配定番組・ 男居番・平組定番・ 足軽格 など				21
		金２両３分３人扶持	～金２分１人扶持	17	
		1人扶持		4	

注1　「嘉永の頃の分限帳」（『加納町史上』）により作成
注2　分限帳の中で、「医師10人」を除いた。
注3　分限帳の中で、「家督幼少取8人」を除いた。

図８　田辺家(政六・勝蔵・辰吉・富太郎・礼次郎)　年齢による格・役職・俸禄一覧

年齢	政　　六	勝　　蔵	辰　　吉	富　太　郎	礼　次　郎
11				御用部屋小僧・1人扶持	
12					富太郎の養子
14		兵所小僧・1人扶持			
15				坊主方番入・金１両１人扶持	富太郎死去により辰吉の嫡子
16		御用部屋小僧			
17	定番				
19					養子・結婚披露
21		番入・金１両３分・１人半扶持		御作事小奉行	御流格・太鼓御門番・１人扶持
					江戸勤番・手宛金５両２分
25		勝蔵死去			
26			復縁・政六の嫡子		家督相続・跡式金４両３分３人扶持
27	飛脚組			徒小頭兼徒士目付	
28			手代格・作事定奉行・１人扶持	御用部屋物書	高直し・米10石1斗5升・岐阜県貫属
30					岐阜県地券掛り
31			金１両加増	御流格・太鼓御門番	家禄奉還願・公債金請取・商業活動始め
				御用部屋物書	
33			(手代格)・追手御門番・跡式金３両２分２人扶持	御徒士格	
34	献上方見習			徒目付仮役	信太郎、学校助教
35	手代格・奉行本役		御流格・作事小奉行・役料米２俵		
38				願により御広間五番	
39				徒目付仮役	
40			金１分加増	徒目付本役	
43	入目方書役				
44			徒目付仮役	徒目付本席・御台所頭	
				御台所頭格・徒目付・金３両２人扶持	
45				富太郎死去	
46			徒目付本役		
47			代官仮役		
49	買物方				
51	御流格・入目物書				
54	奉行方物書		代官本役・役料米３俵		
57			御台所頭格		
58			「お通り」頂戴		
61	代官仮役		御勝手中小姓格		
62	買物方		代官・１人扶持加増		
64	徒目付				
66			町方代官兼帯		
68	政六死去				
69			表中小姓格・座間中小姓一統之御番		
76			中小姓		
78			元蔵役		
80			御広間六番の御番(５つ～８つ)		
82			表小姓格・御広間六番の御番(６つ～９つ)		
86			金１両加増、都合金４両３分３人扶持		
			家督相続		
88			辰吉死去		

Ⅴ階層は、家老・用人・足軽大将などの階層で、知行高一一〇〇石～五〇石まで一九名ある。一般に石高で記載され知行取りといわれているものの、加納藩領内の知行を得ていたかどうか不明である。恐らく免四つか五つ分の蔵米を請け取っていたと思われる。この階層は、藩主が加納へ入部した時とか、軍団出動の時など、所謂大名行列の編成において、旗指物・具足・弓・鉄炮・鎗などと共に、徒士に警護された藩主に続いて、騎馬や駕籠に乗って行列に加わった。天保一一年(一八四〇)八月二一日藩主「永井尚典初入行列」(『加納町史上』)によると、用人や家老が駕籠に乗って遂行してきた。また嘉永六年(一八五三)六月ペリーが浦賀沖に来航した時、「近海防御出張行列」(同書)においては、旗奉行や足軽大将、長柄奉行、給人、使番、侍大将、用人、陣馬奉行が、それぞれ藩主に従って騎乗している。また、文久三年(一八六三)五月京阪の情況混沌たる時、幕命により将軍警備のため出陣した「御固め行列」(同書)の陣容の中に、使番、士大将、用人が騎乗して、藩主に従っていた。つまり藩主に従う最高の指揮官といったところで、藩の大身である。

Ⅳ階層は、目付・使番・給人・近習で、藩主や家老・用人などの命を請けて具体的な事項について指揮を執った。この階層の俸禄を見ると、知行取り三一名、蔵米取り三六名を合わせると七一%が占めることになる。ちなみに二〇俵三人扶持は、およそ一二石五斗に計算される。「銀七枚」などと銀の俸禄を得ている者は、Ⅴ階層の子弟と思われる。

Ⅲ階層は、祐筆・表小姓・中小姓で、藩主の側近くにあって、いわば親衛隊のような働きをしていた。俸禄は知行取り九名と蔵米取り一一名を合わせると二〇名を数え、三一%を占める。一方「金八両三人扶持」などというのは、年俸金八両と三人の扶持米が俸給といったものである。この様な金と米を支給される者が、二六名、四〇%を占めている。この混在がⅢ階層の特徴である。

さて、この階層が行列など軍編成の中でどのような位置付けになっているか見ると次のようである。

先の「永井尚典初入行列」では、八名の徒士、ついで二名の徒小頭、その後三名の中小姓が並び藩主の騎馬となり、その後ろに近習二名が付いている布陣である。「近海防御出張御行列」では徒士九名について、馬印があり、二名の中小姓、藩主、その後に近習二名、供頭二名、近習納戸二名、中小姓と続く行列である。また「御固め行列」では、御小馬印についで御先乗一騎の後、貝・太鼓があって、藩主の騎馬、その脇に近習八名、供頭と刀番が付き、その両外側に旗本警護士六名が警護する形をとっている。

つまり、中小姓・近習は、軍制の上では藩主の盾となる役目といえる。近習は「藩主に侍し、平常左右の使役に任ず」(同書)とあり、中小姓は「常に広間に出仕し、藩の来客等の給仕に任じ、藩主外出の時駕籠脇に属従する」という。

ちなみに嘉永五年(一八五二)二月加納天満宮九五〇年御神忌祭礼を催した時、家中の者が神納した。その中で、祐筆より中小姓格まで一〇人で金一〇〇疋と銭一八四文納めている。また代官より徒士格まで一六人で金一〇〇疋納めている。祐筆より中小姓格まではⅢ階層で、代官より徒士格までは次のⅡ階層にあって、この様な神納などという日常の慣習のところにも、階層の超えられにくい隔たりがあったのである。

ちなみに辰吉は、Ⅲ階層の表小姓格まで昇格している。

Ⅱ階層は、台所頭格・徒士・御流格で、藩主の出行の警護に当たったり、藩主奥向きの台所の庶務や、税務事務や民訴訟や町村役人の進退を担任したり、家老や用人の書記をしたり、藩士及び奥女中等の扶持・切米を支払う事務に付いたりなど、Ⅴ階層やⅣ階層などの命に従って、あらゆる事柄に従事した。また、士分であるかどうかは、一般に御目見得を以て指標にしているが、御目見格以上は藩士であることは言うまでもないが、政六が拝命した手代格奉行本役や、富太郎が一五歳で拝命した坊主方も、この階層に含めた。

天明三年(一七八三)五月、手代格御奉行方物書を拝命した政六は、一年後の天明四年一〇月、西広江から追手御門赤門脇の城内一等地とも言える所に住居を命じられた。いままでの西広江の住居は、城外で、足軽や中間の住居であった。献上方でなく手代格になったことにより、住居も藩の命によって決められ、城内に居を与えられ、藩士として公認されたことといえよう。

さらにまた、文政一一年一二月一五歳になった辰吉の子富太郎は、坊主方番入りを命じられ、宛行金一両一人扶持を給せられるようになった。確かに職務は家老や用人や近習の使役ではあるが、剣術が強く直心流切紙伝授に際しては、御褒美を貰うほどになっていた。この様に、御目見得格の下であっても、定番や兵所小僧・御用部屋小僧など臨時雇いではなく、藩士として認められていたのである。

とはいえ、厳密な意味で言うところの藩士の身分は、御流格以上であるといえる。それは、寛政元年(一七八九)二月藩主永井直旧が加納城へ初入りした時、手代格であった政六は麻上下を着用して「御目見へ」のため太鼓御門北の堀あたりに待っていた。あいにく雨になってしまったので、御殿末席で、「御目見へ」を済ましたという。その後、御着御祝着帳は御流格までで、手代格はその沙汰さえもなかったという。

文化四年(一八〇七)一二月、藩は財政が逼迫してきたので俸禄を削減して家中の家族構成を勘案して扶持米を支給する事を藩士たちに命じた。その面扶持の判物は、御流格以上に命じられたもので、八年前の寛政一一年一二月御流格を拝命していた政六は当然該当する。それでも政六は、『見聞録』の中で「予初て御判物ヲ頂キ候也」と、わざわざ記しているが、これは辰吉が面扶持になって困ったというより、この様な内容の判物を出さざるを得ない藩主の心痛を思い、また判物を請け取る格式になったことに感激した思いであろう。

なお、図8(188ページ)にみるように、御流格は、田辺政六、辰吉、富太郎、礼次郎へと代を繋ぐ毎に、五一歳→三五歳→三一歳→二一歳へと若くなり、跡目相続も確実に行われたのである。

加納藩においては「御流格」は、公式の場面において藩士としての認定の格式であったといえる。なお、管見では、「御流格」は他藩で見当たらないことから、永井加納藩独自のものであると思われる。

いずれにせよ、Ⅱ階層は、加納藩士として認められ、一二八名中一一六名が金五両三人扶持以下の俸禄を得ていたのである。

Ⅰ階層は、定番組・男居番・足軽格などで、天明元年頃の田辺仙右衛門や政六、それに忠兵衛などが拝命していた献上方や飛脚組なども含まれるといえる。さらにこの階層には、前節で述べた通り、百姓身分から奉公稼ぎに入った者も含まれていた。

「慶応頃の分限帳」によると、この階層には足軽大将手配の弓組や鉄炮組が、合わせて一〇組、七七名が組織されている。江戸時代末期になって武備を整えなければならなくなったことが、分限帳にも反映されているのであろう。外に加納町同心組一五名が組織されている。外には平組などがあり四名が数えられる。

改めて、田辺家の政六は、父仙右衛門のⅠ階層の献上方を継ぐことが出来なかったが、Ⅱ階層の手代方から徒目付まで昇格した。辰吉はⅡ階層の手代格から藩主から「御通り頂戴」の御台所頭格を経て、さらにⅢ階層の表小姓格まで昇格した。さらに余り増額が期待できない俸禄も金四両三分三人扶持まで昇給したのである。辰吉の嫡男は、Ⅱ階層の坊主方から御台所頭格徒目付金三両二人扶持まで昇格・昇給した。礼次郎は、Ⅱ階層の御流格を拝命し、後に辰吉の家督相続を請けたのである。

つまり、田辺家は、二〇歳ほどで成人して加納藩に出仕する時は、先ずⅡ階層の正規の藩士と見なされる御流格を拝命することが、定着したのである。その後の実躰な勤務によるが、Ⅲ階層まで昇格する可能性のある家となったのである。

第四節　『見聞録』から見えてくるもの

一　百姓身分から下級武士へ

江戸時代後期、百姓身分から代を重ねて下級武士の上位(表小姓格)まで、身上がりが可能であった。

一般に江戸時代は固定された、閉鎖的な身分制社会であるといわれているが、新見吉治が指摘するように、「足軽が代を重ねて給人(上級武士)にまで昇進」とまでいかないまでも、『見聞録』の田辺家三代は下級武士第Ⅰ階層から第Ⅲ階層の上位にまで昇り詰めていった。しかも俸禄も金三両一分二人扶持から金四両三分三人扶持にまで加増になったのである。田辺家六代、一七〇年から一八〇年という長い年月で見ると、百姓身分から武士身分にまで身上がりすることが可能であったことを証明することとなった。

とはいっても下級武士Ⅲ階層の表小姓格までの昇格が精一杯であった。明治維新を迎えたこともありⅣ階層の給人にまでは、年数が足りなかったのかも知れない。

二　身上がりが自由な下級武士

下級武士は、一定の手続きのもと百姓や商人になることを許され、婚姻は同じ階層や商人の娘を娶っていた。

下級武士であっても、本家を守るために百姓身分、有力百姓になることもあり得ることであった。また、武士の子弟を商人にする場合は、一度百姓身分の家に養子をさせ、そこから商人の家に養子をさせる手続きをすることで、身分間の移動が出来たのである。逆に商人身分の者が武士身分になる場合、辰吉がそうであったように、田辺家相続人が亡くなったという非常の場合であったためか、藩の許可さえあれば容易に可能であったのである。

婚姻関係についていえば、政六の姉は、第Ⅱ階層の藩士の元に嫁いでいるが、母は商家の生まれで、辰吉の妻も商家の生まれというように、武士との婚姻関係にこだわっていないようである。

三　下級武士の和傘生産の内職

加納城下に住居をあてがわれていた藩士は、俸禄によって生計を立てていた。従って江戸後期になってくると藩財政の窮乏による面扶持支給などへの切り替えや、諸物価の高騰などによって、俸禄の少ない下級武士は家計のやりくりがむずかしくなった。

一方、文政九年(一八二六)、加納近郷で生産される美濃紙や轆轤用材、竹、油、柿渋などの資材が容易に入手できることを見込んで、加納藩は有力町人を傘問屋に命じ、専売制を実施し、和傘を江戸積産業に育成しようとした。加納の製傘業が著しく進歩して、已に分業的作業が行われるようになっていた。「骨削りは主として家中侍の内職となり」、轆轤繋ぎ、張り、油引、仕上は町方職人の本職であり、半農家の手間仕事になっていた(『加納町史下』)。その結果、安政六年(一八五九)には五〇万八〇〇〇本余り、代金一万二〇〇〇両余りの傘生産が可能になったのである(『岐阜市史史料編近世一』)。その後、傘専売制の強化が図られ、藩札発行が行われるなど、加納藩の保護育成のもと、生産や販売面での経験豊富な商業資本が成長し、ますます加納傘として特産品になった。

この傘生産に一役買ったのが、加納藩の下級武士だといわれている。幕末になって山本紋兵衛は「細工に器用で独特の技量を有し、骨、張り、何れよりも新案を施し、蛇の目傘に山印を入れた山本傘が有名となった」（前掲『加納町史下』）という。また「特志者により新案が行われ、今日の松葉骨の如き」も、「坪内国助の創意に係るもの」（前掲『加納町史下』）という。ちなみに、「慶応頃の分限帳」（前掲『加納町史上』）によると、山本紋兵衛は徒士役金三両一分二人扶持、坪内国助は徒士格金三両二分二人扶持で、下級武士Ⅱ階層である。「相当重役の高取でも役料の実収は半分にも足らぬので、内職をしなければ困難であった」（前掲『加納町史下』）という。『見聞録』の中では、傘生産に係る記事は、筆者政六が天明四年（一七八四）正月頃、ある人から聞いた「鼠の害を防ぐ法」に続いて、「傘のり秘伝」を記している。傘生産に係る記事は、この記事以外に認められないことから、田辺家は、傘生産に関わる内職は行っていなかったと考えられる。

ただ、明治一六年（一八八三）『関口議官巡察復命書』によると、旧士族二四五戸の内、一二〇戸は「傘骨削職を以、生計ヲ立テ」ていたことから、江戸時代からの内職の延長であったのであろう。

四　田地を所持する下級武士

下級武士の中には、俸禄の外に、田地を所持し、その加地子米を生計などに活用している者があった。下級武士Ⅱ階層、Ⅲ階層の田辺家は、生活に困っていたことは確かで、藩からの御救金や借用金によっても生計を立てていた。しかし、田辺家では、政六の母が持参した高五石二斗余りの土地を所持し、そこから得られる米六俵から六俵半の加地子米を宛にしていたと思われる。下級武士が扣田地を所持することの必要感から、辰吉は養子した二男に一反一畝余りの田地を買い与えている。養子した下条家も田辺家と同じⅡ階層の下級武士で、決して俸禄だけで生計を立てていくことは困難であった。

また、辰吉は父祖伝来の田地を売却して、「私倅」の養子並びに結婚披露宴を盛大に行っている。この披露宴が藩士として格式向上や俸禄加増に影響があったどうか分からないものの、藩士相続の危機を乗り越える、お家の大事の時には活用できる田地であったといえる。

つまり、田辺家・下条家共に、下級武士として生計を立てたり、お家大事の時に活用する田地を所持することを選んだのである。なお、田地を所持する発想は、たまたま田地を持参した先祖があった結果でもあるが、筆者政六の兄、辰吉の伯父が東島村の有力百姓であることから、農業生産者の思いで田地の重要性を感じ取っていたのではないかと思う。

五　下級武士と藩校

下級武士は、藩校に容易に入学できず、自ら学問・剣術修行などをしなければならなかった。

下級武士といえども、手習い、四書五経などの素読、それに剣術修行は最低限の素養として必要であった。

加納藩の藩校(後の憲章館)は、寛政四年(一七九二)四月二一日、尾州名古屋の儒者堀尾増太郎を藩儒とし、家老衆や奉行衆に『大学』の講釈をさせたことに始まる。

ついで、文政期(一八一八～一八三〇)になると、第四代藩主永井尚佐が「儒学を尊称し、学事を勧奨し、校名を憲章館と改称して文武並行を奨励」した。時々藩主は、自ら「臨校して講義を聴聞し、「春秋両度には文武の優劣を視、大いに子弟を奨励」した(前掲『加納町史下』)。つまり、加納藩の藩校、憲章館が機能していたのである。

文化一一年(一八一四)生まれの富太郎は、文政三年七歳の時、父辰吉とほぼ同格の藩士久村から手習いを学び始めた。また、一〇歳になった富太郎は、藩士山岡に頼み直心流剣術に入門。また、一二歳になった富太郎は仙石のもとで学問素読に入門。三歳下の弟豊治も、同じように手習いや学問素読、剣術入門をした。とりわけ富太郎は種田流槍術、日置流・竹林流弓術にも入門している。但しこの両兄弟は、「藩校で学んだ」などと言うことは、一言も触れていない。一五歳の富太郎は文政一一年一二月坊主方番入金一両一人扶持を拝命する第Ⅱ階層の下級武士であるので、藩校に学ぶことが出来なかったのかも知れない。なお、富太郎は文政一三年、直心流切紙を伝授された時、御褒美として南鐐一片を拝領していることから、藩主の文武奨励の意向によるものであろう。

文久期(一八六一～一八六四)になると、第六代藩主尚服が藩制を変革して、「一層文武両道を拡張」した。そこで藩士たちは「文芸武事共に大いに面目を改め、志気漸く奮い、講学練武の風、一時に興った。」(前掲『加納町史下』)

この様に江戸後期になると、加納藩士、は言うまでもなく加納領内においても庶民の教育熱は高まっていた。高富藩領の高富村(岐阜県山県市)の浄土真宗浄光寺においては、千葉弘道という師匠が文化一四年から習貫堂という寺子屋を始め、明治五年までに六九七名の門人に手習いや『四書五経』の素読、女性には裁縫などを教えていた。とりわけ天保の頃(一八二〇～一八四四)からは「習貫堂式目」を定め、多い時には年に三〇名ほどの入門があり、高富藩の藩士の子弟も二〇名ほど入門している(『高富町史通史編』『高富町史史料編』)。

この様な武士や庶民の学習意欲の情況の中で、加納藩は明治二年(一八六九)三月、藩校憲章館の館則・課業などを整え、藩士の子弟の教育にあたった。なお憲章館は明治五年学制発布に際して憲章学校と称した。

この憲章学校に、届け出年齢九歳(実年齢一一歳)になった礼次郎の長男信太郎は、入学を許されている。ただ明治一〇年四月岐阜県に雇われて当区内学校助教に任命されたということは、高いレベルの教養を身につけていたことは確かである。

六　公債金を原資に商業活動

下級武士は、家禄の公債金を原資に商業活動を始めたが、その前途は容易ではなかった。

跡式金四両三分三人扶持を家督相続した礼次郎は、明治四年高直し令によって、家禄米一〇石一斗五升に決定された。明治七年礼次郎は家禄を奉還し、その公債を原資に、旧藩士一二名が共同出資して商業活動を営むこととした。この仲間は旧下級武士第Ⅱ階層の面々であったと思われる。いずれにせよこれらの商業活動が、軌道に乗ったかどうか不明であるが、明治一六年(一八八三)『関口議官巡察復命書』によると、「藩士族の一部がまとまって加納銀行(のち大阪第百三十二国立銀行に合併)あるいは、大阪第百二十六国立銀行に、自己の金禄公債を提供して株主となっている」という。しかし、零細な株主である多数の士族は、その配当金だけで生計を維持することは不可能で、「旧加納藩士族二四五戸の内、官吏二二・三人、教員四〇人程、巡査三〇人程、雇員二〇人程、押丁二〇人程、計約一三〇人を除けば、他はいずれも傘骨削業を主業とする者ばかりであった」という。

つまり、旧加納藩士のほとんど、中でも下級武士は関口議官の報告に近かったのであろう。

七　不容易な発言を慎む下級武士

天明三年(一七八三)、家職と思っていた献上方を拝命されなかったことに、政六は「上たる役人に贔屓の取りつくろい」があったと発言している。その上、屈原や孔子の言葉を引用して、憤慨し悩んだことを記録している。

また、寛政一〇年の大水害の後、高持百姓までが乞食に出たので藩が厳しく取り締まったことに対して、政六は占いの言葉を使って、「上に恩沢を施し給わば自然と安穏ならんか」などと、記している。

さらにまた、文化一一年の佐太陣屋において膨大な借財が発覚した折には、佐太奉行に対して「亢龍之悔有とはこの事なるべし」と失政を批判している。さらには、文化一二年の水害によって領内の収穫が皆無になってしまった時、定免とはいえども、「年貢を徴収するのは言葉にならない」などと、百姓の立場で発言している。

この様な発言は、政六のものであるが、辰吉になると、ほとんど藩政批判をしていない。まして富太郎が安政五年、江戸で病死した知らせを受けた時でも、かつて政六が勝蔵の死去を悲しみ嘆いたような発言を、辰吉は一切していない。辰吉は、孫の礼次郎を辰吉の相続人として藩に認めさせ、藩士として御流格を拝命できる様にしたのである。

つまり、下級武士Ⅱ階層からⅢ階層に昇格してきた辰吉は、不容易な発言を慎み、言動にさえ注意を払うようになったのであろう。

あとがき

「安永一〇年三月吉日始　見聞録」と墨書された和綴本、つまり『見聞録』を初めて手にしたのは、私が古文書を学び始めたばかりの二〇歳代後半の昭和四五年(一九七〇)である。その時私は、岐阜県史発行のため、岐阜市立加納小学校教員の勤務を離れて岐阜県総務部総務課県史編集室に異動になっていた。その後、昭和五四年三月まで、岐阜市教育委員会岐阜市史編集室へ異動して調査・編集・発行に携わっていた。

岐阜県史編集室での担当は、『岐阜県史史料編近世八　社会・文化』に関わる史料を岐阜県内外各地から集め、監修者の故所三男先生、浅井潤子先生の懇切丁寧な指導を頂きながら、編集・発刊することであった。大学での専門は故野村忠夫先生に師事して日本古代史・律令官人制の研究で、従って近世古文書の読解は講義と演習を受けた程度であった。

さて、担当が決められ古文書読解に悩んでいた夏頃、当時の岐阜県立図書館の故村瀬円良氏が、この『見聞録』を示し、「図書館員と共に勉強会をもてないか」との提案をしてくれた。文字の難解さもあり遅々として進まず、一年間の勉強会で、ようやく二年間分の記事を読解する程度で、程なく勉強会のテキストは変更されることになった。

そこで、私は何年かかってもすべてを読解したいと思い、夜中や日曜日の暇を見つけて、原稿用紙に書き溜めた。私の勤務も、岐阜県から岐阜市教育委員会、加納中学校、岐阜県博物館と異動するなか、ようやく昭和五七年『見聞録』のすべてを読解し、解説した『加納藩士田辺氏見聞録』を出版することが出来た。最初の「序」には、岐阜県史編集の監修者である徳川林政史研究所名誉所長の所三男先生に激励文を頂いた。

その後、岐阜大学教育学部附属中学校、ついで新任教頭として瑞浪小学校・瑞浪市教育委員会へ異動した。平成三年(一九九一)四月一日、新任校長(一日校長)の辞令を頂いて、同時に岐阜県教育委員会課長補佐・(財)岐阜県文化財保護センター、さらには牛牧小学校、岐阜大学教育学部附属中学校と異動し、加納小学校長を最後に、平成一五年(二〇〇三)三月、三八年間の公立学校教員を退職することが出来た。

その間、下級武士の一つの事例として、『見聞録』をふまえた加納藩における藩士の姿を論じたいと思い、思索を練り資料を集めていた。そんなおり、中山道加納宿文化保存会からの依頼があり、機関誌『中山道加納宿』に「加納藩士田辺さんが見聞した江戸時代」と題して、平成一九年一〇月（第五〇号）から平成二九年四月（第六九号）まで連載した。

本書は、この稿を大幅に加除・編集し直し、さらに新しく終章「下級武士の存在形態」を加筆したものである。

その内容は、江戸時代の加納や岐阜周辺の地方史を明らかにする重要な内容を含んでいることは言うまでもない。さらに田辺家の家庭、風俗習慣、加納藩士として家督相続や生き方など、田辺政六、辰吉、礼次郎の眼を通しての内容であるだけに興味深いものがある。

さらに近世の藩政史研究や身分制の研究において、藩主や上級藩士の研究は幾分史料の残存があって進んできているものの、下級武士の史料が極めて少ないだけに、その解明はなかなか進んでいないのが現状である。本書が、時代を大きく動かしたであろう下級武士の研究の一助になることを願っている。なお、各年表の「事項」は、適宜重複させ、読者の便宜をはかった。

和綴本『見聞録』に出会ってから五〇年、ようやくにして出版することが出来た。感慨無量である。若い時から地方史研究の重要さと厳しさを教え導いてくれた方々、そのほとんどは鬼籍に入ってしまわれたが、改めて感謝している。一方で教師の道を導いて下さった方々、身を挺して教師への姿勢を正したり、問いかけたり、励まし続けてくれていた当時の児童や生徒たちに、人を愛し学ぶことの素晴らしさを気づかせて頂いた。ありがとう。

今回、懇切丁寧に支え続けてくれた、まつお出版の松尾一氏に、改めてお礼を申し上げたい。

最後になったが、時代に翻弄されながらも逞しく生き抜いた『見聞録』の筆者たちの、生き様に触れ、江戸時代を極めて身近に感じられたことを誇りに思い、あとがきとする。

二〇一八年一二月二八日

大桑住人　西村覺良

【参考文献】
『田辺氏　見聞録　全六冊』岐阜県図書館所蔵
『加納藩士田辺氏見聞録』西村覺良　岐阜県郷土資料研究協議会　昭和五七年
『岐阜市史通史編近世』岐阜市　昭和五六年
『加納町史上巻』太田成和　加納町史編纂所　昭和二九年
『加納町史下巻』太田成和　加納町史編纂所　昭和二九年
『岐阜県史通史編近世』岐阜県　昭和四三年
『岐阜市史史料編近世一』岐阜市　昭和五二年
『岐阜市史史料編近世二』岐阜市　昭和五三年
『岐阜市史通史編近世』岐阜市　昭和五六年
『新修大垣市史』大垣市　昭和四三年
『大垣市史通史編　自然・原始～近世』大垣市　平成二五年
『高富町史史料編』高富町　昭和五二年
『高富町史通史編』高富町　昭和五五年
『苗木藩藩政史研究』後藤時男　中津川市　昭和四三年
『下級士族の研究』新見吉治　日本学術振興会　昭和二八年
『下級武士論』木村礎　塙書房　昭和四二年
『下級武士　足軽の生活』笹間良彦　雄山閣出版　平成三年
『武士の家計簿　加賀藩御算用者の幕末維新』磯田道史　新潮社　平成一五年
『武士の奉公　本音と建て前　江戸時代出世と処世術』高野信治　吉川弘文館　平成二七年
『武士の周縁に生きる　身分的周縁と近世社会七』森下徹　吉川弘文館　平成一七年
『近世武家社会の形成と構造』根岸茂夫　吉川弘文館　平成一二年
『大名行列を解剖する　江戸の人材派遣』根岸茂夫　吉川弘文館　平成二一年
『幕藩制確立期の村落』高牧實　吉川弘文館　昭和四八年
『宮座と祭』高牧實　教育社　昭和五七年
『近世武家社会の形成と構造』根岸茂夫　吉川弘文館　平成一二年
『関口議官巡察復命書』岐阜県立図書館　昭和四三年
「延享四年西郷村諸奉公人帳」河村家文書　岐阜市歴史博物館所蔵
「正徳二年西西郷村家数人馬相改帳」河村家文書　岐阜市歴史博物館所蔵
「頭百姓補遺」『岐阜史学第一二号』松本平治　岐阜史学会　昭和三〇年一月
「近世美濃における農村社会構成について頭百姓考」『岐阜史学一八号』松本平治　昭和三一年九月

【掲載図版】
「永井氏治世　加納藩家中絵図」岐阜市歴史博物館寄託
「安藤対馬守初期加納城侍屋敷絵図」『加納町史上巻』
「戸田氏治世頃か加納藩侍屋敷絵図」岐阜県図書館所蔵

【写真提供】
岐阜県博物館、岐阜市歴史博物館、岐阜市立加納小学校

著者紹介
西村覺良（にしむら　かくりょう）
昭和18年(1943) 2月28日生
岐阜大学学芸学部史学科卒業
昭和40年4月1日～平成15年3月31日　岐阜県公立学校教員

主な著書
『加納藩士　田辺氏見聞録』(解読・解説)岐阜県郷土資料研究協議会・昭和57年9月、『高富町史史料編』(共著編)高富町・昭和52年3月、『高富町史通史編』(共著編)高富町・昭和55年3月、『ふるさと笠松』(共著編)笠松町・昭和58年11月、『各務原市民の戦時記録』(共著編)各務原市・平成8年3月、『ひだ・みの産業の系譜』(共著編)岐阜県・平成11年9月

主な論文
「幕末維新期の寺子屋」『五二年度徳林紀要』・昭和53年3月、「幕末維新期の高富藩農民騒動」『信濃第三〇第五号』・昭和56年3月、「美濃の藩札　幕末の藩札発行形態を中心に」『岐阜県博物館調査研究報告第四号』・昭和58年3月

加納藩下級武士の日記を読む
田辺家三代記《たなべけさんだいき》

2019年2月28日　第1刷発行

著　者　西村覺良
発行者　松尾　一
発行所　まつお出版
〒500-8415
岐阜市加納中広江町68　横山ビル
電話　058-274-9479
郵便振替　00880-7-114873

印刷所　ヨツハシ株式会社

※価格はカバーに表示してあります。
※落丁本、乱丁本はお取り替えします。

ISBN4-944168-48-4　C1021